GÁLATAS

PUBLICACIONES
KERIGMA
Ἐν ἀρχῇ ἦν ὁ Λόγος

GÁLATAS

Comentarios para la formación cristiana

N. T. Wright

PUBLICACIONES
KERIGMA
Ἐν ἀρχῇ ἦν ὁ Λόγος

© **2021 Publicaciones Kerigma**

Gálatas, comentarios para la formación cristiana

Publicado originalmente en ingles bajo el título: *Gálatas, comentarios para la formación cristiana* por William B. Eerdmans Publishing Company.

Traducción y edición: Publicaciones Kerigma

Diseño de Portada: Publicaciones Kerigma

© **2021 Publicaciones Kerigma**
Salem Oregón, Estados Unidos
http://www.publicacioneskerigma.org

2021 Publicaciones Kerigma
Salem Oregón
All rights reserved

Pedidos: 971 304-1735

www.publicacioneskerigma.org

ISBN: 978-1-956778-34-2

Impreso en los Estados Unidos
Printed in the United States

Para Rob y Margie Fortsyth

COMENTARIOS PARA LA FORMACIÓN CRISTIANA

Stephen E. Fowl, Jennie Grillo, y Robert W. Wall
Editores de la serie
2020–presente

La serie Comentarios para la Formación Cristiana (CFC) sirve a un propósito central de la Palabra de Dios para el pueblo de Dios: la formación en la fe. Algunas series se centran en la exégesis, otras en la predicación, otras en la enseñanza y otras en la aplicación. Esta nueva serie integra todos estos objetivos, sirviendo a la iglesia, mostrando cómo una exégesis teológica sólida puede sustentar la predicación y la enseñanza, que a su vez forma a los creyentes en la fe.

Estos volúmenes están unidos por la convicción de que la interpretación de las Escrituras no es un fin en sí mismo. La creencia fiel, la oración y la práctica, el amor más profundo a Dios y al prójimo: estos son los fines de la interpretación bíblica para los cristianos. Los volúmenes de Comentarios para la Formación Cristiana interpretan la Escritura de manera que ordenen la vida y el culto de los lectores en imitación de Cristo, informando su comprensión de Dios y animando su participación en la misión global de la Iglesia con un profundo sentido del llamado.

CONTENIDO

INTRODUCCIÓN A LA SERIE

La serie Comentarios para la Formación Cristiana (CFC) sirve a un propósito central de la Palabra de Dios para el pueblo de Dios: la formación en la fe. Algunas series se centran en la exégesis, otras en la predicación, otras en la enseñanza y otras en la aplicación. Esta nueva serie integra todos estos objetivos, sirviendo a la iglesia, mostrando cómo una exégesis teológica sólida puede sustentar la predicación y la enseñanza, que a su vez forma a los creyentes en la fe.

Aunque animamos a todos los creyentes a tomar las Escrituras y leerlas, no asumimos que el trabajo de las Escrituras se realiza fácilmente o bien sin la guía de otros. La base de esta guía es el Espíritu Santo, que guía a los a los creyentes a toda la verdad (Juan 16:13) y recuerda las palabras y los hechos de Jesús (Juan 13:26). Una de las formas en que el Espíritu realiza esta labor es a través del trabajo de los comentaristas dedicados. Junto con el eunuco etíope de Hechos 8 reconocemos que a menudo es difícil entender la Escritura sin que alguien nos enseñe. Así, estos comentarios desempeñan el papel de Felipe en Hechos, explicando los textos de manera que el evangelio de la iglesia se manifieste a los lectores expectantes. Cada volumen pretende ayudar a sus lectores a entrar en conversación con la herencia canónica de la Iglesia, en especial con las Escrituras de los dos testamentos y los credos ecuménicos. Además, un comentario teológico debe tener en cuenta las diversas formas en que la Escritura obra en el culto, la catequesis, la misión y la devoción para cultivar la comprensión teológica y la vida santa dentro y para los entornos culturales de los lectores. Si un comentario no puede ayudar a los cristianos a transitar por un camino fiel a través de la vida y a profundizar en su amor a Dios y a todo su prójimo, no está claro que sea realmente un comentario teológico.

Teniendo en cuenta estos compromisos, nos tomamos en serio las dos partes del término «comentario teológico». Los autores de estos comentarios se esfuerzan por mantener las preocupaciones teológicas y las prácticas eclesiales, en sentido amplio, en la vanguardia de su trabajo interpretativo, prestando atención a la forma en que la Escritura moldea y es moldeada por la teología. Muchos comentarios recientes distinguen el trabajo exegético históricamente informado de las preocupaciones teológicas, morales y pastorales que animan la imaginación de la mayoría de los lectores de comentarios. Esta bifurcación refleja un patrón que se encuentra típicamente en los seminarios de hoy, donde la Escritura se enseña por separado de las disciplinas teológicas. Queremos evitar la tendencia de compartimentar las tareas de exégesis y reflexión teológica. La teología no es el resultado de la exégesis; tampoco es un elemento discreto que es separable de la exégesis llevada a cabo por otros medios. Más bien, *la exégesis misma es una forma de hacer teología.*

Pensar así no limita las preguntas y preocupaciones que los creyentes podrían traer al interpretar las Escrituras: no exigimos ni esperamos un método interpretativo de los comentaristas de esta serie. Lo que une a estos volúmenes es la convicción compartida de que la interpretación de la Escritura no es un fin en sí mismo. La creencia fiel, la oración y la práctica, el amor más profundo a Dios y al prójimo: son los fines de la interpretación bíblica para los cristianos. Los volúmenes de Comentarios para la Formación Cristiana interpretan la Escritura de manera que ordenen la vida y el culto de los lectores en imitación de Cristo, informando su comprensión de Dios y animando su participación en la misión global de la Iglesia con un profundo sentido del llamado.

PREFACIO

El propósito de este comentario, y su papel dentro de algo llamado «formación cristiana», se explica en la introducción. Agradezco a mis colegas de Eerdmans por su paciencia al esperar este libro, propuesto originalmente hace más de veinte años, y por su generosidad al permitirle un lugar en su nueva serie.

Los comentaristas suelen dialogar con otros eruditos, y yo lo hago en cierta medida. Sin embargo, esto puede simplificarse considerablemente, por dos razones. En primer lugar, el estudio de «quién dice qué» en pasaje tras pasaje ha sido realizado con gran minuciosidad en los últimos días por varios comentaristas, más recientemente Craig Keener, en particular en su comentario de Baker de 2019. No tiene sentido reinventar las muchas y bien engrasadas ruedas de Craig. En segundo lugar, yo mismo ya he desentrañado, comprometido líneas, y donde ha sido necesario, controvertido con, las posturas recientes de la erudición paulina.[1] En un caso (*Paul and His Recent Interpreters* [Pablo y sus intérpretes recientes]), he utilizado Gálatas como modelo para exponer las diferentes escuelas de pensamiento. La primera parte de ese libro explica los antecedentes de los estudios paulinos del siglo XX, en particular la obra de F. C. Baur y sus secuelas, y luego analiza las variedades de la «nueva perspectiva» sobre Pablo y las reacciones que ha provocado. Todo ello determina buena parte del debate en torno a Gálatas. La segunda parte de ese libro expone y critica la moderna llamada lectura apocalíptica de Pablo que se ha puesto de moda en partes de los Estados Unidos, y cuyo buque insignia ha sido el comentario de Gálatas de J. L. Martyn. Ya que he discutido allí en detalle tanto su trabajo como el de su colega M. de Boer, no repetiré aquí esos argumentos. La tercera parte de *Paul and His Recent Interpreters* examina las líneas principales de las lecturas «sociológicas» modernas de Pablo.

Ese libro complementa el trabajo que hice en *Paul and the Faithfulness of God*. Allí, tras la exposición principal de la cosmovisión y la teología de Pablo, expuse y añadí a la actual ola de discusiones sobre la relación de Pablo con el Imperio Romano y sus cultos (cap. 12), su lugar en los mundos de «religión» y filosofía del siglo I (caps. 13 y 14, respectivamente), y su compleja relación con su propio mundo judío (cap. 15). El debate sobre esta última categoría, sin embargo, se ha desarrollado en nuevas formas desde entonces, sobre todo en lo que se ha denominado la «nueva perspectiva radical» o «Pablo dentro del judaísmo». Esto realmente requiere un trato más completo de lo que he

---

[1] Véase *Paul and His Recent Interpreters* (Londres: SPCK; Minneapolis: Fortress) y *The Paul Debate* (Waco, TX: Baylor University Press; Londres: SPCK), ambos publicados en 2015; y véase la biografía de mi trabajo relevante, abajo.

ofrecido hasta ahora, o de lo que será posible en un comentario, pero señalaré algunos puntos en los que es necesario plantear preguntas.

Todos estos enfoques inciden en la lectura de Gálatas, pero un comentario secuencial como este (sección por sección, párrafo por párrafo, verso por verso) no es la mejor manera de abordarlos, salvo en los términos más generales. Las notas a pie de página en un comentario deberían explicar los momentos complicados del texto principal, no entrar en batallas con compañeros de debates dispares (y a menudo incompatibles entre sí), muchas de cuyas inquietudes no serán tenidas en cuenta por el lector común. En cualquier caso, Gálatas es muy denso, con párrafos muy comprimidos y frases enigmáticas. Se escribió, al parecer, con tanta prisa como para hacer frente a una emergencia cuyos detalles Pablo asume y por lo tanto nunca explica específicamente. La tarea es entonces — y este es el propósito de un comentario, en contraposición a otros géneros de erudición — entrar en esos párrafos apretados y ver qué hace que funcionen como lo hacen, o al menos como Pablo espera que lo hagan. Esto requiere, y no siempre se da en las monografías y artículos más «temáticos», una atención sostenida al flujo real del pensamiento, a los clímax naturales y retóricos de la argumentación, y a las interconexiones sutiles dentro del propio documento. Para ello, nos sirve más la referencia constante, no los debates de nuestros días, sino al propio contexto histórico de Pablo y a sus otras cartas (aunque, por supuesto, dejando que cada una hable por sí misma: Pablo no escribía ediciones sucesivas de una «teología sistemática»).[2]

Todo esto, como podrá comprobar el lector, es a modo de disculpa, si es que se necesita, por el hecho de que no he salpicado el texto con el tipo de notas al pie de página más celosas que son más comunes ahora. He hecho mucho de eso en los trabajos que se acaban de referir y en otros artículos aún en fase de planificación. Como un jugador de ajedrez capaz de ver las posibles jugadas de cada pieza en el tablero, un erudito bíblico experimentado puede ver cada frase, cada palabra de una carta paulina dejando un rastro de nubes invisibles de notas a pie de página sobre todo tipo de cuestiones de crítica textual, lexicografía, y los paralelos en la literatura antigua, hasta las grandes síntesis de las generaciones posteriores, y luego en la lucha mano a mano, a menudo una guerra en la selva en la oscuridad, con muchas escuelas diferentes de interpretación contemporánea. Aquellos que quieran saber todo ese tipo de cosas pueden encontrarlo fácilmente en algunos de los comentarios recientes muy completos, como los de Moo, deSilva y Keener[3], o incluso en la sección «Gálatas» de algunas de las principales monografías recientes, como la de Barclay.[4]

Cada lectura de la carta propone una hipótesis. Es una radiografía del lugar en el que se encuentra el exégeta, dentro de una espiral hermenéutica implícita que, en mi caso,

---

[2] Sobre la «teología sistemática de Pablo» véase mi *Interpreting Paul: Essays on the Apostle and His Letters* (Londres: SPCK; Grand Rapids: Zondervan, 2020), chs. 3, 7.

[3] D. J. Moo, *Galatians*, Baker Exegetical Commentary on the New Testament (Grand Rapids: Baker Academic, 2013); D. A. deSilva, *The Letter to the Galatians* (Grand Rapids: Eerdmans, 2018); y C. S. Keener, *Galatians: A Commentary* (Grand Rapids: Baker Academic, 2019).

[4] J. M. G. Barclay, *Paul and the Gift* (Grand Rapids: Eerdmans, 2015).

lleva más de cuarenta años.[5] Esto significa que aquí estoy siguiendo las propuestas sobre las cuestiones teológicas que expuse en detalle en la parte 3 de *Paul and the Faithfulness of God*, y en el análisis de la situación histórica y política de la carta que esbocé en el capítulo 12 de ese mismo libro y también en los capítulos correspondientes (5 y 6) de *Paul: A Biography*.

Si la primera cuestión principal que subyace en el presente libro es, por tanto, necesariamente histórica («¿qué quería decir Pablo?»), la segunda tiene que ver con la tarea actual de la «formación cristiana» y las formas en que una lectura de Gálatas podría contribuir a ello («¿qué puede significar hoy?»). Muy pocos lectores se acercan a un libro como Gálatas con la mente «neutral», en blanco. Ciertamente, nunca he leído la carta sin la pregunta que la acompaña, en algún lugar de mi mente, «¿Cómo puede aplicarse esto a los lectores, incluido yo mismo, en el mundo actual?». Es, sin embargo, demasiado simplista imaginar que primero podemos «hacer la historia», de una manera supuestamente independiente, y solo entonces preguntar por la «aplicación». La historia siempre involucra al historiador en el esfuerzo de pensar los pensamientos de la gente en otros tiempos y culturas. Ello requiere una imaginación comprensiva, no necesariamente en el sentido de «llegar a estar de acuerdo», sino en el sentido de «aprender a entender el punto de vista de otro»[6]. Sin embargo, para aquellos que están en cualquier caso comprometidos con la recepción de Gálatas como parte de la «Sagrada Escritura» autorizada (en algún sentido), existe un reto especial. Probablemente tengamos al menos una idea aproximada de lo que nos gustaría que dijera Pablo, y puede ser demasiado fácil imaginar que Pablo está diciendo, de hecho, justo eso, con solo pequeños ajustes decorativos. Aquí es donde la hermenéutica necesita de una historia rigurosa, para hurgar y desafiar una ecuación demasiado fácil de lo que Pablo decía con lo que pensamos que la iglesia de hoy debe discutir y proclamar. De este doble desafío, pues, surge aquí un comentario en el que, sección por sección, haré lo mejor que pueda como historiador, adentrándome con empatía en el mundo de Pablo, para explicar de qué se trataban sus densas y crípticas frases. Luego, tras haber trabajado el texto verso a verso, concluiré cada sección con reflexiones sobre lo que esto podría significar para la «formación cristiana» en nuestros días.

Agradezco a las docenas de colegas con los que he discutido sobre Gálatas a lo largo de los años. Esto incluye obviamente a Richard Hays, cuyo comentario en la *New Interpreters Bible* ha sido un compañero constante, y muchos otros colegas que se han convertido en amigos en la Sociedad de Literatura Bíblica, en la Sociedad de Estudios del Nuevo Testamento y en otros lugares. Mis deudas particulares serán obvias, al igual que mis puntos ciegos, para quienes estén familiarizados con el tema. Mi agradecimiento se

---

[5] Véase mi *Paul for Everyone: Galatians and Thessalonians* (Londres: SPCK; Louisville: Westminster John Knox, 2002); *What St. Paul Really Said* (Oxford: Lion; Grand Rapids: Eerdmans, 1997); *Justification: God's Plan and Paul's Vision*, 2da ed. con una nueva introducción (Downers Grove, Illinois: InterVarsity; Londres: SPCK, 2016; original 2009); y numerosos artículos, la mayoría de ellos en uno u otro de *The Climax of the Covenant: Christ and the Law in Pauline Theology* (Edinburgh: T&T Clark, 1991; Minneapolis: Fortress, 1992); *Pauline Perspectives* (Londres: SPCK; Minneapolis: Fortress, 2013); and *Interpreting Paul*.

[6] Sobre la tarea del historiador, véase mi *History and Eschatology: Jesus and the Promise of Natural Theology*, Gifford Lectures, 2018 (Waco, Texas: Baylor University Press; Londres: SPCK, 2019), cap. 3.

dirige también a mis propios estudiantes de doctorado que han trabajado con Gálatas, ya sea para sus tesis o después, incluyendo a Tony Cummins y Peter Oakes, de mi primera época en Oxford, y John Dunne, Ernest Clark y Esau McCaulley, de mis años en St. Andrews. En el presente volumen no he podido dedicarme a ellos tanto como hubiera querido; sin duda, me incitarán a hacerlo más en el futuro. Una ocasión particularmente memorable fue la conferencia sobre Gálatas y la teología cristiana en St. Andrews en el verano de 2012.[7] Después de eso, y habiendo completado *Pablo: Fresh Perspectives*, *Paul and His Recent Interpreters* y *The Paul Debate*, volví a Gálatas gradualmente a través de un libro sobre la expiación (*The Day the Revolution Began*, 2016), la biografía de Pablo (2018), y las Conferencias Gifford 2018 (*History and Eschatology*), que, aunque no se refieren directamente a Pablo, tienen una considerable relación con los contextos posteriores a la Ilustración en los que ha sido (mal) leído.

Fue un placer poder compartir las reflexiones sobre la carta, en forma de documentos de seminario, con colegas y estudiantes del St. Andrews, en la primavera de 2019. A continuación, di una breve versión del presente libro como conferencias en el Regent College, Vancouver, ese mismo verano, donde fui alegremente agasajado por el presidente, Jeffrey Greenman, y sus encantadores colegas, especialmente el infatigable Ben Nelson.

A todos ellos les estoy agradecido, y también a los dedicatarios de este libro, mi amigo australiano, el obispo Robert Forsyth y su esposa, Margie. Rob (que predicó en St. Andrews 2012) y Margie han sido un gran regalo para Maggie y para mí durante muchos años. Los continuos desacuerdos que sospecho que tendremos sobre el presente libro, en todo caso, no harán más que aumentar mi alegría por nuestros intensos intercambios, sobre el cricket y el rugby, naturalmente, pero también sobre Pablo, su evangelio, y su relevancia para la iglesia y el mundo de nuestros días. Es maravilloso cuando estamos de acuerdo, y emocionante cuando no lo estamos. Ojalá siga siendo así.

---

[7] Los ensayos de esta conferencia fueron publicados en M. W. Elliott et al., *Galatians and Christian Theology: Justification, the Gospel, and Ethics in Paul's Letter* (Grand Rapids: Baker Academic, 2019).

ABREVIATURAS

BAGD	Bauer, Walter, William F. Arndt, F. Wilbur Gingrich, y Frederick W. Danker. *Greek-English Lexicon of the New Testament and OtherEarly Christian Literature*. 2da ed. Chicago: University of Chicago Press, 1979
BDAG	Danker, Frederick W., Walter Bauer, William F. Arndt, and F. Wilbur Gingrich. *Greek-English Lexicon of the New Testament and Other Early Christian Literature*. 3ra ed. Chicago: University of Chicago Press, 2000
CEB	Common English Bible
GMT	*The Dead Sea Scrolls Study Edition*. Editado por F. García Martínez y E. J. C. Tigchelaar. 2 vols. Leiden: Brill, 1994
JB	Jerusalem Bible
King	*The New Testament: Freshly Translated by Nicholas King*. Stowmarket, Reino Unido: Kevin Mayhew, 2014
KJV	King James Version
LXX	Septuaginta
MS(S)	manuscrito(s)
TM	Texto masotérico
NEB	New English Bible
NETS	*A New English Translation of the Septuagint and the Other Greek Translations Traditionally Included under That Title*. Edited by A. Pietersma y B. C. Wright. Oxford: Oxford University Press, 2007.
NTE/KNT	*The New Testament for Everyone* (in USA, *The Kingdom New Testament*), por N. T. Wright. London: SPCK; San Francisco: Harper- One, 2011
NJB	New Jerusalem Bible
PLond	*Greek Papyri in the British Museum*. Vols. 1 and 2 ed. F. G. Kenyon, vol. 3 ed. F. G. Kenyon y H. I. Bell, vols. 4 y 5 ed. H. I. Bell. Londres: British Museum, 1893–
Sal. Slm	Salmos de Salomón
REB	Revised English Bible
NVI	Nueva Versión Internacional
NRSV	New Revised Standard Bible
RSV	Revised Standard Version

INTRODUCCIÓN

¿Qué es la «formación cristiana»? ¿Cómo contribuye la Biblia a ella? ¿Cómo forma parte de ella un libro como Gálatas? Y – el desafío particular al que se enfrenta el comentarista – ¿cómo forma parte de ella *un comentario a* un libro como Gálatas?

Asumo que la «formación cristiana» significa la conformación de las comunidades, y de los individuos dentro de ellas, para que reflejen más plena y fielmente el hecho de que el Espíritu del Mesías Jesús está habitando en medio de ellas (corporativamente) y dentro de ellas corporalmente (individualmente). Frente a la idea de que ser cristiano no implica más que el asentimiento mental a una doctrina y el compromiso personal de seguir a Jesús, que, por supuesto, siguen siendo muy importantes, el énfasis en la «formación» reconoce que el carácter cristiano, aunque se siembra como una semilla en la fe y en el bautismo, necesita ser alimentado como una planta joven para que crezca hasta la madurez y produzca el «fruto» que mostrará al mundo el amor de Dios modelado por Jesús.

Hoy en día, prácticamente todos los cristianos dan por sentado que, de un modo u otro, la Biblia es fundamental para este tipo de «formación cristiana». La lectura personal, el estudio en grupo, los sermones expositivos, la consejería bíblica – todo esto y más contribuye. La Biblia cuenta la historia de Dios, del mundo, de Israel y, sobre todo, de Jesús. La cuenta de tal manera, desde muchos ángulos y en muchos géneros, como para decir a sus lectores: *Esta es tu historia. Esta es tu casa. Aprende lo que significa vivir aquí.* Por supuesto, hay muchos otros elementos «formativos»: la oración, los sacramentos, el compañerismo, el servicio a los pobres, etc. Pero la Biblia es el centro de todos ellos.

Uno podría imaginar que una carta como Gálatas sería una excepción. Escrita apasionadamente, es un mensaje muy específico, y muy agitado, para un grupo particular de congregaciones en un momento notable de la iglesia muy primitiva. Pero pocos lectores contemporáneos, si es que hay alguno, se enfrentarán a los retos precisos a los que se enfrentaban las iglesias gálatas. Pablo escribe para defenderse de las acusaciones de que su evangelio era de segunda mano y confuso. Argumenta apasionadamente que a Abraham se le prometió una familia, no dos. Insta a los hombres seguidores de Jesús entre sus conversos gentiles a no someterse a la circuncisión. Está advirtiendo contra la lucha violenta entre facciones. Nada de esto se parece a lo que se predica, se enseña o se discute habitualmente en las iglesias occidentales de hoy.

Por eso, muchas generaciones de predicadores, maestros y lectores cristianos comunes han extraído del libro lecciones más «generales», creando un mundo abstracto y desapegado de la historia. En ese mundo, la «circuncisión» podría representar «las buenas obras en general», o incluso «el ritual religioso en general». «Abraham» podría ser simplemente un «ejemplo» de alguien que fue «justificado por la fe». Y así sucesivamente. Los oponentes de Pablo – la gente que trataba de obligar a los gálatas a «judaizarse» – han sido a menudo re-condensados en forma de grupos muy posteriores, notoriamente en el siglo XVI, cuando Lutero y otros asumieron que eran muy parecidos a los católicos romanos de finales de la Edad Media, que buscaban (desde la perspectiva de Lutero) añadir «obras» adicionales propias para aumentar sus perspectivas de salvación final. Martín Lutero se refirió a Gálatas como su «Katie von Bora», en otras palabras, su esposa, y desde entonces los maestros protestantes han mirado a Gálatas como la quintaesencia del «evangelio» de Pablo de la «justificación por la fe aparte de las obras de la ley». «Solo la fe» fue el gran lema de Lutero. Él, e innumerables otros desde entonces, han leído la carta como un ataque a cualquiera que añada «obras» a esa fe. Es humillante, demasiado humillante para muchos, suponer que después de todo somos totalmente indefensos, totalmente dependientes de la gracia de Dios. La gran tradición protestante ha insistido, con razón, en esa necesaria humildad.

Aunque esto sigue siendo importante, leer Gálatas de esta manera ha resultado ser todo un problema. La investigación histórica sobre el mundo más amplio de Pablo, por un lado, en particular su mundo judío, y sobre el significado real de sus textos, por el otro – los significados de las palabras y los argumentos en sus contextos del siglo I – ha avanzado hasta el punto de reconocer que sus oponentes no eran en absoluto como los católicos medievales a los que Lutero se resistía. He escrito ampliamente sobre esto, y este no es el momento de reproducir todos los argumentos.[1] Nuestra tarea aquí es la positiva. Al igual que Martín Lutero y los demás grandes reformadores del siglo XVI, parto de la hipótesis de que la propia Escritura debe decidir sobre todas las tradiciones, incluida la nuestra. El objetivo aquí, por tanto, es explorar lo que el propio texto dice realmente. Esto nos llevará bastante tiempo sin que nos veamos arrastrados al aparentemente interminable vaivén del debate académico.

El propio Karl Barth, uno de los más grandes teólogos protestantes de los tiempos modernos, vio claramente en su obra posterior que Lutero simplemente había proyectado sus batallas hacia el siglo I, con todos los peligros de la distorsión.[2] Este tipo de lectura (errónea) hace con el Nuevo Testamento lo que muchos cristianos han hecho con el Antiguo, es decir, lo ha tratado como un libro de «alegorías» o «figuras». No estoy diciendo que no se encuentren alegorías, tipos, prefiguraciones y «figuras», o que sean siempre engañosas. Pero, como sabían los teóricos medievales (¡y como Lutero y sus seguidores les recordaron con entusiasmo!), siempre hay que tener cuidado de fundamentar tales saltos de fantasía en el sentido literal. Y eso significa la historia. Sin ese anclaje, la exégesis figurativa puede ser llevada de un lado a otro en un océano amplio y

---

[1] Véase *Paul and His Recent Interpreters* (Londres: SPCK; Minneapolis: Fortress, 2015), part. 1. Para una descripción destacablemente completa y útil de los comentarios históricos a Gálatas por Crisóstomo, Agustín, Aquino, Lutero, Calvino y otros, véase a J. K. Riches, *Galatians through the Centuries* (Chichester: Wiley-Blackwell, 2013; original 2008).

[2] Véase K. Barth, *Church Dogmatics* IV/1 (Edimburgo: T&T Clark, 1956), 622–23, citado en Wright, *Paul and His Recent Interpreters*, 86–87.

sin caminos. Disfrutando del viaje, no siempre se da cuenta uno de lo lejos que se ha alejado de la orilla.

No hay nada malo en sí mismo en generalizar, en extrapolar el contexto histórico a cuestiones más amplias. Yo mismo lo haré en cierta medida en lo que sigue. Se podría señalar, por ejemplo, que en Gálatas 1 y 2 Pablo insiste en que su evangelio es el verdadero mensaje apostólico; que en Gálatas 2, 3 y 4 subraya la unidad de la iglesia por encima de la frontera judía/gentil, lo que da lugar a una única familia «mundial» del pueblo del Mesías; y que en los capítulos 5 y 6 esboza un camino de santidad que supera cualquier cosa disponible para judíos o gentiles. Por tanto, podríamos decir que la carta enseña que hay una sola iglesia, santa, católica y apostólica.[3] Pablo estaría de acuerdo. Sin embargo, nunca podemos sustituir la especificidad del argumento de Pablo en su propia situación por esa lista de comprobación (extraída de credos posteriores). Los resúmenes abreviados son útiles, pero también peligrosos. Siempre debemos volver a la situación histórica. Después de todo, el propio Jesús no es un «ejemplo» de otra cosa, al igual que uno no debería estudiar la *Mona Lisa* como un mero «ejemplo» de un estilo particular de pintura. Es lo que es. La situación de Gálatas es lo que es. Jesús mismo es lo que es. *Y los cristianos se forman y maduran teniendo al propio Jesús, el Mesías de Israel, dando forma a sus vidas.*

Pablo dice exactamente eso en Gálatas 4:19: como una madre que tiene que dar a luz de nuevo, se encuentra con dolores de parto «hasta que el Mesías se forme en ustedes». Esta es una definición bastante exacta de «formación cristiana». La carta a los Gálatas fue escrita para «formar» a la comunidad de seguidores de Jesús, y a sus miembros individuales, en «gente del Mesías». Eso significa — de nuevo en forma abreviada — que deben ser «formados» en la *unidad* (particularmente en una unidad *mundial* más allá de las fronteras sociales y étnicas tradicionales) y en *la santidad*, arraigada en el genuino evangelio *apostólico,* y en la extraña mezcla de sufrimiento y gozo que todo ello conlleva.

Como veremos, esta realidad se da de hecho ya en el complejo significado que Pablo asigna a la propia palabra «Mesías» (*Christos* en griego: «el ungido»). La palabra *denota* al propio Jesús, obviamente, pero los largos años en los que (por diversas razones) se ha tratado a «Cristo» como un nombre propio no han hecho ningún favor ni a Pablo ni a nosotros. Para Pablo, la palabra *Christos* también *connota* una nueva y extraña entidad: el pueblo mesiánico, aquellos que están incorporados «al Mesías» de tal manera que lo que es cierto de él se considera cierto de ellos. Ante la desunión en Corinto, Pablo se pregunta si el Mesías ha sido cortado en pedazos e insiste en que, al igual que un cuerpo tiene muchos miembros, todos con funciones diferentes, «así es también el Mesías» (1Cor. 1:13; 12:12). Los creyentes son ellos mismos «ungidos» con su Espíritu y se convierten — para usar una expresión moderna un tanto fea — en parte del proyecto del Mesías de Dios. Cuando dice «hasta que el Mesías se forme en vosotros» en Gálatas 4:19, Pablo no solo se refiere a la transformación «espiritual» o moral interna del creyente individual. Está pensando en la forma en que toda la comunidad ha de ser una

---

[3] «Católica», por supuesto, propiamente significa «a nivel mundial».

encarnación viva, un signo visible, del «ungido»: la «simiente» única, como en 3:16 y 3:29.

La «formación cristiana», por tanto, es más que el equivalente espiritual o teológico de un día de «formación de equipos» en el trabajo, o de una sesión de entrenamiento de fútbol. Se trata de descubrir, a veces con una práctica dolorosa, lo que significa ser el pueblo del Mesías, la única comunidad «ungida». Una, santa, católica y apostólica, sí; pero con esas abstracciones llenas de carne y sangre vívidas y arriesgadas. Pablo escribió Gálatas debido a (lo que llamaríamos) preocupaciones políticas, además de teológicas o espirituales. Y la política te mete en problemas. De hecho, la teología solo se mete en problemas cuando viene con cuerdas políticas adjuntas, especialmente si la gente pretende que la dimensión política no existe, y que solo están «realmente» hablando de Dios, o de la expiación, o de la justificación, o de lo que sea.

La tarea de un comentario en una serie como ésta es, pues, permitir al lector individual, y a los que se preparan para predicar o enseñar a partir de Gálatas, ver cómo funciona todo esto en detalle y aplicarlo sabia y creativamente a la vida eclesial y personal. El objetivo es abordar la tarea actual de la formación cristiana con la profundidad teológica y la sensibilidad que invita el texto, plenamente integrada con la base histórica y textual que impide que la teología y la praxis floten libremente en el cielo azul de la fantasía especulativa (y muy posiblemente tergiversadora). Creo, y espero demostrarlo, que cada parte de Gálatas puede y debe servir al propósito de la «formación cristiana» en nuestros días. Pero, como en el caso de Alicia en *A través del espejo*, a menudo llegaremos más pronto a ese objetivo si nos dirigimos a lo que podría parecer la dirección opuesta: concentrarnos en los contextos y significados históricos del primer siglo para encontrar (con la debida tranquilidad) un nuevo significado para el siglo XXI.

Este ejercicio requiere mucho más que un simple análisis y exposición racionales de «lo que significaba en su momento», aunque eso siempre debe ser fundamental. Tampoco debemos imaginar que nos movemos en una simple forma de dos pasos, como con el torpe modelo anterior, de «lo que el texto significaba entonces» a «lo que significa ahora». La propia historia ya implica una imaginación empática. Más bien, estamos implicados en un diálogo en constante movimiento, en el que, en el trabajo de la oración y la sensibilidad pastoral de los maestros y predicadores, las necesidades particulares de los individuos y las comunidades son puestas a la luz que arroja ese complejo significado original.

Cuando intentamos esta tarea, y revisamos la historia a fondo, encontramos algo sorprendente; al menos, es probable que asombre a cualquiera que conozca cómo se ha leído habitualmente Gálatas en las iglesias occidentales de los últimos cuatrocientos años. Gálatas *no trata de cómo salvarse del pecado para ir al cielo, ni de la relación de la «fe» y las «obras» en ese proceso*. En realidad, el «pecado» apenas se menciona en la carta, y la «salvación», no aparece en absoluto. El pecado y la salvación han sido cuestiones apremiantes en las iglesias occidentales, pero no debemos suponer que fueran el tema candente para Pablo y sus iglesias gálatas. Por el contrario, gran parte de la carta a los Romanos trata del pecado y la salvación (aunque no exactamente como la tradición occidental los ha imaginado), pero los numerosos paralelismos entre las dos cartas no deben ocultar el hecho de que no son los temas explícitos de Gálatas.[4]

Antes de continuar, debemos aclarar que esto *no quiere* decir que el Pablo de Gálatas no se preocupara por el pecado y la salvación. Da por sentado que algunos «heredarán el reino de Dios» y otros no (5:21). También da por sentado que toda la gente del Mesías debidamente formadas estará entre esos herederos (3:29; 4:7). Eso no se cuestiona. Pero no es de lo que trata Gálatas. Permítanme ofrecer una ilustración.

No soy cocinero. Pero a veces he escuchado discusiones sobre los méritos respectivos de cocinar, por ejemplo, en una sartén de hierro fundido o en una de aluminio. Han corrido rumores sospechosos de que el aluminio se cuela en la comida, pudiendo causar enfermedades como el cáncer. Por tanto, es posible imaginar que en una reunión familiar algunas personas quieran ir por lo seguro y utilizar los utensilios de cocina más antiguos y probados, mientras que otras esperan utilizar las nuevas sartenes. Tal vez este último grupo haya estudiado las pruebas (que actualmente declaran que el aluminio es seguro) y haya utilizado las nuevas sartenes, sin efectos nocivos, y las encuentre más fáciles de manejar y, en general, más eficaces. En ese caso, el debate podría incluir la metalurgia, la gastronomía, la investigación médica, etc. Pero esto sería una discusión muy diferente a la cuestión de qué va a cenar la familia.

Las dos preguntas están obviamente relacionadas. Si no nos ponemos de acuerdo sobre qué sartenes utilizar, todos pasaremos hambre. Algunos podrían sugerir que algunos platos se cocinan mejor en uno u otro tipo de sartén. Pero la cuestión del hierro fundido frente al aluminio no es la misma que la del filete y las patatas fritas frente a los espaguetis a la boloñesa. Si las personas que se encuentran en la habitación de al lado, y que captan fragmentos de la conversación, se imaginan que la discusión se refiere al menú y no a los utensilios de cocina, podrían quedar desconcertados. Se verían obligados a malinterpretar todo lo que oyeran. Eso no significa que alimentar a la familia se haya vuelto irrelevante. Sigue siendo el objetivo final. Pero no es el tema concreto que se debate.

Ninguna analogía es perfecta. Lo que quiero decir es lo siguiente: cuando argumentamos, como lo haré yo, que Gálatas trata de «quién debe ser 'contado' como

---

[4] El verbo *sōzō* es hallado diez veces en Romanos, en Gálatas no se halla en ninguna parte; el sustantivo *sōtēria* cinco veces en Romanos, en Gálatas no se halla en ninguna parte. Igualmente *hamartia* (pecado) es hallado tres veces en Gálatas, incluyendo en la fórmula de apertura de 1:4, pero en Romanos aparece cuarenta y ocho en Romanos; el verbo *hamartanō*, no se encuentra en Gálatas, ocurre siete veces en Romanos; el sustantivo *hamartōlos* ocurre dos veces en Gálatas, cuatro veces en Romanos; el sustantivo *hamartēma*, no se encuentra ni una vez en Gálatas, sí una vez en Romanos. Esto hace cinco usos de terminología relacionada en Gálatas y sesenta en Romanos. Las estadísticas no son todo, pero estas son impactantes, especialmente cuando Gálatas tiene varios pasajes paralelos con Romanos en los que la mayor concentración de palabras de pecado aparecen (caps. 5-8). M. de Boer, *Galatians: A Commentary*, New Testament Library (Louisville: Westminster John Knox, 2011), 44, 61, y en otra parte aparece para confundir «salvación» con «justificación»; por supuesto están íntimamente correlacionados dentro del marco de pensamiento más amplio de Pablo, pero cuando, como en Gálatas, la última es explícitamente discutida y la primera ni se menciona, es riesgoso asumir la identificación.

parte de la única familia de Dios», eso no implica que la cuestión de la salvación final deje de tener importancia. Si no estuviera en el fondo, la discusión en primer plano sería irrelevante. No estaríamos discutiendo sobre tipos de utensilios de cocina si no tuviéramos la intención de hacer la cena. Pero si alguien viene a Gálatas esperando una discusión sobre la salvación final, esa persona malinterpretará el texto en cada punto.

Entonces, ¿por qué alguien supuso que Gálatas trataba sobre el pecado y la salvación, si no era eso de lo que hablaba Pablo?

La respuesta se encuentra en lo más profundo de la Edad Media, sobre todo en la sombra que arrojó sobre la Iglesia europea del siglo XV la desarrollada doctrina del purgatorio.[5] La Iglesia occidental había enseñado durante mucho tiempo que, aunque el mundo estaba dividido entre los que irían al cielo y los que irían al infierno, solo los «santos» más completamente santificados irían directamente al cielo inmediatamente después de su muerte. Todos los demás cristianos, por mucho que tuvieran asegurado su destino celestial definitivo, tendrían que pasar por un tiempo de sufrimiento tanto punitivo como purificador. Esto fue elaborado en detalle por Tomás de Aquino y luego retratado en la vívida poesía por Dante. Por mucho que los teólogos expliquen que las penas del purgatorio son soportables por la perspectiva del cielo que viene, y que todo se hace por el amor de Dios, la perspectiva sigue siendo temible. Se generó una gran industria (la palabra no es demasiado fuerte), ideando y poniendo en práctica estrategias para evitar el purgatorio, si se podía, o, mucho más probablemente, para acortar el tiempo que se pasaba allí. Así, se fundaron comunidades y se construyeron «canterías» para orar por las almas de los fundadores, asegurando que sus perspectivas post-mortem coincidieran con su actual posición social acomodada. Sin embargo, había otras formas de jugar con el sistema. Las «indulgencias» — dispensaciones especiales del Papa que concedían a alguien la remisión, o incluso la anulación total, de la tortura purgatoria — podían estar disponibles. A principios del siglo XVI, algunos sugirieron que podían comprarse por dinero. Y entonces alguien tuvo la brillante idea de que ese dinero podría utilizarse para ayudar en grandes proyectos eclesiásticos… Y fue entonces cuando un joven monje agustino erudito y devoto del noreste de Alemania decidió que ya era suficiente. La iglesia tenía que reformarse. Clavó sus noventa y cinco «tesis», incluyendo su ataque a la venta de indulgencias, en la puerta de la iglesia de Wittenberg. Llamaba a un debate serio. Pero su acción fue mucho más allá de la sala del seminario.

Martín Lutero se oponía, con buenas razones bíblicas, a toda la estructura de la enseñanza oficial de la Iglesia sobre lo que ocurría después de la muerte. Él y sus seguidores apelaron a Pablo. Dos golpes rápidos de la espada paulina fueron suficientes. Sí, los cristianos moribundos seguían siendo pecadores, pero la muerte misma acababa con el pecado (Rom. 6:7). Sí, los pecados tenían que ser castigados, pero Jesús mismo había asumido ese castigo (Gálatas 3:13; 2Corintios 5:21). Hasta aquí el purgatorio. No había nada que impidiera al cristiano ir directamente al cielo.

---

[5] Sobre el purgatorio, véase, por ejemplo, J. Le Goff, *The Birth of Purgatory* (Chicago: University of Chicago Press, 1984; original 1981), y el relato dramatic de S. Greenblatt, *Hamlet in Purgatory* (Princeton: Princeton University Press, 2001).

Ir en contra de las tradiciones recibidas de la iglesia era peligroso. Afirmar que se sabía mejor lo que enseñaban las Escrituras que el propio Doctor Angélico era arrogante. Pero en un mundo en el que muchos estaban hartos de un papado engreído y mundano, y en el que las imprentas recién inventadas podían verter tanto folletos anti-papales como nuevas traducciones de la Biblia en lengua vernácula, el mensaje de Lutero caló.

Pero si el purgatorio podía descartarse, dejando la alternativa directa de «cielo o infierno», ¿cómo podía uno estar seguro del destino correcto? Al igual que un delincuente de poca monta que prefiere una noche en la cárcel a quedarse congelado en la calle, muchos preferían la idea de cumplir una condena en el purgatorio a la perspectiva más aguda de que, a falta de cielo, uno podría aterrizar en el infierno perpetuo. La abolición del purgatorio puso así un peso repentino en la cuestión de la *seguridad*: ¿Cómo puede uno estar seguro de que va a ir directamente al cielo? Desde al menos Agustín y Anselmo (la historia es demasiado complicada para contarla aquí), se había enseñado que para que una persona fuera aceptada ante Dios, necesitaría «justicia».[6] Se desarrollaron teorías sobre cómo un mortal pecador podría adquirir esta *iustitia* necesaria. ¿Fue infundida, impartida, o qué, y si es así, cómo? Pablo habló en Romanos de la propia *dikaiosynē* de Dios: aquí, pues, pensaba Lutero, estaba la solución. Dios acreditaría su propia *dikaiosynē*, su propia *iustitia*, a los humanos pecadores. Y lo haría, no porque trataran de obedecer su ley moral, sino simplemente porque creyeran en el evangelio. «El justo vivirá por la fe». Concedida la fe, la seguridad seguiría: el futuro final, hecho aparentemente más peligroso una vez descartado el purgatorio, podía ahora asegurarse.

Así (de nuevo, la historia es más complicada, pero esto servirá a nuestros propósitos) nació la famosa doctrina protestante y supuestamente paulina de la «justificación por la fe». Ha dado consuelo a millones de personas, incluido el presente autor. Habla de la misericordia soberana de Dios hacia el penitente inútil: «Nada traigo en la mano; simplemente a tu cruz me aferro».[7] Habla de la seguridad absoluta del perdón, disponible en el presente y garantizado para un futuro que esperaba al creyente inmediatamente después de la muerte. La venta de indulgencias prometía que «en cuanto suene la moneda en el cofre, el alma del purgatorio sale». La respuesta protestante es que «el delincuente más vil que cree de verdad, en ese momento recibe de Jesús el perdón».[8] Si esas son las dos opciones – como lo eran para muchos a principios del siglo XVI – solo puede haber una respuesta verdadera. Ciertamente, solo una que Pablo respaldaría.

---

[6] El latín *iustitia*, «justicia», como la traducción regular del griego de Pablo *dikaiosynē*, trajo consigo toda clase de preguntas adicionales. Sobre la historia de la doctrina de la justificación, véase especialmente A. E. McGrath, *Iustitia Dei: A History of the Doctrine of Justification*, 4ta ed. (Cambridge: Cambridge University Press, 2020; original 1986).

[7] De A. M. Toplady, «Rock of Ages, Cleft for Me», en, por ejemplo, *Hymns Ancient and Modern New Standard* (Londres: Hymns A&M, Ltd., 1983), num. 135.

[8] El dicho sobre la moneda en el arca es usualmente atribuido a John Tetzel, el que estaba vendiendo indulgencies. El himno es «To God Be the Glory» por Frances J. van Alstyne, 1870 (*Anglican Hymn Book* [Londres: Church Book Room Press, 1965], num. 280).

La gran fuerza de esto es que está dando una respuesta *bíblica a* la cuestión medieval. La gran debilidad es que está dando una respuesta bíblica a *la cuestión medieval.* Y esa pregunta era tan grande en la época que se suponía que era la única pregunta que realmente importaba: *¿Cómo llego al cielo? ¿Cómo puedo estar seguro? ¿Cómo sé que he hecho lo suficiente? ¿Cómo sé que no iré al infierno y que tampoco tendré que ir al purgatorio? La* vida era a menudo brutal y corta; la pregunta era urgente. Hoy sigue siendo urgente, incluso para los que viven vidas largas y cómodas, *en un mundo en el que «ir al cielo» es el objetivo final.* Si esa es la pregunta, alguna versión de la respuesta protestante clásica puede parecer un buen punto de partida.

Pero, ¿y si el gobierno del cielo ya ha comenzado en la tierra – como insiste el Nuevo Testamento que ha ocurrido con la muerte, resurrección y exaltación de Jesús? ¿Y si la visión del Nuevo Testamento sobre el futuro final no es la de «ir al cielo» y disfrutar allí de una «visión beatífica», sino la de «cielos nuevos y tierra nueva»?[9] De repente resurgen las cuestiones de la comunidad, la iglesia y los desafíos políticos circundantes, tanto más sorprendentes por haber sido marginados en gran parte del cristianismo posterior a la Reforma. No debe sorprendernos que Gálatas se nos haya adelantado.

La Reforma, de hecho, respondía a la pregunta equivocada. La pregunta medieval centró la atención en el individuo y su definitiva «ida al cielo», con los tradicionalistas insistiendo en que la forma de ir al cielo era siendo un miembro obediente de la iglesia y los reformadores insistiendo en que la respuesta era «solo por la fe». De este modo, colocaron esa «fe» individual en un nuevo tipo de foco de atención, insistiendo en que incluiría la *conciencia* individual *de la presencia amorosa de Dios en Cristo*: «No es suficiente», escribió Melanchthon, colega de Lutero, «creer que Cristo es el salvador; debo creer que es el salvador *para mí*». En los siglos XIX y XX, con la ayuda de los avivamientos metodistas orientados a la experiencia y de los nuevos contextos del deísmo, el neo-epicureísmo y el propio ateísmo, esto había fusionado las nociones de «conversión», «experiencia religiosa», «llegar a la fe», «creer» y muchas otras cosas, vinculándolo todo a la «justificación» en términos de «seguridad de ir al cielo».[10]

Pero ese fue el punto en el que la iglesia medieval perdió sus amarras. El gran drama de la Escritura no trata fundamentalmente de «cómo podemos dejar la 'tierra' e ir a vivir con Dios en el 'cielo'», sino de *cómo Dios puede venir a vivir con nosotros.* La escena final de la Escritura no trata (como en las obras de misterio medievales) de las «almas salvas» que suben al «cielo», sino de la nueva Jerusalén que baja del cielo a la tierra, para que «la morada de Dios esté con los humanos» (Ap. 21:3). Los anticipos de eso, en la morada de Dios en el tabernáculo del desierto y en el templo de Jerusalén, se adelantan en la narración bíblica al momento en que «el Verbo se hizo carne y habitó [literalmente 'hizo una tienda'] en medio de nosotros» (Juan 1:14). La majestuosa visión paulina en Efesios 1:10 es que Dios siempre había planeado unir todo el cosmos en el Mesías, «todo lo que

---

[9] He expuesto esto en más detalle en *Surprised by Hope: Rethinking Heaven, Resurrection, and the Mission of the Church* (Londres: SPCK; San Francisco: HarperOne, 2007).

[10] Sobre los contextos, véase *History and Eschatology: Jesus and the Promise of Natural Theology*, Gifford Lectures, 2018 (Waco, Texas: Baylor University Press; Londres: SPCK, 2019), caps. 1 y 2.

hay en el cielo y en la tierra». Eso lo cambia todo, como he tratado de explicar en otras partes.[11]

Si nos reorientamos en torno a esa antigua visión bíblica, pronto nos encontramos con la esperanza judía del siglo I: que el Dios Único de Israel, el creador del mundo, regresaría en gloria para rescatar a su pueblo, para poner fin a la «presente era malvada» en la que los malvados paganos gobernaban el mundo, y para dar paso a la «era venidera» de paz, justicia y libertad.[12] En ese momento, según creía la mayoría de los judíos de la época de Pablo, resucitaría a su pueblo de entre los muertos para participar en la nueva creación que se pondría en marcha. Esto era lo que hoy podríamos llamar una esperanza «mundana»: Los contemporáneos de Pablo, especialmente los «celosos», anhelaban especialmente la liberación del pueblo judío de su sufrimiento a manos de los paganos idólatras. Ese retorno divino y esa victoria desvelarían en acción la «justicia» del Dios Único de una manera muy diferente a la concebida por Anselmo o Lutero. Aquí, la «justicia», como en los Salmos e Isaías, se refería claramente a la fidelidad de Dios al pacto con Israel, y a través de Israel para todo el mundo. Como Dios había actuado en el Éxodo, en fidelidad a sus promesas a Abraham, así Dios actuaría de nuevo, liberando a su pueblo de una vez por todas del prolongado «exilio» que había sufrido durante siglos. Mientras vivieran bajo la opresión pagana, las promesas proféticas aún no se habían cumplido. La liberación del exilio constituiría entonces el «perdón de los pecados» a gran escala del que hablaban los profetas.[13]

En efecto, algunos judíos del siglo I adoptaron el punto de vista platónico de que lo importante era «ir al cielo».[14] Pero para aquellos que, como Saulo de Tarso, creían en la resurrección – y este punto de vista farisaico parece haber sido adoptado por la mayoría de los judíos de la época, aunque con diversas opiniones discrepantes – la cuestión no era «ir al cielo» como un destino final de un solo paso. Sí, después de la muerte Dios cuidaría de alguna manera de su pueblo, aunque nunca se resolvió realmente en qué estado estaría.[15] Pero luego, al final, cuando Dios transformara el mundo en un gran acto de nueva creación, todo su pueblo resucitaría de entre los muertos. Saulo de Tarso y sus colegas fariseos, y todos los influenciados por ellos, creían, pues, en una «vida después de la muerte» en dos etapas: primero, cualquier existencia no corporal que pudiera haber en el tiempo intermedio; luego, por fin, la resurrección corporal para compartir la

---

[11] Véase particularmente *Surprised by Hope*.

[12] Para lo que sigue, véase particularmente *The Resurrection of the Son of God* (Londres: SPCK; Minneapolis: Fortress, 2003), especialmente. caps. 3 y 4, y *Paul and the Faithfulness of God*, vol. 4 de *Christian Origins* and the *Question of God* (Londres: SPCK; Minneapolis: Fortress, 2013), caps. 2 y 11.

[13] Por ejemplo, Is.40:1–2; Jer. 31:34; Lam 4:22.

[14] Notablemente Filón; y véase el (obviamente platónico) paralelo en Plutarco, «On Exile» (*Moralia* 7 de Plutarco).

[15] Véase la discusión en *Resurrection of the Son of God*, cap. 3: note particularmente que Wis 3:1–10, que habla de «las almas de los justos» como estando «en las manos de Dios», por lo tanto no está describiendo su destino final sino su refugio temporal hasta el tiempo en el que «resplandecerán y correrán como centellas» (3:7) y gobernarán las naciones y los pueblos en el reino de Dios (3:8), ocasionando consternación para «el malvado» que había matado al justo e imaginando que se había ido para siempre (4:20–5:23).

vida de la nueva realidad celeste y terrestre de Dios. Esa realidad post-mortem en dos etapas es la verdad bíblica de la que la doctrina medieval de una «vida después de la muerte» en dos etapas, con el «cielo» precedido por el purgatorio, es una desagradable parodia.[16]

Si se cambia la escatología, se cambia todo lo demás con ella. Si el objetivo final son los «cielos nuevos y la tierra nueva» de los que había escrito Isaías, y si la promesa de esa gloriosa «herencia» futura se hace a la familia de Abraham, entonces la pregunta de «¿quién es realmente el pueblo de Dios?» es de importancia final. Todavía se relaciona con la «salvación final»: cuando Dios establezca su reino «en la tierra como en el cielo», entonces – en la escatología judía que Saulo de Tarso habría abrazado – eso constituiría el «rescate» definitivo de «la presente edad mala». Si eso se produjera (las opiniones diferían al respecto, como era de esperar), entonces, lo ideal sería que el pueblo judío viviera una vida de pureza y santidad, para que Dios se deleitara en volver a habitar entre ellos. La pregunta clave era entonces: ¿Qué constituía el tipo correcto de «pureza» y «santidad»? *¿Cómo se podía saber, en el presente, quiénes eran las personas que serían reivindicadas como los verdaderos israelitas en la era venidera?* ¿Quiénes constituyen exactamente esta familia, este pueblo que por fin heredará las promesas abrahámicas? Esto, para Pablo (como, curiosamente, para algunos en Qumrán), era la cuestión de la justificación.[17]

La respuesta obvia a la pregunta, para Saulo de Tarso y muchos como él, era que el Dios Único vindicaría a aquellos que fueron señalados en la época anterior por su observancia de la Torá. De ahí el impulso, en el mundo farisaico que se transpuso en los dos siglos siguientes al mundo rabínico, de definir con mayor precisión lo que contaba como auténtica observancia de la Torá. Esto era especialmente importante en la diáspora, cuando el otro gran símbolo de la vida y la esperanza de Israel, el templo, estaba lejos; y, por supuesto, era aún más importante cuando, después del año 70, el templo era una ruina humeante y triste. De ahí la línea divisoria cada vez más marcada, en escritos que Pablo conocía casi con seguridad, entre los «justos» y los «pecadores», los *dikaioi* y los *hamartōloi*.[18] Los gentiles eran automáticamente *hamartōloi*, por supuesto, porque adoraban a los ídolos y, en consecuencia, pecaban. (Eso es lo que te hacen los ídolos: distorsionan tu genuina humanidad, te hacen «errar el blanco»). Al estar fuera del mundo definido por la Torá, los gentiles eran «pecadores» por definición. Pero muchos en Israel, así le parecía al menos al devoto fariseo, también eran «pecadores», porque, aunque poseían la Torá, no la guardaban, o no de la manera que

---

[16] En la teología católica romana contemporánea, grandes pasos se han dado alejándose de la teoría medieval, aunque la práctica popular, como se evidencia en, por ejemplo, la conmemoración del Día de los Santos Difuntos, no ha empezado a ponerse al día. Véase *For All the Saints: Remembering the Christian Departed* (Londres: SPCK; Harrisburg, Pennsilvania: Morehouse, 2003) y *Surprised by Hope*; y, para una declaración romana contemporánea, P. J. Griffiths, «Purgatory» en *The Oxford Handbook of Eschatology*, ed. J. L. Walls (Oxford: Oxford University Press, 2008), 427–46, incluyendo la impresionaste propuesta (443n20) de que mi propia posición está cerca a la del Concilio de Trento.

[17] Véase la única oración explícita en Qumrán, en 4QMMT columna C: véase mi artículo en *Pauline Perspectives* (Londres: SPCK; Minneapolis: Fortress, 2013), cap. 21.

[18] Véase abajo en 1:10.

sus contemporáneos más estrictos consideraban necesaria. Los Salmos bíblicos se quejaban de esto, una y otra vez.[19]

Por lo tanto, ser «justo», en ese mundo, significaba principalmente «formar parte del verdadero pueblo de Dios, que será vindicado cuando Dios actúe en el futuro». No se trataba de poseer lo que un teólogo medieval habría entendido por *iustitia*. Si se hablara en aquel mundo judío de «justificación», se referiría por tanto a *la declaración implícita de Dios sobre quiénes formaban parte de esta comunidad*. El veredicto de Dios sería visible en la realidad humana, en la práctica, no menos importante, de la comunión en la mesa, de «los justos».

Ahora, quizás, podemos ver la principal diferencia entre el mundo de Lutero y el de Pablo. (Utilizo aquí a Lutero como representante clásico de toda una forma de ver la fe cristiana. Por supuesto, los debates sobre «lo que realmente dijo Martín Lutero», y lo que sus seguidores dijeron después de él, continúan). En el mundo de Lutero, la pregunta era: «¿Quién irá al cielo, y cómo se puede saber en el presente?». En el mundo de Pablo, la pregunta era: «¿Quién heredará el reino venidero de Dios en la tierra como en el cielo, y cómo se puede saber en el presente?». Las preguntas, claramente, no están tan alejadas. Ambas se refieren al futuro final. Pero en un caso el futuro es platónico y «celestial»; en el otro caso, es judío y «mundano» – o más bien, prevé una nueva creación en la que el cielo y la tierra se unen, como en el templo, que formaba el prototipo de ese futuro prometido.[20]

Así que los grandes reformadores no se equivocaron al suponer que Pablo creía en una salvación final. Se equivocaron en cómo veían ese futuro final. No se equivocaron al suponer que la cuestión clave se refería a cómo se podía saber en el presente quién era el verdadero pueblo de Dios. Se equivocaban al suponer que cuando Pablo se refería a «la ley» se refería a la ley moral en general, y no al documento del pacto de Israel, la Torá. No se equivocaron al reconocer que Pablo se ocupaba del pecado humano y de lo que Dios haría al respecto. Se equivocaron al ignorar las dimensiones específicamente *acerca del pacto* y *la escatología* de esa cuestión. Dios había hecho un pacto con Abraham, aclaró ese pacto y lo puso de manifiesto a través de las promesas reales a David. El pueblo judío de la época de Pablo sabía que vivía en un tiempo de espera, un tiempo de exilio continuo, un tiempo en el que lo que importaba era la *definición comunitaria* en la que, ya en el presente, se distinguirían los «justos» de los «pecadores».

Estas diferencias entre el mundo de Lutero y el de Pablo pueden parecer sutiles. Pero fueron decisivas. Lutero y sus sucesores, por todas las razones correctas (la Escritura desafiando las acumulaciones de la tradición eclesiástica; la fe sincera suplantando el legalismo exterior; el amor personal a Dios en lugar de la obediencia ciega; y así sucesivamente), no obstante, dieron algunos pasos claves que estuvieron alejados de lo que Pablo había estado diciendo.

A menudo he utilizado, en este punto, la ilustración musical de los sobretonos. Si pisas el pedal de volumen de un piano, tocas un do de pecho y escuchas con atención,

---

[19] Así, por ejemplo, Ps. 1, contrastando la presente conducta y el destino futuro de *hoi dikaioi* con que *hoi asebeis* («el impío») y *hoi hamartōloi* «los pecadores»).

[20] Sobre el templo y la esperanza futura, véase *History and Eschatology*, cap. 5.

deberías oír el siguiente do, luego un sol, luego el siguiente do, luego un mi, luego un sol... luego un si bemol muy plano (puede que no lo oigas si el piano está bien afinado), luego otro do, y así sucesivamente. Esas notas más altas forman parte del significado armónico interno de ese Do inferior. Pero si entonces se tocara, digamos, el primero de los Soles de la secuencia – que realmente forma parte del «significado» de ese Do original – se generaría un conjunto muy diferente de sobretonos: otro Sol, luego un Re, otro Sol, luego un Si, un Re, un Fa bemol, otro Sol... algunos de los cuales se solaparían exactamente con el significado armónico del Do inferior, y otros ciertamente no. La nota inferior de cualquier secuencia de este tipo se conoce técnicamente como la «fundamental», que genera esos «sobretonos». Irónicamente, han sido los fundamentalistas quienes, en este caso, han ignorado la «fundamental» de Pablo casi por completo.

En los últimos cincuenta años, al luchar simultáneamente con Pablo, por un lado, y con las tradiciones de la Iglesia occidental, por otro, me he convencido de que Lutero y sus colegas (especialmente mis héroes de la primera Reforma inglesa, como Tyndale y Frith) realmente escucharon matices paulinos vitales. Las urgentes controversias de la época lo exigían. Era como si, en mi secuencia que comenzaba desde el Do inferior, hubieran tocado el primero de los Soles. Esa era realmente una nota paulina. *Pero ha generado una secuencia armónica diferente*. Algunas partes de esa nueva secuencia van bien con las armonías que Pablo tenía en mente. Otras no. Y algunas de las notas que Pablo quería que se escucharan quedaron ahogadas.

Esto se puede ver cada vez que un intérprete se encuentra con un pasaje – Gálatas 3 tiene muchos – en el que Pablo no toca exactamente la nota que la segunda secuencia armónica habría hecho esperar. Es entonces cuando los comentaristas dicen, una y otra vez, que lo que Pablo *realmente* quería decir aquí... era algo ligeramente diferente de lo que de hecho dijo. O, lo que es peor, el intérprete simplemente se salta por completo la frase o el verso ofensivo.

La respuesta a este problema es la historia. La determinación seria e implacable de pensar en el mundo de Pablo, en el mundo judío del siglo I y, en el caso de Gálatas, en el mundo de la diáspora del siglo I, donde la filosofía griega había calado en la mentalidad de muchos y donde las colonias y los templos romanos señalaban todo un nuevo mundo religioso-político. Pongan el pedal del volumen histórico; toquen el do de pecho del mensaje de un Mesías crucificado y resucitado, y escuchen cómo la secuencia armónica, por fin, coincide con Gálatas. De eso se trata este comentario.

Por supuesto, «la historia» tiene mala fama entre los teólogos, ya que algunos han dicho «historia, historia» donde no había una historia real, sino solo la retro-proyección de un protestantismo liberal posterior a la Ilustración. Frente a eso, puedo entender que muchos hayan preferido escuchar las armonías de Lutero que la cacofonía truncada de la reconstrucción especulativa que a menudo ha resultado. Pero la historia, la historia real, importa, y en principio podemos trabajar en ella. Mi argumento en el presente libro es que cuando lo hacemos, nos encontramos escuchando todo tipo de temas y armonías que se relacionan directamente con la tarea de la «formación cristiana» en el mundo de hoy y de mañana.[21]

En particular, concentrarse en la versión del siglo XVI de la «justificación por la fe» ha significado la pérdida de dos cosas que eran de importancia central para Pablo. Ambas importan vitalmente en la tarea contemporánea de «formación cristiana».

En primer lugar, si «la ley» en el pensamiento de Pablo se entendía simplemente como una ley moral general que condenaba a todos como pecadores, eso significaba que «los judíos» debían caracterizarse no como buscadores de la santidad genuina sino como «legalistas», todo un espectáculo exterior. Los «judíos» se convirtieron en el arquetipo del *homo religiosus*, seres humanos que construyen un sistema para manipular a Dios. La polémica de Agustín contra Pelagio y la de Lutero contra el catolicismo medieval (y también contra los humanistas del Renacimiento, como Tomás Moro) se fundieron en una caricatura y se transfirieron al por mayor a «los judíos». Esto, como ahora se reconoce ampliamente, fue un gran paso en falso que ayudó a reenfocar el anti-judaísmo europeo de larga data en nuevas formas, convirtiendo ese prejuicio a modo «racial» a través de una especie de darwinismo social y produciendo un clímax horrible. Eso hace que ahora sea muy difícil para cualquier seguidor de Jesús de Nazaret hablar con claridad y sabiduría sobre los propios parientes de Jesús, el pueblo judío.[22] Fue difícil para Pablo cuando escribió Romanos 9-11. Ahora es mucho más difícil para nosotros. Todo el tema es tóxico. Las pasiones se despiertan. Esto se debe, en parte, a la continuidad esporádica de un anti-judaísmo encubierto y de su feo y furtivo primo, el antisemitismo. También se debe a que lo que la gente piensa y dice sobre el pueblo judío a menudo sirve, o puede considerarse, como una representación de sus opiniones sobre otros temas. Pero la cuestión de «la ley y los judíos» no puede evitarse, especialmente al leer Gálatas.

En segundo lugar, al hacer de la «justificación por la fe» la doctrina que provocó la ruptura definitiva con Roma — en contra de la intención original de Lutero, que era reformar desde dentro — los reformadores abrieron el camino a divisiones duraderas en la Iglesia. Por supuesto, se podría y quizás se debería decir que las divisiones fueron causadas por las corrupciones medievales. Pero la ironía, sorprendente cuando leemos Gálatas 2, es que la «justificación por la fe» para Pablo es la doctrina de que todos los creyentes en Jesús pertenecen a la misma mesa, sin importar su origen étnico, moral, social o cultural. Dividir a la iglesia por esa doctrina es hacer lo mismo a lo que Pablo se oponía. Plantar, establecer, desarrollar y hacer crecer «iglesias» sin relación entre sí, sin ver la necesidad de ningún vínculo con otros seguidores de Jesús en la zona o en todo el mundo, habría desconcertado y consternado al apóstol.

Por supuesto, la retórica protestante siempre ha sugerido, y a veces ha insistido, que esta o aquella hermandad recién establecida es la «verdadera iglesia», porque el cuerpo matriz había dejado de «ser una iglesia». Eso fue argumentado explícitamente por Juan

---

[21] Sobre la tarea, los problemas y las posibilidades de trabajo historica en este contexto, véase especialmente *History and Eschatology*, cap. 3.

[22] También es difícil para los judíos escribir sobre Jesús. Una representación gráfica se halla en el libro *Judas* de Amos Oz (Londres: Chatto & Windus, 2016), reflexionando sobre las preocupaciones del tío de Oz, Joseph Klausner, cuyo tratamiento a Jesús fue impactante para el mundo judío de sus días.

Calvino en relación con la Iglesia romana de su época. Muchas sectas protestantes han intentado la misma línea, sobre todo al separarse de otros protestantes con los que siguen teniendo mucho en común; aunque prácticamente todos se describirían ahora como «denominaciones». La retórica, sin embargo, suena vacía cuando se observa el panorama mundial actual. E incluso la «iglesia» más nueva, más brillante, más «pura», recientemente establecida, pronto descubrirá que hay gusanos en la manzana.

Detrás de todo esto había otra característica del mundo posterior a la Reforma que parece haber acelerado la división, de forma bastante accidental. Uno de los grandes imperativos de la Reforma fue tener las Escrituras, y el culto público, en la lengua del pueblo llano, en contraposición al a menudo incomprensible latín. Esto produjo entonces diferentes iglesias nacionales, regionales y étnicas, de modo que hasta el día de hoy en muchas ciudades del mundo hay iglesias polacas, iglesias griegas, iglesias chinas, y un centenar más por lo menos. Con los imperativos propios y urgentes de la Reforma de la fe personal e individual, nadie se dio cuenta que la creación de comunidades basadas en el parentesco lingüístico significaba la reinscripción de la identidad étnica definitoria de la iglesia. En otras palabras, nadie se dio cuenta de que un tema de Gálatas («justificación por la fe») había conducido al rechazo de otro tema («ni judíos ni griegos... todos son uno en el Mesías Jesús»), por no hablar de que, para Pablo, el primero era la base del segundo. En la medida en que la llamada nueva perspectiva sobre Pablo – en sus diversas formas – ha sacado esto a la luz, quizá no sea sorprendente que la reacción haya sido fuerte, no solo por parte de quienes quieren hacer que Pablo hable de «ir al cielo», sino también por parte de aquellos cuyas iglesias han sido durante mucho tiempo étnicamente monocromas.

Este es el punto en el que el debate entre la «nueva perspectiva» y la «vieja perspectiva» apunta necesariamente a lo que en otro lugar llamé la «fresca perspectiva»: la interacción entre el evangelio de Pablo y el imperio del César.[23] Una de las principales razones por las que los gálatas necesitaban urgentemente entender la verdadera posición, no tanto sobre su futuro final en el eventual «reino» de Dios como sobre su actual pertenencia a la familia de Abraham, era porque el César les estaba respirando en la nuca. Para entender esto, y las presiones resultantes sobre todos los implicados, tenemos que considerar la situación social y política más amplia de los conversos de Pablo, por un lado, y la imagen teológica más amplia de su evangelio, por otro. A eso llegaremos en un momento.

Pero permítanme en primer lugar poner fin a un importante malentendido. En la avalancha de debates que siguieron al lanzamiento por parte de Sanders de la «nueva perspectiva sobre Pablo» en 1977, se han deslizado varios malentendidos.[24] Ha sido fácil para los críticos sugerir que Sanders y otros, incluido el presente escritor, han sustituido el corazón vivo del Evangelio («Dios amó tanto al mundo que dio a su Hijo...») por una combinación de religión comparativa (colocando el «judaísmo» y el «cristianismo» uno al

---

[23] Véase *Paul: Fresh Perspectives* (Londres: SPCK; Minneapolis: Fortress, 2005), cap. 12; *Pauline Perspectives*, caps. 12, 16, 27; *Interpreting Paul: Essays on the Apostle and His Letters* (Londres: SPCK; Grand Rapids: Zondervan, 2020), caps. 3, 6.

[24] Véase *Paul and His Recent Interpreters*, caps. 3, 4, 5.

lado del otro) y sociología (enfatizando la preocupación de Pablo por unir a judíos y gentiles). Es cierto que la reciente oleada de investigaciones históricas ha puesto en tela de juicio muchos de los viejos estereotipos de la vida y el pensamiento judíos, y eso será importante. También es cierto que Gálatas se ocupa vitalmente de la unión de los creyentes judíos y gentiles en la única familia del Mesías. Pero todo esto se enmarca en el gran mensaje evangélico del amor generoso e inmerecido del Dios creador.

Esto está entretejido en la estructura general de Gálatas. El punto culminante de los dos primeros capítulos es el 2:20 («el Hijo de Dios me amó y se entregó a sí mismo por mí»), que ya estaba señalado en 1:4 («se entregó a sí mismo por nuestros pecados»). Cuando, en esa larga apertura, Pablo habla de la acción de Dios al «revelar a su Hijo en mí» (1:16), el «Hijo» que se «revela» así en la vida, el sufrimiento, la predicación, la enseñanza bíblica y la labor pastoral de Pablo no es una construcción teológica abstracta, sino el mismo «Hijo» que «me amó y se entregó por mí». Este énfasis se encuentra en el corazón del siguiente gran clímax en 4:1-7, donde la «venida del Hijo» (4:4) es seguida por el derramamiento del Espíritu, a través del cual los creyentes claman: «¡Abba, Padre!». Aquí es donde el amor derramado de Dios en la muerte del Hijo, anunciado poderosamente en el evangelio impulsado por el Espíritu, genera la respuesta de amor de los creyentes de cualquier origen. Esto, a su vez, crea el contexto en el que, como en 4:12-20, el apóstol y los creyentes están unidos por estrechos lazos familiares. Y esto, después de tratar el difícil tema de la necesaria disciplina en 4:21-5:1, da lugar al «amor» que debe ser la característica central de la iglesia, ya que es también el primer signo del «fruto del Espíritu» (5:6, 14, 22), que se ha de realizar en la vida práctica (6:1-10). Que nadie diga, por tanto, que el hecho de dar una adecuada cuenta histórica del contexto cultural de Pablo, y prestar la debida atención a su urgente petición de unidad en la iglesia, socava el mensaje evangélico del amor de Dios que llega a los pecadores y transforma sus vidas, personales y corporativas, para reflejar ese mismo amor. Por el contrario, lo realza.

Este amor – dado libremente, devuelto con gratitud, compartido generosamente – está en el corazón de la formación cristiana.

La situación en Galacia

Este es el punto, en muchos comentarios, en el que se discute la cuestión de la «fecha» y el «lugar». Los viejos debates retumban en algunos sectores, sin reparar en que los historiadores y arqueólogos tienen ahora, en su mayoría, bastante claro que la «Galacia» a cuyas iglesias escribe Pablo es la «Galacia del Sur» que visitó en su primer viaje misionero, según se relata en Hechos 13 y 14.[25] Esto aumenta la probabilidad, que ya era

---

[25] Véase S. Mitchell, *Anatolia: Land, Men, and Gods in Asia Minor* (Oxford: Oxford University Press, 1993); C. Breytenbach y C. Zimmerman, *Early Christianity in Lycaonia and Adjacent Areas: From Paul to Amphilochius of Iconium* (Leiden: Brill, 2018); y otros; escogidos por, ejemplo, S. K. Williams, *Galatians*, Abingdon New Testament Commentaries (Nashville: Abingdon, 1997), 19–21. Los argumentos relevantes, los cuales son fuertes (presencia de población judía; buen camino romano contrastado con la

alta, de que la carta deba fecharse como temprana, es decir, después de ese viaje misionero, pero antes del «Concilio de Jerusalén». Como ocurre con muchas cosas en la historia, el mejor argumento es la narración coherente que resulta de la hipótesis, y he expuesto esa narración con cierto detalle en otro lugar.[26]

Además, la propuesta de una fecha tardía para Gálatas procedía de la teoría alemana (ahora ampliamente desacreditada) del siglo XIX sobre la supuesta evolución del pensamiento de Pablo, según la cual la doctrina de la «justificación por la fe» surgió comparativamente tarde, encontrando su expresión primero en Gálatas y luego en Romanos. Esta teoría se diseñó para acompañar una visión de la relación entre Pablo y los apóstoles de Jerusalén, especialmente Pedro, en la que Gálatas 2:1-11 era la versión de Pablo del Concilio de Jerusalén de Hechos 15, y la «discusión en Antioquía» de Gálatas 2:12-14 constituía la ruptura que, reflejando una importante división teológica, dio lugar a un «cristianismo judío» (petrino) en desacuerdo con un «cristianismo gentil» (paulino). Esta proyección típicamente propia del siglo XIX de una dialéctica hegeliana sobre la escena histórica del siglo I (incluyendo un fuerte prejuicio contra Lucas) tiene muy poco a su favor.[27] Desgraciadamente, la erudición ha procedido a menudo por moda más que por argumento, y el paradigma en gran parte no examinado de los escritos alemanes anteriores ha seguido en juego, sobre todo en Estados Unidos.

Puede parecer que esto no ha supuesto una gran diferencia, ya que hasta hace poco muchas lecturas de Gálatas veían la carta como una exposición de la soteriología de Pablo, defendida contra una oposición proto-pelagiana generalizada. El sentido que tenía esto (escuchar matices, algunos de los cuales podrían armonizar accidentalmente con lo fundamental de Pablo) podría haber encajado en una variedad de tiempos y lugares. Pero cuando examinamos la situación en el sur de Galacia, con su importante población judía por un lado y sus importantes establecimientos romanos por otro, surgen todo tipo de cosas en tres dimensiones. Y cuando observamos el contexto histórico que he defendido en otro lugar, la secuencia de los acontecimientos funciona de forma excelente. El «incidente de Antioquía» se produce poco después del primer viaje misionero de Pablo, seguido de cerca por las noticias que llegan sobre la situación de los gálatas; por lo que Pablo escribe Gálatas a toda prisa antes de que él y Bernabé partan hacia el sur, hacia Jerusalén.

Estos debates (¿sur o norte? ¿temprano o tardío?) han ocultado a menudo la verdadera contextualización que hay que hacer, sin la cual varios aspectos claves de la carta quedan opacos. La situación de la vida real reflejada en la carta es mucho más compleja que en la lectura normal, en la que la teología de Pablo de la «gracia y la fe» se enfrenta a algunos que intentan añadir «obras». Debemos reflexionar más

---

ausencia de buenos caminos en el norte hasta los 70 y 80; la preferencia de Pablo por referir provincias romanas), no son tomadas en cuenta por, ejemplo, Hays, de Boer, y otros.

[26] *Paul: A Biography* (San Francisco: HarperOne; Londres: SPCK, 2018). Es justo decir que otros que otros que están de acuerdo con lo del «sur de Galacia» han, en algunos casos (por ejemplo, Keener) mantuvieron la fecha tardía, la cual considero muchísimo menos probable.

[27] Véase *Paul and His Recent Interpreters*, caps. 1, 2.

profundamente, como nos han enseñado los estudios socioculturales y políticos, sobre la situación de la vida real, que es mucho más intrincada y ciertamente interesante.[28]

En primer lugar, el reto al que se enfrentaban los conversos. El mayor y más obvio problema al que se enfrentaba cualquier nuevo creyente en Jesús en el mundo grecorromano era la dura exigencia, planteada directamente en 1 Tesalonicenses 1:9, de que «se aparten de los ídolos para servir al Dios vivo». La cuestión es que los ídolos estaban *por todas partes*, y adorarlos era *obligatorio*. La situación era totalmente diferente, por ejemplo, a la asistencia a la iglesia en el mundo occidental moderno, donde la gente elige asistir al culto público o no, y salvo algunas pequeñas comunidades tradicionales, nadie hace mucho caso. En el mundo de Pablo no había escapatoria: desde los pequeños «dioses domésticos» portátiles hasta los templos enormes – y en muchas de las ciudades de Pablo, los templos del César o de Roma – los dioses estaban por todas partes.[29] Desde el reconocimiento diario de las divinidades que se suponía que estaban detrás de las estatuas talladas hasta las procesiones, festivales y sacrificios semanales, mensuales o anuales, todo el mundo participaba, y cualquiera que de repente optara por no participar sería notado y hablarían de él. En todo el mundo antiguo se suponía que si a una ciudad le ocurría algo malo, como una hambruna, un incendio, una inundación, una plaga o un ataque hostil, los dioses se enfadaban. Lo que más les enfurecía era la negligencia. Por tanto, quien no cumplía con los deberes y no participaba en los festivales habituales, se consideraba un peligro para la ciudad y la comunidad. Al igual que alguien que incumplía visiblemente las normas de seguridad e higiene en una época de pandemia mortal, quien ignoraba a los dioses era considerado no solo un irresponsable, sino un peligroso lastre social.

Ahora viene el giro. Los judíos estaban exentos de todo esto.[30] Las comunidades judías – un cuerpo importante en la mayoría de las ciudades del mundo romano – habían recibido permiso explícito para abstenerse de adorar a «los dioses». Las razones eran pragmáticas: Roma había descubierto que los judíos creían que su dios era el único. Preferían morir antes que adorar a otros supuestos dioses. Así que Roma llegó a un acuerdo: los judíos orarían *a su* propio «dios único» *por* Roma, su imperio y su emperador. A los no judíos podría no gustarles este acuerdo. Podían seguir culpando a

---

[28] Véase T. Witulski, *Die Adressaten des Galaterbriefes: Untersuchungen zur Gemeinde von Antiochia ad Pisidiam* (Göttingen: Vandenhoeck & Ruprecht, 2000); Witulski, *Kaiserkult in Kleinasien: Die Entwicklung der kultisch-religiösen Kaiserverehrung in den Römischen Provinz Asia von Augustin bis Antonius Pius* (Göttingen: Vandenhoek & Ruprecht, 2010; original 2007); B. W. Winter, «The Imperial Cult and Early Christians in Pisidian Antioch (Acts XIII 13–50 and Gal VI 11–18),» en *Actes du 1er Congres International sur Antioche de Pisidie, Collection Archéologique et Histoire de l'Antiquité*, ed. T. Drew-Bear, M. Tashalan, and C. M. Thomas (Lyon: Université Lumiere-Lyon, 2002), 67–75; J. K. Hardin, *Galatians and the Imperial Cult* (Tübingen: Mohr Siebeck, 2008); B. Kahl, *Galatians Re-Imagined: Reading with the Eyes of the Vanquished* (Minneapolis: Fortress, 2010); véase mi discusión en *Paul and the Faithfulness of God*, cap. 12. Sería bueno seguir todos estos detalles, particularmente la impactante propuesta de Kahl, pero no ha sido posible hacerlo en el presente comentario.

[29] Véase *Paul and the Faithfulness of God*, caps. 4, 13.

[30] *Paul and the Faithfulness of God*, 277–78; y, más allá, *The New Testament and the People of God* (Londres: SPCK; Minneapolis: Fortress, 1992), 154n19, con referencias allí.

los judíos si ocurrían cosas malas. En los Hechos de los Apóstoles (16:20-21; 19:34) hay indicios de ello. Pero el acuerdo se había alcanzado y se mantenía.

Por eso era vital que los conversos de Pablo entendieran, y fueran capaces de articular, las razones de su propia y sorprendente abstención de los hábitos de culto de toda la vida, y que se mantuvieran firmes bajo la presión social y quizás física. Seguir a Jesús crucificado y resucitado no era pertenecer a una «nueva religión» hasta entonces inimaginada. (Los seguidores de Jesús eran y no eran una «religión» tal y como ese mundo entendía el término).[31] Era reclamar ser los verdaderos herederos del antepasado de Israel, Abraham. Era profesar una nueva forma de monoteísmo judío: el Dios único de Israel se había revelado ahora de una manera nueva, como el Dios que envió a su Hijo y luego envió el Espíritu del Hijo (Gálatas 4:1-7). Ser un seguidor de Jesús era, por lo tanto, reclamar una nueva versión de la cláusula de exención judía estándar, y hacerlo con plena conciencia de que esto estaba destinado a ser arriesgado e impopular, tanto con la comunidad judía como con la sociedad civil más amplia, y más importante, romana. Las comunidades no asumen tales riesgos a menos que algo poderoso las empuje en esa dirección. Pablo no habría dudado en nombrar esa fuerza poderosa: «el amor del Mesías nos constriñe».[32] Perseguir la dimensión «política» del mensaje de Pablo, y de su presente argumento, no es cambiar la espiritualidad sincera por la sociología seca. Es, como insiste Pablo en Gálatas, seguir el propio mandato de Jesús de tomar la cruz. Y eso solo se hace por amor.[33]

Sorprendentemente, la pretensión de que los seguidores de Jesús pudieran ampararse en la cláusula normal de exención judía parece haber funcionado en el sur de Grecia. En Hechos 18, los líderes judíos locales acusaron a Pablo de enseñar formas ilegales de culto — supuestamente queriendo decir que estaba modificando radicalmente el monoteísmo de estilo judío. El procónsul Galión, hermano de Séneca y tío del poeta Lucano, y él mismo un gran jurista, emitió su juicio: se trataba de una disputa interna judía (Hechos 18:14-16). En otras palabras, para él, los seguidores de Jesús podían reclamar la exención judía normal.

Pero no funcionó en el sur de Turquía. La afirmación de Pablo y sus conversos estaba destinada a ser malinterpretada, destinada a despertar la ira y la hostilidad. Los pueblos y ciudades de Galacia estaban ansiosos por mostrar su lealtad a todo lo romano. Antioquía, una colonia orgullosa, incluso se autodenominaba la «nueva Roma», pero no era la única colonia de este tipo (como Filipos, había sido fundada por veteranos militares tras las

---

[31] Véase *Paul and the Faithfulness of God*, caps. 4, 13.

[32] 2Cor. 5:14; véase Gal. 2:20, «me amó y se entregó por mí»

[33] Mientras estaba revisando esta introducción, releí por casualidad un ensayo de John Lucas, un gran filósofo quien murió en abril 2020. Escribiendo sobre «la gracia» dice que cuando a uno como cristiano se le pregunta sobre las acciones de uno, la respuesta definitiva es «por amor», y que detrás de eso, nuevamente, subyace la simple creencia de que «amamos a Dios porque él nos amó primero…por la abundante bondad de su corazón» (J. R. Lucas, *Freedom and Grace* [Londres: SPCK, 1976], 22). Este aspecto central de la vida de Lucas estuvo extrañamente ausente en su obituario oficial en el *London Times*: el mundo de hoy, como el de Pablo, no aprueba a la gente que adora deidades diferentes a las secularmente reconocidas. Como dijo Lucas en otro ensayo (136), «No creo en Marx o Freud. El dinero y el sexo son importantes, pero para nada importantes».

guerras civiles del siglo I a.C.).[34] Tal y como describe el historiador Tom Holland, había «colonias llenas de soldados retirados plantadas a lo largo del sur [de Galacia]», con la poderosa Vía Sebaste, el equivalente romano de una autopista de varios carriles, que servía a la provincia «como garante y símbolo del poderío romano».[35] El nombre de la vía daba su significado: *Sebastos*, en griego, era el equivalente a «Augusto». Así, «el simple hecho de viajar» por esta vía «era rendir homenaje al *Divi Filius*: el Hijo de un Dios que, con sus esfuerzos y su sabiduría, había llevado a la humanidad a una edad de oro».[36]

Esto muestra, por cierto, que el énfasis de Pablo en Gálatas en lo que a veces se llama engañosamente «apocalíptico» tiene su propio contexto político – en contra de los que, a pesar de la dificultad de Daniel y el Apocalipsis, suponen que la «apocalíptica» centra la atención en los oscuros poderes supra-humanos en lugar de las autoridades humanas.[37] El mensaje de Pablo, según el cual cuando el Mesías «murió por nuestros pecados» tuvo el efecto de «rescatarnos de la presente era maligna» e introducir de manera anticipada la tan esperada «era venidera» (Gálatas 1:4), es paralelo al alarde imperial sobre el nuevo día lanzado por Augusto.[38] Esto es tanto más notable cuanto que la expectativa judía de la «era venidera» y el tema augusto de una «edad de oro» eran independientes. Ninguno derivaba del otro. Pero el anuncio de Pablo de que «llegó el tiempo del cumplimiento» con la venida del verdadero «Hijo de Dios» (4:4) pretendía así, simultáneamente, cumplir la esperanza judía y enfrentarse al alarde imperial. No se trataba simplemente de que los seguidores de Jesús esperaran reclamar la exención judía normal de la religión cívica local, de la que los cultos romanos eran un elemento. La pretensión específica del evangelio paulino era que Jesús era la realidad de la que el César era una parodia peligrosa a gran escala. Así es como el evangelio «apocalíptico» de Pablo encaja con la «fresca perspectiva» de su obra, que a su vez es el resultado necesario de la «nueva perspectiva», cuando está debidamente anclada histórica y exegéticamente.

En cualquier caso, los habitantes del sur de Galacia, tanto los nativos como sus vecinos romanos, llegados hacía poco, se vieron obligados a rendir homenaje a su divino patrón, exhibiendo en los monumentos la descripción detallada de lo que Augusto había logrado. Así, «visitar las ciudades de Galacia era recordar constantemente la magnitud de los logros de Augusto. Su nacimiento había puesto el orden de las cosas en un nuevo rumbo. La guerra había terminado. El mundo estaba unido. Aquí, según proclamaban las inscripciones a un pueblo agradecido, era *Euangelion*, la 'Buena Noticia'». Y así, «en Galacia, con el paso de las décadas, el culto a Augusto y a los Césares que le sucedieron en el trono del mundo echó raíces cada vez más fuertes. Servía de savia vital que sostenía

---

[34] Sobre Antioquía como la «nueva Roma» véase la spectacular producción de E. K. Gazda y D. Y. Ng, *Building a New Rome: The Imperial Colony of Pisidian Antioch (25 BC–AD 700)* (Ann Arbor, Michigan: Kelsey Museum Publications, 2011).

[35] T. Holland, *Dominion: The Making of the Western World* (Londres: Little, Brown, 2019), 63.

[36] Holland, *Dominion*, 63.

[37] Véase, por ejemplo, J. M. G. Barclay, *Pauline Churches and Diaspora Jews* (Tübingen: Mohr Siebeck, 2011), cap. 19, al cual respondo en *Paul and the Faithfulness of God*, cap. 12.

[38] Véase *Paul and the Faithfulness of God*, caps. 5, 12; y mi artículo sobre las narrativas del evangelio en *Interpreting Jesus: Essays on the Gospels* (Londres: SPCK; Grand Rapids: Zondervan, 2020), cap. 11.

la vida cívica… los honores debidos al César santificaban los ritmos de los meses, las estaciones y los años.[39] Los líderes cívicos locales, en toda la región, sabían muy bien lo que implicaba la lealtad a Roma, incluida la lealtad (que nosotros llamaríamos «religiosa»), y lo que podía ocurrir si esa lealtad se debilitaba. Estaban acostumbrados a que las personas del pueblo judío, aunque en otros aspectos, fueran buenos ciudadanos, se mantuviera al margen de todo eso. No podían permitirse adoptar una actitud relajada ante un grupo nuevo y diverso que no llevaba ninguna de las marcas normales del pueblo judío (la circuncisión, la observancia del sábado, la dieta kosher, la fidelidad al templo de Jerusalén) y que, sin embargo, reclamaba, por razones antes inimaginables y aparentemente incomprensibles, el mismo estatus cívico, las mismas exenciones religiosas.

En cuanto a las propias comunidades judías locales — que no habían creído en el mensaje de Pablo sobre el Mesías Jesús — habría confusión y miedo. Su situación ya era frágil. Una cosa era el permiso oficial y otra el sentimiento local. La repentina sugerencia de que un grupo de no judíos podría estar tratando de compartir su estatus especial (por decirlo suavemente) nunca iba a ser recibida con entusiasmo. El hecho de que los no judíos intentaran reclamar los privilegios judíos podría generar una reacción anti-judía. Una vez más, hay indicios de esto en Hechos. Para los judíos estrictos y devotos, existiría una inquietud persistente: comprometerse con la antigua ley de Dios podría tener consecuencias devastadoras. Muchas comunidades judías, incluida la estricta a la que había pertenecido Saulo de Tarso, se aferraban a la esperanza de que un día su Dios actuaría para poner el mundo patas arriba, rescatándolos de su sumisión a los gobernantes paganos y dándoles la paz y la libertad por las que habían orado durante tanto tiempo. Permitir que los no judíos se hicieran pasar por «judíos» mientras no guardaban la Torá (los sábados, las leyes alimentarias y la circuncisión en particular) era exactamente el tipo de cosa que podía retrasar ese resultado o ponerlo en peligro.

Las personas atrapadas en medio de esto serían los judíos étnicos que, como Pablo, *habían* aceptado a Jesús como Mesías. Naturalmente verían esto como el cumplimiento de sus esperanzas nacionales. Pero el mismo Pablo que había anunciado la buena nueva de Jesús, había insistido en que los gentiles que creían en él, eran miembros iguales a ellos en la nueva familia resultante. Es fácil imaginar las confusiones y complicaciones que evocaría este nuevo estatus. Como en cualquier sociedad que se enfrenta a un desafío político tóxico — en la historia reciente de Occidente, Estados Unidos bajo Donald Trump o Gran Bretaña preocupada por el Brexit — habría múltiples presiones sociales y relaciones incómodas con amigos y vecinos. Habría interminables rompecabezas y disputas sobre las Escrituras: Si Jesús era realmente el Mesías de Israel, ¿cómo dar sentido al Génesis? ¿a los Salmos? ¿a Isaías?

También es posible — aunque mucho más difícil de rastrear históricamente o de utilizar exegéticamente — que hubiera otras categorías confusas. Es posible que hubiera gentiles locales que hubieran sido durante mucho tiempo «temerosos de Dios», adherentes a la sinagoga que se abstenían de una conversión proselitista completa.

---

[39] Holland, *Dominion*, 64–65; Holland pareciera depender aquí del análisis de Hardin, *Galatians and the Imperial Cult*, 122–27; Hardin cita aquí, entre otros, Witulski, *Die Adressaten des Galaterbriefes*, esp. 156–68.

Algunos de ellos podrían haber abrazado el mensaje de Pablo; otros no. La inserción de tales personajes hipotéticos en el argumento de Pablo tiene el superficial atractivo moderno de parecer que suaviza la polémica de Pablo contra «los judíos»: ¡quizás simplemente estaba siendo grosero con los gentiles confundidos! Esto me parece innecesario, e innecesariamente confuso tanto histórica como teológicamente. Pablo, como veremos, no estaba siendo «anti-judío». Eso es un malentendido anacrónico. Declarar que alguien es el Mesías, y anunciar que la resurrección de los muertos ha comenzado, revelando las profundidades ocultas de un monoteísmo creacional y de pacto con raíces bíblicas, sonaba muy judío en el siglo I, y suena muy judío hoy.

Una prueba más de todo esto surge cuando consideramos el otro desafío al que se enfrentaban tanto Pablo como los conversos gálatas. Los creyentes de Jesús en Jerusalén, liderados por el propio hermano de Jesús, Jacobo (Santiago), estaban bajo la presión de la mayoría no creyente de Judea. Lo más probable, sobre todo si leemos entre las líneas de los cuatro Evangelios, es que los seguidores de Jesús formaran una especie de «partido de la paz» en una región asediada, en la que la confrontación con Roma parecía cada vez más probable. Pero los seguidores de Jesús en Jerusalén eran ellos mismos «celosos de la ley». Estaban decididos a demostrar a sus vecinos que, aunque eran realmente seguidores del Jesús que creían que era el verdadero Mesías de Israel, ellos mismos eran judíos genuinos, leales y observantes de la ley. Pero si la mayoría no creyente de Jerusalén se enteraba de que en la diáspora, la gente de Jesús – parte del mismo movimiento, supuestamente, que Jacobo y sus amigos – estaban convirtiendo a los gentiles *y enseñándoles a no obedecer la antigua ley de Israel*, eso podría ser desastroso. Confirmaría el rumor que había estado vigente al menos desde la época de Esteban, de que Jesús de Nazaret había sido en realidad un falso profeta, que conducía a Israel por el mal camino, conspirando contra el propio templo (Hechos 6:13-14; 7:44-53). Esto consolidaría la sospecha de que todo el movimiento estaba defraudando al bando, poniendo en peligro el momento venidero en que el Dios de Israel haría lo que había prometido y rescataría a su pueblo al fin. Cuanto más «celosas» eran las comunidades judías de Jerusalén, más anhelaban (lo vemos en los textos judíos de la época) que Dios cumpliera sus promesas, que desvelara su fidelidad al pacto en una acción dramática, tal vez enviando al Mesías que, como León de Judá, atacaría y destruiría al Águila romana... Pero, ¿cómo iba a ocurrir eso si su pueblo estaba en confabulación con la maldad pagana? ¿Cómo podría el Dios vivo volver con gloria a un santuario contaminado, a un pueblo desobediente?

Esta fue la ansiedad que impulsó a «ciertas personas de Jacobo» a ir a Antioquía (Gálatas 2:12). Pablo, como veremos, parece alinear la presión de los nuevos maestros en Galacia con la presión que Pedro y Bernabé habían experimentado en aquel tenso momento en Antioquía. La hipótesis más fácil y mejor, es que estas presiones fueron sentidas y aplicadas a otros por judíos leales y celosos, no por gentiles que, de alguna manera, se habían vinculado a las comunidades de las sinagogas.

En cualquier caso, todo esto suponía una tormenta perfecta para los pequeños grupos de creyentes en Jesús del sur de Turquía, que aun no estaban formados ni maduros. Sus vecinos sospecharían, y tal vez se alarmarían, de que estos no judíos formaran un nuevo tipo de comunidad y se apartaran de las obligaciones cívicas normales. Las propias autoridades cívicas lo desaprobarían, y tal vez amenazarían con la fuerza para hacerles volver a la normalidad. Las comunidades judías locales se preocuparían de que su propio estatus precario se viera socavado. Los creyentes de Jesús en Jerusalén, bajo sospecha y presión local, querrían animar a sus compatriotas de la diáspora (judíos creyentes de Jesús en territorios gentiles) a presionar a los creyentes gentiles para que se judaizaran. Entre otras cosas, querrían advertir que el extraño maestro errante llamado Pablo estaba proponiendo una forma distorsionada y abreviada del verdadero mensaje de Jesús, omitiendo las partes vitales sobre la necesidad de los ex-paganos de guardar la ley judía, circuncidando a los hombres y las comunidades adoptando las prácticas judías distintivas. Esto no solo mostraría a los judíos, tanto a nivel local como en Jerusalén, que el nuevo movimiento era genuinamente judío, sino que también mostraría a las autoridades paganas desconcertadas o sospechosas que la pretensión de exención de las prácticas religiosas normales era genuina, aunque fuera inesperada e inoportuna.

Antes de explorar por qué Pablo dijo un NO rotundo a todo esto, es importante comentar cómo este análisis de la situación se compara con las formas de leer Gálatas que han sido normales durante muchos siglos.

Sería fácil decir que el esbozo que he ofrecido parece ser «político» o «sociológico» *más que* «teológico» (sobre Dios) o «soteriológico» (sobre la salvación), pero esto sería un mal error. Todo lo que he dicho hasta ahora es precisamente «teológico» y «soteriológico». Se trata de Dios y de la salvación. El hecho de que no se centre en la cuestión del siglo XVI de cómo alguien «se salva», en el sentido de permitir que el «alma» de alguien encuentre su camino al «cielo» sin pasar por el purgatorio, y el papel relativo de la «fe» y las «obras» dentro de eso, es simplemente una señal de que durante muchas generaciones el mundo occidental se ha confabulado con una separación de la «religión» o la «fe», por un lado, y la «vida real», la «política», la «sociedad», o lo que sea, por el otro. Pero de vez en cuando, como insistieron los propios reformadores protestantes, la Iglesia necesita echar un vistazo fresco y cuidadoso a los contextos y significados originales de las Escrituras y evaluar las tradiciones más recientes a su luz.

Esta tarea es, de hecho, central en la «formación cristiana». Es vital hacer regularmente lo que intentamos hacer en este comentario y en esta serie, que es poner todas las piezas históricas del rompecabezas sobre la mesa y, al luchar con los textos y los significados, ver lo que surge en términos de desafíos para nuestro propio tiempo. Dentro de eso, es importante obtener la imagen completa, y el equilibrio adecuado entre los diferentes elementos. Está el horizonte escatológico más amplio («la era venidera», con la resurrección como característica clave); la consecuencia eclesial, es decir, la única familia de Abraham, marcada en el presente por lo que Pablo describe aquí como «la fe que actúa por medio del amor»; las presiones sociales y políticas de una comunidad de este tipo recién formada, dentro de una sociedad como la del sur de Galacia, con sus propios cultos locales y ahora con su comparativamente reciente pero poderosa lealtad política y religiosa romana. En todo ello, es vital no dejar de lado el corazón palpitante del asunto como tal. Para Pablo, lo que importaba por encima de todo era una deuda de amor, que solo el amor podía pagar.

La «formación cristiana», por tanto, para ser genuina, no puede contentarse con la enseñanza de una dogmática abstracta, la ética de la conducta personal, el desafío de un testimonio político o la práctica de una piedad cordial. Todo esto es vital como parte de un todo más amplio, pero el todo más amplio es a lo que la «formación» debe apuntar. La madurez humana, y con ella la madurez cristiana, es una cosa de toda la persona, de todo el ser, de toda la sociedad. Pretender lo contrario es, una vez más, colaborar con la marginación de la «fe» en un mundo «secular». De hecho, esa misma presión – impuesta a las iglesias por el epicureísmo latente del mundo occidental moderno, a menudo con la colaboración de la iglesia – podría ser un equivalente de la presión ejercida sobre la iglesia primitiva por las autoridades civiles.[40] Entren en la pequeña caja ordenada y empaquetada que le hemos asignado («religión permitida» en el mundo de Pablo, «religión privada» en el nuestro): no *te* causaremos problemas *porque* no *nos los* causarás. Si se salen de ese esquema, hablando peligrosamente de un Dios único y, sobre todo, hablando de forma subversiva de Jesús como el verdadero *kyrios*, afirmando que el tiempo se ha cumplido y que Jesús exige una lealtad mundial de toda la persona, iremos a por ustedes. Así también en nuestros días. Las sociedades formadas por la Ilustración occidental están muy contentas de que las iglesias digan sus oraciones y debatan las condiciones para «ir al cielo», con la intención de escapar del mundo actual después de la muerte y, por tanto, ignorándolo en gran medida en el presente. Ese es el pacto implícito que se ha alcanzado. El pacto de la Iglesia con el Estado laico (sobre todo con los medios de comunicación) constituye el equivalente del pacto de Roma con los judíos. ¿Pero qué pasa si la gente empieza a tomarse en serio la afirmación cristiana de que Jesús es *kyrios* y el César no?

La respuesta de Pablo

La respuesta de Pablo, cuando llega, está obligada a tratar varias cuestiones interrelacionadas a la vez. Por eso las ideas se superponen, produciendo una rica retórica para los primeros oyentes de Pablo y una considerable confusión para nosotros dos milenios más tarde, sobre todo si esperábamos que el apóstol hablara de cuestiones bastante diferentes. Pero una vez que liberamos al apóstol de la extraña obligación de tener que abordar cuestiones del siglo XVI y sus derivaciones contemporáneas, y pensamos en el contexto genuino del siglo I, las complejidades permanecen, pero se vuelven comprensibles. Y cobran vida de manera que se vuelven relevantes, incluso urgentes, para la formación cristiana contemporánea. Este es siempre el reto del estudio histórico de la Biblia: resistirse a la atracción de una «aplicación» rápida y fácil, que refleje con demasiada fidelidad los patrones de pensamiento de una teología más antigua, y permitir que la relevancia del texto para nuestros días – y sus efectos en la «formación cristiana» – emerja de forma más lenta y constante a medida que observamos su significado original.

---

[40] Véase *History and Eschatology*, esp. caps. 1, 2.

El error subyacente cometido por muchos lectores de Gálatas a lo largo de los años es imaginar que Pablo está enfrentando a dos grupos «religiosos»: algo llamado «cristianismo» (o quizás «cristianismo paulino») contra algo llamado «judaísmo» (o quizás «cristianismo judío»). Se trata de construcciones modernas, arraigadas en la revolución cultural del siglo XVIII a través de la cual la «religión» se encogió para *no* estar directamente relacionada con el resto de la vida real.[41] Ganaron fuerza a partir de los dos fuertes imperativos que señalamos antes: en primer lugar, el rechazo del catolicismo romano por parte de los protestantes en general y de los «protestantes liberales» posteriores a la Ilustración en particular; en segundo lugar, la antipatía hacia el «judaísmo», que ya existía en la Edad Media, pero que se acentuó con la polémica luterana, y luego con el idealismo de Kant y Hegel, en el que se rechazaba el modo de vida judío por ser demasiado «poco espiritual», preocupado por la tierra, la etnia y, sobre todo, por las «obras de la ley». Estas presiones hermenéuticas más oscuras permanecen, a menudo ocultas detrás de las recuperaciones más «evangélicas» en las que Pablo asegura a sus congregaciones que Dios no está interesado en sus «buenas obras», que en ningún caso podrían conseguir ganarse su favor, porque Dios solo quiere que «crean», que tengan «fe».

Sin embargo, Pablo no está ofreciendo algo llamado «cristianismo» en oposición a algo llamado «judaísmo». No está proponiendo que la «fe interior» sea superior –porque es «interior» – a la «práctica exterior», aunque él, como muchos judíos antes y después de su tiempo, habría entendido ese punto. Está ofreciendo – o más bien insiste en que el evangelio está anunciando – lo que podemos llamar precisa y apropiadamente *escatología mesiánica*, que resulta en una *transformación personal y comunitaria*. Cuando examinamos Gálatas desde el punto de vista de sus propios clímax retóricos, que presumiblemente reflejan dónde quería el propio Pablo que se pusiera el énfasis principal, surge una imagen clara que no siempre se ha reconocido.

No creo que podamos determinar primero un «género retórico» para la carta y solo entonces decidir lo que Pablo estaba diciendo dentro de su uso de ese género.[42] Lo que importa es que tengamos en cuenta la necesidad de hipótesis de trabajo sobre una introducción programática y una conclusión pertinente, y sobre lo que puede parecer como centros y clímax retóricos obvios. Tales hipótesis se validan, no por su ubicación en un marco derivado de otra parte, sino por el sentido coherente que tienen en el conjunto de la carta. Así, mi hipótesis de trabajo, que se demostrará a medida que leamos con atención, es que Gálatas 1:3-5 constituye la introducción deliberada y programática de Pablo, y 6:14-16 su conclusión igualmente deliberada y resumida; y que, con 4:1-7 en el centro de todo, los clímax retóricos naturales incluirán 2:19-20, 3:28-29 y 4:21-5:1.

---

[41] Véase B. Nongbri, *Before Religion: A History of a Modern Concept* (New Haven: Yale University Press, 2013); y Wright, *History and Eschatology*, caps. 1, 2.

[42] Contra H.-D. Betz, *Galatians: A Commentary on Paul's Letter to the Churches in Galatia*, Hermeneia (Filadelfia: Fortress, 1979); véase el abordaje más matizado en B. Witherington III, *Grace in Galatia: A Commentary on St. Paul's Letter to the Galatians* (Edimburgo: T&T Clark, 1998).

Los énfasis que surgen pueden exponerse de la siguiente manera. Primero viene una doble verdad: el Dios de Abraham, Isaac y Jacob ha hecho *lo que siempre prometió,* y ha iniciado su *nueva creación.* Dios, así lo creía Pablo, ha hecho lo que muchos judíos anhelaban que hiciera, pero no de la manera que habían imaginado. La «presente era maligna» ha recibido su golpe de gracia; la «era venidera» ha sido inaugurada. Ni la victoria sobre lo viejo, ni la inauguración de lo nuevo, se parece a lo que la gente había pensado. Es una novedad radical en el cumplimiento de antiguas promesas: al igual que los contemporáneos de Pablo se preguntaban sobre esto, a los teólogos les sigue costando entenderlo, ya que los pensadores, tanto antiguos como modernos, se inclinan por *la* novedad *o por* el cumplimiento, pero no por ambos. Pablo es aquí enfáticamente un hombre de ambas cosas. En el Mesías Jesús ha sucedido algo impactante, escandaloso, inesperado y dramáticamente diferente, pero cuando se capta el núcleo interno de su significado, uno se da cuenta de que ese era el sentido de las antiguas promesas sobre las que Israel había vivido durante dos milenios. Dios ha actuado de forma chocante, sorprendente e inesperada, como siempre dijo que lo haría.[43]

Ambas mitades son vitales para la situación que Pablo aborda. La novedad radical de la nueva creación significa que los que se ven arrastrados al nuevo mundo inaugurado por Jesús y dinamizado por su Espíritu no son una variación de un viejo modelo de vida, sino que forman parte de algo nunca antes visto o imaginado. Como ocurre a menudo con Pablo, esto provoca un desfase teológico. Muchos judíos de la época de Pablo, y durante cientos de años antes y después de él, dividían la historia del mundo en dos periodos, la «era actual» (en la que el mal seguía esclavizando al mundo, con el largo exilio de Israel como punto clave) y la «era venidera» (en la que sería sustituido por la paz y la justicia). Algunos grupos judíos de la época, especialmente los de Qumrán, habían desarrollado formas de «escatología inaugurada», creyendo que la nueva era se había inaugurado secretamente con ellos. Pablo tenía su propia variante radical de esto. Creía que, con la acción de entrega de Dios en el Mesías Jesús, esta «era venidera» había sido comenzado —confusamente, porque la «era presente» todavía retumbaba junto a ella. El mundo que les rodeaba parecía todavía oscuro, pero los pequeños grupos de seguidores de Jesús eran ahora personas diurnas, y con el día llegaba todo un nuevo mundo de significado (1 Tes. 5:4-10). Una comunidad totalmente nueva, nunca antes imaginada. Como dice Pablo en un pasaje seminal en otro lugar: «Las cosas viejas han desaparecido, y mira: ¡todo se ha hecho nuevo!». (2 Cor. 5:17). *Circuncidarse sería, por tanto, negar que lo nuevo haya sucedido, que la nueva creación haya comenzado realmente.* Sería extraer la vida de la nueva creación, pretender que lo que había sucedido en Jesús era simplemente una nueva variación dentro del viejo mundo. La *formación cristiana en Gálatas se basa en la declaración de la nueva creación, que irrumpe en el viejo mundo con un poder salvador.*

Pero la otra mitad de la doble verdad es igualmente importante. Frente a la sospecha y la hostilidad de las comunidades judías locales, de los judíos creyentes en el Mesías y, no menos importante, de los funcionarios locales que se preguntaban por qué estos no

---

[43] Debo esta aguda formulación a mi amigo y colega Dr. J. P. Davies: véase, más generalmente, su *Paul among the Apocalypses: An Evaluation of the «Apocalyptic Paul» in the Context of Jewish and Christian Apocalyptic Literature* (Londres: T&T Clark, 2016).

judíos reclamaban de repente la exención judía de las responsabilidades cívicas normales, era vital que las comunidades de Pablo supieran y comprendieran que *eran auténticos hijos de Abraham*. Esta era la base de su nueva vida, de su nuevo modo de vida. Si los judíos étnicos eran monoteístas que no debían comprometerse con el politeísmo pagano, uniéndose a las ceremonias cultuales locales y similares, lo mismo ocurría con los seguidores de Jesús. Si las comunidades judías de la diáspora podían reclamar el derecho a ser diferentes de sus vecinos, los creyentes en el Mesías también debían hacerlo. En todo caso, más. Por tanto, necesitaban comprender cómo funcionaba la historia de Abraham y dónde encajaban ellos en ella. La larga y detallada exposición de las promesas de Dios a Abraham y de la fe de este, que constituye la columna vertebral de Gálatas 3 y 4, proporciona así la clave vital. El Mesías es el cumplimiento a largo plazo de lo que Dios prometió a Abraham, como siempre habían insistido los Salmos. Por lo tanto, los que pertenecen al Mesías pertenecen a Abraham tal cual, sin más. Sin la circuncisión. Este es el QED al final del argumento de Gálatas 3. La *dinámica de la formación cristiana en Gálatas es que los creyentes deben comprender la historia de Abraham y su posición en ella*. La identidad se forma, y se refuerza, por esta narrativa no negociable.

Es más, toda la «misión gentil» de Pablo se basaba, no en una decisión pragmática de intentar convertir a unas cuantas personas más aquí y allá, sino en la estructura profunda de la antigua esperanza judía (basada en el monoteísmo creacional y de pacto) de que el pueblo de Dios heredaría el mundo.[44] El tema de la «herencia» es vital en Gálatas, como lo es en Romanos, y con el mismo efecto: La promesa de Dios a Abraham fue que su «semilla» heredaría el mundo (Romanos 4:13). Esa promesa se concretó más en los Salmos, que asignaron a David, como «hijo de Dios» real, la herencia de las naciones. Para Pablo, el cumplimiento de las promesas abrahámicas en el Mesías davídico significaba que la gente del Mesías, cualquiera que fuera su origen étnico, formaba el pueblo a través del cual el Dios Único inauguraba ya su gobierno soberano sobre el mundo. Al igual que el medio de esta inauguración (la crucifixión del Mesías) no se parecía en absoluto a lo que nadie había imaginado, la instauración de este «gobierno» soberano en forma de una colección variopinta de nuevos creyentes multiétnicos, transculturales y socialmente diversos no se parecía en absoluto a lo que Pablo o cualquier otro había imaginado. Pero la base de la fidelidad al Mesías, y el poder del Espíritu del Mesías actuando en esta comunidad, fueron las señales seguras para Pablo de que esta era la verdad del asunto.

Si este es el primer punto (el esquema de doble filo de la escatología mesiánica y la inauguración del reino de Dios), el segundo punto va al corazón, centrándose en el propio Mesías. El Mesías de Dios, Jesús, ha cumplido el propósito divino para Israel en su muerte y resurrección, y con ello ha llevado a cabo el nuevo Éxodo, la gran operación de rescate de los máximos amos de la esclavitud, el pecado y la propia muerte. Él «se entregó por nuestros pecados» (Gal 1:4a); el Hijo de Dios «me amó y se entregó por mí» (2:20). En todos los puntos de la carta, como vio bien Lutero, pero interpretado dentro de una cámara acústica diferente, la cruz del Mesías impulsa el argumento. Pablo aun no

---

[44] Véase, por ejemplo, 4 Esdras 6:55–59.

había formulado esto en la forma en que lo dice en 1 Corintios 1:23 («escándalo para los judíos y locura para los gentiles»), pero la realidad de ese aforismo ya está ahí en Gálatas, visible en 5:11b pero implícita en todo el texto.[45] La cuestión es que el Mesías de Israel resume los propósitos de Dios para Israel en sí mismo. Lo que es cierto de él es cierto de ellos.

Esto es lo que subyace en la impactante pero contundente declaración de Pablo en Gálatas 2:19-20: «A través de la ley morí a la ley, para que pueda vivir para Dios. He sido crucificado con el Mesías. Sin embargo, estoy vivo — pero ya no soy yo, sino el Mesías que vive en mí». Pablo está aquí encarnando y ejemplificando el arquetipo de judío ultra celoso que se enfrenta al hecho de que el Mesías de Israel fue crucificado, y que su resurrección, además de enfatizar que realmente era el Mesías de Israel, también obliga a Pablo a darse cuenta de que su crucifixión fue en sí misma el cumplimiento del propósito divino. El punto de Pablo, que resume su desafío a Pedro en Antioquía, pero que sirve como el filo cortante también de su desafío a los que estaban molestando a los gálatas, es que si el *Jesús crucificado y resucitado* es el cumplimiento de los propósitos de Dios para Israel, entonces *Israel mismo debe encontrar su cumplimiento a través de la crucifixión y la resurrección*. Qué fácil habría sido, como han demostrado las generaciones posteriores de malentendidos, decir que el Mesías simplemente cumplió las aspiraciones judías o que simplemente las abolió. Decir «cumplimiento a través de la crucifixión y la resurrección» era algo bastante nuevo — aunque, como toda novedad cristiana, podía mirar hacia atrás y ver los grandes patrones de la historia de Israel, particularmente en este caso el exilio y la restauración. Así tenía que ser, como explicó Jesús en el camino de Emaús.

El punto de todo esto es que la Ley, la Torá judía — la Torá que insistía en la circuncisión, las leyes *kosher*, la observancia del Shabat y (no menos importante) la prohibición de que los judíos comieran con los gentiles — ha *hecho su trabajo y ahora es dejada de lado*. Pablo no dice que la Torá era algo malo ahora felizmente abolido. Insiste en que fue y es un buen regalo de Dios a Israel, dado con un propósito específico en un tiempo específico. Ese propósito se ha cumplido. El tiempo se ha completado. Como dice en Romanos 8:3-4, lo que la Torá pretendía, pero no podía lograr por sí misma, Dios lo ha logrado ahora en el Mesías y el Espíritu. Esto es un estrecho paralelismo con lo que encontramos en Gálatas 3:21, haciéndose eco del punto de 2:21: «Si se hubiese dado una ley que pudiera impartir vida, entonces la pertenencia al pacto habría sido por la ley». Así pues, *hay que resistir con firmeza cualquier intento de hacer que las personas no judías del Mesías guarden la Torá por sí misma, para que parezcan «buenos judíos» ante los ojos de los magistrados romanos o de los ansiosos de Jerusalén, o incluso ante el propio Dios*. Una vez que reconozcamos que *nomos* aquí, como en otras partes de Pablo, se refiere específicamente a la Torá mosaica, y no a una ley moral generalizada o a un «imperativo categórico», los rompecabezas exegéticos caen en su sitio y los enigmas teológicos encuentran una solución inmediata. (Los rompecabezas hermenéuticos, sobre qué relevancia tiene la

---

[45] Véase especialmente 2:21; 3:1; 6:12, 14—16.

cuestión de la ley judía para los no judíos dos mil años después de Jesús, se tratarán a medida que avancemos).

Es más, en el breve informe de Pablo sobre su respuesta (presumiblemente mucho más larga) a Pedro en 2:14-21, descarta absolutamente cualquier intento de los judíos seguidores de Jesús de «guardar la Torá» en el sentido de comer por separado de los creyentes gentiles. Tampoco dice Pablo, «Sí, por supuesto que deben guardar la Torá en todos los demás aspectos, pero ignorarla cuando se trata de la comunión en la mesa». Dice: «Por la ley he muerto a la ley, para vivir para Dios». Además, los que intentan volver a levantar la valla de la Torá entre una comunidad judía y otra gentil están apelando a una Torá que luego los condenará como infractores de la ley (2:18). La propia Torá, paradójicamente, exigirá entonces que cualquiera que sugiera tal cosa sea «anatema», expulsado de la comunidad (1:8-9; 4:30). Volvemos al primer punto anterior: la nueva creación se ha puesto en marcha, y puesto que la Torá era la regulación dada por Dios diseñada para el pueblo de Dios durante la continua «presente era del mal», debe ser resistida. No puede ser el regulador en el nuevo mundo de Dios. Ese no era su propósito. La Torá, al parecer, era parte del propósito preparatorio de Dios para su proyecto final. La preparación tiene su lugar apropiado. El diapasón te ayudará a tener el instrumento listo para la interpretación. Pero no se puede tocar el concierto con él.

Todo esto tiene el sentido que tiene precisamente porque *Jesús crucificado y resucitado es el verdadero Mesías de Israel*. Pablo no sabe nada de la distinción posterior, hecha por algunos escritores judíos en particular, entre un «Mesías judío» y un «Mesías cristiano».[46] Él era y es el rey ungido de Israel. Todos los judíos de la época de Pablo sabían que había pretendientes rivales a la realeza. Los asmoneos habían dado paso a los herodianos. Varios movimientos populares «mesiánicos» o «proféticos» habían ido y venido, cada uno ofreciendo un nuevo candidato como el hombre de Dios para el momento de Dios. Todos los judíos (incluyendo a muchos que no estaban seguros de que las profecías mesiánicas fueran simplemente gestos que apuntaban a un tiempo mejor) sabían que si uno de esos candidatos resultaba ser realmente el Mesías, entonces el Dios de Israel estaba redefiniendo sus propósitos y su pueblo en torno a él. Resistirse al ungido de Dios equivaldría a una blasfemia. Cuando, un siglo después de Jesús, el rabino Akiba aclamó a Simeón ben Kosiba como «hijo de la estrella» (Bar Kokhba), tanto Akiba como sus oponentes sabían que había mucho en juego. Si tenía razón, así era como Dios estaba cumpliendo sus antiguas promesas, y cualquiera que no se inscribiera se excluía del reino venidero. Si estaba equivocado – como el fracaso de la revuelta indicó posteriormente – entonces incluso Akiba, con toda su devoción, su aprendizaje y, en última instancia, su martirio, se demostró que estaba equivocado. Uno no podía decir: «Creo que fulano es el Mesías», y al mismo tiempo decir: «pero si no estás de acuerdo, no pasa nada; se trata solo de mi preferencia religiosa personal». Una afirmación mesiánica traza una línea en la arena. Así es como funciona la «escatología mesiánica». No se trata, pues, de comparar o contrastar dos «religiones». Se trata de que Dios envíe

---

[46] Véase M. Novenson, *The Grammar of Messianism: An Ancient Jewish Political Idiom and Its Uses* (Nueva York: Oxford University Press, 2017), cap. 6.

a su Mesías para hacer por fin lo que siempre se había prometido, aunque la forma de cumplimiento resulte totalmente inesperada.

¿Qué tiene esto que ver con la «formación cristiana» – el propósito que Pablo declara explícitamente en Gálatas y al que este volumen, y esta serie, se dedica? Todo. La formación cristiana no tiene que ver con una devoción abstracta o «espiritual» a una figura «celestial», excepto en la medida en que el Jesús resucitado y ascendido, el centro de la adoración, el amor y la lealtad, es uno y el mismo con el ser humano de Nazaret que inició el reino de Dios en la tierra y murió para vencer a los poderes oscuros que se oponían a él. No hay otro Jesús. La formación cristiana significa lealtad a él. Esa lealtad, esa *pistis*, brota del amor agradecido que responde a su amor entregado. Significa ser formado, personal y comunitariamente, por la muerte y resurrección de Jesús, vistas no como fichas teológicas abstractas, sino como un acto personal que exige una respuesta personal.

El tercer punto queda a veces oculto tras los dos primeros, pero es, sin embargo, vital para Pablo: Dios ha dado su propio Espíritu para que sea la energía transformadora de este nuevo pueblo, y por lo tanto, el regalo anticipado de la herencia prometida. Esto es un poco más complicado, y se detallará en el comentario. Pero por el momento podemos decir esto. A diferencia de lo que ocurre en Romanos, donde Pablo no establece un vínculo explícito entre la historia de Abraham y el don del Espíritu, en Gálatas los dos están estrechamente vinculados: lo que Dios realiza de forma exclusiva en el Mesías, Dios lo aplica después, mediante el Evangelio y el Espíritu, a todo el pueblo del Mesías, que queda así señalado como la verdadera familia de Abraham (3:27-29). Aquí es donde, por fin, el famoso tema de la «justificación por la fe» pasa a primer plano. El pueblo del Mesías es el que cree en el Evangelio; el Evangelio mismo «obra» por el poder del Espíritu. Donde se ve la fe del Mesías, se ve un miembro del pueblo prometido de Dios, uno en el que el Espíritu ha actuado. Y si esa persona resulta ser un gentil, que normalmente estaría fuera del alcance de un judío porque los gentiles eran idólatras y, por lo tanto, impuros, el punto es que *la muerte del Mesías ha conquistado los poderes oscuros a los que los gentiles estaban esclavizados.* Los bautizados y creyentes del Mesías, sea cual sea su origen étnico y su forma de vida anterior, ya no son gentiles en ese sentido.[47] Ya no son impuros. Dios lo ha demostrado dándoles su Espíritu, que les permite clamar: «Abba, Padre». Por tanto, también desde este punto de vista, los creyentes gentiles *no necesitan circuncidarse para ser miembros de pleno derecho del pueblo de la nueva creación de Dios.*

Estos tres puntos básicos (la llegada repentina de la «era venidera» y la inauguración del reino; la escatología mesiánica; la obra del Espíritu que da lugar a la identidad basada

---

[47] Véase, por ejemplo, 1Cor. 12:2, «cuando eran gentiles» *hote ethnē ēte.* Esto le da base a la afirmación de, por ejemplo, P. Fredriksen, *Paul: The Pagan's Apostle* (New Haven: Yale University Press, 2017), 164, que Pablo insitía sobre el hecho de la condición no-judía de los gentiles como pate de su identidad. Por supuesto, Pablo podia dirigirse a ellos como «gentiles» precisamente cuando ellos estaban pensando de ellos mismos en esos términos (por ejemplo, Rom. 11:13); pero son los comentarios casuales como 1Cor 12:2 (¡siguiendo como lo hace, por ejemplo, 1Cor. 10:32!) los que revelan lo que él pensaba sobre su identidad.

en la fe de la familia de Abraham) corresponden a los ejes principales de Gálatas, con un punto adicional que los sustenta a todos, expresado ampliamente en los dos primeros capítulos y al que se alude después. Pablo insiste desde el principio en que su propia vocación y su mensaje del evangelio eran auténticos y originales, derivados del propio Mesías. Rechaza la acusación de que obtuvo su evangelio de segunda mano, omitiendo algunos elementos vitales. Al hacer esta afirmación, subrayando la naturaleza extraordinaria y radical tanto de su llamada como de su evangelio, alude a las Escrituras proféticas de Israel, alineándose deliberadamente con el «siervo» de Isaías, con Jeremías y con el propio Elías. La gente podría decir (y algunos lo han dicho desde entonces) que Pablo no conocía realmente el mundo judío, que estaba paganizando la tradición abrahámica, o que era un traidor, que llevaba a Israel por el mal camino para abandonar las tradiciones ancestrales y comprometerse con el mundo mortal del paganismo. No es así, responde Pablo, explícitamente en su argumento e implícitamente en sus sutiles, pero poderosas alusiones bíblicas. Lo que le había sucedido a él, como con el evangelio mismo, era el cumplimiento impactante y sorprendente de antiguas promesas. Él mismo fue formado por el evangelio, en cumplimiento de las promesas bíblicas, para que pudiera ser – en toda su vida, y en la redacción de esta carta – uno a través del cual Dios formaría a su pueblo, el pueblo único, santo, católico y apostólico del Mesías. Y con esta pretensión de *autenticidad* apostólica iba la pretensión de *autoridad* apostólica: Pablo había sido comisionado por Jesús mismo para ser un agente del evangelio. Escribir esta carta era parte de ese encargo. Cualquier formulación contemporánea de una doctrina de la «autoridad de la Escritura» (vital para la «formación cristiana») debería tener como una de sus raíces la conciencia de Pablo de su propia vocación. Esa es una de las muchas razones por las que los dos primeros capítulos de Gálatas, en los que defiende su vocación y su autoridad contra los ataques, son tan importantes.

El resultado inmediato y formativo de todo esto es que todos los miembros de pleno derecho del pueblo de Dios, liberados así del poder del pecado y de la muerte, *pertenecen a la misma mesa*. Esto es fundamental para la formación cristiana. La identidad se forma y se refuerza a través de la comida compartida de todo el pueblo de Dios.

Repito: todo esto tiene, por supuesto, una referencia «final». La obra del Espíritu que produce «el fruto del Espíritu» en contraposición a «las obras de la carne» es, en efecto, una anticipación del pleno y definitivo «reino de Dios» (5:21). Hasta ese punto, la «justificación por la fe» apunta a la verdad que los reformadores protestantes se empeñaron en subrayar: que todos los que creen en el evangelio (Pablo atribuye esta fe al poder lleno de Espíritu de ese mismo evangelio) tienen asegurada la «herencia» definitiva, que, en las Escrituras antiguas y nuevas, no se refiere a un «cielo» platónico, sino a la creación renovada, el «cielo nuevo y la tierra nueva», y al «rescate» de la muerte que consiste en la resurrección para participar en ese nuevo mundo. La «justificación» – el veredicto de «justo», emitido en el presente sobre la fe – apunta, pues, a la salvación final. Pero no es de eso de lo que Pablo habla, o enfatiza, en esta dramática carta. Aquí, su énfasis es que los creyentes en el Mesías, todos ellos, son el pueblo de la nueva creación en el que las antiguas promesas abrahámicas se han hecho realidad, y que por lo tanto deben vivir como una sola familia, compartiendo la comunión de la mesa, y no permitir que se les intimide para que vuelvan a la «era presente» en la que la Torá de Israel todavía se mantendría.

Sus vecinos judíos no lo entenderían. Sus vecinos judíos *creyentes en Jesús* bien podrían no entenderlo. La iglesia de Jerusalén ciertamente no lo entendería. Tampoco la persona o personas que estaban (desde la perspectiva de Pablo) «perturbando» a las iglesias gálatas. Las autoridades cívicas paganas serían muy sospechosas. Pero la formación de la iglesia gálata, mediante la historia y la importantísima comida simbólica compartida, así como la formación ética a través de la obra del Espíritu, eran vitales. Y si esa «formación» significaba disciplina, expulsando a los que insistieran en enseñar algo diferente, entonces Pablo no lo rehusaría. Un poco de levadura fermentará toda la masa, como dice aquí (5:9) y en un contexto disciplinario similar en 1 Corintios (5:6). Todos los primeros seguidores de Jesús sabían que eran gente de la Pascua; y en la época de la Pascua no se transige con la levadura. Te deshaces de ella.

Quedan otros aspectos de Gálatas, y de la forma en que Pablo trata de llevar a cabo algo que, en retrospectiva (aunque siguiendo su ejemplo), podemos llamar «formación cristiana». Pero en todo esto vemos, asomando detrás de los argumentos específicos, los grandes temas de toda la teología de Pablo. Dios ha revelado su fidelidad a las promesas de Abraham. La «herencia» – el mundo entero – pertenece ahora al Mesías y a su pueblo, aunque esa «pertenencia» no es un tipo de posesión ordinaria, al igual que su «reino» es una forma de soberanía radicalmente rediseñada. El futuro, sin embargo, está asegurado; Dios ha establecido su pueblo mesiánico, en el que se cumplen y se cumplirán finalmente las promesas abrahámicas. El Dios único de Abraham, Isaac y Jacob ha puesto en marcha la nueva creación. La razón por la que su pueblo mesiánico no debe comprometerse con el paganismo (a pesar de lo que sus espectadores judíos puedan pensar que están haciendo, y a pesar de lo que las autoridades cívicas querrían que hicieran) es que son realmente monoteístas. Saben que los dioses de los paganos son ídolos. Han llegado a creer en el Dios Único, el Dios de Abraham, el Dios que envió a su Hijo y que ahora ha enviado el Espíritu de su Hijo. Gálatas 4:1-7 esboza la visión radical y recién revelada del monoteísmo.

La elección es entonces tajante. O se sigue a este Dios o se cae en una especie de paganismo (4:7-11). Pablo está reclamando el terreno más alto: el terreno que Roma había reconocido a regañadientes al dar permiso a los judíos para evitar la religión cívica normal; el terreno que los judíos no mesiánicos de su época creían que seguía siendo suyo. La formación cristiana es, en última instancia, una cuestión de aprender a conocer al verdadero Dios; o, como dice Pablo, de darse cuenta de que uno es conocido por este verdadero Dios. Lo demás son detalles.

Los comentarios y la formación cristiana

La tarea del comentarista debería estar clara. En cierto modo, es como la tarea del escultor. Aquí hay un bloque de mármol: El trabajo de Miguel Ángel es cortar todo lo que no es David. La tarea del comentarista consiste en cortar todas las capas de malentendidos que puedan impedir al lector de hoy ver con claridad lo que Pablo decía realmente en y para el complejo mundo de su época. Nosotros también vivimos en mundos complejos y desafiantes. No nos hacemos ningún favor al suponer que podemos simplificar a Pablo para que encaje en las categorías reducidas de las construcciones «religiosas» posteriores al Renacimiento o a la Ilustración. Tal vez eso cambie la fuerza de la metáfora. Tal vez nos encontremos ante un bloque de mármol del que *ya se ha cortado demasiado*. Tenemos que volver a ensamblar los fragmentos rotos para recrear el original previsto. La historia a menudo tiene que hacer ese tipo de cosas.

Pero entonces, cambiando a una forma de arte diferente, el reto del comentarista es tomar el gran tema musical que Pablo ya ha compuesto y enseñar a los diferentes instrumentistas a tocarlo. Hay que acentuar *esta* nota; hacer resaltar *este tema* en los violonchelos con mayor claridad; dar todo el peso a *este* momento culminante, sin apresurarse a otro pasaje importante pero secundario. Y así sucesivamente. Un comentario bíblico es ante todo una obra de historia. Pero la historia es una cuestión de aprender no solo la melodía, sino también el ritmo y las armonías. Como en todo trabajo histórico, la imaginación comprensiva que se requiere para que el historiador entre en la mentalidad del autor original y de los oyentes está en constante diálogo con la imaginación comprensiva que se requiere para pensar en la propia situación contemporánea.[48] La formación cristiana que puede resultar de tal trabajo es una cuestión que el Espíritu de Dios va a trabajar en las mentes, los corazones, la enseñanza y el aprendizaje de todo el pueblo de Dios.

---

[48] Véase *History and Eschatology*, cap. 3.

GÁLATAS 1:1-17

Traducción

¹Pablo, un apóstol... (¡mi apostolado no proviene de fuentes humanas. Tampoco vino a través de una persona. Vino a través de Jesús el Mesías, y Dios el Padre quien lo levantó de los muertos)...² y la familia que está conmigo; a las iglesias de Galacia. ³Gracia a ustedes y paz de Dios nuestro Padre y Jesús el Mesías, nuestro Señor, ⁴quien se entregó a sí mismo por nuestros pecados, para rescatarnos de la presente era maligna, según la voluntad de Dios nuestro Padre, ⁵ a quien sea la gloria por los siglos de los siglos. Amén.

⁶Estoy sorprendido de que se estén alejando tan rápido de Aquel quien los llamó por gracia, y estén yendo tras otro evangelio — ⁷no que haya otro, es solo que hay algunos perturbando y pervirtiendo el evangelio del Mesías. ⁸Pero incluso si nosotros —¡o un ángel del cielo!—les anuncia un evangelio diferente al que le hemos anunciado, que esa persona sea anatema. ⁹Lo he dicho antes y lo vuelvo a decir: si alguien les ofrece un evangelio diferente al que han recibido, que esa persona quede bajo maldición.

¹⁰Ahora bien... ¿les parece que estoy tratando de agradar a la gente — o a Dios? ¿O que estoy tratando de ganar el favor de la gente? Si todavía estuviese complaciendo a la gente no sería esclavo del Mesías.

¹¹Ya ven, hermanos y hermanas, déjenme ser claro: el evangelio que les anuncié no es una mera invención humana. ¹²No lo recibí de seres humanos, tampoco me lo enseñaron; vino a través de una revelación de Jesús el Mesías.

¹³Ustedes lo escucharon, ¿cierto? La forma en que yo me comportaba cuando yo todavía estaba en el «judaísmo». Perseguí a la iglesia de Dios violentamente, y la asolé. ¹⁴Avancé en el judaísmo sobrepasando a muchos de mis contemporáneos; era extremadamente celoso de mis tradiciones ancestrales. ¹⁵Pero cuando a Dios, quien me apartó desde el vientre de mi madre y me llamó por su gracia, le plació revelarme a su Hijo en mí, para que yo pudiera anunciar las buenas noticias de Él entre las naciones — inmediatamente no consulté con carne o sangre. ¹⁷Tampoco subí a Jerusalén con aquellos que fueron apóstoles antes que yo. No; me aparté a Arabia y luego regresé a Damasco.

Introducción

El primer versículo de la carta de Pablo a los Gálatas nos sumerge en el conocido problema de la lectura en espejo. Al mirar la carta de Pablo, podemos ver, reflejados en ella, todo tipo de cuestiones para las que no tenemos ninguna otra evidencia. ¿Por qué, por ejemplo, en la misma línea inicial, se interrumpe después de dos palabras en griego

(*Paulos, apostolos*: «Pablo, un apóstol») para negar que su apostolado sea «de fuentes humanas» o que haya llegado «a través de un ser humano»? Evidentemente, solo se haría eso si alguien hubiera puesto en duda el asunto. Así que, cambiando la imagen de la vista a la del oído, somos en esta medida como quien escucha la mitad de una conversación telefónica. La voz que podemos oír ya está agitada y a la defensiva. Intentamos averiguar qué dijeron, o al menos insinuado, al otro lado de la línea.

Lo que podemos decir es que a lo largo de los dos primeros capítulos de la carta Pablo está escribiendo lo que podríamos llamar una «apologética». Esto no quiere decir que esté, en nuestro sentido, pidiendo disculpas. No está diciendo «lo siento». Está explicando cómo están las cosas: su apostolado, insiste, es auténtico; su evangelio es auténtico; y el mensaje que anunció a las iglesias gálatas era la versión completa, no una distorsión truncada. Para Pablo, el ataque parece la mejor forma de defensa. Si se le acusa, devolverá la acusación con toda la fuerza que tenga. Pero, ¿cuál es la acusación?

El cargo: Complacer a la gente

Cuando examinamos con más detenimiento lo que los adversarios de Pablo pueden haber dicho sobre él, hay una pista reveladora que no siempre se percibe. Viene en el versículo 10. Allí dice algo tres veces, con palabras muy parecidas, y va al fondo del asunto. «¿Les parece», pregunta, «que estoy tratando de agradar a la gente – o a Dios? ¿O que estoy tratando de obtener el favor de la gente? Si todavía estuviese complaciendo a la gente no sería esclavo del Mesías?». El punto clave es «agradar a la gente», «ganarse el favor de la gente» y «complacer a la gente». La segunda y la tercera son casi la misma frase griega: *anthrōpois areskein*. (*Anthrōpos* significa «ser humano»; *areskein* significa «agradar» o «satisfacer»). Podríamos ver esto simplemente en términos generales: alguien está acusando a Pablo de inventar un mensaje que le hará cosquillas a la gente, que le hará ganar partidarios porque es el tipo de cosas que la gente quiere escuchar.[1] Pero hay un texto famoso del mundo judío de la época de Pablo que agudiza esto considerablemente.

Encontramos este texto entre los llamados Pseudepígrafos, dentro de la Septuaginta, pero no en las Escrituras hebreas. Podemos dudar de que el propio Pablo lo considerara «Escritura». Como probablemente reconoció, refleja claramente su contexto histórico en el siglo inmediatamente anterior a Jesús. Pero el libro en cuestión, los llamados Salmos de Salomón, fue muy probablemente escrito y apreciado por personas del mismo mundo del que procedía Pablo, es decir, el mundo de los estrictos judíos fariseos.[2] Los Salmos de Salomón en su conjunto constituyen un fascinante telón de fondo para el pensamiento de Pablo, pero para nuestros propósitos podemos centrarnos en un salmo

---

[1] Para el sentido negativo general de *areskein* en el mundo antiguo («lisonjero», etc.), véase, por ejemplo, H.-D. Betz, *Galatians: A Commentary on Paul's Letter to the Churches in Galatia*, Hermeneia (Filadelfia: Fortress, 1979), 55. Más: C. S. Keener, *Galatians: A Commentary* (Grand Rapids: Baker Academic, 2019), 59.

[2] Este supuesto previamente estándar ha sido desafiado por varios escritores en E. Bons y P. Pouchelle, eds., *The Psalms of Solomon: Language, History, Theology* (Atlanta: SBL Press, 2015). Me parece que es la solución más probable, y el impactante vínculo con Gálatas refuerza esto en mi opinión.

en particular. El Salmo 4 se titula específicamente como un poema sobre «los complacientes», los *anthrōpareskoi*. Esta palabra, que no se encuentra en ninguna parte del griego clásico o koiné fuera del Nuevo Testamento, parece ser una acuñación judía. En el griego de la época precristiana, solo se encuentra en la Septuaginta del Salmo 52 (TM 53):6, pero ese salmo no proporciona ninguna pista particular sobre un significado específico más allá de la traducción generalizada «impío».[3] El propio Pablo utiliza la palabra en otros lugares, pero sin proporcionar más pistas para nuestro pasaje actual.[4]

¿Quiénes eran, entonces, los «complacientes» en los (probablemente fariseos) Salmos de Salomón? Eran transigentes. Eran hipócritas. Estarían dispuestos a recortar la obediencia a la ley de Dios para quedar bien con sus vecinos paganos. Podrían fraternizar con esos vecinos paganos, incluso podrían entrar en sus casas y comer con ellos. El problema de eso, para ser claros, era que, a los ojos de los judíos celosos, los paganos adoraban ídolos. El mundo estaba lleno de ídolos. Era difícil evitarlos incluso en los territorios estrictamente judíos de Judea y partes de Galilea. Cada aspecto de la vida ordinaria en el mundo no judío implicaba dioses y diosas de un tipo u otro. Y el pueblo judío, estudiando el Deuteronomio, los profetas y los salmos, sabía que los ídolos eran muy malos para la salud. Te contaminaban, te corrompían y finalmente te mataban.[5] La única manera de ser verdaderamente humano era adorar al Dios de Israel, YHWH, el único Dios verdadero, el Dios de Abraham, Isaac y Jacob. Pero para muchos judíos, sobre todo en la diáspora, este enfoque rigorista era sencillamente impracticable. El contacto, los negocios y las amistades con los no judíos eran inevitables. Y esto, para los partidarios de la línea dura, significaba un compromiso: deslealtad, una corrupción en el corazón del pueblo de Dios.

Hay indicios de que el escritor de los Salmos de Salomón dirige su ira, más concretamente, contra los gobernantes judíos. Los fariseos, después de todo, eran un grupo de presión populista, que consideraba a la élite saducea de Jerusalén como irremediablemente comprometida. Esto encaja con la retórica del cuarto salmo. Las personas atacadas aquí «se sentaban en la santa asamblea», pero con el corazón alejado del Señor (4:1).[6] Se apresuraban a condenar a los demás, pero ellos mismos eran culpables de todo tipo de maldad (4:2-7). Tales «complacientes» debían ser

---

[3] NRSV «impío». Esto es un enigma porque el TM dice *chonak* («el que encampa en tu contra»); el griego puede indicar que el traductor lee *chaneph* («profano», «apóstata»), seguido por RSV/NRSV (impío), y JB (apóstata) (pero NJB revierte a «el que te sitia»; cf. CEB «aquellos que te atacan»). (La Vulgata tiene dos versiones de los Salmos, una que sigue el TM y la otra la LXX. Sal. 53 aquí diverge del contrariamente muy similar Sal. 14. Podemos sospechar que el traductor de la LXX del Sal. 53 compartía la agenda del autor de Salmos de Salomón y usó esta oportunidad para barrer con los «conciliadores».

[4] Véase las advertencias de Pablo acerca de los esclavos cuyo único interés es «complacer» a sus amos (Ef. 6:6; Col 3:22). En 1Tes. 2:4 usa la frase compuesta *anthrōpois areskontes*, «personas que agradan» para contrastar la actitud superficial con su propio deseo de actuar en la presencia de Dios quien prueba los corazones.

[5] Pasajes obvios incluyen Sal. 115:3–8; Is. 44:9–20.

[6] La numeración de versos en la LXX de Rahlfs difiere levemente de la *The Lexham English Septuagint* y *NETS*.

desenmascarados con desprecio (4:7) como pecadores que «hablan la ley con engaño» (4:8). Se lanzan maldiciones sobre ellos, incluyendo (¿un posible eco del Salmo 53:6?) la imprecación «Que la carne de los complacientes sea esparcida por las fieras, y que los huesos de los transgresores de la ley yazcan ante el sol en la deshonra» (4:19). Son engañadores; sin embargo, el Señor salvará a su pueblo de «todo tropiezo» del transgresor de la ley (*apo pantos skandalou paranomou*) (4:23). Dios, el juez justo, los eliminará (4:24).

No se trata de una polémica desconocida. Hay buenas razones, independientemente del cuarto salmo, para suponer que toda la colección fue escrita y utilizada por fariseos estrictos en los años posteriores al 63 a.C., el año en que el general romano Pompeyo capturó Jerusalén y, por curiosidad, parece que entró directamente en el lugar sagrado del templo. La reacción naturalmente horrorizada de los judíos devotos demostró que lo que importaba en ese momento no era simplemente el significado preciso de la Torá (cómo debe vivir un judío fiel), sino la lucha más amplia de lo que significaba ser un judío leal bajo el dominio romano, cuando los gobernantes locales títeres, los asmoneos, los herodianos y la aristocracia sacerdotal, habían transigido.

El problema, entonces, no era simplemente uno de lo que hoy podríamos llamar «legalismo». Sí, los fariseos insistían en la adhesión estricta a la Torá, frente a otros judíos que estaban dispuestos a relajar las normas, especialmente cuando estaban con gentiles. Pero esto no se debía a que trataran de acumular suficientes «buenas obras» para asegurarse de ir al cielo cuando murieran. Era porque sabían, con buenas bases bíblicas, que Dios había llamado a Israel a ser santo, a ser su pueblo especial — y que su santidad o no estaría directamente relacionada con la gran redención que se les había prometido. Si todo Israel guardaba la Torá durante un solo día, dijo un rabino posterior, entonces vendría el Mesías. No sabemos si los fariseos de principios del siglo I d.C. conocían ese dicho, pero podemos estar seguros de que creían en su imagen especular: si Israel no guardaba la Torá, y cedía al mundo idólatra de la manera que el Deuteronomio había advertido, no solo no vendría el Mesías, no solo el propio Dios de Israel no volvería por fin para establecer su reino con poder y gloria, sino que los paganos con los que los malvados se habían confabulado podrían volver a hacer lo que Babilonia había hecho medio milenio antes. Los «complacientes», vistos desde el punto de vista de un ardiente fariseo que ora los Salmos de Salomón, estaban arriesgando mucho más que la «salvación personal». Estaba en juego el futuro de todo Israel, y tal vez del mundo entero.

Por eso los Salmos de Salomón, no solo el cuarto, están profundamente interesados en cómo se puede saber quién es realmente el pueblo de Dios. ¿Quiénes son los *dikaioi*, los justos, en contraposición a los *hamartōloi*, los «pecadores»? Esa es la pregunta, y se relaciona con la visión judía de la salvación, no con la platónica. No se trata de «ir al cielo», sino de cómo Dios va a traer su reino *en la tierra como en el cielo*, y quién lo heredará cuando lo haga. En esta época de crisis, era vital saber en quién se podía confiar, quién estaba realmente de tu lado; y los primeros siglos antes y después de Cristo presentaron una sucesión de crisis sociales y políticas, entrelazadas con presiones teológicas. La invasión y profanación del templo por parte de Pompeyo, claramente en el punto de vista de los Salmos de Salomón 1, 2, 5 y otros, ocupaba un lugar destacado en la lista. Y los «complacientes», los transigentes, estaban obviamente en el lado equivocado.

Es una apuesta segura que el ansioso joven fariseo llamado Saulo de Tarso habría respaldado todo ese punto de vista.

Pero ahora — esto lo sabemos con certeza a través de la más obvia «lectura en espejo» de Gálatas 1:10 — el propio Pablo había estado en el extremo receptor de la misma acusación. Los maestros rivales que habían llegado a Galacia después del viaje misionero original de Pablo le acusaban claramente a sus espaldas de haber dado a sus conversos solo la mitad del mensaje: habían sugerido que había hablado a los gálatas de Jesús, pero no de los requisitos de la ley judía. Pero eso era solo un defecto externo. La verdadera acusación contra Pablo era que él mismo se había convertido en un «complaciente», un transigente. Se había convertido en el tipo de judío que fraternizaba alegremente con los idólatras gentiles, abriendo así la puerta a quién sabe qué tipo de maldad. (Salmos de Salomón 8 acusa a los malvados de incesto, adulterio y de contaminar el templo). Pero, ¿por qué la gente lanzaría este tipo de acusación contra Pablo?

La respuesta no es difícil de determinar. Pablo predicaba — y de eso trata la carta a los Gálatas — que siempre que alguien crea en Jesús crucificado como el Mesías de Israel y el Señor resucitado, eso ya es una señal de que esa persona forma parte del verdadero pueblo de Dios, sin importar su origen étnico o moral. Los nuevos creyentes de origen gentil, enseñó Pablo, eran miembros de pleno derecho del pueblo de Dios *sin la exigencia de la circuncisión*. Tampoco necesitaban los otros signos regulares de la identidad judía, el Sabbat y las leyes alimentarias. Estas diferenciaban al pueblo judío de sus vecinos paganos; las leyes alimentarias especificaban no solo *lo que* se podía y no comer, sino *con quién* se podía y no comer.[7] Pero en la comprensión que Pablo tenía del evangelio, la comunidad de creyentes no se definía de esa manera. Y Pablo debía saber muy bien — ya que antes había sido tan riguroso en estas cosas como cualquiera — que ser blando en estas cosas, difuminar las líneas claras entre el mundo judío y el pagano, era precisamente ser un *anthrōpareskos*, un complaciente con la gente. Un transigente. Un traidor, en otras palabras.

Solo unos años antes, Saulo de Tarso se había opuesto con fuerza y rabia a esas personas. Ahora se encuentra con maestros rivales que utilizan la misma retórica contra él. Sabe perfectamente por qué lo hacen, y se resiste con todas sus fuerzas. La ironía de su posición explica, al menos en parte, el calor que se siente en cada párrafo de la carta.

Algunos lectores de Gálatas en nuestros días pueden encontrar que esta reconstrucción histórica de la situación de Pablo lo hace sentir lejano. Nosotros no nos enfrentamos a sus retos. La mayoría de los lectores de la Biblia no son judíos de nacimiento. Muchos de ellos nunca tendrán trato con una comunidad de la sinagoga, ya sea liberal, ortodoxa o de cualquier tono intermedio. Las agudas sensibilidades que surgen hoy en día entre los judíos y los no judíos se deben a los terribles acontecimientos del siglo XX, no a los turbulentos sucesos del período del Segundo Templo. Pocos o

---

[7] Este fue el problema que enfrentó Pedro en Hechos 10 y 11: véase abajo en 2:11-14.

ninguno de nosotros, o de nuestras congregaciones, están tentados a circuncidarse o a empezar a observar las leyes *kosher* judías. Esto, por supuesto, es típico del desafío de la hermenéutica bíblica. Debemos dejar que el texto sea el texto y entenderlo en sus propios términos, en lugar de apresurarnos a «aplicarlo», a «traducirlo» para que de alguna manera se adapte a nuestra situación o incluso a nuestro análisis teológico.

En particular, tenemos que evitar la suposición de que Pablo debe estar hablando «realmente» de «fe y obras» en el sentido moderno, posterior al siglo XVI. Esa suposición aplasta los sutiles contornos y las delicadas plantas del jardín de Pablo para que podamos poner el cemento plano sobre el que se pueden construir nuestras propias agendas. El mundo de Pablo, al igual que el de los Salmos de Salomón, tiene que ver con la comunidad, la comunidad del pueblo de Dios que espera ansiosamente el futuro prometido: En ese momento peligroso, ¿quiénes son los «justos», quiénes son los «malvados», los transigentes, los «complacientes», y qué debe hacer el pueblo de Dios para acelerar el momento en que Dios lo libere enviando por fin a su Mesías?[8] La hermenéutica requiere paciencia; la paciencia en este contexto es una forma de amor —dejar que el otro sea diferente a nosotros, no de forzar un texto o un autor para que se ajuste a nuestras expectativas. Como dice Pablo en Gálatas 6:9, cosecharemos las recompensas (y serán muchas) en su debido tiempo si no desfallecemos. Esto se aplica tanto a la lectura de las Escrituras como a cualquier otra cosa.

Me he centrado aquí en Gálatas 1:10, la línea sobre los «complacientes», por dos razones. En primer lugar, ofrece una pista clara y definitiva de la situación más amplia a la que se enfrenta Pablo. Ahora se le acusa de lo mismo que él, como fariseo celoso, habría acusado a muchos otros. En segundo lugar, este versículo funciona como un punto de apoyo en el pasaje inicial de Pablo. Los primeros nueve versículos del capítulo 1 son una introducción, dividida a su vez en dos (una apertura más formal en los versículos 1-5 y luego una aguda introducción al tema de la carta en los versículos 6-9). La misma agudeza de esos versos le permite rechazar en el verso 10 esta acusación de «agradar a la gente», y esto abre el camino al relato autobiográfico de los versos 11-17. Esto lleva a Pablo a la narración más amplia de los capítulos 1 y 2, que completan «la historia hasta ahora», explicando todos los giros relevantes de la propia historia de Pablo, ya que inciden en la controversia actual. Su objetivo general es descartar cualquier sugerencia de que aprendió su evangelio de segunda mano o de que existía un gran abismo entre su comprensión del evangelio y la de los líderes de Jerusalén.

Las cuestiones de si Pablo era un apóstol genuino y de primer orden, y de si su mensaje del evangelio era completo y auténtico o estaba truncado y diluido, podrían parecer de un orden diferente a las cuestiones que ocupan el resto de la carta. Podrían parecer simplemente preliminares. Por supuesto, serían importantes, porque si hubiera sido un charlatán, recortando el mensaje para hacerlo aceptable, entonces se pondría en duda todo lo que dijo. Pero la defensa autobiográfica no estaría entonces orgánicamente relacionada con las cuestiones principales de la carta.

---

[8] Sal. Slm 17 es una de las grandes profecías mesiánicas.

Pero, de hecho – y el clímax retórico de 2:19-21 debería dejarlo claro – esta *apología* personal encaja con el resto de la carta más estrechamente de lo que uno podría imaginar a primera vista. Pablo entendía su propio llamado – el fariseo celoso llamado a convertirse en el apóstol de los paganos – no solo como algo irónico, sino como algo paradigmático. El evangelio que estaba poniendo al mundo al revés le había puesto al revés a él también. Tal vez solo el fariseo, con un conocimiento inigualable de las Escrituras, habría visto tan clara e inmediatamente el significado de la crucifixión del Mesías. Tal vez solo alguien que se había preocupado apasionadamente por la pureza del pueblo de Dios habría visto tan claramente el significado, para los «pecadores gentiles», de la victoria del Mesías sobre los poderes sombríos que gobernaban el mundo idólatra.

Debajo de esto estaba de nuevo la cuestión de la autoridad. En última instancia no era, ni es, una cuestión de si los argumentos de alguien tienen sentido. Ni siquiera se trata de si esta o aquella persona ha recibido un verdadero encargo de Dios. Lo que importaba, y sigue importando, es el evangelio en sí mismo: el anuncio de que el Jesús crucificado ha resucitado de entre los muertos y, por tanto, está señalado como el Mesías de Israel y el verdadero Señor del mundo. Ahí es donde Pablo comienza su argumento. Ese sigue siendo el terreno sobre el que debe asentarse toda la formación cristiana.

1:1-5 - Apostolado y Evangelio

Al centrarnos en el versículo 10, hemos obtenido una visión vital de por qué los primeros cinco versículos de la carta son como son. Podemos ver por qué la retórica viene caldeada y fuerte desde el primer verso: Los adversarios de Pablo le acusan de tener un evangelio de segunda mano, aprendido de otros y confuso, recortado para facilitar la conversión a paganos, comprometiendo lo esencial de lo que significa ser el pueblo de Dios. Su respuesta inicial es descartar esas calumnias y anclarse a sí mismo y a todo lo que es y hace en los propios acontecimientos del evangelio.

1:1 El «apostolado» de Pablo, como explicará más adelante en el capítulo, es el resultado de su propio encuentro personal con Jesús resucitado y el consiguiente encargo del Dios Único de ser un testigo acreditado. Su estatus, por tanto, «no proviene de fuentes humanas». Tampoco Pablo aprendió los rudimentos del mensaje de nadie más: su apostolado no «vino a través de una persona», como de nuevo explicará a su debido tiempo. Más bien, como en Romanos 1:3-4, Pablo se define a sí mismo y a su trabajo en términos del propio evangelio: su comisión vino «a través de Jesús el Mesías, y de Dios el Padre que lo resucitó de entre los muertos». La resurrección no desempeña casi ningún papel en la argumentación posterior de Gálatas. Pero, como los sólidos cimientos de una casa bien construida, es importante (por ejemplo, en 2:19-20 y en la promesa culminante de la «nueva creación» en 6:15) incluso cuando es casi invisible. Para Pablo, la resurrección por parte de Dios del Jesús crucificado – que de otro modo habría permanecido como un «falso mesías», haciendo que Israel se extraviara – era el fundamento de todo lo demás que creía, enseñaba y vivía.

1:2 Pablo y la familia que le acompaña en Antioquía (desde el principio los seguidores de Jesús se consideraban una familia extensa, lo que los sociólogos llaman un «grupo de parentesco ficticio») envían saludos. Aquí brilla por su ausencia Bernabé, que había estado con Pablo cuando evangelizó la región a la que ahora escribe. Pero Bernabé había apoyado a Pedro en el enfrentamiento de Antioquía (2:11-14). Si, como creo que es lo más probable, Pablo está escribiendo esta carta muy poco después de ese incidente, puede que no se sintiera lo suficientemente seguro de la buena voluntad de Bernabé como para incluirlo aquí.[9]

Así pues, se envían saludos a «las iglesias de Galacia», las comunidades creyentes en Jesús de los pueblos y ciudades que van desde Antioquía de Pisidia, en el oeste, hasta Derbe, en el este. El territorio en cuestión, con sus diversas culturas locales ahora fuertemente recubiertas con los signos del poderío imperial de Roma, no estaba tan lejos (aunque separado por los Montes Tauro) de la ciudad natal de Pablo, Tarso.

1:3 Los saludos que Pablo y sus amigos envían vienen en forma de una típica bendición de los primeros cristianos: «gracia y paz». Estos antiguos temas bíblicos adquieren ahora una realidad tridimensional, y una secuencia teológica (la gracia de Dios llega y produce la paz), a través del hecho de Jesús mismo, Jesús el Señor, por medio del cual Dios el creador es ahora conocido irremediablemente como «Padre», una designación para Dios que, aunque se encuentra en las Escrituras, alcanza una nueva y repentina prominencia en el cristianismo primitivo. La explicación más natural y obvia de este hecho no es solo que el propio Jesús hablara de Dios como «Padre» y animara a sus seguidores a hacer lo mismo, sino también que los posteriores seguidores de Jesús, al experimentar la acción interna del Espíritu Santo, encontraron natural (es decir, no simplemente algo que habían «aprendido») clamar a Dios como «Padre» (véase 4:6-7).

1:4-5 La gracia divina se desvela, y la paz recibe su fundamento y contexto, en esta cuádruple declaración de la buena nueva, que amplía lo que ya se resumió en la segunda mitad del versículo 1: (a) Jesús «se entregó por nuestros pecados», (b) «para rescatarnos de la presente era maligna», (c) «según la voluntad de Dios, nuestro Padre», (d) «a quien sea la gloria por los siglos de los siglos. Amén».

El primero es el acto central, la crucifixión de Jesús vista como un acto de entrega amorosa.[10] El segundo es el objetivo que se persigue, el «nuevo Éxodo» en el que los poderes oscuros son derrotados y los que están bajo su dominio son rescatados. La tercera es la razón subyacente, la voluntad suprema del Padre. El cuarto es el resultado final, la gloria y la alabanza eternas de Dios. Las cuatro afirmaciones son importantes, y lo son en relación con las demás: Pablo puede decir muchas cosas sobre la muerte de Jesús – ¡incluso muchas cosas en esta breve carta! – y no se deben contraponer unas a otras, como se ha hecho a menudo. Si prestamos atención aquí, veremos por qué.

---

[9] Igual que, por ejemplo, B. Witherington III, *Grace in Galatia: A Commentary on St. Paul's Letter to the Galatians* (Edimburgo: T&T Clark, 1998), 74, siguiendo a R. Bauckham, «Barnabas in Galatians», *Journal for the Study of the New Testament* 2 (1979): 61–72.

[10] Pablo aquí no describe la muerte de Jesús como «sacrificio» a pesar del uso laxo de esa terminología aquí por, por ejemplo, D. J. Moo, *Galatians*, Baker Exegetical Commentary on the New Testament (Grand Rapids: Baker Academic, 2013), 71.

Observamos de inmediato, mirando el amplio alcance de Gálatas, cómo esta declaración teológica de apertura coincide con el adorno final de 6:14: «Dios me guarde de jactarme—excepto por la cruz de nuestro Señor Jesús el Mesías, a través de quien el mundo ha sido crucificado para mí y yo para el mundo». Esto — la verdad de la cruz en sus implicaciones cósmicas — es el dispositivo de encuadre dentro del cual está contenida toda la carta, por cuya verdad significa lo que significa. En el camino que va de 1:4 al 6:14, hay muchas otras referencias que muestran que no se trata de un mero marco formal, sino de una indicación de sustancia material: «... vivo en la fidelidad del Hijo de Dios, quien me amó y se dio a sí mismo por mí» (2:20); «El Mesías nos redimió de la maldición de la ley» (3:13); «cuando llegó el tiempo del cumplimiento, Dios envió a su Hijo... para que pudiese redimir a aquellos que están bajo la ley» (4:4-5); «El Mesías nos hizo libres para que pudiésemos disfrutar la libertad» (5:1); «aquellos que pertenecen al Mesías, Jesús, crucificaron la carne con sus pasiones y deseos». (5:24). No se trata de referencias secundarias. Son fundamentales para el desarrollo del argumento de Pablo. Su resumen inicial, como una obertura de ópera, da una clara indicación de lo que podemos esperar en el cuerpo de la obra.

Entonces, ¿qué es exactamente la verdad de la cruz? ¿Qué está diciendo Pablo en este denso resumen? Si lo entendemos bien, se abre un camino claro hacia el corazón de Gálatas.

Puede ser útil comenzar con la segunda cláusula: «para rescatarnos de la presente era maligna». La palabra «rescatar» aquí tiene ecos del rescate de Dios a Israel de Egipto. Esto no es sorprendente. La mayoría de los primeros cristianos veían la muerte de Jesús como la nueva Pascua, por la buena razón de que el propio Jesús había elegido la Pascua como el momento de hacer lo que había que hacer. La Pascua dio forma a su intención de ir a la cruz; luego dio forma a la comprensión de ese evento por parte de la iglesia primitiva. Esto implica que el mundo en general, e Israel en particular, habían estado viviendo bajo una forma de esclavitud comparable a la época de Egipto. Este era un tema habitual en el mundo judío del Segundo Templo, que no era específico de ningún partido o corriente de pensamiento, y en el que quizá solo los saduceos formaban una minoría disidente (ellos, los aristócratas, estaban contentos con las cosas tal y como eran; todos los demás esperaban un futuro glorioso, tal y como prometían los profetas, aunque no estaban de acuerdo en cómo sería ese futuro ni en cómo se produciría).

Para todos los que abrigaban alguna forma de esta antigua esperanza, el tiempo mismo se dividía en dos: la era presente y la era venidera.[11] La era presente era el tiempo del dolor, la tristeza y la muerte. Pero, como el Dios de Israel era el creador de todo, que había prometido arreglar las cosas al final, llegaría la «era venidera», el nuevo período en el que la muerte ya no existiría, el dolor y la tristeza se borrarían, y la justicia y la belleza resurgirían para siempre. Este es el punto del que depende toda la línea de pensamiento de Pablo. En Gálatas, como vimos, no se dice casi nada sobre la resurrección de Jesús — solo esa línea fugaz del verso 1. Pero Pablo había visto

---

[11] Ejemplos obvios incluyen CD 4:12–13; 1QM 14:4–7, 10–15; 1Enoc 46:5–6; 2 Baruc 15:8; 4 Esdras 4:27. Véase *Paul and the Faithfulness of God*, vol. 4 of Christian Origins and the Question of God (Londres: SPCK; Minneapolis: Fortress, 2013), 1059n71.

claramente que el hecho de que Dios resucitara a Jesús de entre los muertos era el punto de partida de la «era venidera», con el resultado de que la «era presente» y la «era venidera» continuaban ahora en un paralelo incómodo e inquieto, generando las situaciones a menudo confusas y difíciles a las que se enfrentan los seguidores de Jesús.[12]

Esta creencia paulina en las «dos eras» es lo que algunos han tratado de describir con la palabra «apocalíptica», aunque, como he argumentado en otro lugar, esa palabra se ha vuelto demasiado resbaladiza para ser de alguna ayuda.[13] Ciertamente, no puede utilizarse, como algunos han tratado de hacerlo, como una forma de dividir el pensamiento de Pablo en diferentes capas, y de hecho el presente pasaje proporciona una respuesta inicial a cualquier propuesta de este tipo. La idea de que el tiempo está dividido en dos no era propia de ninguna corriente del pensamiento judío antiguo, sino que continuó con fuerza en el período rabínico posterior, cuando los temas y programas «apocalípticos» que habían resultado tan desastrosos se habían abandonado hacía tiempo.[14]

Así que Pablo, sentando las bases de su argumento, declara que Dios nos ha rescatado a «nosotros» de la «presente era maligna». No dice aquí a quiénes se refiere el «nosotros», pero obviamente se centra de momento en los creyentes de Jesús. Tampoco dice explícitamente que, como resultado, «nosotros» vivimos ahora en «la era venidera», aunque eso también es obvio a partir de muchos pasajes paralelos.[15] No nos quedamos en el limbo, a medio camino entre el pasado y el futuro. El mensaje del evangelio se refiere a algo que *ha sucedido* en Jesús, como resultado de lo cual el mundo es un lugar diferente. Los seguidores de Jesús están llamados a reconocer que ahora viven en ese mundo diferente y deben ordenar sus vidas en consecuencia. Esto — el punto fuerte de las recientes teorías «apocalípticas» — es básico en toda la carta.

Pero, ¿cómo se ha producido este rescate? ¿Cómo se ha producido la superación de la actual era del mal? ¿Cómo es posible lanzar el nuevo mundo de la justicia, la belleza y el amor cuando el pecado y la muerte parecen seguir siendo tan poderosos? La respuesta se encuentra en la primera cláusula del versículo 4: «se entregó a sí mismo por nuestros

---

[12] T. R. Schreiner, *Galatians*, Zondervan Exegetical Commentary on the New Testament (Grand Rapids: Zondervan, 2010), 76–77, sugiere que la cruz misma representa «la intrusion de la nueva era»; pero parece equívoco en cuanto a si la «era venidera» ha sido realmente inaugurada, cuando dice que Jesús murió para «rescatar a los creyentes del mal de la presente era» y que «Jesús reina en la era malvada presente» mientras que «su gobierno alcanzará su clímax en la era venidera». Aunque obviamente hay una fuerte escatología paulina del «todavía no», en mi opinión Schreiner parece estar ignorando el «ya» que sostiene todo lo que dice Pablo a medida que la carta procede.

[13] Referirse a ello como «una nueva fase en la historia de la salvación», como lo hace Moo, *Galatians*, 66, tiene sentido, pero es potencialmente confuso tomando en cuenta todas las antítesis comunes de «apocalíptica» e «historia de la salvación» (véase abajo).

[14] Véase *Paul and His Recent Interpreters* (Londres: SPCK; Minneapolis: Fortress, 2015), part. 2, particularmente la crítica de J. L. Martyn y sus seguidores.

[15] Véase, por ejemplo, Rom. 12:2; en Gálatas, the *zō de* de 2:20 («Sin embargo, estoy vivo») es significativo, aunque con frecuencia ignorado: véase abajo. Afirmaciones completas del estatus presente de la familia de Jesús ocurren en, por ejemplo, 4:5 («para que pudiésemos recibir la adopción como hijos»); el tema de la «libertad» en el cap. 5; la «nueva creación» en el 6:15. Véase también, por ejemplo, 2Cor. 5:17.

pecados». Algunos han intentado contraponer esta vertiente de significado («se entregó a sí mismo por nuestros pecados») a la vertiente «apocalíptica» de las «dos eras», y sugerir que Pablo, aunque prefiere el tema «apocalíptico», siente que tiene que citar la tradición sobre Jesús «entregándose a sí mismo» porque es bien conocida y quizás un tema favorito de sus oponentes.[16] Pero no se ajusta, ni exegéticamente ni teológicamente: exegéticamente porque Pablo repite el tema, en el punto retórico culminante de 2:20 («el Hijo de Dios... me amó y se entregó a sí mismo por mí»), donde es cualquier cosa menos una concesión a sus oponentes; teológicamente porque las dos primeras cláusulas del versículo 4 se explican mutuamente: (*a*) es el medio por el que se logra (*b*); (*b*) es la meta hacia la que apuntaba (*a*).

En otras palabras, la muerte de Jesús «por nuestros pecados» – un tema central del Evangelio en sus diversas tradiciones primitivas, como obviamente en 1 Corintios 15:3- tenía como objetivo, no que la gente «fuera al cielo», como en la tradición cristiana posterior, sino que la gente fuera rescatada de los poderes oscuros que habían esclavizado al mundo. Aquí nos encontramos con un síntoma de un problema continuo en la teología occidental en su conjunto, ya señalado en la introducción. La mayoría de los cristianos occidentales modernos, si se les pregunta por qué murió Jesús por nuestros pecados, dirían: «para que podamos ir al cielo». Pero – sorprendentemente, se podría pensar – esa nunca es la respuesta que da el Nuevo Testamento. La esperanza de que el «alma» de uno «vaya al cielo» después de la muerte es característica, no de Pablo y de los demás cristianos del primer siglo, sino de los platónicos del siglo I, como Plutarco.[17] Pero en el Nuevo Testamento, ese nunca es el objetivo de la acción redentora de Dios, por la buena razón de que Dios pretende rescatar el orden creado, no arrebatar a la gente de él y luego abandonarlo. Por supuesto, dado que los poderes oscuros de la «presente era maligna» incluyen la propia muerte, entonces la «salvación» final, el rescate de la muerte, está finalmente en vista. Eso significará la resurrección del cuerpo para participar en el nuevo mundo de Dios. Pablo expone ampliamente este tema en 1 Corintios 15 y Romanos 8. Cuando alineamos algunas declaraciones de los primeros cristianos sobre lo que logró la muerte de Jesús, son sorprendentes. Aquí, el objetivo de la muerte salvadora de Jesús es para que los creyentes sean el pueblo de la nueva era de Dios, rescatados de la presente era maligna. En Gálatas 3:14 es «para que la bendición de Abraham fluya a través de las naciones... y para que podamos recibir la promesa del Espíritu, mediante la fe». En Apocalipsis 5:9-10 la acción redentora de Dios en Jesús se lleva a cabo para que los humanos rescatados puedan constituir «un reino y sacerdotes para nuestro Dios», que reinará en la tierra. Y así sucesivamente. Como he argumentado en otro lugar, hemos entendido mal nuestra escatología y, por tanto, nuestra teología de la expiación.[18] No se trata de «ir al cielo». Se trata del inicio de la «era venidera» de Dios aquí y ahora, en medio de la desordenada «presente era maligna». Hubo una moda en los

---

[16] Por ejemplo, J. L. Martyn, *Galatians: A New Translation with Introduction and Commentary* (Nueva York: Doubleday, 1997), 88–91, 96–97. Véase *Paul and His Recent Interpreters*, 173–77.

[17] Véase Plutarco, «On Exile» (*Moralia* 7 de Plutarco), 607C–F.

[18] Véase *The Day the Revolution Began: Reconsidering the Meaning of Jesus' Crucifixion* (San Francisco: HarperOne; Londres: SPCK, 2016).

1980 de un movimiento que se autodenominaba «Nueva Era»; parece que esto se ha vuelto a silenciar. Pero para Pablo la «nueva era» comenzó, no con una extraña configuración de planetas y símbolos zodiacales, sino cuando Jesús de Nazaret salió de la tumba en la primera mañana de Pascua.

Entonces, ¿cómo explica la primera cláusula (se «entregó a sí mismo por nuestros pecados») la segunda («para rescatarnos de la presente era maligna»)? Creo que este es uno de los puntos más importantes de la teología cristiana. ¿Cómo mantienen los poderes oscuros de la época actual su control sobre nosotros y, a través de nosotros, seres humanos defectuosos, sobre el mundo, y cómo se rompe ese control? La respuesta es: se apoderan del mundo a través de nuestra idolatría y del pecado que inevitablemente resulta de ella. Adoramos a los ídolos y, por tanto, les cedemos el poder que nosotros, como seres humanos a imagen y semejanza, deberíamos ejercer en el mundo. Y los «poderes» – elementos de la buena creación, utilizados por el poder del pecado y de la muerte para atraernos a la idolatría – toman ese poder alegremente, gobernando sobre nosotros y nuestro mundo. No podemos simplemente recuperar este poder. La «era venidera» no puede ponerse en marcha simplemente porque los seres humanos quieran que así sea. Los pecados que cometemos como resultado de nuestra idolatría, refuerzan el dominio de los ídolos sobre nosotros y sobre la buena creación, de la que estamos llamados a ser sabios administradores. Esa fue la lección que Israel tuvo que aprender con pena y dolor durante muchos años.

Así, cuando se cumple el largo propósito de Israel y (como en Is. 53) el representante de Israel, el extraño siervo cuasi-mesiánico, da su vida por los pecados, se rompe el dominio de los ídolos. En realidad, de eso trata Isaías 40-55. El siervo muere por los pecados del pueblo, se rompe el poder de Babilonia y el pueblo es liberado para el «nuevo Éxodo». Pueden volver a casa. Esa es precisamente la imagen que tenemos aquí, salvo que (para decirlo de nuevo) «casa» no significa «cielo» – que no se menciona en Gálatas – sino el nuevo mundo de la nueva era de Dios, los nuevos cielos y la nueva tierra que el Apocalipsis nombra como tales, que Pablo indica en Efesios 1:10, y cuyo origen explica en Romanos 8.

El punto, entonces, del mensaje del evangelio de la muerte y resurrección de Jesús, específicamente aquí en Gálatas 1, es que, a través de esos eventos, el poder de la vieja era maligna ha sido roto y la vida de la nueva era ya ha iniciado. Esta es la razón por la que Pablo es un apóstol; esto es lo que significa ese apostolado. Al igual que la resurrección de Jesús no es simplemente un acontecimiento muy extraño dentro del *viejo* mundo, sino que es el acontecimiento de inicio y paradigmático del *nuevo* mundo de Dios, la misión apostólica de Pablo no es simplemente una cuestión de proclamar un mensaje extraño dentro del viejo mundo (quizás incluso, un mensaje sobre cómo dejar el mundo e ir a otro lugar), sino una cuestión de anunciar el lanzamiento, y encarnar el poder, del nuevo mundo. Los pecados que permitieron que los ídolos mantuvieran su dominio sobre la raza humana, y por lo tanto sobre toda la creación, han sido enfrentados; y los que pertenecen a Jesús ya han emergido, parpadeando ante la repentina luz brillante, a la vida inaugurada de la era venidera. La sobre-posición de los tiempos es, sin embargo, un lugar peligroso para encontrarse, y Gálatas no se esconde de ese peligro ni del sufrimiento que sobrevendrá a los que allí se encuentren.

Ahora, por fin, podemos entender por qué Pablo necesita decir precisamente *esto* al comienzo de *esta carta*. Como mencioné antes, para el judío devoto del siglo I, el problema básico de los gentiles era que eran idólatras. Había un solo Dios verdadero, el Dios de Israel, el creador del mundo. Todos los demás «dioses» eran errores de categoría: elementos del mundo cuyo poder aparente llevaba a la gente a adorarlos y, por tanto, a comportarse de forma contraria a como habían sido creados. Así, como a veces podían ver claramente los judíos al observar a sus vecinos paganos, muchos gentiles se comportaban visiblemente de la manera en que lo hacen los idólatras, de modo que sus mismas casas estaban impuras con sus pecados. Por eso ningún judío celoso se acercaba a ellos, y mucho menos comía con ellos. Y por eso, si los gentiles querían unirse a la comunidad de los judíos (bastantes lo hacían, atraídos por la pureza del monoteísmo y la ética judía, que contrastaban tanto con gran parte del paganismo), los hombres debían circuncidarse como señal de que dejaban el mundo pagano y se unían a la familia de Abraham. Pero el punto del evangelio paulino es que en la cruz *Jesús ya ha derrotado a los poderes del mal* y lo ha hecho *enfrentando los pecados que mantenían a la gente en las garras de esos poderes*. Esta es la base de la misión gentil y la razón por la que los gentiles bautizados y creyentes deben ser acogidos en la única familia de Abraham.

Esto es vital para todo el argumento de Pablo y necesita ser explicado con más detalle. En primer lugar, si Dios ha derrotado el poder de los ídolos, entonces los paganos son libres de creer en el Dios de Israel y convertirse en miembros de la familia del Mesías. La analogía más cercana sería la de los israelitas, que fueron liberados de la esclavitud en Egipto y, por tanto, pudieron por fin adorar al Dios que entró en medio de ellos en la columna de nube y fuego. El pensamiento subyacente de Pablo no está lejos de Juan 12:31-32, donde la próxima victoria de Jesús sobre «el príncipe de este mundo» significará que entonces podrá «atraer a todos los hombres» hacia sí.

En segundo lugar, si Dios se ha ocupado de los pecados en la muerte del Mesías, entonces los que pertenecen al Mesías (por la fe y el bautismo, como explicará Pablo) ya no son «pecadores». Una vez que las personas han compartido la muerte y resurrección del Mesías y se han convertido así en miembros de su familia, su estatus ya no es el de «pecador», el de idólatra. Los ídolos pueden, en efecto, engañarlos para que se sometan a nuevas formas de esclavitud. Al igual que los israelitas en el desierto, son libres del último amo esclavo, pero no de otros ataques esclavizantes posteriores. Pero los poderes del mal ya no tienen derecho sobre ellos. Lo que Pablo dice en esta forma densa en el versículo 4 es, pues, la base tanto de su misión gentil como de su doctrina de la justificación por la fe. Esto quedará claro a medida que avancemos.

Las dos cláusulas finales del resumen de cuatro cláusulas del evangelio son directas. En primer lugar (v. 4c), esto ha tenido lugar «según la voluntad de Dios, nuestro Padre». Los acontecimientos relativos a Jesús no fueron una extraña «invasión» desde el exterior. Siempre estuvieron previstos y largamente prometidos, porque este era el propósito del Dios creador, nombrado de nuevo como «nuestro Padre». Pablo, a diferencia de muchos intérpretes, mantiene el equilibrio: la novedad radical del evangelio y sus efectos están, sin embargo, arraigados — ¡ya que Pablo solo ve en retrospectiva! — en las antiguas promesas. Así, en segundo lugar (v. 5), todo esto ha tenido lugar para la gloria eterna de Dios. El evangelio de gracia y paz de Pablo, centrado en Dios, vuelve a su origen en la alabanza y la adoración que su pueblo ofrece ahora. Como en el gran clímax de Romanos 15:7-13, Pablo insinúa aquí que Dios es glorificado — es decir, que despliega su majestuoso poder y amor de tal manera que los seres humanos lo adoran con razón y gusto — no solo a través de los acontecimientos mismos, sino también mediante la alabanza unida de la comunidad redimida.

La nueva formación de las iglesias gálatas de Pablo ha comenzado. Se necesitará un argumento mucho más detallado para aplicar esta apertura a las muchas cuestiones urgentes a las que se enfrenta Pablo. Pero en cada momento, él irá desgranando y aplicando lo que ha dicho en este característico y denso alegato de apertura. Desde este punto de vista, la tarea del intérprete contemporáneo podría desarrollarse de varias maneras. Tal vez la más importante sea reafirmar lo que la Iglesia y el mundo occidentales modernos han ignorado u olvidado a menudo: que el «evangelio» de Jesús no es «una nueva forma de ser religioso» o «una nueva forma de llegar al cielo», sino un mensaje sobre algo que *ocurrió* en la historia real del espacio-tiempo *como resultado del cual el mundo es un lugar diferente*. La prolongada retórica de la Ilustración occidental ha hecho todo lo posible por suplantar esto, para afirmar que la historia del mundo alcanzó su nuevo clímax definitorio en la segunda mitad del siglo XVIII, dando lugar a un nuevo mundo de libertad, justicia y paz (exactamente el mismo alarde imperial, por supuesto, que Roma hacía en el siglo I). Dentro de esa visión del mundo, el «cristianismo» se reduce a la condición de «una religión», junto a otras «religiones», ninguna de las cuales se ve favorecida por esa caracterización. Por eso, para muchos occidentales, ir a la iglesia se reduce al estatus de un pasatiempo privado y la oración se convierte en un recurso entre muchos otros para los entusiastas de la autoayuda «espiritual». El evangelio de Pablo dirige la atención, no solo al Dios que ahora se conoce como el Padre salvador, sino a los propios acontecimientos salvadores. El reto es, pues, aprender lo que significa que, a través de los acontecimientos relativos a Jesús, este Dios único haya puesto en marcha su nueva creación, incluso en medio de la antigua (Gal 6:15). Seguir a Jesús no es una opción «religiosa» dentro de los parámetros de la «presente era maligna», y considerarlo así es amordazar su desafío, reducirlo a proporciones manejables (lo mismo que los rivales de Pablo le acusaban de hacer). Seguir a Jesús significa avanzar con la fuerza del Espíritu hacia la «era venidera» que ya ha comenzado, y descubrir la nueva forma de ser humano que se abre ante nosotros.

1:6-9 - ¿Otro Evangelio?

Casi todas las cartas de Pablo se abren con un cálido saludo y una nota de felicitación por todo lo que Pablo agradece a Dios en relación con sus oyentes. No es el caso de esta. Algunas cosas buenas han estado sucediendo en la iglesia de Galacia, como Pablo puede dar por sentado al comienzo del capítulo 3. Pero ahora debe confrontarlos urgentemente sobre asuntos muy diferentes.

1:6 Dice que los conversos de Galacia están siendo atraídos por «otro evangelio». Y Pablo está «sorprendido»: es la única vez en sus cartas que dice esto de sí mismo. Los gálatas van en una dirección que él nunca había imaginado. Esto se corresponde curiosamente con el relato de Filón sobre el asombro de Moisés ante la rapidez con la que los israelitas habían cambiado su lealtad al Dios Único, al hacer el becerro de oro.[19] No tenemos ninguna razón en particular para suponer que Pablo conocía las obras de Filón, pero dado que más adelante en este capítulo se alinea con Elías, el «siervo» de Isaías, y Jeremías — como una forma de reclamar el terreno elevado de la tradición israelita frente a los que le acusaban de compromiso — no estaría fuera de lugar que insinuara que su reacción horrorizada ante el curso de acción propuesto por los gálatas estaba modelada sobre la reacción de Moisés ante la apostasía de los israelitas.

Está horrorizado tanto por su apostasía como por la rapidez con la que se ha producido, lo que encaja bien con la hipótesis histórica de que las noticias de la crisis de los gálatas le llegaron a Antioquía más o menos al mismo tiempo que «ciertas personas de Santiago» llegaron allí, no mucho después de que Pablo y Bernabé hubieran regresado de su viaje original. El lenguaje que Pablo emplea aquí — *metatithesthe* en griego — se utiliza muy específicamente para «desertar» los caminos ancestrales en el pasaje de 2Macabeos que describe el desafío pagano contra la lealtad judía.[20] En ese pasaje, el rey pagano de Siria intenta atraer al hermano más joven de la familia de los mártires para que «deserte de sus caminos ancestrales» (*metathemenon apo tōn patriōn*). Ahora, declara Pablo, hay algunas personas que les molestan y quieren pervertir el evangelio del Mesías. El propio Pablo ha sido acusado de deslealtad a las tradiciones de Israel; devuelve la acusación con interés.

Sus oyentes, por supuesto, no habían sido judíos. Pablo no está sugiriendo que se estén apartando de las costumbres judías ancestrales, sino que — elevando la acusación en varios puntos — se están apartando «del que los llamó», es decir, de Dios mismo. «Llamado» es la palabra habitual de Pablo para referirse a la forma en que el mensaje evangélico llega con fuerza, transformando a los oyentes para que lleguen a creerlo, por insensato o incluso escandaloso que parezca.

Este evangelio alternativo, al parecer, no es simplemente una teoría ligeramente diferente sobre «cómo se salva la gente». Se están alejando, dice, «de quien los llamó por gracia», es decir, de Dios mismo, el único Dios verdadero, y de la gracia radical que ha puesto en acción en los acontecimientos del Evangelio. Si el único Dios verdadero y vivo ha actuado en Jesús el Mesías para derrotar a los poderes e iniciar su nueva creación, entonces cualquier paso que se aleje de esa nueva creación, con todo lo que significa, es

---

[19] Filón, *Life of Moses* 2.161–173, at 167. Debo esta referencia a Dr. Aaron White. Filo está aquí haciendo resonancia de Éxodo 32:8. La idea de Israel «rápidamente apartándose del camino» es repetida en Jueces 2:17.

[20] 2Mac. 7:24. P. Oakes, *Galatians*, Paideia Commentaries (Grand Rapids: Baker Academic, 2015), 43, pone atención a la forma en que la misma idea de «desertor» era utilizada en círculos filosóficos cuando se abandonaban las enseñanzas del fundador.

un alejamiento del Dios verdadero. Y alejarse del Dios verdadero es la más profunda y peor acusación que cualquier judío puede hacer a otro. Es el tipo de comportamiento contra el que el Deuteronomio había advertido. Este sentido, que el mensaje alternativo de los maestros rivales era una negación de la «gracia de Dios», continúa alcanzando un clímax en 2:21, donde Pablo declara que no «aparta la gracia de Dios», donde «la gracia de Dios» significa claramente la acción divina (como en 1:4) en la muerte y resurrección del Mesías Jesús.[21]

El llamado de Dios vino como un don de pura gracia, «la gracia del Mesías», o posiblemente «la gracia mesiánica»: La frase de Pablo aquí, *en chariti Christou*, es tan extraña que algunos escribas omitieron *Christou*, pero me inclino a pensar que es lo que Pablo escribió, no solo porque es la «lectura más difícil» (y por lo tanto más probable que un escriba la enmendara) sino también porque formaría una acusación particularmente severa, desde el punto de vista judío. Al joven hermano de 2Macabeos se le instó a apartarse de las «tradiciones ancestrales» (que Pablo conoce perfectamente, como dice en 1:14). Pero el Dios de Israel, dice Pablo, ha enviado por fin a su Mesías como un regalo de pura gracia, ¿y ustedes van a apartarse de *él*?

Se están apartando, dice, hacia «otro evangelio». Como ha sido común en la tradición protestante considerar que «el evangelio» denota «el mensaje sobre cómo salvarse», esta frase se ha interpretado a menudo como «un mensaje diferente sobre cómo salvarse», tal vez un mensaje que decía que, habiendo empezado solo con la fe, ahora debían añadir algunas «buenas obras». Pero «el evangelio», en la tradición de la que Pablo se hacía eco, era ante todo la «buena nueva» de Isaías, y ese era el mensaje de que *el Dios de Israel iba a volver por fin, en persona, para juzgar al mundo pagano y rescatar a su pueblo*.[22] Ese mensaje de Isaías se centró entonces, primero por el propio Jesús y luego por sus primeros seguidores, en el anuncio, en uno de los mismos versículos de Isaías, de que *era el momento de que Dios se convirtiera en rey*.[23] Ese pasaje de Isaías, como bien sabía Pablo, forma parte de la construcción de lo que hoy consideramos el cuarto y último Canto del Siervo (Is. 52:13-53:12), que luego produce el mensaje de reconciliación y nueva creación de los capítulos 54 y 55, temas que Pablo retoma en esta carta y en otros lugares. De todos modos, sin dejar esos significados del Dios de Israel que vuelve a reinar y a rescatar, el centro de atención pasó a ser el propio Jesús. El «evangelio», para Pablo, llevaba todas estas connotaciones. Era el anuncio real sobre Jesús, encerrando dentro de él el anuncio de rescate sobre el regreso de Dios.

Así que, ¿qué pudo haber sido este «otro evangelio»?[24] Una vez más, esto se reduce a una lectura en espejo, y necesitamos toda la carta, no solo el presente pasaje, para tener alguna posibilidad de entender lo que estaba sucediendo. Este «evangelio alternativo» no puede ser un mensaje sobre alguien que no sea Jesús mismo. Pablo no está diciendo: «Les hablé de Jesús, pero ahora están siguiendo a otro». Parece que el

---

[21] Véase también 1:15; 2:9; 5:4.

[22] Véase Is. 40:9; 52:7.

[23] Is. 52:7b.

[24] Pablo usa la misma frase en 2Cor. 11:4, pero ese pasaje es, si acaso, más oscuro y retóricamente cargado que el presente.

mensaje rival tenía que ver con Jesús *como el cumplimiento de una narrativa diferente*: no la historia de un nuevo Éxodo en el que el Dios creador vence a los poderes oscuros para rescatar a su pueblo de la presente era maligna, sino como algún tipo de narrativa judía alternativa, una historia que simplemente añadiría a «Jesús» a la vida de la comunidad judía tal y como ya era. La presión procedente de Jerusalén bien podría ir en la dirección de una historia sobre Jesús que pareciera apoyar la esperanza judía dominante, la agenda nacional de celo militante contra los paganos. Más adelante en la carta, Pablo desprecia la intención de sus rivales: no les interesa, dice, que guarden realmente la Torá, sino solo que hagan lo suficiente para quedar bien en la superficie.[25] En otras palabras, parece que Pablo acusa a sus rivales de intentar convencer a las autoridades de que los conversos gálatas, a pesar de no ser judíos, realmente se estaban «judaizando», asumiendo el estilo de vida judío, y por tanto tenían derecho a la exención de las prácticas religiosas normales.

No podemos estar seguros, de hecho, de que los maestros rivales hablaran de su mensaje en términos de «evangelio». Puede que solo sea la agudización de la cuestión por parte de Pablo lo que lo hace parecer así. O puede que hayan recogido el lenguaje del «evangelio», que obviamente existía en el primer movimiento de Jesús, pero sin ver la profundidad de lo que Pablo y otros, o incluso el propio Jesús, querían decir con él. En cualquier caso, Pablo, empapado como veremos en los capítulos centrales de Isaías, está obligado ahora a ver la agenda del celo militante como la cosa misma de la que ha sido rescatado (Gál. 1:13-17). El verdadero evangelio, para Pablo, era el mensaje sobre el Mesías crucificado. Eso colocó una gran y escandalosa señal de *No entrar* en el camino del «celo militante por la Torá» que antes había abrazado.

Es muy posible, además, que Pablo tenga en mente el otro «evangelio» que se proclamaba como «buena noticia» en Turquía en el siglo I.[26] Se trataba de la «buena noticia» del César: la palabra *euangelion* se utilizaba en esta época para anunciar la ascensión, o el cumpleaños, del César. En el sur de Turquía, como vimos en la introducción, el César era omnipresente, tanto en el nombre de la carretera principal que atravesaba la región como en los nuevos y relucientes templos de las ciudades. No se sugiere que los conversos estuvieran realmente en peligro de adorar al César. Pero Pablo puede haber visto que esta era la implicación. Esperaban evitar el estigma de ser antisociales, de ser anti-romanos, por no unirse a las religiones locales como hacía todo el mundo (excepto los judíos). Una de las principales razones para hacerse prosélitos judíos era vivir bajo el permiso oficial de los romanos, si no bajo su protección. Esto sería doblemente irónico. Al seguir el programa de Jerusalén, cuyo objetivo era reforzar la moral nacional *contra* Roma, los maestros estarían de hecho fomentando, en la diáspora, un conformismo social que seguiría la corriente del dominio imperial. La adición de unos pocos prosélitos a las comunidades judías locales no supondría ninguna amenaza, como lo haría una comunidad genuinamente formada a la manera de Jesús, para la hegemonía del César. Volveremos sobre esto más adelante.

---

[25] Gál 6:12–13.

[26] Para esto, véase *Paul and the Faithfulness of God*, caps. 5, 12.

1:7 Entonces, ¿qué estaba ocurriendo para que Pablo negara que hubiera de hecho «otro evangelio» y acusara a «algunos» de «perturbar» y «pervertir el evangelio del Mesías»? En la introducción sugerí que la situación era casi con toda seguridad más complicada de lo que muchos han imaginado. Visto desde fuera, Pablo había hecho algo totalmente inaceptable tanto para la comunidad judía local como para la sociedad grecorromana más amplia, el tejido social y cívico de las ciudades del sur de Turquía. Para los judíos, había declarado que cualquiera que perteneciera al Mesías Jesús era parte de la familia de Abraham, un heredero en espera de las promesas mundiales del Génesis, Isaías y los Salmos. Para las comunidades paganas locales, había establecido, sin un permiso de por medio, una red de comunidades cuyos miembros no adoraban a los dioses locales, ofreciendo como excusa la extraña afirmación de que eran familia de Abraham y, por tanto, tenían derecho al privilegio concedido a las comunidades judías. Esa era otra razón por la que las comunidades judías locales se horrorizarían: Si este nuevo grupo reclamaba la misma exención, sin ser de hecho étnicamente judío, ¿no tomarían las autoridades paganas medidas drásticas y tal vez los atacarían a todos? Pablo estaba alterando el delicado, y a veces tenso, equilibrio social.

Por supuesto, diría que fue Dios mismo quien hizo precisamente eso al iniciar la nueva creación en medio del viejo mundo. Pablo simplemente estaba siguiendo lo que ya había sucedido en la muerte y resurrección de Jesús. Todo judío bien educado sabía que todo sería diferente una vez que viniera el Mesías, y si el Mesías era crucificado y resucitado de entre los muertos, el cambio sería de un orden completamente diferente a todo lo que se había imaginado.

A los que hemos crecido en países con una presencia «cristiana» al menos vestigial nos puede resultar difícil imaginar dentro del mundo de entonces, cuál sería el impacto de un movimiento como el de Pablo. Las complejidades a las que se enfrentaron Pablo y sus comunidades parecen bastante extrañas en un mundo en el que la mayoría de la gente da por sentado los sistemas democráticos y económicos occidentales. Sin embargo, muchos seguidores de Jesús de hoy en día conocerían mucho mejor el tipo de cosas de las que habla Pablo aquí.

Así pues, los «que perturban», *hoi tarassontes hymas* -a los que Pablo menciona aquí pero no vuelve a hacerlo hasta el capítulo 6 — son casi con toda seguridad cristianos judíos que han sido sometidos a una intensa presión por parte de sus compañeros judíos no creyentes en Jesús. Como he dicho antes, es muy posible que esto haya contado con el respaldo de algunos, al menos, de Jerusalén, algunos que (como en 2:12) afirmaban venir «de parte de Santiago»: habrán tratado de burlar la autoridad de Pablo apelando a una fuente supuestamente superior. (Hay aquí una estrecha analogía con las observaciones del «Decreto Apostólico» de Hechos 15:23-29, que habla [15:24] de «algunos de los nuestros (sin embargo, no enviados por nosotros) [que] han estado diciendo cosas que os han perturbado [*etaraxan hymas*], causándoles angustia de corazón»). Esta apelación implícita a Jerusalén será importante a lo largo de la carta, a veces de forma explícita, como en el enfrentamiento con Pedro en el capítulo 2, y a veces de forma implícita, como en la referencia a Jerusalén en el capítulo 4. Cruzaremos esos puentes cuando lleguemos a ellos. El punto actual es este: Los judíos de Galacia que habían llegado a creer que Jesús era realmente el Mesías de Israel no esperaban que los gentiles pudieran unirse a ellos sin más condiciones que su propia fe. No podían prever los desafíos sociales y culturales que se les presentarían entonces. Y cuando la gente venía de Jerusalén diciendo: «¡Ese loco de Pablo está destruyendo la Torá! ¡Está haciendo pecar a Israel! ¡Es un complaciente! Es el tipo de falso maestro sobre el que nos advirtió Deuteronomio 13», entonces los cristianos judíos locales pueden haber pensado que lo mejor era persuadir a sus amigos gentiles para que se circuncidaran. Eso mantendría contentos a los vecinos; disiparía cualquier sospecha de las autoridades civiles; agradaría a la gente de Jerusalén. Pero el comentario de Pablo es contundente: esto no es un evangelio. No tiene nada que ver con las auténticas «buenas noticias».

1:8 Pablo tiene una palabra para esto: *anatema*. Una maldición. Una prohibición. Es un evangelio falso. Invierte la polémica: son los maestros rivales, no él, los que están extraviando al pueblo de Dios. Están ofreciendo un evangelio, un mensaje sobre Dios, radicalmente diferente del verdadero. El verdadero declara que la acción única de Dios en Jesús se ha ocupado del pecado y ha iniciado la nueva era, el nuevo mundo, la nueva creación. El «evangelio» rival de los maestros recién llegados no trata en absoluto de esa buena noticia. No es una variación del tema; es un tema totalmente diferente. No es un anuncio de que la nueva era ha comenzado. Es simplemente un mensaje sobre cómo sobrevivir en la vejez. Y Pablo dice que cualquiera que anuncie tal cosa, pretendiendo que es lo mismo que el genuino mensaje de Jesús, debe estar bajo un «veto». Son ellos, dice, los que hay que evitar. «Pero incluso si nosotros —¡o un ángel del cielo!— les anuncia un evangelio diferente al que le hemos anunciado, que esa persona sea anatema».

Ver la referencia a un ángel como un golpe a la posibilidad de que los maestros rivales estuvieran presentando su mensaje como «angélico» (tal vez debido a los ángeles involucrados en la entrega de la Torá, como en 3:19) me parece un poco exagerado. A Pablo se le debe permitir la hipérbole. Del mismo modo, el hecho de que los gálatas hubieran acogido inicialmente a Pablo como si fuera un ángel (4:14) probablemente no sea relevante.

Con este «anatema», Pablo pone dos marcas. En primer lugar, si se le acusa de deslealtad a la herencia de Israel, regresará la acusación y pronunciará el clásico juicio bíblico.[27] Se le ha acusado de transigir al confraternizar con paganos; responde que los maestros rivales son los verdaderos transigentes, y deben ser tratados adecuadamente. Más adelante, Pablo se enfrentará a los complicados problemas pastorales que surgen cuando personas de orígenes radicalmente diferentes intentan realmente convivir como una gran familia. En ese momento habrá espacio para la negociación, para respetar la conciencia de los demás.[28] Pero Pablo ya conoce la diferencia entre las cosas que marcan la diferencia y las que no la marcan. Cuando se trata del anuncio de que, mediante la cruz del Mesías, Dios ha rescatado a su pueblo de la presente época de maldad, no hay lugar para la diferencia. O es verdad o no lo es, y los maestros rivales con su afán de circuncidar a los gentiles convertidos están insinuando fuertemente que no lo es.

---

[27] Véase, por ejemplo, Dt. 7:26; 13:15, 17 [LXX]; 20:17; Jos. 6:16–17 [LXX]; 7:1, 11, 13.

[28] Véase 1Cor 8–10; Rom. 14:1–15:13.

Por eso utiliza la antigua noción bíblica de anatema. El término adquirió un tono desagradable en los debates eclesiásticos posteriores, ya que la gente se «lanzaba anatemas» unos a otros, pero en el mundo judío de Pablo era como una advertencia de salud pública. Cuando hay gérmenes peligrosos alrededor, no es arrogante ni mandón decir a la gente que se lave las manos. No obstante, observamos que si Pablo abre la carta con esta «maldición», la cierra con una bendición.[29] También podemos observar que en el único otro lugar en el que pronuncia «anatema», el criterio es «si alguien no ama al Señor».[30] Aunque Gálatas es obviamente una carta polémica, su impulso subyacente se manifiesta en pasajes como 2:20: Pablo está constantemente cubriéndolo. En segundo lugar, al decir lo que hace, Pablo anticipa lo que, argumentaré, es el verdadero clímax de la carta. En 4:21-5:1, presenta un tratamiento de gran fuerza de Génesis 21, que conduce a la orden explícita (4:30) de que el maestro o maestros problemáticos deben ser expulsados de la iglesia. Eso es simplemente la aplicación del «anatema», el «veto», que pronuncia ya antes de que su argumento se ponga en marcha.[31] No está del todo claro si Pablo habría visto esa expulsión como una cuestión de disciplina cristiana, o si, como algunos han sugerido, pensaba que estaba consignando a los oponentes al castigo escatológico. Me inclino a pensar que Pablo veía a los maestros rivales no como incrédulos, sino como creyentes peligrosamente confundidos. En cualquier caso, en esta carta no aborda la cuestión de la salvación final, salvo de forma fugaz (5:21).[32]

1:9 Pablo repite su acusación y su anatema. Lo he dicho antes» parece referirse a una ocasión anterior, y no simplemente al versículo anterior. Así que, como los maestros rivales han pedido que se considere a Pablo como un traidor, un «complaciente», que lleva a los judíos fieles por el mal camino, Pablo responde enérgicamente con una maldición, una prohibición, sobre el «evangelio» rival y los que lo anuncian. Esto nos lleva de nuevo al versículo 10 y a lo que sigue.

1:10-17 - La historia hasta ahora

1:10-12 No un complaciente, sino el esclavo del Mesías

Así que Pablo los lleva de vuelta al principio. Su integridad, sus motivos, su vocación y su evangelio han sido cuestionados. Se le ha llamado «complaciente con la gente». Le causa escozor porque es lo que, en otros tiempos, habría dicho él mismo a los judíos que

---

[29] Gál. 6:16; véase C. S. Keener, *Galatians*, New Cambridge Bible Commentary (Cambridge: Cambridge University Press, 2018), 43.

[30] 1Cor. 16:22.

[31] Igual, por ejemplo, S. K. Williams, *Galatians*, Abingdon New Testament Commentaries (Nashville: Abingdon, 1997), 40–41. Witherington, *Grace in Galatia*, 83–84, sugiere que Pablo está simplemente confiando en que Dios se encargará de los maestros problemáticos.

[32] Contra, por ejemplo, Schreiner, *Galatians*, 87–88. Keener, *Galatians*, New Cambridge Bible Commentary, 42, es preferible (los maestros no estaban negando la muerte y resurrección de Jesús, «estaban ignorando la implicación teológica»).

no adoptaban sus estrictos principios farisaicos. Pero, en realidad – no lo dirá hasta 6:12-13, está sobrevolando toda la carta de aquí en adelante – *son los maestros rivales los verdaderos complacientes*. Están tratando de escapar del costo del discipulado.

1:10 Sin embargo, Pablo se ve simplemente (1:10) como un esclavo: el esclavo del Mesías. Todo depende del propio Mesías. Como el propio Jesús dijo más de una vez, la lealtad a él está por encima de cualquier otro vínculo humano, y ciertamente, por encima de cualquier presión para mantener contentas a las partes hostiles. Y Pablo puede incluso recordar su propia vida anterior, con un destello de ironía en la pequeña palabra *eti*, «todavía»: «Si todavía estuviese complaciendo a la gente». En retrospectiva, él también había sido un «complaciente», aunque no en el sentido normal.[33]

El versículo 10 – y la explicación que sigue en los versículos 11 y siguientes – es una *explicación* de los versículos 6-9. Esa es la fuerza de la palabra *gar* al inicio. La lógica de esto es: Les advertí contra los «evangelios» alternativos (1:6-9), *porque* no soy un «complaciente» (1:10), *porque*, como explicaré, mi evangelio fue y es de primera mano (1:11).[34]

Pero antes de preguntar retóricamente si es – como le han llamado sus oponentes – un «complaciente», en el sentido que hemos explorado anteriormente, se pregunta si parece que está tratando de «complacer» a la gente... o a Dios. La palabra que he traducido como «agradar» es *peithō*, un término habitual para «persuadir»; pero aquí Pablo se refiere obviamente en un sentido negativo: ¿Está «haciendo campaña para conseguir el apoyo de los hombres» (NEB)? ¿O tratando de «ganar» a la gente (CEB)? Parece que está explotando deliberadamente la ambigüedad del verbo. Asumiendo que la segunda mitad del verso («complaciendo a la gente») está planteando sustancialmente la misma pregunta retórica, parece como si, después de haber lanzado su bombardeo inicial en los versos 6 a 9, ahora estuviera diciendo: ¡Así que! ¿Parece como si los maestros rivales tuvieran razón y yo hubiera estado todo el tiempo tratando de hacer las cosas más fáciles para ustedes? ¿No es más bien que me he preocupado todo el tiempo de esforzarme por agradar a Dios?

Después de la «explicación» inicial del versículo 10 («Digo todo esto *porque* no soy complaciente con la gente»), Pablo necesita una explicación adicional de ese críptico versículo; y eso es lo que proporciona ahora, con el relato mucho más completo de cómo había llegado a ser apóstol en primer lugar. Por supuesto, fue a través de Jesús mismo que Pablo se apartó de su anterior estilo de vida. La única respuesta que puede dar al desafío a su integridad personal debe ser contar la historia, más bien como, en circunstancias diferentes, aunque relacionadas, la cuenta en Hechos 22 o Hechos 26. Como es habitual, comienza con una declaración resumida (vv. 11 y 12), que luego

---

[33] Véase a R. Hays, *The Letter to the Galatians: Introduction, Commentary, and Reflections*, en *New Interpreter's Bible*, ed. L. E. Keck et al. (Nashville: Abingdon, 2000), 11:207.

[34] En contra de Boer, quien sugiere que *gar* aquí señala una «inferencia» (M. C. de Boer, *Galatians: A Commentary*, The New Testament Library [Louisville: Westminster John Knox, 2011], 61–62, 190). Aunque BDAG 190 sí afirma que este puede ser un significado de *gar*, es inusual, y debería haber señales más claras de ello en el texto.

desgrana en la narración de los versículos 13 a 17. Pero antes de llegar ahí, unas palabras sobre la autobiografía paulina.

Pablo rara vez habla mucho de sí mismo. Sí se pone como ejemplo en 1Corintios 9, donde el tema específico es la cuestión de renunciar a los propios derechos por el evangelio. Hace algo parecido en Filipenses 3:2-14, cuando cuenta una historia de «antes y después» que también trata de la renuncia a los privilegios. Esto tiene un paralelismo con el clímax de la presente línea de pensamiento en Gálatas 2:14-21. Allí Pablo termina con el punto apasionado y profundamente personal de que «estoy crucificado con el Mesías», de modo que «yo por la ley he muerto a la ley» porque «el Hijo de Dios me amó y se entregó por mí». Nada de esto está pensado para llamar la atención por sí mismo, como si hubiera tenido una experiencia maravillosa que quisiera que la gente admirara. El autor hace este largo relato por dos razones: en primer lugar, para defenderse de las acusaciones de ser un complaciente inconsistente y confuso con la gente; en segundo lugar, en el capítulo 2, para utilizar su propia posición para explicar el difícil punto sobre lo que significa la muerte del Mesías para sus parientes según la carne.

1:11-12 No obstante, hay que ofrecer una defensa. Así, el resumen de los versículos 11 y 12 pone de manifiesto la diferencia entre él y sus rivales: su evangelio no era una construcción meramente humana. El versículo 11, que comienza con el solemne *gnōrizō hymin* («Déjenme ser claro», literalmente «quiero hacerles saber»)[35], casi repite lo dicho en el versículo 1, aunque allí era el *apostolado* de Pablo el que no era «*por medio de un humano*» (*oude di' anthrōpou*), mientras que aquí es su *evangelio* el que no es *kata anthrōpon*, «de acuerdo con lo(s) humano(s)»: en otras palabras, algo que inventó para sí mismo, «una mera invención humana». Deseoso de cubrir todas las bases posibles, Pablo niega entonces que lo haya recibido de segunda mano, a través de otra agencia humana (*para anthrōpou parelabon*, el lenguaje técnico para la transmisión de tradiciones, como en 1Cor. 11:23 y 15:3).

Por supuesto, Pablo conoce la tradición principal y la enseña él mismo, pero su punto aquí es que él no fue simplemente uno entre muchos que aprendieron «el evangelio» de esa manera. Tenía su propia fuente de primera mano.[36] No se lo enseñaron otras personas, un proceso que habría significado que solo era un apóstol de segunda mano, y quizás de segunda categoría. Tal vez, la implicación sería que simplemente podría haber confundido el contenido básico que sus mayores y superiores habían tratado, sin éxito, de enseñarle.

En absoluto, insiste; su evangelio le llegó «a través de una revelación de Jesús el Mesías», *di' apokalypseōs Iēsou Christou*. La palabra «revelación» es, pues, *apokalypsis*, «apocalipsis», y el genitivo «de Jesús Mesías» indica el contenido de la revelación. Se han construido castillos en el aire sobre la palabra «apocalipsis» aquí, como si esta palabra griega del siglo I se vinculara automáticamente con las teorías de finales del siglo XIX y

---

[35] Véase 1Cor. 12:3; 15:1; 2Cor. 8:1.
[36] Véase la cuidadosa discusión de Moo, *Galatians*, 94.

principios del XX sobre un movimiento judío putativo llamado «apocalíptico».[37] Pero esa no es la cuestión. En el mundo de Pablo, un «apocalipsis» es lo que ocurre cuando algo que antes estaba fuera de la vista se vuelve de repente visible: cuando algo oculto tras una pantalla se revela de repente. Del mismo modo que la era venidera se solapaba con la actual, los seguidores de Jesús estaban incómodamente atrapados en el medio, el cielo y la tierra (el espacio de Dios y el espacio humano) se solapaban. Los libros judíos que, en la categorización moderna, denominamos «apocalípticos» suelen «revelar», tanto en su forma como en su contenido, realidades celestiales que normalmente no son visibles en la tierra y realidades temporales (lo que ha sido y lo que está por venir) que normalmente no son visibles en el momento presente. El relato de Pablo se centra en un momento en el que el Jesús que ya está entronizado en el cielo se hizo de repente visible a simple vista en la tierra, un momento en el que el futuro de Dios llegó al presente, de modo que ahora, desde el punto de vista de Pablo, es un acontecimiento pasado por el que todo ha cambiado.[38] Pablo asume, me parece, que sus oyentes ya lo saben. Sin embargo, en los cinco versículos siguientes explica con detalle lo que ocurrió y dota a este acontecimiento de un profundo y rico significado.

1:13-14 Antes

1:13-14 El mayor error que podemos cometer al leer los versículos 13 y 14 es considerar la palabra «judaísmo» como el nombre de lo que llamamos una «religión». La «religión» en nuestro sentido no existía en el primer siglo.[39] Más o menos todo el mundo sabía que Dios o los dioses estaban entretejidos en cada aspecto de la vida ordinaria. Pablo no está contrastando algo que hoy llamaríamos «judaísmo» con algo que hoy llamaríamos «cristianismo». Nadie pensaba así en su mundo. No: la palabra griega *Ioudaismos tenía un* significado sutilmente diferente.[40] Era una palabra activa: significaba la

---

[37] Véase, por ejemplo, M. de Boer, «Paul, Theologian of God's Apocalypse», *Interpretation* 56.1 (2002): 23n8, y esp. su comentario, 77–79; también B. R. Gaventa, *Our Mother Saint Paul* (Louisville: Westminster John Knox, 2007), 81. Véase *Paul and His Recent Interpreters*, 170–71.

[38] Notamos que en Is. 52:10 de la LXX — en el momento crucial de la profecía-reino, y en la buildup de la cuarta canción del Siervo — encontramos *apokalypsei kyrios ton brachiona autou ton hagion*, «YHWH 'revelará' su santo brazo».

[39] Véase *Paul and the Faithfulness of God*, caps. 4, 13; y véase ahora el trabajo importante de B. Nongbri, *Before Religion: A History of a Modern Concept* (New Haven: Yale University Press, 2013).

[40] Sobre esto, véase, por ejemplo, M. Novenson, «Paul's Former Occupation in *Ioudaismos*», en *Galatians and Christian Theology: Justification, the Gospel, and Ethics in Paul's Letter*, ed. M. W. Elliott et al. (Grand Rapids: Baker Academic, 2014), 24–39, siguiendo a S. Mason, «Jews, Judaeans, Judaizing, Judaism: Problems of Categorization in Ancient History», *Journal for the Study of Judaism* 38 (2007): 457–512. Moo, *Galatians*, 100 (siguiendo la línea normal tomada por ejemplo por Witherington, *Grace in Galatia*, 98, y muchos otros), discrepa, pero la evidencia me parece que le es desfavorable; aunque cf. La cuidadosa discusión en M. J. Thomas, *Paul's «Works of the Law» in the Perspective of Second Century Reception* (Tübingen: Mohr Siebeck, 2018), 95–97. La definición de BDAG «la forma de vida y creencia en Judea» ignora el significado «activo» de *Ioudaismos* evidenciado en la literatura macabea (2Mac. 2:21; 8:1; 14:38; 4Mac. 4:26). El aparentemente uso plano en Ignacio (*Magn* 10.3, notado por Moo, *Galatians*; también 8.1; *Phld.* 6.1) muestra que la palabra se ha desarrollado a través del tiempo de «separar caminos». El context de

actividad de promover el modo de vida judío, abogar por él, presionarlo sobre los judíos laxos, defenderlo contra la invasión de los paganos. Así que cuando Pablo dice que vivía «en el judaísmo», quiere decir que formaba parte del grupo celoso llamado los fariseos que se dedicaban, como dice en el versículo 14, a ser «celosos» de las «tradiciones ancestrales». Supone que han oído «la forma en que me comportaba cuando todavía estaba dentro del 'judaísmo'» – en otras palabras, cuando todavía formaba parte de los celosos y activos movimientos para purificar al pueblo judío de las invasiones paganas, para endurecer la decisión y poner en cintura a los holgazanes y transigentes.

Sabemos bastante sobre las tradiciones del «celo» en el mundo judío de la época de Pablo, y lo que Pablo dice aquí se ajusta a ese mundo como un guante.[41] Quizá la mejor introducción breve sea el comienzo (los dos primeros capítulos) de 1Macabeos, que describe la rebelión de Matatías y sus hijos contra las acciones del rey sirio Antíoco Epífanes (instaló cultos gentiles en el templo de Jerusalén) y contra los judíos renegados que se confabularon con él. Ese sentido, el que algunos judíos les siguieran el juego a los paganos para corromper las tradiciones ancestrales judías, y que esa maldad debiera ser combatida por todos los medios posibles, incluida la violencia, era el rasgo central de este «celo». En particular, el discurso de Matatías (2:49-68) expone detalladamente el programa: la larga historia de los héroes de la lealtad al pacto, una línea que va desde Abraham hasta el presente, con personajes como Finees y Elías.

Cuando los rabinos recordaron estas tradiciones, destacaron a esos dos héroes. Finees, en Números 25:6-15, atravesó con su lanza al inmoral israelita y a su compañera moabita; Elías, en 1Reyes 18, masacró a los profetas de Baal y a sus seguidores. En ambos casos, la necesidad urgente era combatir, y si era posible eliminar, el comportamiento pagano en Israel. Los propios macabeos, aproximadamente doscientos años antes de la carrera pública de Jesús, invocaron esa tradición y ellos mismos formaron parte de ella. De todo ello se desprende lo que Pablo quería decir cuando hablaba de ser «extremadamente celoso de mis tradiciones ancestrales» (Gálatas 1:14). «Celo» significaba la combinación tóxica de la oración seria y, cuando fuera necesario, de la violencia seria, destinada a purgar el mundo judío de la maldad blasfema – en el caso de Saulo, del sin sentido de un Mesías crucificado.[42] El apóstol Pablo escribiría más tarde que este mensaje era «un escándalo para los judíos», y ciertamente había sido un escándalo para él. Por eso, como dice en el versículo 13, había «perseguido violentamente a la iglesia de Dios y la asolé» (la palabra «asolar», *portheō*, solo la utiliza

---

Pablo aquí de actividad «celosa» lo alínea cerca del significado macabeo. Esto debilita la sugerencia de Moo (101) de que la segunda mitad del verso 14 está «láxamente vinculada» a la primera. De hecho, explica lo que significa la primera mitad.

[41] Véase particularmente M. Hengel, *The Zealots: Investigations into the Jewish Freedom Movements in the Period from Herod until 70 A.D.* (Edimburgo: T&T Clark, 1989; original 1961). El intento de P. Fredriksen, *Paul: The Pagan's Apostle* (New Haven: Yale University Press, 2017), 217n47, de minimizar o desestimar esta tradición, y la participación de Pablo en ella está destinado a fracasar.

[42] El «celo» de Finees como la razón del pacto de sacerdocio hecho con su familia: Núm. 25:11, 13. El tema de su «celo» y su recompensa se desglosa en Sir. 45:23; 1Mac. 2:54; 4Mac. 18:12; Filo, *On the Life of Moses* 1.301–304; *On the Special Laws* 1.54–57 (en donde Filo usa *spoudē* para el «celo» de Finees); *Confusion* 57 (en donde usa *zēlos*). Sobre el «celo» macabeo, por ejemplo, Josefo, *Jewish Antiquities* 12.271.

Pablo aquí y en el versículo 23).[43] Así, aunque Pablo no pudo pertenecer, estrictamente hablando, al movimiento llamado «zelotes», ya que no se le dio ese nombre hasta más tarde, sin duda pertenecía a esa ala de los fariseos de línea dura de donde provenían los miembros de ese movimiento.[44]

Al llamar a los seguidores de Jesús «la iglesia de Dios» se consiguen dos cosas: se pone de relieve la enormidad de lo que Saulo de Tarso había estado haciendo, y se hace dando a los pequeños grupos de creyentes en el Mesías el gran título de «asamblea de Dios», que utiliza en otro lugar en contradicción tanto con los «judíos» como con los «griegos» (1Cor. 10:32). La frase *ekklēsia tou theou* refleja el uso de la Septuaginta para «asamblea de Israel» (por ejemplo, Dt. 31:30); «asamblea del Señor» (por ejemplo, Dt. 23:2-4); y «asamblea de Dios», como aquí (Neh. 13:1 = LXX 2Esd. 23:1). Refleja la suposición de Pablo de que todas las diferentes «iglesias locales» formaban parte de una única comunidad cristiana global.[45] Esta expresión representa un cambio teológico casi tan masivo como «Israel de Dios» en Gálatas 6:16.

De este modo, Pablo se remonta a su vida anterior, recordándosela a los gálatas no solo para insistir en que conocía, mejor que la mayoría, lo que «las tradiciones de sus antepasados» – la Torá de Israel y sus interpretaciones posteriores – exigían. Pablo había estado al frente de todo ello. No era un judío de la diáspora confundida que había tomado suficientes costumbres y tradiciones para salir adelante. Él «avanzó», dice, «a muchos de mis contemporáneos», no en el aprendizaje de los libros (aunque también lo tenía a raudales), sino en la actividad exterior. Al parecer, había tomado la iniciativa de pedir cartas oficiales, lo que le permitió cargar contra la iglesia de Damasco.[46] Y fue entonces cuando todo cambió.

1:15-17 *Camino de Damasco*

Este es otro punto en el que debemos ser especialmente cuidadosos. A la mayoría de nosotros nos han educado con la idea de que Pablo se «convirtió» en el camino de Damasco, y lo que entendemos por «conversión» es, en realidad, muy diferente de lo que Pablo describe aquí. La mayoría de las personas de nuestro mundo, si se «convierten», salen del ateísmo o del agnosticismo, o tal vez de la pertenencia formal a otro grupo religioso, hacia una fe cristiana significativa. Pablo, sin embargo, no pasó de lo que llamaríamos una «religión» a otra.[47] Como insiste en los Hechos, siempre había sido leal al Dios de Abraham, Isaac y Jacob. Siempre había apreciado la ley y las promesas, los salmos y los profetas, y siguió haciéndolo. Ha sido fatalmente fácil para los

---

[43] Véanse las descripciones de la actividad celosa en 1Mac. 2:42–48; 3:5; y el uso de *portheō* para denotar la venganza de los judíos por Antíoco: 4Mac. 4:23; 11:4.

[44] Para todo el punto, véase N. T. Wright, *The New Testament and the People of God*, Christian Origins and the Question of God (Londres: SPCK; Minneapolis: Fortress, 1992), 1:170–81. Véase también, por ejemplo, Keener, *Galatians*, New Cambridge Bible Commentary, 52–53; Keener, *Galatians: A Commentary*, 85.

[45] Igual, con razón, Oakes, *Galatians*, 54.

[46] Hechos 9:1; 22:4–5.

[47] Para el debate, véase *Paul and the Faithfulness of God*, 1417–26.

cristianos irreflexivos (ayudados tal vez por nuestra fácil mala interpretación de la palabra *Ioudaismos* en los vv. 13 y 14) sugerir que Pablo abandonó el «judaísmo» y abrazó el «cristianismo». Trágicamente, muchos judíos han adoptado el mismo punto de vista, en particular aquellos que han querido reivindicar a Jesús como un buen judío del siglo I (sin intenciones de fundar una iglesia, y menos aún cualquier aspiración a ser considerado «divino») y, por tanto, han mirado a su alrededor para encontrar a alguien a quien culpar de este nuevo movimiento, el «cristianismo».

Pero la cuestión es que Saulo de Tarso, al igual que muchos judíos devotos (pensamos de nuevo en Salmos de Salomón 17), anhelaba y oraba por la aparición del Mesías de Dios, para derrotar a los malvados paganos y rescatar a su pueblo. Cuando Saulo llegó, en un instante, a creer que Jesús de Nazaret era el Mesías de Israel y, por tanto, el verdadero Señor del mundo, se trataba de una creencia completamente *judía*. Solo tenía sentido dentro de una visión del mundo alimentada por la Biblia. Era, como insiste a lo largo de esta carta, la realización de las promesas bíblicas, no su abandono. Hay muchas razones para suponer que Saulo estaba ansioso por la llegada del Mesías de Israel. Solo que no esperaba que se pareciera a… el Jesús crucificado.

1:15 De hecho, Pablo tiene cuidado de contar esta historia – con, de nuevo, la palabra «apocalipsis» en el centro de la misma («cuando Dios… se complació en *revelar a su Hijo en mí*») – de tal manera que se enfatiza la continuidad entre su fe ancestral y su nueva creencia en Jesús. *Era el mismo Dios*: el Dios que le había «apartado desde el vientre de mi madre», y lo que Dios hizo a Pablo y por él le *plació* a Dios. No se trata de una experiencia aleatoria, que pueda explicarse psicológica o médicamente (se han propuesto hipótesis de que Pablo tenía un ataque epiléptico, pero esto huele a reduccionismo desesperado). Fue un acto de la típica gracia divina, repentino e inesperado, pero que tiene un excelente sentido retrospectivo.

Al expresarlo así, se empieza a entender el punto subyacente que se desprende de estos versículos. Para contar su *propia* historia, Pablo se hace eco deliberadamente de los antiguos profetas israelitas. Aquí alude a dos de los más grandes. Jeremías (1:5) fue llamado por Dios incluso antes de formarse en el vientre materno.[48] El «siervo» de Isaías, que en algunos momentos parece ser el propio Israel y en otros es claramente una figura que se contrapone al resto del pueblo, se dice que fue «formado en el vientre» por Dios (44:2, 24) y que fue «llamado» y «nombrado» – en otras palabras, que recibió su vocación – en ese estado prenatal (49:1, 5).[49] A medida que la figura del «siervo» se hace más evidente, se nos dice que YHWH «me formó en el vientre para ser su siervo, para devolverle a Jacob». Se trata de un pasaje evidentemente muy querido por Pablo. Alude al versículo anterior (49:4) en numerosas ocasiones; se hace eco de 49:3 en el presente capítulo (en el v. 24); tomó, como temática para su propia vocación, la

---

[48] Hays, *The Letter to the Galatians*, 215n46, con razón reprueba NVI y NRSV por simplificar la referencia de ser formado en el vientre en la forma insípida «desde el nacimiento».

[49] Véase también «te formé»: 43:1; 44:21; y, por ejemplo, Sal. 22:9 (LXX 21:10); 71:6 (LXX 70:6). Véase, por ejemplo, R. E. Ciampa, *The Presence and Function of Scripture in Galatians 1 and 2* (Tübingen: Mohr, 1998), 111–18; M. S. Harmon, *She Must and Shall Go Free: Paul's Isaianic Gospel in Galatians* (Berlin: de Gruyter, 2010), 76–85.

promesa de 49:6 de ser «luz de las naciones».[50] Muchos lectores se sorprenden inicialmente al descubrir que Pablo veía estos pasajes de «siervo» en relación con su propia persona y obra: ¿No pensaba en Jesús como «el siervo sufriente»? La respuesta es (a) que Pablo era inocente de nuestra concepción moderna del «siervo» como una figura única, de modo que identificar a Jesús con la figura del capítulo 53 descartaría otras «aplicaciones»; y (b) que la evidente fluidez del retrato del siervo», tanto en los normalmente reconocidos Cantos del Siervo como en otros pasajes como Isaías 44, facilitaba, tanto en el plano literario como en el teológico, que quien veía su propia identidad como «hombre-mesías», un hombre *en Christō*, se incorporara a esa identidad más amplia.

En ambos casos, con Jeremías y con el siervo de Isaías, Pablo estaba haciendo mucho más que añadir un poco de adorno bíblico a la historia de su propio «llamada» (como en su referencia al «llamado por gracia» de los gálatas en el versículo 6, aquí habla del momento de su encuentro con Jesús como si Dios le «llamara por su gracia»). Afirmaba un fuerte apoyo bíblico para su propia vocación específica – la vocación que ahora cuestionaban los maestros rivales – de ser aquel por el que las naciones vendrían a adorar al Dios de Israel. Así, el versículo al que alude Jeremías (1:5) continúa: «Te he nombrado profeta de las naciones». Isaías 49:6 insiste: «Te daré como luz a las naciones, para que mi salvación llegue hasta los confines de la tierra». En otras palabras, Pablo está utilizando estas alusiones para decir: (a) lo que me sucedió en el camino a Damasco no me distrajo de mi absoluta lealtad al Dios de Israel y a las tradiciones bíblicas en el corazón de nuestra herencia ancestral, (b) mi «llamado» funcionó como los llamados proféticos en la tradición profética, y particularmente, (c) mi propia vocación, ser el apóstol de las naciones (el punto que hace directamente en el v. 16), está exactamente en línea con esas tradiciones proféticas. Pablo no solo se defiende de la acusación de ser un transigente, de ser blando con las tradiciones de Israel, sino que reclama el terreno más alto, invirtiendo así la polémica. Los que se oponen a él se oponen al profeta autorizado por Dios. Pablo entiende (a) su encuentro con Jesús y (b) su vocación específica de llevar la luz de Dios a los gentiles precisamente no como una deslealtad a las tradiciones de Israel – como afirman ruidosamente sus críticos – sino como el cumplimiento de esas tradiciones, aunque de forma inimaginada.

1:16 Por eso, dice, Dios se complació «en revelar a su Hijo *en mí*». Pablo podría haber dicho fácilmente «a mí», como en algunas traducciones, si eso hubiera sido lo que quería decir. El *en emoi,* que nos parece sorprendente, no pretende indicar que se trate de una aparición «privada», «meramente subjetiva» o »puramente espiritual», como se suele sugerir: Las demás menciones de Pablo sobre el acontecimiento dejan claro que vio a Jesús con sus propios ojos físicos, al igual que los demás apóstoles.[51] Su visión de Jesús

---

[50] Véase también 49:8 en 2Cor. 6:2. Véase M. S. Gignilliat, *Paul and Isaiah's Servants: Paul's Theological Reading of Isaiah 40–66 in 2 Corinthians 5:14–6:10* (Londres: T&T Clark, 2007).

[51] Véase 1Cor. 9:1; 15:8. Véase la discusión en *The Resurrection of the Son of God* (Londres: SPCK; Minneapolis: Fortress, 2003), cap. 8. J. D. G. Dunn, *A Commentary on the Epistle to the Galatians* (Londres: Black, 1993), 64, perece ser cauteloso: Pablo estaba al tanto de la subjetividad de tal perspective, a pesar de la realidad «objetiva» a la vista.

fue, al parecer, un momento en el que el cielo y la tierra se volvieron transparentes el uno para el otro, lo que tiene más sentido en una visión judía del siglo I de la creación de dos caras que en nuestro moderno epicureísmo de mundo dividido. El «en» sugiere, más bien, que Pablo se veía a sí mismo no solo como agente del evangelio «entre las naciones», sino también como paradigma del evangelio. No era solo lo que Pablo *decía* lo que expresaba la verdad del evangelio; era lo que él *era*. Ese es en parte el sentido de este relato autobiográfico, y quedará más claro en 2:19-21. Allí es donde Pablo volverá a referirse a Jesús como el «Hijo» de Dios, y aplazaremos hasta ese momento nuestra discusión sobre esta rica y polifacética frase.

La reacción de Pablo a la conmoción de ver a Jesús fue específicamente no ir a hablar con nadie más: «inmediatamente no consulté con carne y sangre». La frase «carne y sangre» era una forma habitual de referirse a la humanidad en general; el contraste implícito, como en las palabras de Jesús a Pedro en Mateo 16:17, es entre los humanos y el propio Dios. El punto principal en cuestión aquí – continuando para refutar las acusaciones de los maestros rivales – es que el evangelio de Pablo fue dado por Dios en la revelación de Jesús resucitado, no algo que aprendió de segunda mano de otros.

Tampoco debemos pasar por alto el hecho, aunque Pablo no lo explote específicamente en Gálatas, de que el evangelio que Pablo recibió fue la noticia del Mesías crucificado *y resucitado*. La resurrección explica lo que había significado la crucifixión (que Jesús era realmente el Mesías, y que su muerte se había ocupado realmente de los pecados), pero no puede reducirse a los términos de eso solamente, como si «resucitó al tercer día» fuera una extraña especie de metáfora de «murió por nuestros pecados», sin ningún otro referente. Lo que importaba era la «nueva creación» (6:15), y la resurrección del Mesías era el principio, y la fuerza última, de esa nueva realidad.

1:17 En particular, Pablo no «subió a Jerusalén a los que fueron apóstoles antes que yo» («apóstoles» aquí, como en otras partes de Pablo, denota el número fijo que fue calificado como tal por haber visto a Jesús vivo de nuevo después de su muerte). Y el contraste implícito de la «carne y la sangre» con «Dios» aparece entonces: Pablo se fue a «Arabia». Necesitaba hablar con Dios, no con los humanos.

Su viaje a Arabia no fue, como muchos han supuesto, un primer intento de misión evangelizadora. No hay ninguna prueba de ello, por mucho que se haya convertido en parte de la cultura y de los escritos populares. Lo más probable es que fuera a Arabia para hacer negocios con Dios.[52]

---

[52] Véase mi artículo de 1996 reimpreso ahora en *Pauline Perspectives* (Londres: SPCK; Minneapolis: Fortress, 2013), cap. 10. Esta línea de reconstrucción histórica, parcialmente anticipada por Lightfoot (véase la próxima nota), es seguida, por ejemplo, por Hays, *The Letter to the Galatians*, 216. Tratando de asociar el ataque a Pablo por el rey nabateo (2Cor. 11:32–33) con el impacto de la supuesta predicación «árabe» de Pablo (como, por ejemplo, Witherington, *Grace in Galatia*, 101–2, 117–18; Schreiner, *Galatians*, 102–3) parece un argumento débil. La amenaza vino precisamente cuando Pablo estaba en Damasco, y la hipótesis de una predicación más extensa en la región no se necesita (a pesar de, por ejemplo, Keener, *Galatians*, New Cambridge Bible Commentary, 56–57). Tampoco tiene mucho sentido de hablar del largo viaje de Damasco a Sinaí y de regreso como un problema significativo. (Keener, 56–57,

«Arabia», después de todo, es donde (en la terminología geográfica de Pablo) se encuentra el Monte Sinaí, el lugar donde se hizo el pacto con Israel en primer lugar. (Pablo lo dice en la única otra referencia a «Arabia» en sus escritos, en Gálatas 4:25). Al fin y al cabo, Pablo no solo se hace eco del siervo de Jeremías e Isaías en este pasaje. La resonancia bíblica más fuerte en los versículos 10 a 17 es 1Reyes 19. Pablo, el hombre del «celo» (v. 14), se estaba inspirando en los héroes del «celo» de antaño. Los principales, como vimos, eran Finees (al que volveremos) y Elías.

En 1Reyes 19, tras la matanza de los profetas de Baal, Elías es amenazado por Acab y Jezabel. Huye. Se dirige al monte Sinaí (u «Horeb»), al lugar donde Dios y el pueblo de Israel habían establecido su pacto. Mientras va, cansado y deprimido, se harta. Va a entregar su encargo. Ha hecho todo lo posible y no entiende por qué todo ha salido terriblemente mal. En su queja dice: «He sido muy celoso por YHWH de los Ejércitos» (19:10, 14), en griego, *zēlōn ezēlōka,* que refleja el hebraísmo subyacente (*qanno qinneti,* «con celo he sido celoso»). Pablo evita el hebraísmo, pero por lo demás dice lo mismo: «he sido extremadamente celoso», *perissoterōs zēlōtēs hyparchōn.* La respuesta divina en 1Reyes 19:15 es: «Ve, vuelve por tu camino al desierto de Damasco». Allí tendrá una nueva tarea. Ungirá a un nuevo rey. Y un nuevo profeta.[53]

Saulo de Tarso, pues, consumido por un «celo» extremo, se enfrenta a Jesús resucitado en el camino de Damasco, y también él se va al monte Sinaí, en Arabia. Ha sido «muy celoso»: ha sido detenido en su camino; y va a hacer negocios con el Dios Único, el Dios de Abraham. Y es enviado de vuelta a Damasco para anunciar al nuevo rey ungido, Jesús el Mesías.

Todo encaja. Así es como Pablo utiliza la escritura; o mejor dicho, así es como Pablo informa de la forma en que la escritura ha estado, por así decirlo, utilizándolo a él, llegando a un nuevo cumplimiento en y a través de él.

El punto superficial, entonces, es claro. Después de conocer a Jesús, Pablo no fue, como han sugerido sus detractores, a Jerusalén para comprobarlo todo con los apóstoles originales o con Santiago, el hermano del Señor. Se fue a hacer negocios *con Dios,* y volvió para hacer negocios *para* Dios. Y el negocio era anunciar que el Mesías, crucificado y resucitado, era el Señor de todo el mundo. Los ecos proféticos sitúan a Pablo en el mapa de las promesas de Dios en forma de Israel, y estas múltiples resonancias (Elías, Jeremías e Isaías) sirven al propósito retórico subyacente de Pablo: si alguien está siendo desleal con el Dios de Israel y con los propósitos de su pacto,

---

citando a Sanders). De todos los seguidores primitivos de Jesús que conocemos, Pablo fue el que más viajó.

[53] J. B. Lightfoot, *St. Paul's Epistle to the Galatians: A Revised Text with Introduction, Notes, and Dissertations* (Londres: Macmillan, 1884), 88–90, ve el vínculo en «regreso a Damasco» y dice que Pablo fue atraído al Sinaí «por un ánimo similar al que había impulsado a Elías a la misma región», pero sin destacar los vínculos sobre el «celo» o el significado que de allí se deriva. Véase también Ciampa, *Presence and Function,* 121–23. Moo, *Galatians,* 106–7, igualmente sin destacar el punto sobre el «celo» revierte la idea de qie este fue el incio del ministerio de predicación de Pablo. La sugerencia de S. Kim («Paul as Missionary Herald», en *Paul as Missionary: Identity, Activity, Theology, and Practice,* ed. T. J. Burke y B. S. Rosner [Londres: T&T Clark, 2011], 13–14) que Pablo estaba siguiendo una clave geográfica compleja en Is. 42:11 pudiese haber tenido una plausibilidad remota, mientras que los ecos de Elías no son tan fuertes.

ciertamente no es él. La deslealtad se encuentra en aquellos que dan la espalda a la «gracia» del llamado de Dios. Así que, lejos de ser un traidor a las tradiciones de Israel, Pablo pretendía encarnar esas mismas tradiciones de una manera totalmente nueva. Pero era, insiste, el nuevo camino para el que Dios había estado preparando todo el tiempo.

Conclusión

¿Cómo ayudan la enérgica apertura y la autodefensa de Pablo a su objetivo subyacente, que las iglesias de Galacia sean moldeadas por el evangelio, que el propio Mesías esté «completamente formado» en ellas (Gálatas 4:19)? Creo que hay tres indicaciones.

En primer lugar, en cada momento de la vida de la iglesia, tanto en los días «normales» como en los momentos de crisis, es vital reafirmar y reincidir en el propio evangelio: el mensaje de que Jesús crucificado, resucitado de entre los muertos, es el verdadero Señor del mundo. Su muerte por los pecados ha ganado la victoria y ha abierto la «era venidera», y toda la vida y el trabajo de la iglesia deben verse dentro de ese marco escatológico, por mucho esfuerzo mental de oración que esto requiera. La cuestión de la «autoridad apostólica», en la que Pablo insiste tanto, no tiene que ver con su propio sentido de valor o prestigio personal. Cuando un policía hace uso de su autoridad para hacer retroceder a la gente de una calle que parece agradable y segura pero que, él sabe, contiene una bomba sin explotar, no está buscando poder u honor; simplemente está cumpliendo con su deber.

En segundo lugar, Pablo estaba modelando una forma de pensar sobre su propia vida y obra en la que la gran narrativa bíblica de la que era heredero se elaboraba en detalle. El evangelio obligaba a una nueva lectura de las Escrituras de Israel, no (como se ha pensado a menudo) a un abandono de las Escrituras en favor de la «experiencia». La experiencia (una palabra y un concepto resbaladizos en el mejor de los casos) es importante, pero debe situarse en el mapa más amplio de la narrativa bíblica, ya que encuentra una nueva realización en el escandaloso mensaje de la crucifixión y resurrección del Mesías y en la comisión apostólica impulsada por el Espíritu.

En tercer lugar, hay una honestidad e inmediatez en el enfoque de Pablo aquí. Muchos en nuestros días lo encuentran, como decimos, «exagerado». Solemos preferir un enfoque oblicuo y reaccionamos mal cuando alguien nos dice en términos inequívocos que vamos en la dirección equivocada. Pero, ¿suponiendo que lo estemos?

GÁLATAS 1:18-2:10

Traducción

18Luego, pasados tres años, subí a Jerusalén a hablar con Cefas. Me quedé con él por dos semanas. 19No vi a ningún otro de los apóstoles con excepción de Santiago, el hermano del Señor 20(Miren, ¡no les estoy mintiendo! Las cosas que les estoy escribiendo están en la presencia de Dios). 21Luego fui a las regiones de Siria y Cilicia. 22Seguía sin ser conocido por las asambleas mesiánicas de Judea. 23Ellos solo oyeron de uno que luego de haberles perseguido estaba ahora anunciando las buenas noticias de la fe que él había una vez tratado de destruir. 24 Y daban gloria a Dios por mí.

2:1Luego, pasados catorce años, subí nuevamente a Jerusalén. Tomé conmigo a Bernabé, y a Tito. 2Subí obedeciendo una revelación. Les expuse el evangelio que anuncio entre los gentiles (Esto lo hice en privado, en presencia de gente importante), en caso que pudiese estar corriendo, o haber estado corriendo en vano. 3Pero incluso el griego, Tito, que estaba conmigo, no fue obligado a circuncidarse... 4pero fue porque unos supuestos miembros de la familia que se habían infiltrado y vinieron sorpresivamente a espiar la libertad que tenemos en el Mesías, Jesús, para llevarnos nuevamente a esclavitud... 5No les concedí autoridad, no, ni por un momento, para que la verdad del evangelio se pudiera mantener por ustedes.

6Sin embargo, aquellos que aparentaban ser algo— qué tipo de «algo» eran no hace diferencia para mí, Dios no muestra parcialidad—aquellos con reputación no me añadieron nada. 7Al contrario, vieron que se me encargó el evangelio de la incircuncisión, así como a Pedro se le habían encargado el de la circuncisión 8(porque el que le dio el Poder a Pedro de ser apóstol a la circuncisión me dio el poder a mí para ser para los gentiles). Ellos sabían, además, la gracia que se me había dado. 9Así que Santiago, Cefas y Juan, quienes eran considerados «columnas» nos dieron a Bernabé y a mí la mano derecha de compañerismo, de que debíamos ir a los gentiles y ellos a la circuncisión. 10Lo único extra que nos pidieron fue que siguiéramos recordando al pobre—asunto que estaba muy deseoso de hacer.

Introducción

Después de la emoción de los primeros diecisiete versos de la carta, que culminan con la breve descripción de Pablo de su experiencia en el camino de Damasco y sus consecuencias, los siguientes diecisiete versos más o menos pueden parecer un poco anti-clímax. Los que saben lo que viene – la justificación por la fe, el significado de la cruz, las promesas a Abraham, el conflicto de la carne y el espíritu – pueden estar impacientes por entrar en esos temas. Eso puede hacer que estemos ansiosos por saltarnos la siguiente sección y llegar rápidamente a los versos finales del capítulo 2, que se encuentran, con toda razón, entre los más famosos de todos los escritos de Pablo. Pero hay razones sólidas para tomarlo con cuidado, paso a paso.

En parte, esto se debe simplemente a un compromiso básico con el texto, que es a su vez una forma de afirmar que la historia importa: podemos pensar que sabemos a dónde nos lleva la evidencia, pero debemos dejar que nos guíe en lugar de insistir en que sabemos más. Cuando leemos las Escrituras, o Aristóteles o Tolstoi, o cualquier otra persona que merezca nuestro respeto, el objetivo nunca debería ser saltarse lo que a primera vista parece menos emocionante y pasar a las partes más jugosas. Con la Escritura, siempre existe el peligro de decir, en efecto, «Bueno, no importa el detalle; lo que Pablo quería decir *realmente* era esto, o aquello». Pablo ya tiene prisa; y en cualquier caso, como Shakespeare, no hace nada por accidente. Si ha decidido que el pasaje de 1:18 a 2:10 es el preliminar necesario para lo que quiere decir después, haríamos bien en seguir su línea de pensamiento en lugar de suponer que la nuestra es mejor. El objetivo de la exégesis debería ser siempre llegar al punto en el que digamos: «Si nos situamos *aquí*, y vemos el asunto a través de *sus* ojos en lugar de los nuestros, nos daremos cuenta de que ha dicho exactamente lo que quería decir».

Al fin y al cabo, es fácil que saquemos de contexto un pasaje morado como los últimos siete versículos del capítulo 2 – la muerte de Jesús, la liberación de la ley, la justificación por la fe – y lo coloquemos en un contexto muy diferente, a saber, los debates sobre la gracia y las obras, sobre la fe y la ley, tal y como se establecieron en el siglo XVI y se elaboraron posteriormente. Esos debates son importantes. Forman parte de nuestra historia cristiana común. Pero si queremos ser fieles a la Escritura, debemos darle constantemente la vuelta a las cosas. Para recordarnos lo dicho en la introducción, los grandes reformadores como Lutero y Calvino, Tyndale y Cranmer, hacían todo lo posible por dar respuestas bíblicas a las preguntas de su época; pero una y otra vez eso les empujó a suponer que los escritores bíblicos abordaban las mismas preguntas que ellos, y a ignorar las preguntas que realmente se planteaban en el siglo I. Nuestra tarea, en fidelidad al Dios que nos dio las Escrituras, y en la búsqueda de una formación cristiana genuina y duradera, es hacer todo lo posible por averiguar cuáles eran esas preguntas del primer siglo, qué respuestas les daban los escritores del primer siglo, y permitir que esa investigación histórica desafíe y reformule la manera en que abordamos las cosas hoy.

Todo esto equivale a decir que, si queremos abordar plena y adecuadamente 2:15-21, uno de los pasajes más importantes y controvertidos de toda la obra de Pablo, tenemos que prestar mucha atención a la preparación que el propio Pablo ofrece en 1:18-2:10, y luego al pasaje de transición 2:11-14. Digámoslo así: Pablo está escribiendo con prisa, con urgencia y en un estado de gran ansiedad y alarma. No es posible que se haya tomado el tiempo de poner unos veinte versos de reminiscencias incoherentes cuando evidentemente quiere ir al grano. Para él, todo esto *forma parte* del punto. Si no prestamos atención, no entenderemos el punto en sí.

Parte de la señal de que Pablo escribe con prisa, diciendo solo lo que cree que es esencial, es que, desgraciadamente para nosotros, se salta muchas explicaciones y nos deja llenar los vacíos, lo que no siempre es fácil. A lo largo de este pasaje va poniendo marcas que se relacionan directamente con la crisis en la propia Galacia. Una de sus preocupaciones es insistir en su propia autoridad apostólica independiente: ¿Recibió su evangelio de Jerusalén, y si es así, pueden los gálatas apelar ahora sobre su cabeza para la «versión más completa» que sus rivales han estado instando – una «versión más completa» que incluye la parte de la «circuncisión» que dicen que dejó de lado para «complacer a la gente»? No, dice Pablo: no conocía a los apóstoles de Jerusalén, y ellos apenas me conocían a mí. Y cuando nos conocimos (2:1-10), la cuestión de «obligar a alguien a circuncidarse» – que es precisamente la cuestión en juego en Galacia – recibió entonces la misma respuesta sólida que Pablo le da ahora. Así que (dice) cualquiera que adopte una línea diferente está de hecho actuando, siendo hipócrita, tratando de mantener dos puntos de vista contradictorios al mismo tiempo. Lo que importa es «la verdad del evangelio», en particular la «libertad» que pertenece a todo el pueblo del Mesías.

Esos son los temas que Pablo trata aquí, y obviamente se relacionan directamente con la situación de los gálatas. Así que la sección que va de 1:18 a 2:10, y de hecho el breve pasaje sobre la discusión con Pedro en 2:11-14, no es simplemente un poco de «fondo histórico». Si parece así es porque hemos leído 2:15-21 en términos de la doctrina de la justificación posterior al siglo XVI, tanto peor para esa lectura. Solo cuando entendamos estos versículos presentes comprenderemos qué quiere decir exactamente Pablo, no solo en los famosos versículos finales del capítulo 2, sino también en el resto de la carta.

El presente pasaje se complica por cuestiones de geografía y cronología. No necesitamos dedicar mucho tiempo a esto, pero dado que Pablo relata específicamente cuántos años transcurrieron entre un encuentro y otro, necesitamos tener en mente algún tipo de marco referencial. Si partimos de la base de que Pablo conoció a Jesús en el camino de Damasco cerca del año 33 d.C., la cronología resulta bastante sencilla. La primera visita a Jerusalén (1:18-24) tiene lugar aproximadamente en el año 36. La segunda (2:1-10), con Bernabé y Tito, tiene lugar catorce años *después del encuentro de Pablo con Jesús en el camino de Damasco*, no después de la primera visita; se puede fechar aproximadamente en el 46/47. Esta visita corresponde a la visita de «ayuda por hambruna» de Hechos 11:27-30 (con 12:25). A esta le sigue el primer viaje misionero de Pablo en 47/48, en el que evangeliza las ciudades de la provincia romana de «Galacia», es decir, el sur de Turquía. Es después, cuando Pablo y Bernabé están de vuelta en Antioquía, que llegan personas de Jerusalén *tanto a* Antioquía (Gál. 2:12) *como a* Galacia, insistiendo en que los varones gentiles seguidores de Jesús deben circuncidarse. Pablo tiene entonces su discusión cara a cara con Pedro (2:11-14, y quizá también 15-21: véase más adelante). A continuación escribe Gálatas, con una prisa desgarradora, antes de que él y Bernabé partan hacia el llamado Concilio Apostólico de Jerusalén (Hechos 15), que puede fecharse aproximadamente en 48/49, es decir, después de todo el episodio, incluida la redacción de la presente carta por parte de Pablo. Después de eso – y de la triste ruptura entre él y Bernabé (Hch 15,36-41) – emprende su segundo viaje.

Así:

33	Camino de Damasco
36	Primera visita a Jerusalén
46/47	Segunda visita (ayuda al hambre), con Bernabé y Tito
48	Primer viaje misionero
48	De vuelta a Antioquía: hombres de Jerusalén en Antioquía, maestros rivales en Galacia
48	Pablo escribe Gálatas; parte hacia Jerusalén con Bernabé
48/49	Concilio de Jerusalén
49	Inicio del segundo viaje misionero

El problema más obvio de este relato es que muchos eruditos, al menos en Alemania y Estados Unidos, han asumido que 2:1-10 es el relato de Pablo sobre el Concilio de Jerusalén en Hechos 15. Como he dicho en la introducción, esta teoría ha sido crucial para la visión posterior a F. C. Baur de la iglesia primitiva como dividida entre el «cristianismo gentil» de Pablo y el «cristianismo judío» de Pedro, pero incluso los que rechazan a Baur en otros aspectos han continuado con el mismo esquema. Hechos 15, sin embargo, tiene poco en común con Gálatas 2, de modo que esta teoría asume – de nuevo con gran parte de la erudición posterior a Baur – que Hechos es una obra muy posterior, muy tendenciosa e históricamente poco fiable. La misma teoría tiene entonces que insistir en tomar los marcadores geográficos de manera diferente: «Galacia» se lee en términos del grupo étnico que se concentraba principalmente en Anatolia central, mientras que, en mi opinión y en la de un número cada vez mayor de estudiosos, incluidos historiadores y arqueólogos de la antigüedad, Pablo está utilizando el nombre de la provincia romana, de la que Antioquía de Pisidia era una ciudad principal e Iconio, Listra y Derbe eran satélites.

Entre los argumentos obvios a favor del esquema que he propuesto está la nota de que el segundo viaje tuvo lugar «a causa de una revelación» (2:2), y que lo único en lo que insistieron los líderes de Jerusalén al final de su reunión fue «que siguiéramos recordando al pobre» (2:10). Lo primero se relaciona fácilmente con la profecía de Agabo en Hechos 11:28 sobre la hambruna que se avecinaba. La segunda se refiere naturalmente al objetivo principal de la visita en esa ocasión. Los principales expertos en la antigua Turquía están de acuerdo.[1] Así pues, llegamos a los detalles del texto.

1:18-24 - Primera visita a Jerusalén: Una relación feliz

El punto principal de 1:18-24 es enfatizar que la comisión de Pablo de predicar el evangelio, y su entendimiento de ese evangelio, vino de Jesús mismo y no en absoluto de

---

[1] S. Mitchell, *Anatolia: Land, Men, and Gods in Asia Minor* (Oxford: Oxford University Press, 1993); C. Breytenbach y C. Zimmerman, *Early Christianity in Lycaonia and Adjacent Areas: From Paul to Amphilochius of Iconium* (Leiden: Brill, 2018).

los apóstoles de Jerusalén. De esta forma, se evita la acusación de los maestros rivales contra Pablo. Tenemos que suponer, como ya señalamos, que las personas que habían visitado Galacia después de la primera visita de Pablo eran similares a las que visitaron Antioquía: «ciertas personas de parte de Santiago», como dice en 2:12. Han estado diciendo a la joven iglesia que Pablo dependía de Jerusalén, pero que se había desviado de lo que Jerusalén le había enseñado.

1:18-19 No es así, dice Pablo. En esta primera visita, tres años después de conocer a Jesús resucitado, pasó dos semanas con Pedro, y conoció a Santiago, pero eso fue todo. Su encuentro con Pedro (al que llama por su nombre arameo, «Cefas») se describe con la palabra *historēsai*, que solo aparece aquí en el Nuevo Testamento. Viene de la misma raíz que *historia*, que significa «un relato» o «una historia personal». En la época de Pablo, el verbo, que antes tenía el significado de «preguntar a alguien», se había aplanado y podía significar simplemente «visitar a alguien», aunque todavía con la posible implicación de «escuchar las historias de los demás, conocer al otro». Este parece ser el significado subyacente aquí.[2] Dado que Pablo se esfuerza en subrayar que *no estaba* «siendo instruido en el evangelio» por Pedro, la implicación puede ser que simplemente se estaban poniendo al día el uno al otro sobre muchas cosas, no menos presumiblemente el conocimiento íntimo de Pedro sobre Jesús y su carrera pública. Es evidente que Pablo quería conocer a Pedro, pasar lo que ahora llamamos «tiempo de calidad» con él y averiguar quién era realmente y cómo funcionaba su mente. Pero su relación era claramente vista, al menos por Pablo, como una relación entre iguales, no de dependencia de Pedro. Lo mismo ocurrió con Santiago, el hermano del Señor, que se convirtió rápidamente en el ancla central de la Iglesia primitiva, permaneciendo en Jerusalén mientras los demás apóstoles se marchaban en diferentes direcciones, hasta que fue asesinado por sus celosos oponentes en el año 62.

1:20 Es evidente que para Pablo es muy importante subrayar que Pedro y Santiago fueron los únicos apóstoles de Jerusalén que conoció. Aquí jura solemnemente que está diciendo la verdad, algo que solo hace en otro lugar, el muy irónico 2Corintios 11:31.[3] El relato de la misma visita en Hechos 9:26-30 implica un poco más de actividad que eso; uno tiene la impresión de que ese pasaje podría haber sido más conocido por los creyentes en Jesús de lo que da a entender en Gálatas 1:22. Esa misma impresión da el relato de su anterior persecución de la iglesia en Hechos 8:3, donde va celosamente de casa en casa para arrestar a los miembros del movimiento de Jesús. En Hechos 9, Pablo entra en debate con los de Judea que no creían en Jesús y se mete en tantos problemas que la iglesia decide enviarlo de vuelta a su casa en Tarso, Cilicia. Su relato y el de Hechos 9 pueden reconciliarse si asumimos que, aunque conoció a otros creyentes, Pedro y Santiago fueron los únicos líderes, los únicos apóstoles reales, que encontró. Al fin y al cabo, este es el punto básico que está planteando. Su comisión y su evangelio eran independientes de Jerusalén. Se mantenían por sí mismos.

---

[2] Véase D. A. deSilva, *The Letter to the Galatians* (Grand Rapids: Eerdmans, 2018), 160n83, con otras referencias.

[3] También insiste en que está diciendo la verdad, aunque sin hacer un juramento como tal, en Rom. 9:1 y 1Tim 2:7.

1:21-22 Entonces, dice, «fui a las regiones de Siria y Cilicia». Esas dos regiones formaban una sola provincia romana en esa época, que solo se dividió en el año 72 d.C. La vida de Pablo entra entonces en una década (aproximadamente del 36 al 46) que nos resulta desconocida. Todo lo que sabemos de su trayectoria posterior indica que no dejó de leer las Escrituras, de orar y de pensar en las implicaciones de los acontecimientos mesiánicos.[4] Durante ese tiempo, «seguía sin ser conocido por las asambleas mesiánicas de Judea», *tais ekklēsiais tēs Ioudaias tais en Christō*. Esa frase refleja el periodo en el que los primeros seguidores de Jesús aun intentaban averiguar qué lenguaje utilizar para hablar de ellos mismos y de sus reuniones. *Ekklēsia* significa simplemente «una asamblea», una reunión de personas. Se utilizaba para los órganos legislativos, las reuniones estatutarias, las reuniones más informales y, no menos importante, las reuniones de los antiguos israelitas. El término «se hizo popular entre los cristianos de las zonas de habla griega principalmente por dos razones: para afirmar la continuidad con Israel mediante el uso de un término que se encuentra en las traducciones griegas de las Escrituras hebreas, y para disipar cualquier sospecha, especialmente en los círculos políticos, de que los cristianos eran un grupo desordenado».[5] Una *ekklēsia* de Judea podría ser entonces una asamblea cívica local o, de hecho, una sinagoga (que equivale, en los círculos judíos de la época, a casi lo mismo). Una *ekklēsia* de Judea «en el Mesías» era una forma de referirse a las pequeñas comunidades de Jesús que estaban surgiendo en las regiones alrededor de Jerusalén. Eran los miembros de esas reuniones los que no conocían a Pablo; él solo había conocido a los creyentes de Jerusalén, y de los propios apóstoles, solo a Pedro y Santiago. Pablo sigue insistiendo en su independencia de los dirigentes de Jerusalén, punto en el que había sido cuestionado.

1:23-24 En la zona rural de Judea, y entre los demás apóstoles, todo lo que sabían de Pablo era la notable verdad de que el que los había estado persiguiendo estaba ahora «anunciando la buena nueva de la fe que una vez trató de destruir». Aquí vemos de nuevo a los primeros seguidores de Jesús explorando con cautela lo que se convirtió en términos técnicos. «Anunciar la buena nueva» es el término en Isaías *euangelizetai*, «evangelizar».[6] «La fe» aquí, que funciona un poco como «el Camino» en Hechos[7], denota todo el movimiento a través de una especie de sinécdoque, la parte que representa el todo. Pablo parece referirse al movimiento como *pistis* deliberadamente, en vista de lo que está por venir; la frase (literalmente «está evangelizando la fe») es única. La única otra vez en la que *pistis* es el objeto de *euangelizomai* es cuando, en 1 Tesalonicenses 3:6, Timoteo trae a Pablo «las buenas noticias» de la fe y el amor continuos de los tesalonicenses. Pablo está insinuando lo que más tarde argumentará, que la *pistis* en cuestión es la única cosa que toda la gente del Mesías tienen en común, los de la región montañosa de Judea junto con los de las ciudades gentiles de Galacia.

---

[4] Véase *Paul: A Biography* (San Francisco: HarperOne; Londres: SPCK, 2018), cap. 3.

[5] BAGD 303.

[6] Is. 40:9; 52:7; 61:1.

[7] Por ejemplo, Hechos 9:2; 13:10; 16:17; 19:23; 22:4; 24:14, 22.

Claramente, «la fe» denota aquí la sustancia de lo que se creía, es decir, Jesús como el Mesías crucificado y resucitado. Pero Pablo no había estado persiguiendo una mera idea. «La fe» designa a las personas que creían en Jesús, el mensaje que creían y el modo de vida que adoptaban en consecuencia. Pablo había estado atacando al pueblo para erradicar el mensaje y el nuevo «camino». Ahora anunciaba el mensaje para edificar al pueblo en este «camino» de la *pistis*.[8]

Todo esto produjo un grito de alabanza: «glorificaron a Dios por causa de mí», o, más literalmente, «en mí» (como en el v. 16). Esto constituye otra alusión a Isaías 49, esta vez al versículo 3: «Tú eres mi siervo, Israel, *en quien* seré glorificado». Así, como en los versículos 15 a 17 con las alusiones a los profetas, Pablo se está situando firmemente en el mapa de las tradiciones y la herencia de Israel. No solo era un apóstol independiente, recibiendo su comisión del propio Señor. No solo no era desleal, no era un complaciente, no era blando con las tradiciones de Israel. Se situaba justo en el centro de esas tradiciones, afirmando que en su obra se cumplían por fin las profecías sobre el ministerio del siervo a las naciones.

Una vez más, los que estamos acostumbrados a pensar en el propio Jesús como el «siervo» de Isaías 53 nos enfrentamos al hecho de que la mayoría de las referencias de Pablo a los llamados Cantos del Siervo de Isaías, y los pasajes relacionados, están hablando de su propio trabajo y vocación. Esto es un recordatorio, si lo necesitáramos, de que Pablo veía su propia llamado, comisión y obras en términos de ser el esclavo del Mesías por un lado y su embajador por otro, de modo que el trabajo de siervo de Jesús fluía fácilmente en el trabajo de siervo del apóstol acreditado. Pablo no habría visto esto como una disyuntiva (*o* Jesús *o* el apóstol). Después de todo, tenía una fuerte teología del Espíritu Santo como el Espíritu de Jesús mismo. Creía que el Jesús vivo era su Señor, a cargo de todo lo que él, Pablo, estaba llamado a hacer, y, además, que el propio Jesús estaba presente y activo por su Espíritu en ese trabajo.

Es comprensible que los gálatas estuvieran confusos, dado su escaso conocimiento de Pablo en primer lugar y luego la llegada de gente de Jerusalén que contaba una historia diferente sobre el apóstol. Pero él insiste todo lo posible en que las iglesias de Judea, a las que los maestros rivales habían estado apelando, no solo no le habían dado su evangelio, sino que estaban alabando a Dios por ello. Veían que lo que Pablo estaba haciendo era el cumplimiento de las antiguas promesas. Era una prueba más de que Jesús era realmente el Mesías y Señor tan esperado. Esta es la mayor validación que se puede obtener. No es muy diferente de lo que vio Bernabé, y dijo, cuando fue a Antioquía para ver el gran espectáculo de un Asamblea mesiánica de judíos y gentiles. «Cuando llegó y

---

[8] Oakes, *Galatians*, 61, con razón dice que *pistis* aquí no puede ser simplemente «confiar» ya que la gente antes ya confiaba en Dios; pero creo que se equivoca al decir que la palabra no puede referirse a los eventos relacionados con Jesús. Fueron, efectivamente, acontecimientos pasados; pero Pablo había estado intentando «destruir» el mensaje de que el Jesús crucificado había resucitado, sin cuya muerte no habría sido un acto de *pistis*. T. Morgan, *Roman Faith and Christian Faith:* Pistis *and* Fides *in the Early Roman Empire and Early Churches* (Oxford: Oxford University Press, 2015), 266, habla de Pablo tratando de destruir «la relación de confianza» o «el vínculo de confianza que existía entre Dios, Cristo y los seguidores de Cristo». Esto puede ser verdad, pero no estoy seguro que el lenguaje de «relación» capte completamente lo que Pablo está diciendo.

vio la gracia de Dios se alegró» (Hechos 11:23). Con este párrafo, Pablo convierte lo que podría haber sido una pregunta amenazante (¿Qué pensaban de ti los creyentes en el Mesías de Judea?) en una afirmación positiva[9], un signo de esa construcción de la comunidad de *pistis* que estaba deseando continuar también en Galacia.

Las cosas se volvieron entonces un poco más complicadas. Esto nos lleva a la segunda visita, descrita en Gálatas 2:1-10.

2:1-10 - La segunda visita: Mantenerse firme

Todo el mundo está de acuerdo en que en el siguiente párrafo Pablo está describiendo una segunda visita a Jerusalén. Pero no se ha llegado a un acuerdo sobre cuándo tuvo lugar esa visita, ni sobre cuál fue el verdadero orden del día, ni (en particular, y enlazando con estos dos) sobre la relación que guarda con la reunión de Jerusalén que Lucas describe en Hechos 15. Como he sugerido en la introducción, es mucho más plausible, tanto histórica como exegéticamente, situar Gálatas antes de la reunión de Hechos 15, y ver la visita que Pablo describe aquí como correspondiente a la que Lucas describe en Hechos 11. Procedemos sobre esta base.

2:1-5 «No se obliga»

Por tanto, considero que la segunda visita a Jerusalén en Gálatas es la mencionada en Hechos 11:27-30.[10] Un profeta, Agabo, había llegado a Antioquía y predijo una hambruna mundial, que tuvo lugar en el reinado de Claudio. Podemos datarla bastante bien a mediados de los años 40 d.C.[11] Estas cosas ocurrían con relativa frecuencia, con efectos variados; hubo otra a principios de los años 50, que es probablemente la crisis a la que Pablo se refiere en 1Corintios 7.[12] La respuesta de la iglesia de Antioquía fue inmediata, práctica y sorprendente: la iglesia de Jerusalén, una minoría asediada que había reunido sus recursos desde el principio, estaría necesitada.

Esto es un recordatorio, si fuera necesario, de que los primeros seguidores de Jesús estaban viviendo un experimento *económico*. Era la consecuencia directa de cómo entendían todo su movimiento, «la fe» o «el Camino» o como quiera que lo llamaran. Eran una *familia,* y las familias vivían así: si los primos de otra ciudad pasaban por momentos difíciles, el resto de la familia se unía para ayudarles. Las comunidades judías

---

[9] Igual que Hays, *The Letter to the Galatians*, 217.

[10] El intento de decir que Gál. 2:1–10 va más naturalmente con Hechos 15 (por ejemplo, Hays, *The Letter to the Galatians*, 221) tiene dificultades, como Hays mismo ve: 223n64 (una consulta ¿pública o privada?); 232n85 (¿Por qué Pablo no menciona el «decreto apostólico»?). El análisis ofrecido aquí evade esas dificultades.

[11] C. S. Keener, *Acts: An Exegetical Commentary*, 4 vols. (Grand Rapids: Baker Academic, 2013), 1856–57, ofrece abundante evidencia de hambrunas en el period, entre las cuales resaltan la hambruna egipcia de 45–46 y la hambruna judea de 46–48.

[12] B. W. Winter, *After Paul Left Corinth: The Influence of Secular Ethics and Social Change* (Grand Rapids: Eerdmans, 2001), 216–25.

en su conjunto trataban de vivir así: si una comunidad judía de un distrito tenía problemas, otras comunidades judías acudían al rescate. A menudo se nos escapa lo extraordinario que era que la Iglesia primitiva, a los veinte años de la resurrección de Jesús, intentara ser también así, a pesar de ser una comunidad variopinta de muchas razas diferentes, con esclavos y libres, mujeres y hombres, todos juntos. Estaban decididos a *vivir como* una sola familia, a realizar un experimento social nunca antes imaginado. Esta autopercepción de la comunidad, que quizás sea tanto una praxis como una teoría, es directamente relevante para el argumento de Gálatas. Para Pablo, como veremos, el Mesías tiene una familia, no dos, a pesar de las enormes presiones sociales, culturales y teológicas en contra de hacer tambalear el barco sociocultural y a favor de mantener el statu quo.

Pablo no menciona el propósito financiero de esta visita a Jerusalén hasta el final del párrafo. Allí dice que lo único en lo que insistieron los apóstoles de Jerusalén fue en que «siguiéramos recordando al pobres». El tiempo del verbo implica que esto es lo que ellos (los miembros de Antioquía) habían estado haciendo, y que por favor continuaran. Esto, a su vez, nos remite al versículo 2: «Subí por una revelación», y de ahí a la profecía de Agabo.

Pero lo que ahora le preocupa a Pablo es la cuestión que afloró en esa segunda visita a Jerusalén. Pablo fue con Bernabé, el amigo que había ido a Tarso a buscarlo y llevarlo para que ayudara en la obra de Antioquía (Hechos 11:25-26). Pero también habían llevado a Tito. Y ese era el problema. (También es un rompecabezas para los lectores de los Hechos, ya que los Hechos no mencionan a Tito, ni aquí ni en ningún otro lugar, a pesar de que aparece de forma tan prominente en las cartas de Pablo). Algunos han sugerido que este movimiento fue deliberadamente provocativo.[13]

Una de las distinciones entre las dos visitas a Jerusalén que se mencionan en Gálatas (1:18-24 y 2:1-10) es que, a estas alturas, a diferencia de lo que ocurría en la primera visita, Pablo llevaba ya algún tiempo trabajando con la comunidad muy mezclada de Antioquía. Había estado predicando y enseñando – y poniendo en práctica – la «verdad del evangelio». Con esta frase, Pablo se refiere a la nueva realidad, lograda en la muerte y resurrección del Mesías, que, debido a la superación de los poderes oscuros y al inicio de la nueva creación, y a causa del don del Espíritu del Mesías, todos los creyentes, de cualquier procedencia, se encontraban en igualdad de condiciones dentro de la comunidad. La teología y la praxis de una iglesia unida por encima de las fronteras tradicionales de las distinciones étnicas, de clase y de género nunca fue para Pablo una cuestión secundaria: estaba en el centro mismo. Si no fuera así, uno se encontraría diciendo que el Mesías no derrotó después de todo (a través de su muerte) a los poderes de las tinieblas que dividen y corrompen a la raza humana.

Dentro de este panorama más amplio, por tanto, la acogida de los gentiles era también fundamental. No se trataba, como algunos han sugerido, de una mera cuestión de «modales en la mesa», en contraposición a cuestiones serias de «salvación». Como Pedro había visto en la casa de Cornelio, si el Espíritu ha obrado a través del evangelio

---

[13] P. F. Esler, *Galatians* (Londres: Routledge, 1998), 130–32; Hays, *The Letter to the Galatians*, 222.

para llevar a los gentiles a la fe en Jesús, esto solo puede ser por la transformación de sus corazones. Por lo tanto, ya no deben ser vistos como «pecadores» por definición, ya que son el pueblo del Mesías y su muerte se ha ocupado de su pecado. Tampoco deben ser considerados como «impuros», como los gentiles serían vistos normalmente por los judíos, porque el Espíritu del Dios vivo se ha implantado en ellos. Todo esto tiene que ver con lo que Pablo quiere decir cuando, aquí y en otros lugares, habla de «la verdad del evangelio». O todas estas cosas que se agrupan en torno a los acontecimientos centrales de la muerte y resurrección de Jesús son verdaderas, o no lo son. Y si lo son, entonces los gentiles creyentes son miembros de pleno derecho del pueblo de Dios, sin más preámbulos – específicamente, sin tener que adoptar los marcadores normales de la pertenencia a la familia judía.

2:1-2a Por eso, cuando Pablo subió a Jerusalén para recoger el dinero destinado a paliar la hambruna, estaba ansioso por explicar a los dirigentes de Jerusalén lo que había estado enseñando y predicando. No era simplemente que quisiera comprobar las cosas, para ver si había divergencias y, en ese caso, si podía persuadir a los líderes de Jerusalén para que se acercaran a su forma de pensar (aunque, conociendo a Pablo, lo más probable es que esto también estuviera en su mente). Estaba ansioso por mantener la unidad de la gran familia, ya que para él esta unidad era en sí misma una parte vital de las buenas noticias.

2:2b Lo hizo en privado, dice, con los dirigentes.[14] Explica que quería dejar las cosas absolutamente claras, *«en caso que pudiese estar corriendo, o haber estado corriendo en vano»*. Esta es otra alusión a Isaías 49:4, el versículo que sigue inmediatamente al que Pablo había citado en 1:24. El siervo, ante el aparente fracaso, dice: «En vano he trabajado, en vano he gastado mis fuerzas; pero mi causa está con el Señor, y mi recompensa con mi Dios».[15] Inmediatamente después, el siervo es comisionado para ser la luz de las naciones (v. 6). Todo el capítulo era claramente un favorito de Pablo. Parece que era el pasaje al que volvía su mente cada vez que se preguntaba, como todos los trabajadores cristianos se preguntan de vez en cuando, si han estado desperdiciando su energía, si se han precipitado en la dirección equivocada.

Entonces, ¿se preocupó realmente Pablo de que su comprensión del evangelio pudiera ser deficiente? No. No es eso lo que quiere decir. En el momento de ese segundo viaje a Jerusalén, ya había reflexionado sobre el evangelio y lo había visto actuar en la calle, en los corazones y las vidas humanas. No iba a retroceder en el significado de la muerte y resurrección de Jesús y en la forma en que esta «buena noticia» creó y dio forma a la comunidad del pueblo de Jesús. Pero, en la ocasión que aquí describe, se había dado cuenta de que si él predicaba y enseñaba una cosa y la iglesia de Jerusalén se empeñaba en enseñar otra, entonces entre los dos estaban desbaratando este nuevo y todavía muy frágil joven movimiento. Y eso significaría, en efecto, que había estado trabajando en vano. Como dice repetidamente, la propia existencia de la única familia mesiánica, que atravesaba todas las divisiones humanas y celebraba junta la nueva creación de Dios, era la señal para los poderes del mundo de que Dios era Dios, de que

---

[14] Esta no fe, entonces, una «reunión general», como lo sugiere deSilva, *The Letter to the Galatians*, 172.

[15] Véase también Is. 65:23.

Jesús era el Señor, de que la nueva creación había comenzado, y de que todos los poderes humanos e imperios del mundo no podían tocarla. Eso, creo, es lo que está en juego en el versículo 2.

2:3-5 Pero luego viene el problema, que pone todo esto en evidencia, tan en evidencia que Pablo interrumpe la frase en el medio, al final del versículo 3: «Pero incluso el griego Tito, que estaba conmigo, no fue obligado a circuncidarse...» y luego, en particular, al final del versículo 4: «pero a causa de algunos supuestos miembros de la familia que se habían infiltrado y vinieron sorpresivamente para espiar la libertad que tenemos en el Mesías, Jesús, a fin de llevarnos a la esclavitud...». Y luego el verso 5 declara rotundamente que la situación había quedado bajo el control (de Pablo): «No les concedí autoridad, ni por un momento, para que la verdad del evangelio se pudiera mantener por ustedes».[16]

Las frases inacabadas, según se suele acordar, reflejan la confusa y conflictiva situación de Jerusalén en algún momento de esa visita. Los «supuestos miembros familiares» (una traducción más normal, pero ahora bastante plana, sería «falsos hermanos») eran judíos celosos cuyo compromiso con Jesús estaba siendo cuestionado por Pablo; ellos, al descubrir que Pablo había traído a un griego incircunciso a la comunidad, querían obligarle a circuncidarse, para mantener la reunión pura de la contaminación pagana. ¡Aquí no hay idólatras, gracias! La interpretación de Pablo sobre su intento de presionar a Tito para que diera ese paso es que eran conscientes de que iglesias como la de Antioquía estaban celebrando su libertad de los requisitos normales de la membresía judía, y que estaban tratando de regularizar las cosas; en otras palabras, de negar que el nuevo Éxodo (1:4) hubiera ocurrido realmente. Estaban, desde el punto de vista de Pablo, haciendo lo posible por llevar el movimiento de Jesús «de vuelta a Egipto». El verso 3, al negar que Tito fuera obligado a circuncidarse, nos dice oblicuamente que algunos estaban intentando exactamente esa imposición; el verso 4, saltándose un paso en una frase más amplia implícita, indica quiénes eran los que habían estado haciendo el intento y proporciona el análisis teológico de Pablo de lo que habría significado si hubieran tenido éxito. El versículo 5 declara entonces que él, Pablo, no cedió, y que esta decisión apuntaba a su capacidad de predicar el mismo mensaje de libertad mesiánica a los propios gálatas («para que la verdad del evangelio se pudiera mantener en ustedes»; en otras palabras, para que esta interpretación total de la muerte y resurrección de Jesús pudiera seguir su camino hasta llegar a vosotros).

La implicación del versículo 4 es que los «supuestos miembros de la familia», falsos seguidores de Jesús, en otras palabras, habían sido introducidos de contrabando – presumiblemente por alguien que no era ellos mismos.[17] Detectamos, pero no podemos identificar más, el sentido de Pablo de que había diferentes capas de miembros en la iglesia de Jerusalén, incluyendo algunos creyentes «genuinos» que podrían no haber pensado todo claramente y que podrían tener otros amigos más duros y «celosos», a

---

[16] El griego que para «yo» aquí es plural, técnicamente «nosotros», lo que podría incluir a Bernabé, aunque presumiblemente no a Tito; pero es posible que Pablo esté usando el plural para énfasis al referirse principalmente a su propia posición. [*No le concedimos*]

[17] 2Pe. 2:1; Jud. 4.

quienes Pablo habría considerado como «supuestos miembros de la familia», «falsos hermanos». Estos últimos, dice, «se infiltraron». Imaginamos una sala ya abarrotada, y una puerta que se abre al fondo para admitir a nuevas personas, quizás gente que Pablo reconocía de sus días de juventud, gente que podía adivinar que estaba motivada no por el amor acogedor del evangelio, sino por el celo sospechoso del fariseo.

No tenían ninguna autoridad sobre Pablo, y éste se negó a someterse, a «concederles autoridad» (2:5). Esto indica, por si hubiera alguna duda, algo bastante importante, oculto en los dos primeros capítulos de la carta: la cuestión de «¿quién dice?». Todas las iglesias se enfrentan a esto, nos guste o no, y nosotros, en el Occidente moderno, no somos buenos para manejar estos asuntos. La «autoridad» se ha convertido en una especie de palabra sucia, pero los que la consideran así son a menudo extremadamente autoritarios. Esto sigue siendo un problema, sobre todo cuando surgen cuestiones polémicas, agravadas a menudo por choques de personalidad.

Pablo consideraba que su propia autoridad se basaba en dos cosas. En primer lugar, él mismo había visto a Jesús resucitado y había sido comisionado por él (o, como dice en 1:1 y 1:15-16, por Dios a través de él). En segundo lugar, aunque él y los demás apóstoles principales estuvieran en desacuerdo, había reflexionado sobre el significado de los acontecimientos mesiánicos a la luz de las Escrituras y podía enfrentarse a cualquiera. Como sabemos por otros lugares (en particular la correspondencia de Corinto), esta autoridad apostólica y de enseñanza podía respaldarse con «hechos poderosos» —supuestamente sanidades y cosas por el estilo. Pero aquí, en Gálatas, y en la confrontación reportada en Jerusalén, lo que contaba era la exposición de «la verdad del evangelio» y la determinación de Pablo de mantenerla en beneficio de todos los gentiles que llegarían a la fe en alguna fecha futura.

Podemos ver por qué es tan importante que Pablo informe en este punto de la carta sobre la controversia acerca de Tito y su posible circuncisión. La idea de que Tito fuese «obligado a circuncidarse» (o no) se adelanta a otros dos pasajes, 2:14 y 6:12.[18] Este último es especialmente importante, ya que es donde Pablo está uniendo los hilos de toda la carta con su advertencia más explícita (recogiendo también las agudas advertencias de 5:2-3). En todos los casos utiliza la misma raíz griega, *anagkazein*, «forzar, obligar»:

2:3   Tito… no fue obligado a circuncidarse.
       oude Titos ēnagkasthē peritmēthēnai
2:14   ¿Por qué obligas a los gentiles a convertirse en
       judíos?

---

[18] En *The Life* 113, Josefo describe un incidente fascinante en el cual él mismo tuvo que juzgar cuando, cerca del inicio de la revuelta contra Roma, dos refugiados buscaron seguridad entre los judíos de Galilea, algunos de los cuales querían «obligarles a circuncidarse» como condición para quedarse. Josefo, sonando a nuestros oídos sorpresivamente modern (pero de hecho probablemente conformándose a lo que veía como el estándar romano) prohibío tal exigencia, argumentando que todos debían adorar a Dios *kata tēn heautou proairesin*, «según su propia decisión o propósito». La traducción Loeb «según dicte su propia consciencia» e incluso más «moderna».

> *pōs ta ethnē anagkazeis ioudaizein*
>
> 6:12   Intenta obligarlos a circuncidarse.
>
> *houtoi anagkazousin hymas peritemnesthai*

(El verbo *ioudaizein* en 2:14 significa propiamente «tomar las costumbres de los judíos» o incluso «imitar a los judíos».[19] Los escritores antiguos usaban regularmente la palabra inglesa *«Judaize»* [judaizar] en un sentido diferente, para referirse a los judíos que intentaban hacer que los gentiles se convirtieran en prosélitos; de ahí el uso frecuente (pero inexacto) de «los judaizantes» para los oponentes de Pablo).

Así, juntando los tres usos: A Tito no se le obligó a circuncidarse (aunque es evidente que algunos en Jerusalén trataban de hacerlo); Pablo no permitiría que Pedro se saliera con la suya obligando a los gentiles a hacerse judíos, lo que equivale a lo mismo; y a los maestros rivales de Galacia no se les debía permitir obligar a los gálatas a circuncidarse. Obligar, obligar, obligar... y todo porque ni estas personas anónimas de Jerusalén, ni Pedro (al menos por un momento) en Antioquía, ni los maestros rivales de Galacia habían captado realmente lo que Pablo llama «la verdad del evangelio», la verdad de que, debido a la muerte y resurrección de Jesús y al don del Espíritu, los gentiles creyentes ya no eran paganos impuros e idólatras, sino que eran miembros de la familia mesiánica.

Después de todo, esto es exactamente lo que dice Pablo en Efesios 2:11-22. También debemos tener en cuenta pasajes como el de 1Corintios 12:2, donde Pablo dice a una congregación ex-pagana, «recuerdan que, *cuando eran paganos...*», es decir, que *ya no son paganos*. Y si ese es el caso, entonces nadie, ni siquiera el judío más celoso, puede negarles la plena pertenencia a la familia del Mesías.

No se trata, pues, de una simple «implicación» del Evangelio, de una consecuencia «ética» o «sociológica de un mensaje diferente y más «central», de algo secundario que podría elaborarse tranquilamente en otra ocasión y sobre lo que podría permitirse un continuo desacuerdo. Está en el corazón del propio evangelio. O bien era cierto que la muerte y resurrección de Jesús y el don del Espíritu vencían los poderes de la vieja era, rescataban a las personas de ella y las transformaban desde dentro, o no lo era. Y si era verdad, los «rescatados» formaría un solo grupo. La única familia. Si se niega eso, se niega el mensaje central del evangelio. Ese era el punto de Gálatas entonces. Podría decirse que es el punto de formación de la comunidad ahora.

Aquí, por primera vez en la carta, Pablo introduce un tema que se extiende más adelante: la esclavitud y la libertad. Al igual que muchos judíos de su época, consideraba que la situación actual del pueblo de Dios era de continua esclavitud, de continuo

---

[19] Véase Est. 8:17 (la única aparición de este verbo en la LXX), en donde el temor de venganza hizo que muchas personas locales *ioudaizein*, «profesaran ser judíos» (NRSV). KJV «se convirtieran en judíos» es probablemente muy fuerte, aunque la LXX, la cual traduce exageradamente *mityahadim* como *perietemonto kai ioudaizon*. Aún así, el verbo en Gál. 2:14 claramente indica que Pablo estaba acusando a Pedro de obligar a los gentiles a circuncidarse para compartir en el «círculo cercano» de la mesa de comunión: véase abajo.

«exilio», no por supuesto en el sentido geográfico estricto, sino en el político y teológico. Mientras los paganos gobernaban al pueblo de Dios, el exilio babilónico (y su continuación bajo otras formas) seguía vigente.[20] Y los esclavos, exiliados de su verdadero estado, gobernados por poderes ajenos, necesitan un éxodo. Eso es lo que proporciona el evangelio de Pablo, como veremos en el capítulo 4: el «nuevo éxodo» ha ocurrido.

Pero este punto no ha sido captado por los «supuestos miembros familiares», los «falsos hermanos» en la antigua jerga, que parecen haber desempeñado en Jerusalén un papel similar al de los maestros rivales en Galacia. Son, según indica Pablo, de dos caras. Parecen ser «miembros de la familia», compañeros de buena fe que siguen a Jesús. Pero no han entendido lo más básico de Jesús, es decir, su muerte como derrocamiento de los poderes y liberación de los pecadores. Su objetivo, dice, era «llevarnos a la esclavitud», es decir, devolver a toda la comunidad al estado de exilio.[21]

Ellos, por supuesto, no lo habrían visto así. Habrían dicho que su objetivo era devolver el movimiento al abrazo de la Torá. Para Pablo, eso era simplemente reacomodar las sillas de la cubierta del *Titanic*. Israel bajo la Torá estaba esclavizado — como Dios había advertido en Deuteronomio 27 a 29, y como los profetas insistieron en que estaba sucediendo. Por eso, cerca del final de Gálatas 2, Pablo insiste en que él, como judío representativo, «murió a la Torá», aunque fue «a través de la Torá» que ocurrió esta cosa extraña. Con el evangelio llegó toda una nueva perspectiva sobre el papel de la propia Torá dentro de los propósitos más amplios de Dios. Ese es el tema de Gálatas 3 en particular.

Así que Pablo, ante el reto de circuncidar a Tito, no cedió ni un momento. En el contexto de la carta, todavía está respondiendo a las acusaciones de los maestros rivales, de que obtuvo su evangelio de los líderes de Jerusalén y lo había alterado o eliminado las partes incómodas. Insiste en que no cedió ni un momento, «para que la verdad del evangelio se mantuviera para ustedes»: en otras palabras, cuando Pablo estaba en Jerusalén, tenía en mente a los creyentes gentiles, presentes y futuros, que necesitaban saber que, como creyentes, ya eran el verdadero pueblo del Mesías. Los ídolos esclavizantes habían sido derribados; sus pecados anteriores habían sido borrados; eran tan puros y claros a los ojos de Dios como el sumo sacerdote que entraba en el lugar santísimo. Pablo relata ahora esta historia con súbito detalle para subrayar una vez más esa verdad del evangelio. Los gálatas necesitan conocerla urgentemente.

---

[20] Véase el tratamiento completo en *Paul and the Faithfulness of God*, 139–63, and J. M. Scott, ed., *Exile: A Conversation with N. T. Wright* (Downers Grove, IL: IVP Academic, 2017). Pablo se está refiriendo, entonces, no simplemente a la libertad «de la ley y 'poderes' similares» (Moo, *Galatians*, 129) sino también a todo el mundo nuevo que se ha abierto, como en 1:4.

[21] Así que no es simplemente los cristianos gentiles quienes serían «esclavizados» por la imposición de la circuncisión (como Hays, *The Letter to the Galatians*, 225, sugiere); al implicar que la Torá seguía siendo el estándar absoluto, sería toda la gente del Mesías, incluidos los judíos.

2:6-10 «Nada añadido»

El resultado de la reunión de Jerusalén se expone en los versículos 6-10. El punto, una vez más, es, primero, que los apóstoles de Jerusalén no le enseñaron a Pablo nada que no supiera ya, y segundo, que estaban contentos con lo que estaba haciendo. En otras palabras, los misioneros rivales que han sembrado la preocupación en Galacia sobre su legitimidad están simplemente equivocados.

2:6 La delicadeza de la relación de Pablo con los líderes de Jerusalén emerge especialmente en estos versículos. «Aquellos que aparentaban ser algo», dice con más que un poco de ironía, añadiendo que la reputación pasada o presente no significa nada para él, ya que «Dios no muestra parcialidad».[22] Pero en la medida en que ellos, algunos de los amigos más cercanos de Jesús, algunos que se encontraban entre los principales apóstoles, tenían una especie de posición oficial en la comunidad, debe saberse que «no me añadieron nada». En otras palabras, no había ningún elemento nuevo en el evangelio, ninguna línea de pensamiento que Pablo hubiera pasado por alto hasta ese momento, nada que hubiera que atornillar al exterior de lo que ya estaba diciendo y haciendo.

2:7 Por el contrario, dice, reconocieron con suficiente claridad lo que Dios ya estaba haciendo. Dios había confiado a Pablo la tarea de llevar el mensaje a los gentiles, al igual que había confiado a Pedro el mensaje para los judíos. Pablo se refiere aquí a los gentiles y a los judíos, en una repetición un poco pesada para hacer su punto, como «la incircuncisión» y «la circuncisión», aunque cuando lo dice por segunda vez en el versículo 8 cambia la primera por «gentiles». Su énfasis aquí, al igual que en Romanos 3:30, es que la cuestión de la «circuncisión» y la «incircuncisión» es ahora irrelevante. Es el mismo evangelio (su punto aquí); es la misma fe (su punto en Romanos).

2:8 Así, mientras que en el versículo 7 subraya que Dios les había *confiado a* él y a Pedro el mismo evangelio para los dos grupos, en el versículo 8 subraya que el *poder* de Dios había actuado en ambos casos: «que dio a Pedro el *poder* de ser apóstol de la circuncisión me dio a mí el *poder* de ir a los gentiles». La palabra es *energeō*, de la que obtenemos «energía»: Pablo no se refiere tanto a la energía física necesaria para llevar a cabo la tarea, aunque sin duda eso también entra en juego, sino más bien al poder divino que actúa en cada caso.[23] Como siempre, Pablo se negó a ver el evangelio como algo que poseía y podía dispensar. Se le había entregado en confianza. Cuando lo anunciaba y veía su efecto transformador de la vida, siempre estaba dispuesto a decir que era obra de Dios, no suya.[24]

---

[22] El principio general era bien conocido, pero la aplicación radical de Pablo (como en, por ejemplo, Rom. 2:11) necesitaba ser expandida y recalcada. No todas las traducciones extraen el significado aparente de *pote* aquí: «lo que fuera *antes*» (igual, por ejemplo, *King*), quizá refiriéndose al estatus de Pedro y Juan entre los compañeros más cercanos de Jesús, y de Santiago como su hermano (asimismo Dunn, *A Commentary on the Epistle to the Galatians*, 102, though J. M. G. Barclay, *Paul and the Gift* (Grand Rapids: Eerdmans, 2015), 365n36, tiene razón al cuestionar la sugerencia de Dunn de que Pablo aquí contrasta su antiguo respeto con un enfoque despectivo). Véase Moo, *Galatians*, 132, discutiendo otras opciones y resaltando el sentido de *pote* en otras partes en la obra de Pablo.

[23] Cp. 1Cor. 15:10; Col. 1:29; y véase también 1Cor. 12:6; Fil. 2:13.

[24] Véase, por ejemplo, 1Cor. 1:18; 2:5; 15:10; 2Cor. 4:7; 6:1; Fil. 4:13; Col. 1:29.

Pablo ha conseguido en estos versículos mantener el equilibrio. Por un lado, los líderes de Jerusalén aprobaron lo que estaba haciendo, sin añadidos ni correcciones. Por otro lado, en realidad no *necesitaba* su sello de aprobación por sí mismo. Su objetivo era más bien que su trabajo – el de generar y sostener la iglesia única judía más gentil – siguiera adelante sin ser socavado por otros con ideas diferentes. Y su objetivo en esta conversación con Cefas, Santiago y Juan era asegurarse de que la comunidad de seguidores de Jesús no se dividiera por todo esto.

2:9 Podemos ver en este versículo cómo los primeros seguidores de Jesús pensaban en la iglesia. Cuando Pablo dice que Santiago, Cefas y Juan «eran considerados 'columnas'», esa metáfora no es casual. Implica que la iglesia es una especie de edificio… específicamente, una especie de templo. El nuevo templo, de hecho – de nuevo, como en Efesios 2:19-22, o como en 1 Corintios 3:16. Pablo comparte este punto de vista. No está cuestionando la creencia en sí misma. Simplemente está levantando una ceja irónica ante la idea de que esos tres líderes, por los que, por supuesto, siente el mayor respeto, sean las «columnas» de lo que se está convirtiendo rápidamente en una familia mundial, con puestos avanzados vivos y prósperos de los que Jerusalén sabe poco o nada.

De todos modos, las tres «columnas» se habían dado la mano con Pablo y Bernabé – ¿y con Tito?, nos preguntamos – en la división del trabajo, tal como se establece en los versículos 7 y 8. Sin embargo, todavía no está claro en qué consistía exactamente ese reparto. Sería muy extraño que «la circuncisión» se refiriera realmente a «Judea y Galilea», las zonas de mayor población judía local (aunque había población judía en la mayoría de las ciudades y distritos de Oriente Medio). La mayoría de «la circuncisión» no vivía allí ni cerca, sino que estaba repartida por todo el mundo conocido. Tampoco puede haber significado que Pablo debía mantenerse alejado de las sinagogas; o al menos, si eso era lo que pretendían los «pilares», el Pablo de los Hechos parece haberlo ignorado, comenzando su trabajo en una ciudad tras otra con las sinagogas o lugares de oración judíos, y abandonando solo cuando se vio obligado a salir. (Algunos, de hecho, han pensado que los Hechos se equivocan, y que Pablo se mantuvo alejado de las sinagogas; pero esto es desmentido por el hecho indudable de que Pablo recibió una buena parte de la disciplina de la sinagoga, como dice en 2 Corintios 11:24. En cualquier caso, cuando dice en Romanos 1:16 que su evangelio es «para el judío primero, y también, igualmente, para el griego», esto parece un programa práctico además de un principio teológico).

Tal vez, después de todo, se trataba de una división geográfica, diseñada para decirle a Pablo: «Por favor, aléjate de Judea; las cosas aquí ya son bastante difíciles». Es posible que los apóstoles de Jerusalén estuvieran preocupados por si el estilo persistente, articulado y enérgico de Pablo les dificultara las cosas al intentar convencer a sus contemporáneos judíos de que Jesús era el Mesías. Esa es ciertamente la implicación de Hechos 9:26-30, que describe la primera visita de Pablo a Jerusalén, y los líderes allí pueden haber estado ansiosos de que la historia se repitiera. Después de todo, era una época tensa para los judíos, especialmente en Judea y Galilea. Muchos judíos veían con toda naturalidad a los gentiles, y especialmente a Roma, como la nueva versión de un antiguo enemigo, la Babilonia venida de nuevo, y por tanto, a la que había que resistir a toda costa. Cualquier compromiso con el mundo pagano (y Pablo ya era sospechoso de tal compromiso) sería visto como la máxima deslealtad al Dios de Israel y su Torá. Así que sospecho que la decisión puede haber sido en gran medida pragmática, y quizás más geográfica que étnica. Después de todo, había muchos judíos en Antioquía, donde Pablo había estado trabajando. Y la forma en que se refiere a los judíos y a los gentiles – como «circuncisión» e «incircuncisión», respectivamente – subraya una vez más su punto subyacente: si la cuestión es obligar a la gente a circuncidarse, entonces hay que recordarle que ni la circuncisión ni la incircuncisión importan, ya que lo que importa es la nueva creación (Gálatas 6:15) y, dentro de ella, «la fe que obra por el amor» (5:6).

En cualquier caso, al igual que en más de un acuerdo eclesiástico posterior, lo que importaba era que todas las partes estuvieran contentas y pudieran volver a casa y resolver qué hacer a partir de ahí. El acuerdo, tal como era, se basaba al menos en fundamentos teológicos seguros, como en el versículo 8: *Dios estaba obrando*. Esta es la forma habitual que tiene Pablo de hablar de cómo actúa el evangelio. El evangelio es «el poder de Dios, que trae la salvación a todo el que cree»;[25] y Dios llama a sus mensajeros para que pongan en marcha ese poder. Las «columnas» podían ver que esto ocurría en el caso de Pablo: conocían «la gracia que se le había dado» (Gal 2:8). Así es como Pablo habla en otra parte de su propia vocación especial, la de ser el Apóstol de los Gentiles.[26]

Un punto más sobre los versículos 6 a 10. Pablo y Bernabé habían llevado dinero de Antioquía a Jerusalén. Una de las cosas que sabemos sobre la iglesia a lo largo de sus primeros siglos, es que la preocupación por los pobres estaba incorporada en el ADN del movimiento desde el principio. Al fin y al cabo, esto está en consonancia con la propia práctica y enseñanza de Jesús, basada en pasajes como el programa mesiánico del Salmo 72. La razón por la que la gloria de Dios llena todo el mundo, al final de ese salmo, es que el rey ha hecho justicia con los pobres y los oprimidos. Así como el rey debe construir el templo para que la gloria divina habite en él, el rey ideal hará justicia y misericordia con los pobres y necesitados para que la gloria divina habite en toda la tierra. En el Evangelio se unen estas dos vertientes. Jesús ha fundado el nuevo templo – algunos de sus amigos son reconocidos como «columnas» – y el propio Espíritu de Dios está llenando de gloria esta comunidad. Pero esto no es por sí mismo. Es para que, a través de ellos, el Salmo 72 y otros pasajes se hagan a su vez realidad. La revelación gloriosa de Dios en el templo es el signo de la intención de Dios de llenar el mundo entero con su gloria; y a través del trabajo de los seguidores de Jesús, que llegan al mundo entero (como en Gálatas 6:10), esa intención debe ponerse en práctica. Este ADN real, la vertiente mesiánica, aparece claramente en la vida de la iglesia primitiva. Eran seguidores de Jesús, y eso significaba que cuidaban de los pobres.

2:10 Por supuesto, el verso final del párrafo bien puede tener en mente el punto más específico sobre los apóstoles de Jerusalén que solicitan más apoyo financiero para la asediada y empobrecida iglesia de allí. Ciertamente, el verbo del versículo 10 – mnēmoneuōmen – indica «que *sigamos acordándonos de* los pobres», es decir, que la

---

[25] Rom. 1:16.

[26] Rom. 1:5; 12:3; 15:15; 1Cor. 3:10; Ef. 3:2, 7–8; Col. 1:25.

iglesia de Antioquía, al ser aparentemente menos empobrecida que la de Jerusalén, debe continuar con la labor que acababa de realizar. Pero muchos han señalado que el principio va mucho más allá.[27]

Nótese una cosa de esa petición. Todo el mundo sabía que la iglesia de Antioquía era de origen étnico mixto. Nada se había dicho, cuando Pablo, Bernabé y Tito llegaron a Jerusalén con dinero de Antioquía, sobre si el dinero había venido de creyentes en el Mesías judíos o gentiles. Por supuesto que no. Así que los apóstoles de Jerusalén se alegraron de aceptar este regalo como señal de que ellos en Jerusalén y la iglesia mestiza de Antioquía eran «familia». Eran «parientes». Eran parte de la misma nueva creación. Y los líderes de Jerusalén querían que eso continuara, no solo porque necesitaban ayuda, aunque eso también era cierto, sino porque realmente consideraban a esta comunidad mixta de Antioquía como una auténtica rama de la familia. Este sentido de parentesco ficticio compartido, con la ayuda financiera como signo externo y visible, parece haber sido la semilla de la que surgió, varios años después, el ambicioso proyecto de Pablo de recoger dinero de las iglesias (en su mayoría gentiles) para llevarlo a Jerusalén. Tal proyecto señalaría, tanto a los que daban como a los que recibían, que todos formaban parte del único «pueblo», la única familia del Mesías.

Todo esto tiene un excelente sentido en su contexto – incluyendo el contexto de Hechos 11. Todo ello es muy pertinente para el argumento de Gálatas: los apóstoles de Jerusalén reconocieron a Pablo como genuinamente llamado y equipado por Dios para llevar el evangelio a las naciones, pero no le enseñaron lo que era «el evangelio» ni corrigieron su percepción del mismo. Al final del versículo 10, Pablo ha desvirtuado totalmente la sugerencia de los maestros rivales de que había confundido el mensaje que había aprendido de Jerusalén.

Pero Pablo no estaba preparado para lo que ocurrió después. Él y Bernabé regresaron a Antioquía. Desde allí emprendieron su primer viaje misionero, estableciendo las iglesias del sur de Galacia. Pero cuando volvieron a Antioquía, algo perturbó el aparente equilibrio. Llegó Pedro. Para empezar, eso estaba bien. Al igual que cuando Pedro había visitado a Cornelio, estaba contento de comer con gentiles. Pero luego Pedro retrocedió. Su comportamiento le indicó a Pablo que él, Pedro, ya no mantenía firmemente el acuerdo al que habían llegado. Es muy probable que los maestros rivales de Galacia también se hayan enterado de esto, y que hayan dicho a las iglesias que la línea de Pedro, y no la de Pablo, era la correcta. Por lo tanto, Pablo tiene que abordar esta cuestión de forma específica. Esto le lleva a una de las formulaciones teológicas más sorprendentes de sus cartas. Los once versículos siguientes son de los más importantes – y complejos – que ha escrito.

---

[27] B. W. Longenecker, ed., *Remember the Poor: Paul, Poverty, and the Greco-Roman World* (Grand Rapids: Eerdmans, 2010).

Conclusión

Entonces, ¿a dónde ha llegado Pablo en este breve repaso de sus encuentros con los apóstoles de Jerusalén? ¿Cómo ayuda a su proyecto de «formar» a las iglesias gálatas en una comunidad reveladora del Mesías? Ha subrayado que sus primeros encuentros con los líderes de Jerusalén fueron mínimos; fueron afirmativos (es decir, los líderes de Jerusalén afirmaron la autenticidad del mensaje de Pablo); y fueron encuentros entre iguales. Pablo no era un apóstol subsidiario, dependiente de Jerusalén para la legitimidad. Las iglesias gálatas necesitaban que se les asegurara todo esto, no solo porque ya tenían una relación cálida y positiva con Pablo que ahora estaba amenazada, sino, mucho más, porque lo que importaba era el evangelio en su totalidad, el mensaje de que Dios había resuelto el pecado en la cruz del Mesías, de modo que toda la gente del Mesías eran ahora miembros de pleno derecho de la familia. A través de todo ello corre el hilo, vital para la formación cristiana en el siglo I o en el XXI, de que para Pablo el estatus de los creyentes gentiles era la piedra de toque de la verdad del evangelio en su conjunto. *O los acontecimientos del Evangelio trataban del pecado o no lo hacían.* Si no lo hacían, y si Jesús era solo un gran líder judío, entonces sus seguidores seguirían en el ámbito de la Torá y sería mejor que se ajustaran a ella. Algunos argumentaban eso en la época de Pablo. Algunos han tratado de argumentarlo en los nuestros. Pero si los acontecimientos del evangelio tuvieron el efecto que Pablo creía que tenían – si Jesús se había ocupado realmente del pecado y había inaugurado la nueva era, el inicio de la nueva creación, como en la fórmula inicial de 1:4 – entonces todo tenía que cambiar. Empezando por los arreglos para comer en una iglesia mestiza, como vamos a descubrir en el siguiente pasaje.

Hay otro punto que sigue siendo vital, y que es fácil pasar por alto en todo el ajetreo de visitas, controversias y discusiones que relata Pablo. Parte de su argumento a los gálatas es que él es un auténtico apóstol: había recibido su encargo del propio Jesús resucitado. Pero los «apóstoles» de este tipo se extinguieron en el siglo I. ¿Cómo se aplica entonces la teología de Pablo sobre la autoridad apostólica a la iglesia de cualquier época posterior, incluida la nuestra? ¿Qué puede aportar la visión de Pablo sobre su apostolado a la tarea de la formación cristiana en la actualidad?

La solución clásica es que los apóstoles encargaron a otros que vinieran después de ellos, y que este encargo – «ordenación» – continuó en una línea ininterrumpida hasta la iglesia posterior. Los reformadores, y más aun sus sucesores radicales, no tuvieron dificultad en despreciar esa idea. Si la teoría de la «sucesión apostólica» hubiera sido correcta, las corrupciones y degradaciones de la iglesia posterior (incluyendo, por desgracia, en nuestro propio tiempo) no podrían haber ocurrido. De hecho, creer en esa teoría puede haber contribuido al problema al dar una falsa sensación de seguridad.

De hecho, la respuesta es que la autoridad apostólica de Pablo, tal como la describe aquí y en otros lugares, es una función de *la resurrección de Jesús crucificado.* Lo dice en 1:1 y 1:15-17, y aquí y allá en las otras cartas.[28] La «autoridad» no reside en una persona o

---

[28] Por ejemplo, 1Cor. 9:1.

una teoría, sino en un acontecimiento. La «autoridad» apostólica fluye del hecho de que la resurrección de Jesús crucificado es la gran realidad general de todos los tiempos y lugares. Esto es lo que Pablo quiere decir en Colosenses cuando afirma que el evangelio ha sido anunciado en toda la creación bajo el cielo, y que él, Pablo, se convirtió en su servidor.[29] Esta «autoridad» no funciona meramente de forma intelectual, aunque es cierto que la resurrección es el punto de partida clave para todo lo que Pablo quiere decir y, de hecho, para toda la teología cristiana digna de ese nombre. Funciona dinámicamente, en el sentido de que el poder que resucitó a Jesús de entre los muertos es el poder que luego actúa a través de los apóstoles para cambiar los corazones, las vidas y las comunidades, para derribar las fortalezas.[30] La idea de que podría llegar un día en el que la resurrección de Jesús se considerara un extra desechable y opcional para aquellos que se las arreglaran para creer en esas extrañas historias, y que las denominaciones que toleraran esa apostasía pudieran entonces utilizar una forma de «autoridad» legal para reprender y despojar a las iglesias individuales que se aferraran a la resurrección y a sus implicaciones para la enseñanza y la conducta, tal pensamiento habría provocado en Pablo un «anatema» mucho más fuerte, creo, incluso que los que ya hemos visto en esta carta.

Un colofón. Anteriormente vimos el libro que llamamos los Salmos de Salomón, casi seguramente un himnario farisaico. Estos «salmos» tratan del peligro de comprometerse con los gentiles. Se basan en el hecho de que Dios distingue claramente entre los «justos» y los «pecadores», entre la familia de Abraham y el mundo pagano en general. Advierten que algunos judíos se convertirán en «complacientes» al pasar por encima de esa distinción. Pablo ve que esta crítica se dirige directamente a él, y sabe cómo responder: la bota está de hecho en el otro pie. El penúltimo salmo de la colección (Salmo 17) es una oración para que Dios envíe pronto al Mesías, para que lo solucione todo. Lo que encontramos en Pablo es exactamente lo que deberíamos esperar de alguien que comenzó en una posición farisaica clásica y luego se enfrentó a la resurrección de uno que había sido crucificado como pretendiente mesiánico. La pregunta de «quiénes son los justos» ha recibido así una respuesta nueva y definitiva. El juicio ha tenido lugar. El propio Jesús, el Mesías crucificado y resucitado, es la vara de medir quiénes son realmente los «justos». Su pueblo es la verdadera familia de Abraham. Para Pablo, las personas que invocan a Jesús pero que no se ajustan a este veredicto son los verdaderos «complacientes». Esto establece la agenda no solo para el resto del capítulo 2, sino para los capítulos 3 y 4, la gran sección central de la carta. Y lanza un inquietante desafío a todos los que se preocupan por la formación, en carácter y misión, de la iglesia en nuestros días o en cualquier otro.

---

[29] Col. 1:23.
[30] 2Cor. 10:3–6.

GÁLATAS 2:11-21

Traducción

[11]*Pero cuando Cefas vino a Antioquía me le enfrenté cara a cara. Estaba equivocado.* [12]*Antes de que algunas personas de parte de Santiago llegaran, Pedro estaba comiendo con los gentiles. Pero cuando ellos llegaron, se retiró y separó porque estaba asustado por los de la circuncisión.* [13]*El resto de los judíos hizo lo mismo, siendo parte de la simulación. Incluso Bernabé se dejó llevar por la farsa.* [14]*Pero cuando vi que no estaban caminando rectamente por la línea de la verdad del evangelio, le dije a Cefas frente a todos ellos: «Mira: eres un judío, pero has estado viviendo con un gentil. ¿Por qué obligas a los gentiles a convertirse en judíos?».*

[15]*Somos judíos por nacimiento, no «pecadores gentiles».* [16] *Pero sabemos que una persona no es declarada «justa» por las obras de la ley judía, sino a través de la fidelidad de Jesús el Mesías.*

Por eso es que nosotros también creímos en el Mesías, Jesús: para que pudiésemos ser declarados «justos» por la fidelidad del Mesías y no por las obras de la ley judía. Verán, en base a eso, ninguna criatura puede ser declarada «justa».

[17]*Bueno, entonces; si al buscar ser declarados «justos» en el Mesías, nosotros mismos somos hallados como «pecadores», ¿eso hace al Mesías un agente de «pecado»? ¡Claro que no!* [18]*Si construyo otra vez lo que derribé, demuestro que soy un infractor de la ley.*

[19]*Permítanme explicarlo así. A través de la ley morí a la ley, para que pueda vivir para Dios. He sido crucificado con el Mesías.* [20] *Sin embargo, estoy vivo —pero ya no soy yo, es el Mesías quien vive en mí. Y la vida que vivo en la carne, la vivo en la fidelidad del Hijo de Dios, quien me amó y se dio a sí mismo por mí.*

[21]*No aparto la gracia de Dios. Si la «justicia» viene a través de la ley, entonces el Mesías murió inútilmente.*

Introducción

Hay dos razones por las que Gálatas 2:11-21 parece tan vívido. En primer lugar, si estamos en lo cierto en la cronología esbozada más arriba, la confrontación con Pedro estaba todavía fresca en la mente de Pablo, ya que había tenido lugar recientemente. Dado que las iglesias gálatas habían oído con toda seguridad informes sobre el mismo desde un punto de vista muy diferente, era vital que Pablo les contara lo que realmente había sucedido. (Los lectores modernos más cínicos pueden sonreír con conocimiento de causa ante tal sugerencia, pero no se puede evitar).

En segundo lugar, aquí llegamos al primer clímax retórico de la carta, tanto más poderoso cuanto que se retrasa a través de los giros del relato autobiográfico de 1:11-2:10. Esos encuentros anteriores con Pedro y los demás prepararon el camino para éste, este enfrentamiento, esta confrontación. Y este enfrentamiento, a su vez, ofrecía un paralelo obvio con el problema de Galacia. Pedro estaba obligando a los gentiles a judaizarse (2:14), igual que los intrusos de 2:3-5 habían querido obligar a Tito a circuncidarse, e igual que los «perturbadores» querían «obligar a los gálatas a circuncidarse» (6:12). Pedro, siguiendo en ese punto una agenda similar a la de los Salmos de Salomón, pensaba que se podía mantener la importantísima distinción entre «los justos» y «los pecadores» trazando líneas en el lugar tradicional, es decir, entre judíos y no judíos. Pablo creía que la única línea que importaba consistía en el propio Jesús, el Mesías crucificado y resucitado. Se había ocupado del «pecado» y había redefinido la «justicia». Había amanecido un nuevo día. Cualquier intento de trazar las líneas en el antiguo lugar, manteniendo mesas separadas para los judíos seguidores de Jesús y los gentiles seguidores de Jesús, significaba retroceder el reloj a la «presente era maligna» en lugar de vivir con valentía en «la era venidera», ahora inaugurada por la resurrección de Jesús y el don del Espíritu. La crucifixión del Mesías se había ocupado del pecado. El «pueblo del Mesías», fuera judío o gentil, ya no era «pecador».

2:11-14 - Pedro en Antioquía

Los cuatro primeros versículos de la sección son cruciales para entender el argumento de toda la carta, y en particular el significado de esos vitales versículos 15-21. Pablo relata aquí la llegada de Pedro a Antioquía y lo que allí ocurrió.

Podemos suponer, como una alta probabilidad, que los maestros rivales de Galacia habían difundido este incidente, convirtiendo a Pedro en el héroe, leal a las tradiciones ancestrales judías, y a Pablo en el villano comprometedor y «complaciente». Pablo, por supuesto, no lo ve así. En lo que a él respecta, Cefas (después de haberle llamado «Pedro» en el versículo 8, aquí vuelve a utilizar el nombre arameo) estaba radicalmente fuera de lugar.

2:11 «Cuando Cefas llegó a Antioquía, me enfrenté a él cara a cara. Estaba equivocado». En realidad, el verbo (*kategnōsmenos ēn*) es más fuerte de lo que implica esa traducción. Su significado natural es «fue condenado». No solo equivocado: juzgado y declarado culpable.[1]

¿Cómo es eso? Pedro, a los ojos de Pablo, estaba en realidad doblemente equivocado. Su comportamiento estaba fuera de la línea de la verdad del evangelio, y, por ese mismo comportamiento, estaba retrocediendo en su postura anterior, equivocada y vacilante. A su llegada a Antioquía, Pedro había comido con los cristianos gentiles, compartiendo la mesa con ellos, como había hecho en la casa de Cornelio en

---

[1] Josephus, *Jewish War* 2.135, dice que los esenios evitan tomar votos ya que «el que no cree sin apelar a Dios ya está condenado», *ēdē kategnōsthai*.

Hechos 10 y 11.[2] Para entender por qué esto importaba – por qué era mucho más que una mera cuestión de «modales en la mesa» – recordemos por qué, en el pensamiento y la práctica judía tradicional, esa comunión en la mesa estaba mal vista, y por qué, para los primeros cristianos, se convirtió no solo en algo opcional sino en algo obligatorio. Los judíos prohibían juntarse con gentiles porque los gentiles eran idólatras.[3] Para Pablo, los seguidores de Jesús tenían que insistir en compartir las comidas porque la muerte de Jesús había roto el poder de los ídolos. La prohibición judía suponía que la idolatría producía estilos de vida impuros; la comunión en la mesa basada en Jesús celebraba el poder purificador y transformador de la vida del Espíritu. La restricción judía suponía que la Torá de Israel seguía vigente y que cualquier relajación sería una deslealtad flagrante. Pablo sostenía que había llegado la nueva era prometida desde hacía tiempo, en la que las restricciones temporales de la Torá debían dejarse de lado. Esto no tiene nada que ver con las moralidades modernas o posmodernas en las que la gente se mofa de los puntos de vista «exclusivos» y da la bienvenida a los «inclusivos». No se trata de que los judíos fuesen «reaccionarios», «exclusivistas» o – perdón – «racistas».

No se trata de considerar a los primeros cristianos como liberales sociales nacidos a destiempo, enorgulleciéndose de su «inclusividad» de mente amplia e ignorando restricciones sociales tontas o anticuadas. Ésas son las típicas distorsiones de la post-Ilustración, intentos de alcanzar algunos rasgos de la cosmovisión cristiana (una familia global mutuamente responsable y respetuosa) sin pagar el precio de la fidelidad a Jesús. Después de todo, si lo que realmente te preocupa es el «exclusivismo», Pablo no es el hombre al que seguirías, como indica un vistazo al capítulo 5.

Pablo no niega ni por un momento que los ídolos representaran una amenaza real. La contaminación pagana era un asunto serio, como advierte en 1 Corintios y en otros lugares. Reflexionar sobre esto durante la pandemia de coronavirus de 2020 nos ha proporcionado un curioso paralelismo: se nos instruye para que evitemos el contacto social porque nadie sabe dónde pueden esconderse esos gérmenes que amenazan la vida. Los judíos devotos, que veían con horror el estilo de vida del mundo pagano, veían la amenaza del contagio en todas partes, entre otras cosas porque el Deuteronomio y otros textos habían hablado tan claramente de ello (y porque los antiguos israelitas, habiendo sembrado el viento de ignorar las advertencias deuteronómicas, habían cosechado el torbellino del exilio). Así que no era el caso que Pablo y los otros primeros cristianos hubieran llegado a creer que la idolatría, el pecado, la corrupción y la maldad no importaban tanto después de todo. Esto, de nuevo, es una extraña distorsión modernista de la creencia cristiana en la expiación y el perdón. Más bien, creían que la victoria de la cruz se había ocupado del pecado y había despojado a los ídolos de su poder, y que la vida del Espíritu había enjugado la mancha de la contaminación moral. El mensaje del Evangelio no ofrecía simplemente una nueva forma de ser religioso o una nueva forma de

---

[2] Hechos no describe que Pedro haya comido con Cornelio, pero en 10:48 la familia de Cornelio invita a Pedro a quedarse con ellos, y en 11:3 los estrictos en Jerusalén le preguntaron sobre su comida con los gentiles.

[3] Sobre la tradición oral de la regla de *amixia*, «sin mezclas» (con no judíos), véase *The New Testament and the People of God*, 231–41; *Paul and the Faithfulness of God*, 93–94.

«llegar al cielo». Estaba declarando que algo había sucedido como resultado de lo cual el mundo era ahora un lugar diferente. La nueva creación había llegado: cualquiera podía formar parte de ella, de cualquier origen o cultura. Los que lo hacían constituían una nueva familia. Un nuevo *tipo* de «familia». Los definitivos «hijos de Abraham». El pueblo del Mesías.

2:12 Así que, para empezar, al visitar la iglesia de Antioquía, «Pedro estaba comiendo con los gentiles». Hasta aquí, todo bien. Pero cuando «vinieron ciertas personas de parte de Santiago» – Pablo no dice que Santiago los había enviado, pero claramente estaban usando la autoridad de Santiago para ordenar a estos cristianos transigiendo peligrosamente en Antioquía – Pedro decidió ir a lo seguro. «Se retiró y se separó». Pablo atribuye esto al miedo: «estaba asustado de los de la circuncisión». Esta última frase, *tous ek peritomēs*, parece referirse no a los judíos de Antioquía (¿por qué iba a tener Pedro miedo de ellos?) sino a las «personas de Santiago». Coincide con la descripción que se hace en Hechos 11:2 de los que desafiaron a Pedro tras su visita a Cornelio: se les llama *hoi ek peritomēs*. Literalmente, esto significa «los de la circuncisión». Pero, dado que todos los varones judíos estaban circuncidados, debe ser una forma delicada de decir «los que querían enfatizar la circuncisión». La frase de Pablo aquí debe ser entonces la abreviatura de «la facción de la circuncisión», la gente para la que la circuncisión era la cuestión vital y para la que comer con los incircuncisos seguía siendo un tabú. Después de haber resistido su presión en Hechos 11, Pedro se tambaleó y se retiró. Quienes conozcan otros relatos sobre Pedro podrán trazar un patrón familiar.[4]

2:13 Las cosas fueron de mal en peor. Una vez que los judíos locales seguidores de Jesús vieron que Pedro se retiraba de la comunión de la mesa con los creyentes gentiles, sacaron sus propias conclusiones y siguieron su ejemplo (otro indicio de que Pedro no tenía miedo de ellos sino de los recién llegados de Jerusalén). «El resto de los judíos hacía lo mismo», y Pablo tiene una palabra para ese comportamiento: era «simular», ponerse una máscara para que el público viera una apariencia exterior que disfrazaba la realidad interior. La palabra griega para ese comportamiento, *hypokrisis*, ha llegado directamente al español, aunque la metáfora teatral ya estaba moribunda en la época de Pablo y está más o menos muerta en la nuestra. Pero para Pablo, la acusación era bastante específica, tal y como la expone en el versículo 14 y luego, ampliamente, en 2:15-21: si eres una persona del Mesías, eres una persona de muerte y resurrección, eres una persona de la nueva creación en el Mesías. Eso es lo que realmente eres. Si el Mesías ha venido, puedes esperar que todo sea diferente. Por el contrario, si nada es diferente, estás negando que el Mesías haya venido. Así que si entonces te pones la máscara escénica que dice: «Soy judío y no puedo contaminarme comiendo con estos gentiles» – aunque estos gentiles, como tú, son personas bautizadas y creyentes en el Mesías – entonces estás negando la base misma de tu existencia mesiánica y guiada por el Espíritu. Estás diciendo que el mensaje sobre Jesús no es, después de todo, el «evangelio» de Isaías

---

[4] Véase, por ejemplo, Marcos 14:29–31 con 15:66–72.

40 o 52. Después de todo, Dios no ha visitado a su pueblo para hacer por él lo que siempre prometió y así extender su salvación hasta los confines de la tierra.

Un elemento especialmente trágico en todo esto es que «Incluso Bernabé se dejó llevar por su farsa». «Incluso Bernabé»: sentimos el dolor en esa frase. Bernabé era el que había visto originalmente «la gracia de Dios» en la comunidad multiétnica de creyentes en Antioquía (Hechos 11:22-24). Bernabé fue quien, viendo la necesidad de una enseñanza sabia en esa situación, había ido a buscar a Saulo a su casa en Tarso y lo había traído para ayudarlo (Hechos 11:25-26). Bernabé había acompañado a Pablo en su viaje a Chipre y Galacia. Había visto cómo el evangelio actuaba poderosamente, cambiando vidas y creando una nueva comunidad no étnica. Habían trabajado juntos, orado juntos, sufrido juntos. Había estado junto a Pablo y se había enfrentado a multitudes enfadadas, así como a excitadas reuniones de nuevos creyentes. Era, según todos los indicios, un hombre de corazón generoso y sensible. Tal vez su comportamiento se debió a que vio la conmoción en los rostros de «ciertas personas que venían de Santiago» y quiso apaciguarlos. No lo sabemos. Todo lo que sabemos es que Pablo vio su comportamiento como una farsa. Como una hipocresía. Como un encubrimiento de «la verdad del evangelio». Pedro, Bernabé y el resto eran, de hecho, gente del Mesías crucificado, pero fingían ser gente de la Torá, como si el Mesías crucificado fuera solo un añadido a la identidad judía, no su transformación radical. La verdad estaba en juego.

2:14 Así que Pablo va al meollo del asunto. «No caminaban en línea recta por la verdad del evangelio». «Caminar en línea recta» (el verbo es *orthopodeō*, del que obtenemos «ortopédico») probablemente seguía siendo una metáfora viva para Pablo: aquí hay una línea recta, y deberías estar caminando por ella. Esa línea es «la verdad del evangelio» o «la verdad del evangelio», porque «el evangelio» es el anuncio de Jesús, el crucificado y resucitado, como Mesías y Señor. Una vez trazada esa línea en el camino, no hay excusa para desviarse.

Por tanto, Pablo se enfrenta a Pedro públicamente, con el desafío que se hace eco de lo que dijo antes sobre Tito (no se le obligó a circuncidarse, aunque algunos lo habían intentado) y prepara el camino para lo que debe decir en última instancia a los gálatas (los maestros rivales están intentando obligarles a circuncidarse, y deben resistirse). «Mira», dice, «eres judío, pero has estado viviendo como un gentil»: no es que Pedro haya estado adorando ídolos o adoptando el estilo de vida amoral estándar del mundo pagano, sino que ha estado compartiendo la mesa con gentiles. (Pablo no dice nada aquí sobre lo que había en el menú de las comidas compartidas. La cuestión es más bien la compañía que se mantiene. Pero si la iglesia era predominantemente gentil, parece muy poco probable que las comidas compartidas incluyeran solo comida *kosher*).[5] Desde su visita a Cornelio en Cesarea, Pedro había comido con gentiles, y había defendido esa práctica.[6] Así que ahora, entonces, *¿cómo se puede obligar a los gentiles a hacerse judíos?*

---

[5] Véase, 1Cor. 10:25–27.

[6] Hechos 10:1–11:18.

Tenemos que notar de nuevo el verdadero significado de la palabra «hacerse judíos»: *ioudaizein*, «judaizar». Solía ser normal, tanto en la erudición como en la predicación, que la gente se refiriera a los maestros rivales de Galacia como «los judaizantes», pero esto es claramente erróneo. Así como «helenizar» significaba que un no griego comenzara a practicar las costumbres griegas («helénicas»), «judaizar» es lo que haría un gentil al circuncidarse y aprender a obedecer la ley mosaica, en particular las prácticas distintivamente judías del sábado y las leyes alimentarias. El reconocimiento de que los maestros rivales no eran «judaizantes» sino personas que *animaban* a *otros* a judaizarse ha precipitado una confusión de descripciones: ¿Eran «agitadores»? ¿«alborotadores»? ¿«maestros»? ¿«misioneros»? ¿«influenciadores»? ¿O qué? Me he ido por lo seguro llamándolos «maestros rivales», que ciertamente lo eran, tanto desde su perspectiva como desde la de Pablo.

De todos modos, Pablo se enfrenta a Pedro: lo que estás haciendo, declara, al separarte de los creyentes gentiles, es decirles efectivamente que tienen que hacerse totalmente judíos. ¿Cómo puedes hacer eso, teniendo en cuenta tu postura anterior, en la que habías abandonado la restricción judía normal y celebrabas el nuevo don de la unidad con todos los creyentes?

Ante el desafío de Pablo de que estaba obligando a los gentiles a judaizarse, Pedro podría haber respondido que no pretendía tal cosa. Los gentiles seguidores de Jesús podían seguir siendo gentiles; los judíos seguidores de Jesús podían continuar con sus prácticas judías tradicionales. Pero para Pablo esto no era simplemente inaceptable, sino que se perdía todo el sentido. Si las personas están «en el Mesías» (*en Christō*), están «en el Mesías», y esa es su identidad básica. Forman una sola familia — el punto que él argumentará extensamente en el próximo capítulo. Si los creyentes judíos se retiran y comen por separado de los creyentes gentiles, el mensaje para los creyentes gentiles es obvio: perteneces a un círculo exterior, más bien como el Atrio de los Gentiles en el templo de Jerusalén. Si quieres entrar en el corazón de las cosas, tienes que hacerte judío. Si eres varón, eso significará circuncidarte. Esa era la implicación natural del comportamiento de Pedro en Antioquía.

Ante el desafío de Pablo de que estaba obligando a los gentiles a judaizarse, Pedro podría haber respondido que no pretendía tal cosa. Los gentiles seguidores de Jesús podían seguir siendo gentiles; los judíos seguidores de Jesús podían continuar con sus prácticas judías tradicionales. Pero para Pablo esto no era simplemente inaceptable, sino que se perdía todo el sentido. Si las personas están «en el Mesías» (*en Christō*), están «en el Mesías», y esa es su identidad básica. Forman una sola familia — el punto que él argumentará extensamente en el próximo capítulo. Si los creyentes judíos se retiran y comen por separado de los creyentes gentiles, el mensaje para los creyentes gentiles es obvio: perteneces a un círculo exterior, más bien como el Atrio de los Gentiles en el templo de Jerusalén. Si quieres entrar en el corazón de las cosas, tienes que hacerte judío. Si eres varón, eso significará circuncidarte. Esa era la implicación natural del comportamiento de Pedro en Antioquía.

Como dije en la introducción, lo más probable es que esta cuestión se impusiera a los creyentes en Jesús en Galacia debido a su repentina retirada de los cultos locales, incluyendo muy probablemente las formas locales de culto imperial. Habrán reclamado la «exención judía», aunque fuese improbable. Esto habría producido perplejidad y probablemente ira entre la comunidad judía local, y confusión entre los judíos locales que habían aceptado el evangelio de Jesús. Esta confusión se habrá multiplicado cuando llegaron los maestros rivales y pusieron en duda el mensaje de Pablo e incluso su integridad. Por todas partes, a los creyentes gentiles se les habrá dicho lo mucho que se simplificarían las cosas, lo mucho que tendría sentido todo, si solo se circuncidaran. Todos estarían contentos – o, si no lo están (ya que la perplejidad seguiría existiendo, y la circuncisión suponía un reto para un varón adulto), contentos con el nuevo *modus operandi*.

¿Significa esto que la crisis – en Antioquía y también en Galacia – tenía que ver realmente con la «sociología» o la «política» o «cultura», más que con la teología y, sobre todo, con la salvación? Gálatas 2:15-21 se ha leído durante mucho tiempo como una declaración paulina clásica sobre el tema de la «justificación»: es, declara Pablo, «por la fe» y no «por las obras de la ley». Dado que en gran parte de la teología occidental la «justificación» y la «salvación» se han confundido con regularidad, y a veces incluso se han mezclado, ha sido fácil despojarse del aspecto «judío y gentil» de estos versículos y leerlos simplemente como si dijeran: «Para salvarse, no es cuestión de guardar las reglas morales; es solo cuestión de creer». Aquellos que siempre han leído el pasaje de esa manera, a veces se han opuesto a que este texto favorito sea puesto en su contexto histórico apropiado, es decir, la discusión de Pablo en Gálatas 1 y 2 y particularmente, la confrontación de Pablo con Pedro en Antioquía. Esta es una de las raíces de la principal división en los estudios paulinos de la última generación, la que existe entre la «perspectiva fresca» y la igualmente temblorosa «vieja perspectiva», sobre la que he escrito en otro lugar y a la que me he referido en la introducción.[7]

Por el momento, basta con señalar este punto. En medio de las muchas variedades de «perspectiva fresca», mi propia posición siempre ha sido (a pesar de la tergiversación: ¡Pablo no fue el único que encontró «maestros rivales» difundiendo desinformación!) que el énfasis en Gálatas en la familia única no es otra cosa que la cuestión del pecado y la salvación. Lo que Pedro hizo en Antioquía, separándose de los creyentes gentiles, implicaba que los creyentes gentiles *seguían siendo, en cierto sentido, pecadores que necesitaban la salvación*, seguían siendo «forasteros» que necesitaban dar el paso completo y convertirse en judíos para poder reclamar las promesas no solo de «salvación» (rescate de la penuria) sino también de ser herederos de Dios (la cara positiva de la moneda, «heredar el mundo» junto con Abraham).[8] Pero según «la verdad del evangelio», toda la gente del Mesías, todos los que *están en Christō*, ya no son «pecadores». Su actual y plena acogida en la única familia del pueblo de Dios es el signo y la garantía externa y práctica de su nueva condición de su estatus como «no pecadores», del hecho de que ahora son

---

[7] Véase *Paul and His Recent Interpreters*, caps. 3, 4, 5; detrás de eso, varios studios en *The Climax of the Covenant: Christ and the Law in Pauline Theology* (Edimburgo: T&T Clark, 1991; Minneapolis: Fortress, 1992); *Pauline Perspectives*; y los tratamientos en *What St. Paul Really Said* (Oxford: Lion; Grand Rapids: Eerdmans, 1997) and *Justification*.

[8] Véase, por ejemplo, Rom. 4:13.

dikaioi y no *hamartōloi*. El verdadero énfasis de la «vieja perspectiva» está contenido dentro de, y de hecho reforzado por, el énfasis necesario e históricamente fundamentado de la «perspectiva fresca». La eclesiología – la principal preocupación de Pablo en Gálatas – no es una alternativa a la soteriología. Es su exposición pública. Comprender esto fue vital para la formación de la iglesia en el primer siglo, y sigue siendo vital hoy en día. De hecho, la incapacidad de pensar en esta forma histórica multidimensional a lo largo de muchas generaciones de lectura del Nuevo Testamento es una de las razones por las que la iglesia actual está tan desordenada.

Por lo tanto, nos acercamos a 2:15-21 con la confiada expectativa de que, a pesar de las percepciones erróneas habituales, resultará ser la forma en que Pablo aborda las cuestiones de las que ha estado hablando en la carta hasta el momento, y que seguirá abordando en el capítulo 3 y en los siguientes. No se trata de una declaración aislada de «cómo salvarse», solo relacionada vagamente con las cuestiones en juego en Jerusalén, Antioquía y Galacia.

2:15-21 - La gran transformación

Introducción

Gálatas 2:15-21 nos enfrenta de inmediato a dos tipos de problemas. *En primer lugar, el argumento ajustado.* Pablo introduce de repente una gran cantidad de términos técnicos, cada uno de los cuales ha sido objeto de mucho debate. Nuestra tarea es similar a tratar de resolver un rompecabezas cuyas piezas ya han sido cortadas y remodeladas por anteriores rompecabezas. ¿Cómo podemos estar seguros de lo que quiere decir con estas frases? «pecadores gentiles», «justos», «obras de la ley judía», «fe del Mesías» (esta última traducida a veces como «fe *en* el Mesías» y a veces como «la fe/fidelidad del Mesías»)? ¿Y, en el clímax, «el Hijo de Dios»?

He aquí una pista: Pablo suele resumir una declaración más larga en una sola frase. Así, por ejemplo, cuando dice «al buscar ser declarado 'justos' en el Mesías» en 2:17a, esto resume el largo y casi confuso 2:16. Del mismo modo, cuando habla de la gracia de Dios en el versículo 21, resume el versículo anterior, en el que el Hijo de Dios «me amó y se entregó a sí mismo por mí».[9] Tenemos que mantener la vista en el bosque, no solo en los árboles.

El *segundo* tipo de problema es *el efecto distorsionador de las capas de interpretación histórica.* Yo y otros hemos escrito mucho sobre esto, incluso en la introducción anterior. Todo lo que necesitamos aquí es un resumen.[10] Cuando a nivel popular hoy en día se habla de que alguien «llega a la fe», y por lo tanto es «justificado por la fe», esto suele ser en un contexto de conversión desde el ateísmo secular, o desde un contexto religioso

---

[9] Nótese la forma en que «la gracia de nuestro Señor Jesús Mesías» en 2Cor. 8:9a es una forma de resumir la siguiente frase (8:9b), «él era rico, pero por ustedes se hizo pobre, para que en su pobreza ustedes se enriquecieran».

[10] Véase, por ejemplo, *Justification*; *Paul and the Faithfulness of God*, cap. 10; y arriba, 9–21.

muy diferente como el hinduismo o el budismo. La «fe» en cuestión es probablemente una nueva experiencia religiosa (un sentido de la presencia y el amor de Dios), junto con un reconocimiento cognitivo de la realidad de este Dios y/o la creencia en la eficacia salvadora de la muerte de Jesús. A menudo, cuando esto ocurre, la gente deja de creer en una divinidad que simplemente premia el buen comportamiento y castiga el malo. Entonces se les puede enseñar que, en lugar de un buen comportamiento, Dios simplemente quiere fe — tal vez la «fe» expresada en una oración dictada por un evangelista. Una vez que se ha expresado esa «fe», la gente asume fácilmente que todo esto era lo que Pablo quería decir con la «justificación por la fe aparte de las obras de la ley». Pero no era así.

Si nos remontamos a la historia europea, la mayoría de la gente (excepto algunos escépticos atrevidos del siglo XVI y posteriores) creía en Dios y en Jesús, en el sentido de creer que existían y quizás en el sentido de confiar en ellos personalmente. Pero los reformistas protestantes vieron a los oponentes de Pablo en Galacia como precursores de la Iglesia romana, que parecía estar añadiendo «obras» (esquemas católicos de mérito, sacerdocio, obligación sacramental, etc.) a esa fe desnuda. Por tanto, leyeron Gálatas como si se tratara de ese tipo de cuestiones.

Todo el tiempo, se ha asumido que la «justificación» es un evento que tiene lugar en un tribunal de justicia celestial. Dios, el juez, resume el caso, decidiendo quién irá y quién no «al cielo» sobre la base de la «justicia». Dado que las personas pecadoras, por definición, no tienen «justicia», deben adquirirla de otra parte. La doctrina de Pablo sobre la justificación es entonces la respuesta: Dios «acredita» esta «justicia» a los que tienen fe como Abraham. Mientras tanto, el problema subyacente del pecado se resuelve porque la maldición de Dios contra los infractores de la ley no cayó sobre los pecadores, sino sobre Jesús (3:13). Así — más o menos, ya que ha habido un sinfín de variaciones sobre estos temas — es como se ha leído habitualmente Gálatas. Tal interpretación coincide con la conocida lectura de Romanos 1-4 que a veces recibe el nombre de «la vía romana».

No está mal que estas lecturas permiten a las personas modernas confundidas darse cuenta de que la muerte de Jesús fue el medio por el cual el verdadero Dios trató con su pecado como un acto de amor y gracia. El problema es que no es lo principal de lo que hablan ni Romanos ni Gálatas. El resultado es una confusión de segundo orden, en parte porque los textos se ven obligados a abordar las cuestiones equivocadas, y en parte porque se ignoran las cuestiones correctas, los asuntos de los que los textos se ocupaban vitalmente. A veces uno se siente tentado a preguntarse si esta lectura (errónea) se ha propagado deliberadamente para que los lectores puedan evitar los agudos desafíos que una verdadera lectura de las cartas ofrecería a muchos aspectos de la fe cristiana en los últimos tiempos.

Así, como he argumentado en otro lugar, la escatología a la manera de Platón tan popular durante muchos siglos (¿cómo llegará mi alma al cielo?) ha acogido una antropología moralizada (¿qué hay que hacer con mi pecado?), generando una soteriología casi pagana (Dios mató a Jesús en lugar de castigarme a mí).[11] Se ha asumido que esto es lo que Pablo decía en estas cartas. Más concretamente, cuando las personas expresan su «fe» en esta línea de pensamiento, se les asegura que, por lo tanto, están perdonados y van al cielo. Esto, se ha asumido, es lo que Pablo quería decir con «justificación». Uno puede ver una versión de bajo grado de esto cuando los jóvenes, movidos por un sermón o tal vez por un argumento apologético, dicen una oración de compromiso cristiano y a partir de ahí se les informa que ahora están «justificados por la fe», que por lo tanto van a ir al cielo, y que no deben tratar de complementar esta «fe» pura y justificadora ni con esfuerzo moral ni con ritual religioso. Ojalá fuera una caricatura, pero me temo que no lo es. ¿Qué debemos hacer con estos embrollos?

Exégesis Histórica

Como siempre, la respuesta a la confusión teológica es la **exégesis histórica**. (La resistencia a esto ha venido a menudo por parte de teólogos y predicadores devotos que han visto cómo algo que se llama a sí mismo «el método histórico-crítico» que socava la confianza en el evangelio; pero eso ha sido a menudo una excusa para evitar el reto de un relato histórico genuino).[12] Antes de adentrarnos en el texto propiamente dicho, son importantes tres rasgos introductorios: primero sobre el contexto más amplio de la propia carta, segundo sobre su contexto en el pensamiento fariseo del siglo I, y tercero, más amplio, sobre el significado de los términos clave de Pablo en el mundo grecorromano. En cada caso nos parecerá, a los acostumbrados a las lecturas tradicionales de este texto, que nos adentramos en territorio ajeno. Lo hacemos para volver mejor equipados para leer el texto como Pablo lo quería.

En primer lugar, como hemos visto, *el contexto de Gálatas 1:1-2:14* no trata enfáticamente de «cómo salvarse» o «cómo ir al cielo». La salvación es explícitamente central en Romanos; pero en Gálatas la cuestión urgente no es «si alguien tiene una posición justa ante Dios» en el sentido del siglo XVI. Se trata, más bien, de si alguien debe ser reconocido como miembro del pueblo de Dios aquí y ahora. Recordemos el controvertido y peligroso contexto del primer siglo en Galacia: dicho reconocimiento no era simplemente una cuestión de que los creyentes experimentaran una «seguridad» personal, sino que se trataba del establecimiento de un nuevo tipo de comunidad que, negándose a adorar a los dioses paganos, reivindicaba la «exención judía» como fundamento de su postura aparentemente antisocial.

Así pues, la cuestión que se planteaba a los gálatas era, *mutatis mutandis*, la que había surgido en Jerusalén en relación con Tito y en Antioquía en relación con Pedro, Bernabé y los demás: ¿Tenían que circuncidarse los ex paganos ahora creyentes del Mesías para pertenecer al pueblo de Dios, o no? Y, si la respuesta es no, ¿por qué algunos creyentes judíos del Mesías, incluyendo a Pedro en Antioquía, ya no comían con creyentes gentiles del Mesías? Esto, junto con la cuestión del propio estatus de Pablo como apóstol de

---

[11] Véase *The Day the Revolution Began*.

[12] Véase *History and Eschatology: Jesus and the Promise of Natural Theology*, Gifford Lectures, 2018 (Waco, Texas: Baylor University Press; Londres: SPCK, 2019), esp. cap. 3.

primer orden, reconocido por los apóstoles de Jerusalén, pero sin deberles lealtad, ha sido el tema de la carta hasta 2:14.

Si saltamos a 2:15-21, encontramos que los capítulos siguientes tienen el mismo enfoque, solo que ahora explícitamente en relación con Abraham, el patriarca por excelencia de Israel. La pregunta es: ¿Quiénes son los verdaderos hijos de Abraham? Y la respuesta es: No los que están circuncidados, sino todos los que comparten la *pistis*, la fe/fidelidad (véase más adelante). Pero si esa es la cuestión que Pablo aborda hasta 2:14 y luego de nuevo a partir de 3:1, la suposición natural es que 2:15-21 trata también de las mismas cuestiones.

Lo que parece haber sucedido es que la lectura posterior a la Reforma, y sus modernos sucesores de baja calidad, han tratado 2:15-21 como una declaración independiente de soteriología. Esto, como veremos, es difícil de sostener incluso en el nivel de una lectura de esos versos en sí. Pero lo más probable es que Pablo no haya cambiado el tema en estos versículos, para luego volver a cambiarlo en los capítulos siguientes. Su lenguaje sobre la «justicia», la «justificación», la «fe», etc., debe asumirse, prima facie, como un análisis teológico en profundidad de la misma cuestión, es decir, la pertenencia al pueblo mesiánico de Dios. Este pasaje no es un aparte de esa cuestión. Es su corazón mismo.

El *segundo* rasgo introductorio, como parte de la exégesis histórica, es observar la forma notable en que uno de los textos fariseos clave, los Salmos de Salomón, que ya hemos visto en relación con la noción de «agradar a la gente» en 1:10, muestra con bastante claridad el tipo de pensamiento con el que Pablo estaba muy familiarizado, y que ahora ponía de cabeza debido a los acontecimientos mesiánicos relacionados con Jesús.[13] Cuando Pablo dice en 2:15 que «somos judíos de nacimiento, no 'pecadores gentiles'», y pasa enseguida a hablar de ser declarados «justos» de una manera particular, es casi como si estuviera hablando directamente con los autores de los Salmos de Salomón, que repiten casi hasta la saciedad que ellos mismos son *dikaioi*, «justos», y que sus oponentes, ya sean judíos paganos o renegados, son *hamartōloi*, «pecadores». Para entender cómo funciona la cosmovisión subyacente, ayudará mostrarla un poco más a fondo.

El primer salmo «salomónico» se abre con los *dikaioi* quejándose a Dios porque *los hamartōloi* han atacado (1:1-3). Generalmente se piensa que este salmo, quizá como la mayor parte de la colección, fue generado por la invasión romana de Judea en el 63 a.C. El segundo salmo continúa la misma queja: «el pecador» (en singular – ¿quizás Pompeyo?) atacó Jerusalén y Dios se lo permitió porque sus habitantes habían profanado el santuario. Este tema se prolonga en el octavo salmo. Sin embargo, los *hamartōloi* serán pagados según sus obras y sus pecados (2:16), y el salmista se regocija cuando esta

---

[13] Sobre el origen de los Salmos de Salomón, véase a «The Psalms of Solomon», en *The Apocryphal Old Testament*, ed. H. F. D. Sparks (Oxford: Clarendon, 1984), 649–82; R. B. Wright, «Psalms of Solomon: A New Translation and Introduction», en *The Old Testament Pseudepigrapha*, ed. J. H. Charlesworth, 2 vols. (Garden City, Nueva York: Doubleday, 1985), 2:639–70; K. Atkinson, «Psalms of Solomon», en *The Eerdmans Dictionary of Early Judaism*, ed. J. J. Collins y D. Harlow (Grand Rapids: Eerdmans, 2010), 1138–40; y las posiciones variadas en *The Psalms of Solomon* de Bons y Pouchelle. *Psalms of Solomon*.

esperanza se hace realidad cuando Pompeyo es finalmente asesinado en Egipto (48 a.C.: véase 2:26-29). Como en el segundo de los salmos canónicos, el poeta saca entonces la conclusión: «Ved ahora, nobles de la tierra, el juicio del Señor... porque la piedad del Señor está sobre los que le temen con juicio, para separar entre los *dikaios* y los *hamartōlos*, para devolver a los *hamartōloi* para siempre según sus obras y para apiadarse de los *dikaios*, [librándolos] de la humillación de los *hamartōlos*, y para devolver a los *hamartōlos* lo que han hecho a los *dikaios*» (2:32-35).[14]

Si el segundo salmo salomónico se hace así eco del segundo canónico, el tercero funciona como una ampliación del primero. La primera mitad (3:1-8) es una descripción de la humilde piedad del *dikaios*; la segunda mitad (3:9-12) trata de los múltiples pecados y la destrucción final del *hamartōlos*. Esto nos lleva al cuarto salmo salomónico, al que ya hemos echado un vistazo en relación con Gálatas 1:10, y que vuelve a denunciar a los *hamartōloi,* así como a los «complacientes» que, desleales con sus tradiciones judías, tratan de apaciguarlos.

El noveno salmo muestra la piedad clásica de aquellos judíos que invocaban las antiguas promesas del pacto. También aquí se perciben múltiples resonancias con Gálatas:

> Y ahora, tú eres nuestro Dios, y nosotros somos el pueblo al que has amado.
> Mira y ten compasión, oh Dios de Israel, porque somos tuyos,
> Y no quites tu piedad de nosotros, para que no nos ataquen.
> Y elegiste a la descendencia de Abraham sobre todas las naciones,
> Y pusiste tu nombre sobre nosotros, oh Señor,
> Y no nos rechazarás para siempre.
> Hiciste un pacto con nuestros padres respecto a nosotros
> Y esperaremos en ti cuando volvamos nuestras almas hacia ti.
> La misericordia del Señor está sobre la casa de Israel por los siglos de los siglos.
> (9:8–11)

En 12:6 el salmo ruega que los *hamartōloi* sean destruidos de la presencia del Señor, y que los *hosioi* (los «santos») puedan «heredar las promesas del Señor» (*klēronomēsaisan epangelias kyriou*). El contraste entre los *dikaioi/ hosioi* y los *hamartōloi* continúa sin descanso a lo largo de 13:5-12, y luego de nuevo en 14:3-10. La ira ardiente se decreta contra los *hamartōloi* en 15:4-5, 8-13, mientras que los *dikaioi* son señalados para la salvación (15:6, 13).

El ambiente cambia en los dos últimos salmos, 17 y 18. La situación política se ha deteriorado aún más, ya que una monarquía no davídica dirigida por «pecadores» (¿quién más?) se establece, pero es derrocada por extranjeros (17:4-15). Vemos aquí, muy probablemente, la reacción de los tradicionalistas contra la dinastía asmonea y su sucesor herodiano. Pero, según espera el salmista, Dios enviará al verdadero Hijo de David

---

[14] «Librándolo» es agregado, por ejemplo, Brock, «The Psalms of Solomon», 658 (cap. R. B. Wright, «Psalms of Solomon», 654, «guardándolo»); para el resto, me guío por *NETS*.

(17:21), que hará lo que los salmos bíblicos 2 y 72 dicen que debe hacer, expulsando a *los hamartōloi* de la «heredad» y destrozando su arrogancia como una vasija de alfarero (Sal. Slm. 17:23). Él «reunirá un pueblo santo al que guiará con justicia» (*hou aphēgēsetai en dikaiosynē*), y desterrará de entre ellos la injusticia y los malhechores; «porque los conocerá, que todos son hijos de su Dios» (*hoti pantes huioi theou eisin autōn*) (17:27).[15] «Juzgará a los pueblos y a las naciones con la sabiduría de su justicia» (17:29). Como resultado, «las naciones podrán venir desde los confines de la tierra para ver su gloria... y él será un rey justo, enseñado por Dios, sobre ellos» (17:31-32). Él «reprenderá a los gobernantes y eliminará a los pecadores», «porque Dios lo ha hecho fuerte en el espíritu santo y sabio en el consejo de la inteligencia con fuerza y justicia» (17:37). El último salmo habla de que Dios «levantará a su ungido», bajo cuyo gobierno se ejecutará el amor permanente de Dios por la descendencia de Abraham, los hijos de Israel (18:3, 5). El Mesías establecerá su gobierno «con sabiduría de espíritu y de justicia y fuerza, para dirigir al hombre en obras de justicia en el temor de Dios» (18:7-8).

Los múltiples ecos de Gálatas son notables — tan notables que, incluso si no pudiéramos deducir de otras pruebas que los Salmos de Salomón procedían de los círculos fariseos, podríamos haber deducido solo de estos paralelos que Pablo había vivido en este mundo, el mundo dividido en «los justos», «los pecadores» y otros como «los complacientes del pueblo». Había anhelado que Dios enviara al verdadero rey ungido, en cumplimiento de las promesas de Abraham, para que las naciones vinieran a adorar al verdadero Dios y para que Jerusalén fuera purificada de la iniquidad. Cuando viniera el Mesías, había creído Saulo, todo se solucionaría.

Lo que Saulo de Tarso nunca imaginó, sin embargo, es que cuando el Mesías viniera sería crucificado y resucitado de entre los muertos. Eso lo cambió todo. Y este cambio nos lleva directamente a Gálatas 2:15-21.

La *tercera* característica introductoria que hay que señalar antes de entrar en 2:15-21 es *el significado de las palabras* pistis, *«fe», y* dikaiosynē*, «justicia», en la cultura de la época de Pablo*. Un libro reciente de la profesora de clásicos de Oxford, Teresa Morgan, las explora en detalle y las aplica a Pablo.[16] Su análisis apunta a un uso mucho más amplio de *pistis* y de su equivalente en latín, *fides*, de lo que ha sido normal en la exégesis paulina: en el mundo clásico, el significado supuestamente «cristiano» de «fe» es solo uno de los muchos, y «confianza», «lealtad», «fiabilidad», etc., pertenecen todos al campo semántico. Del mismo modo, *dikaiosynē* e *iustitia* son mucho más que la «rectitud» tal y como se concibe normalmente en las lecturas de Pablo. Se refieren al estado más amplio de justicia y orden comunitario que existe idealmente en una sociedad.

Todo esto abre muchas posibilidades nuevas para las lecturas de Pablo. Creo que Morgan tiene razón en su análisis de cómo funcionan los términos tanto en griego como en latín, y creo que podemos ir, si acaso, aún más lejos que ella al aplicar los resultados a la exégesis de Gálatas.

---

[15] R. B. Wright, «Psalms of Solomon», 667, notas que la versión siríaca omite «su».

[16] Morgan, *Roman Faith and Christian Faith*. El libro merece lectura y discusión mucho más cercanas de las que podríamos intentar aquí.

El punto principal de Morgan puede resumirse en una serie de citas. En las fuentes clásicas, dice, se puede decir lo siguiente sobre *pistis*:[17]

> [*Pistis*] no es, ante todo, un conjunto de creencias ni una función del corazón o de la mente, sino una relación que crea comunidad... [La *Pistis* y la *fides*] sostienen a las comunidades y... están integradas en las prácticas e instituciones sociales. (14–15)

> La confianza no solo es una fuerza dentro de las comunidades, sino que es crucial para su formación y evolución. (22)

> [*Pistis*] puede ser caracterizada como el mantenimiento de todos los socios en una empresa compartida (como la prosperidad de un hogar), o como la estructuración de su complementariedad: encajándolos como las piezas de un rompecabezas social. (52; repetido en el 85)

> La comunidad [cristiana] que se forma con *la pistis* recuerda fuertemente, aunque de forma implícita, a la comunidad del Éxodo... El principal interés de Pablo es la *pistis* como formadora de relaciones y mediadora del poder. (260–61)

> La relación divino-humana de la *pistis*, terrenal o escatológica, se imagina de varias maneras diferentes pero superpuestas. Es una nueva creación, una vida nueva o eterna. Crea una nueva familia o política, pobla una nueva ciudad o permite a los fieles entrar en el reino de Dios o de Cristo. (475)

Me llamó especialmente la atención un pasaje en el que Morgan analiza lo que dicen dos escritores clásicos (Dionisio de Halicarnaso y Cicerón) sobre la interrelación de la fe/fidelidad (*pistis/fides*) y la justicia (*dikaiosynē/iustitia*). A nadie que esté en sintonía con las discusiones paulinas puede dejar de llamarle la atención:

> *Dikaiosynē* y *pistis* son las principales cualidades que hacen posible las asociaciones humanas... Para Cicerón y otros, *pistis/fides* y *dikaiosynē* son conjuntamente fundacionales para cualquier estado. A veces la justicia se especifica como el fundamento de la confianza, y a veces la confianza de la justicia... Cuando la *pistis/fides* y la *dikaiosynē/iustitia* se unen en los textos griegos y romanos, el poder de cada una de ellas para forjar relaciones sociales, crear políticas y cambiar los paisajes sociopolíticos se multiplica. (118)

A partir de esa sola evidencia, casi se podría esperar la conclusión de que, cuando Pablo construye un argumento cuyos términos claves son *pistis* y *dikaiosynē* y sus cognados,

---

[17] Las siguientes citas son de *Roman Faith and Christian Faith*, de Morgan. Los numerosos de las páginas se han colocado en paréntesis.

deberíamos *esperar* que no esté hablando de cómo las personas adquieren un estatus legal meritorio ante Dios para poder ir al cielo después de todo, sino que está hablando de la formación y el mantenimiento de una comunidad en la que, a través de la constitución de relaciones sociales bastante nuevas, se cambia el paisaje sociopolítico.

Otro tema importante del libro de Morgan encaja con esta discusión y apunta a (lo que algunos podrían llamar) una lectura sociológica *y* teológica de Gálatas 2. Insiste en que tanto con la *pistis* como con la *fides* existe al menos una relación bidireccional, quizá algo más compleja aún. Los dioses, o los emperadores, o los comandantes del ejército son *fieles*: son dignos de confianza, leales a sus devotos, a sus súbditos, a los soldados bajo su mando. Los adoradores de los dioses, los súbditos del emperador y los soldados bajo la autoridad del comandante son así convocados a una respuesta de fidelidad, lealtad, confianza, devoción al deber. Así, para Pablo, la fidelidad de Dios le encarga a él, a Pablo, que sea «fiel» a esa comisión (1 Cor. 4:2) al anunciar el evangelio a sus oyentes, y así provocar la «fe» y la lealtad de ellos. Esto se traslada a las personas influenciadas por las comunidades cristianas. La fidelidad va, pues, en ambas direcciones, constituyendo toda una comunidad precisamente *como* comunidad, no solo como grupo de individuos afines. Una comunidad así, marcada por esta «fidelidad» bidireccional, se percibirá inevitablemente a sí misma, y será percibida por los demás, como una realidad sociopolítica. No se trata de una familia unida por lazos reales de sangre y parentesco, ni de una ciudad unida por su ubicación geográfica y su historia cívica y política compartida. Es algo más. Una familia trans-étnica. Una polis trans-local.

Ahora bien, como hemos visto, la idea principal de Gálatas 1:1-2:14 tiene que ver con las tensiones y puntos de presión sobre la admisión de los gentiles a la comunidad de seguidores de Jesús. Cuando pasamos a 2:15-21, supongamos o no que Pablo continúa el relato de lo que le dijo a Pedro en Antioquía, la estructura nos lleva a esperar una declaración clara de *cómo se funda la comunidad y qué la mantiene unida*. Si Morgan tiene razón — y las pruebas son contundentes — entonces cualquier persona del mundo helenístico o imperial temprano que quisiera hablar de estas cosas podría esperarse que invocara la *pistis* y la *dikaiosynē*, y que lo hiciera para hablar, no de tener una nueva experiencia religiosa (aunque también podría implicar eso), ni de los primeros pasos hacia una salvación final (aunque ciertamente también apuntaría en esa dirección), sino *del ordenamiento adecuado de una comunidad recién constituida*. Y eso, me parece, es precisamente lo que hace Pablo. Los grupos de palabras *pistis* y *dikaiosynē* están casi totalmente ausentes desde 1:1 hasta 2:14.[18] Su repentina irrupción a partir de 2:16 indica, no un cambio de tema, sino la dimensión teológica del tema que Pablo ha estado discutiendo todo el tiempo y que continuará tratando después.

---

[18] Las excepciones «para probar» la regla, son 1:23, en donde *pistis* es «la fe» que Pablo estaba persiguiendo, y 2:7, en donde *pepisteumai* es Pablo siendo «encomendado» con el evangelio. 19. Igualmente, con razón, Oakes, *Galatians*, 42.

2:15-18 Fidelidad y comunidad

La segunda mitad del versículo 14, como vimos, es el resumen de Pablo de lo que le dijo a Pedro: Pedro es judío, pero ha estado viviendo *ethnikōs*, «gentilmente», compartiendo la mesa con todos los creyentes sin discriminación. ¿Cómo puede entonces cambiar, y con su comportamiento indicar a los gentiles que deben hacerse judíos? La forma natural de leer los versículos 15 en adelante es asumir que esto continúa el resumen de Pablo de lo que le dijo a Pedro en esa ocasión, en lugar de un nuevo comentario sobre la situación – y, aún más, en lugar de un cambio de tema por completo. Ciertamente, el «nosotros» de los versículos siguientes tiene mucho sentido si se lee así: «Nosotros los judíos» (Pablo y Pedro) en el 15, y luego «nosotros los judíos seguidores de Jesús» en el 16 y 17.

Sin embargo, esto plantea una segunda pregunta: ¿Por qué Pablo cambia en el versículo 18 del «nosotros» al «yo», y continúa con esa primera persona singular hasta el versículo 21? La mejor respuesta es que Pablo se mueve en un terreno muy sensible. Al igual que en el famoso pasaje del «yo» en Romanos 7, no quiere decir «ellos», como si se distanciara de sus compañeros judíos. Todo lo que dirá en este momento es «esto es lo que es cierto de mí como judío leal que ahora se define en términos del Mesías». Lo que dice, por supuesto, tiene su sentido en el contexto si y solo si se aplica igualmente a Pedro y a todos los demás judíos creyentes en Jesús. Pero decirlo en primera persona del singular permite a Pablo hacer la fuerte y rica afirmación del versículo 20 (el Hijo de Dios «me amó y se entregó a sí mismo por mí») como una nota de testimonio íntimo y personal, que sin embargo pretende implicar «y eso es cierto para todos nosotros».

Sin embargo, la razón por la que Pablo está resumiendo su confrontación con Pedro no es simplemente para completar el trabajo de negar (contra los maestros rivales en Galacia) que él, Pablo, aprendió su evangelio de los apóstoles de Jerusalén. Ciertamente tiene ese efecto, redondeando la línea de pensamiento iniciada en 1:11. Pero hace mucho más. En primer lugar, sigue abordando la cuestión subyacente que se plantea a los gálatas: ¿Hay que circuncidarse para formar parte del pueblo de Dios? La circuncisión no se menciona en este pasaje (ni, de hecho, en los capítulos 3 y 4), pero en última instancia el argumento sigue siendo ese, como en 5:2-3 y 6:12-13. No obstante, en lugar de abordar eso por sí mismo, Pablo se adelanta a los consejos urgentes de los misioneros rivales volviendo a las verdades básicas del evangelio. Como resultado, también está sentando una base rápida y densa para el argumento más largo que construirá en los dos capítulos siguientes, insistiendo en la singularidad de la familia de Abraham.

La cuestión subyacente, expuesta en el versículo 15, es la misma a la que se enfrentan los Salmos de Salomón o, de hecho, la secta de Qumrán. Teniendo en cuenta la situación actual, con imperios que van y vienen y paganos que gobiernan al pueblo de Dios, ¿quiénes son exactamente los «justos», los *dikaioi*, los *tsaddikim*? ¿Quiénes son los verdaderos herederos de Abraham? ¿Quiénes recibirán la «herencia»? Dado que las naciones paganas son *hamartōloi*, pecadoras – por definición, ya que carecen de la Torá, y en la práctica, por la forma en que obviamente se comportan – y dado que hay muchos judíos comprometidos que, al confraternizar con los «pecadores», deben ser etiquetados como «complacientes», ¿qué sucede ahora que el Mesías ha venido? ¿Acaso se ha limitado a sellar las categorías anteriores de *dikaioi* y *hamartōloi* (como los Salmos de Salomón parecen suponer que haría)? La regla mesiánica, anticipada en Salmos de Salomón 17, ¿confirma los *dikaioi* y los *hamartōloi* tal como están?

Esta era la cuestión vital tanto para Pedro como para Pablo en Antioquía, porque determinaba si toda la iglesia podía o no funcionar *como* una sola comunidad, simbolizada crucialmente por su mesa común. Si los gentiles seguían siendo *hamartōloi*, tanto por definición como en la práctica, entonces claramente tendrían que convertirse en judíos para poder ser *dikaioi*. Sin eso, no podrían formar parte del verdadero pueblo de Dios. La pregunta clave es entonces: ¿Cómo se puede saber? ¿Cuál es el signo, el distintivo, que declara que alguien debe ser visto ahora como *dikaios*?

La respuesta de Pablo en Gálatas es la siguiente: los *dikaioi* están marcados por la *pistis*. Donde se ve *pistis*, se ve la comunidad del pueblo de Dios. Ya no son *hamartōloi*. Por tanto, todos pertenecen a la misma mesa. Esto — ¡para anticiparnos! — es lo que debemos querer decir si hablamos de «justificación por la fe en el tiempo presente». Esa famosa doctrina, enunciada aquí en Gálatas 2 por primera vez, se refería desde su inicio a *la definición visible del pueblo multiétnico de Dios*. Se relaciona, por supuesto, con la soteriología (cómo se salva la gente); Pablo lo explica en Romanos. Pero su enfoque, su impulso necesario y a menudo polémico, es la eclesiología.

Ya se puede decir más. Tratar la «justificación» como parte de la soteriología, y olvidar su significado eclesiológico primario, conducirá, y ha conducido de forma bastante obvia, a los problemas que he identificado en la introducción: una lectura anti-judía del lenguaje de Pablo sobre la ley y un descuido poco paulino sobre la unidad de la iglesia.

El punto clave, una vez más, es que tenemos que desenredar nuestras mentes para dejar de asumir que «ser justificado» debe ser escuchado con las resonancias (principalmente medievales) de un tribunal de justicia celestial en el que se está elaborando una antropología implícitamente moralista, con todos los humanos declarados culpables de pecado y que necesitan adquirir «méritos» bajo la etiqueta de «justicia». Como he subrayado, Pablo no ha olvidado la importancia de la cuestión de quién heredará finalmente el reino de Dios (5:21). Pero *no es de eso de lo que trata Gálatas 2*. Lo que está en juego aquí es la *definición de la comunidad en el presente*. Eso es lo que importaba en Antioquía y en Galacia. Si Pablo quiere abordar esta cuestión en el lenguaje natural de sus contemporáneos, hablará de *dikaiosynē* y *pistis*. Y eso es exactamente lo que hace.

En particular, podríamos esperar del contexto judío del siglo I de Pablo que, si y cuando Dios enviara a su Mesías, todo cambiaría. Esto es vital aquí. El «Mesías Jesús» apenas se ha mencionado desde la introducción de la carta en 1:4, con solo las referencias incidentales en 1:12 (la revelación de Jesús el Mesías), 1:22 (las asambleas de Judea en el Mesías) y 2:4 (la libertad que tenemos en el Mesías Jesús). Ahora, de repente, tenemos dos menciones en el verso 16, dos en el verso 17, una en el 19, 20 y 21, con la línea decisiva al final del verso 20 de que «el Hijo de Dios... me amó y se entregó por mí». Junto con *pistis* y *dikaiosynē*, *la* propia palabra *Christos* salta de repente a la palestra. Y, como era de esperar en un entorno judío del siglo I, el Mesías marca la diferencia.

La diferencia que supone el Mesías se esboza en estos versículos en frases breves y densas, y luego se explica con más detalle a medida que avanza la carta. Quizá lo más llamativo del presente pasaje – que continúa el resumen de Pablo de lo que dijo a Pedro, con los gálatas «escuchando» este intercambio vital – es que el énfasis recae, no en la redefinición del estatus de los gentiles cuando llegan a estar «en el Mesías», sino en *la redefinición del estatus de los judíos* que aceptan a Jesús crucificado y resucitado como el tan esperado rey davídico. Así, el pasaje comienza con la afirmación de que «nosotros» somos judíos, no *hamartōloi*; lo que sigue es todavía todo sobre lo que nos ha sucedido a «nosotros» (v. 16), sobre los problemas potenciales que eso trae para «nosotros» (vv. 17 y 18), y sobre una comprensión más completa de lo que significa, con el propio Pablo como ejemplo vívido, que alguien «bajo la ley» llegue a estar «en el Mesías» (vv. 19-21). El hecho de que este argumento no diga nada todavía sobre lo que ha ocurrido con los gentiles, y todo sobre lo que ha ocurrido con los judíos, confirma la opinión de que se trata de una continuación del resumen de Pablo de lo que dijo a Pedro en Antioquía.

Tal vez para nuestra sorpresa, el principal argumento de Pablo aquí no es (todavía) que los gentiles ya no deben ser vistos como *hamartōloi*. (Esa es una clara implicación de 2:16a, como veremos; pero Pablo no la presenta aquí). Se trata más bien de que Pablo y Pedro mismos, por su pertenencia al Mesías crucificado y resucitado, han tenido un cambio radical de estatus. Ya no están «bajo la Torá». Son «gente del Mesías». Así, antes de que Pablo argumente que los creyentes gentiles también son miembros de pleno derecho de la familia de Abraham (caps. 3 y 4), debe argumentar que los propios judíos creyentes en el Mesías ya no se definen por la Torá. No es solo que los gentiles sean acogidos en un estatus que los judíos ya tienen y en el que los creyentes judíos son simplemente ratificados. También los creyentes judíos han tenido un cambio de estatus – aunque para un judío, llegar a pertenecer al pueblo del Mesías es, por supuesto, llegar a la realización que muchos judíos habían anhelado. Esa es la paradoja que Pablo explora en Filipenses 3:2-11. En este pasaje, subraya que tanto él como Pedro han entrado en la realidad del Mesías, el nuevo mundo al que los gentiles creyentes han llegado en igualdad de condiciones. Este es el verdadero «escándalo de la cruz», tan escandaloso en nuestros días como lo fue en los de Pablo.[19]

2:15 «Somos judíos de nacimiento» (comienza Pablo), no «pecadores gentiles». Se trata de categorías principalmente *sociológicas*, que denotan grupos de personas. Por supuesto, tienen fuertes connotaciones morales, pero, como en el caso de los Salmos de Salomón, lo que importa es la definición social y, por tanto, también la política. Esta frase inicial se refiere al pueblo judío, en contraste con los gentiles, y el pueblo judío seguirá siendo el tema de esta frase. Son judíos, literalmente, «por naturaleza» (*physei*);

---

[19] Igualmente, con razón, Oakes, *Galatians*, 42.

aquí, como en otras partes, se refiere a personas en su «estado natural», o como diríamos nosotros, «por nacimiento».[20]

2:16 Entonces llega el repentino alboroto del lenguaje que Morgan insiste, con razón, en que se escuche en términos de la construcción y definición de un grupo de pacto. Será útil dividir este largo versículo en tres partes: (a) «Pero sabemos que una persona no es declarada 'justa' por las obras de la ley judía, sino por la fidelidad de Jesús el Mesías». (b) «Por eso es que nosotros también creímos en el Mesías, Jesús: para que pudiésemos ser declarados 'justos' por la fidelidad del Mesías y no por las obras de la ley judía». (c) «Verán, en base a eso, ninguna criatura puede ser declarada 'justa'».

Cuatro puntos de aclaración antes de resumir este largo y denso versículo. Nos encontramos aquí, de repente, con varios términos técnicos, todos ellos vitales para Pablo, todos ellos regularmente malinterpretados.

Primero, Christos *y «Mesías».* Cuando Pablo dice *Christos*, se está refiriendo a Jesús como el Mesías de Israel.[21] Jesús, conocido por haber sido un pretendiente mesiánico, fue vindicado por Dios como Mesías en su resurrección, como en Romanos 1:4. A pesar de muchas afirmaciones en sentido contrario, *Christos* nunca es simplemente un nombre propio en Pablo. Es, estrictamente hablando, un «honorífico»; algo así como un «título», y ciertamente lleva una connotación, no simplemente la denotación de un nombre ordinario. La connotación, teniendo en cuenta los antecedentes de Pablo y el contexto judío, es que Jesús es el tan esperado Mesías davídico que ha llevado los propósitos de Dios para Israel a su meta prevista y ha reordenado así a Israel y al mundo en torno a sí mismo.[22] Gran parte del cristianismo occidental no ha querido reconocer, y mucho menos pensar, la comprensión de los primeros cristianos del mesianismo davídico de Jesús. Ha parecido demasiado «política», incluso demasiado «judía». Pero sin esto, Pablo seguirá siendo opaco. Una consecuencia inmediata es que Pablo, consciente de la fluidez de la *scriptura* entre el rey y el pueblo, ve que cuando Dios resucitó a Jesús, lo declaró como Israel-en-persona, el Mesías *incorporativo*.

En *segundo lugar*, cuando Pablo habla aquí de la *pistis Christou* («la fidelidad del Mesías»), se centra en la obra amorosa, de entrega, de encarnación de la gracia y, en última instancia, de *fidelidad* del Mesías.[23] Gramaticalmente, la frase podría significar «fe

---

[20] Compare el controversial *physei* en Rom. 2:14: véase *Romans*, en *New Interpreter's Bible* (Nashville: Abingdon, 2002), 10:441–42; *Paul and the Faithfulness of God*, 1380; y *Interpreting Paul: Essays on the Apostle and His Letters* (Londres: SPCK; Grand Rapids: Zondervan, 2020), cap. 2.

[21] Véase *Interpreting Paul*, cap. 1; *Paul and the Faithfulness of God*, 817–36.

[22] Véase *Paul and the Faithfulness of God*, 836–51. Sobre el mesianismo en general, véase M. Novenson, *Christ among the Messiahs: Christ Language in Paul and Messiah Language in Ancient Judaism* (Nueva York: Oxford University Press, 2012); M. Novenson, *The Grammar of Messianism: An Ancient Jewish Political Idiom and Its Uses* (Nueva York: Oxford University Press, 2017); K. E. Pomykala, «Messianism», en Collins y Harlow, *The Eerdmans Dictionary of Early Judaism*, 938–42, con otra bibliografía relevante.

[23] Todo este tema fue revolucionado por R. B. Hays, *The Faith of Jesus Christ: The Narrative Substructure of Galatians 3:1–4:11*, 2da ed. (Grand Rapids: Eerdmans, 2002; original 1983), cuyas repercusiones todavía se sienten; véase la descripción en M. F. Bird y P. M. Sprinkle, eds., *The Faith of Jesus Christ: Exegetical, Biblical, and Theological Studies* (Milton Keynes, Reino Unido: Paternoster, 2009). Sigo ampliamente a Hays, aunque estoy tratando de dejar claro, contra sus críticas regulares, que para Pablo los seguidores de Jesús también son «creyentes», con una *pistis* que responde a la de Jesús mismo. Me parece que el trabajo

en el Mesías», y puesto que Pablo puede decir eso también – ¡como lo hace en la mitad de este mismo pasaje! – ha sido fácil pensar, como han hecho la mayoría de los traductores al inglés hasta hace poco, que esta frase y otras similares significan eso, y solo eso, hasta el final. Sin embargo, como he argumentado en otro lugar, la declaración más clara del significado de Pablo aquí se encuentra en Romanos 3. Allí Pablo afirma que Dios dio a Israel un encargo, una tarea, a la que Israel fue entonces infiel: se les «confió la palabra de Dios» (3:2), pero algunos de ellos «fueron infieles a su encargo» (3:3). Sin embargo, Dios sigue siendo fiel (3:3), verdadero (3:4) y justo (3:5), y su justicia (es decir, su fidelidad o lealtad al pacto) se ha revelado ahora en el mensaje del evangelio de Jesús (3:21), porque Jesús, como Mesías representante de Israel, ha sido fiel donde Israel no lo había sido (3:22-26). Ese pasaje de Romanos es, ciertamente, tan controvertido como el actual de Gálatas, pero me parece que ofrece la declaración más completa que llena y da sentido a lo que Pablo dice en este único versículo. La cuestión es, pues, que toda la agenda mesiánica, que se remonta a los Salmos 2, 72 y a otros lugares, y que encuentra una expresión reciente y farisea en el Salmo de Salomón 17, se ha cumplido ahora de forma dramática e impactante con el propio Jesús; por lo que Saulo de Tarso, pensando en todas las implicaciones de que Dios resucite de entre los muertos a un aspirante a Mesías crucificado, ha llegado a ver su muerte como un único gran acto de *fidelidad*. Y, si esto es así, el pueblo del Mesías debe ser conocido, identificado y marcado por esta misma fidelidad al Mesías. Los múltiples significados de *pistis* y sus cognados convergen y hacen exactamente lo que Teresa Morgan ha argumentado que deberíamos esperar que hicieran: si estamos buscando una comunidad que debe ser llamada *dikaioi*, la marca vital será *pistis*. Esto se refiere, en el presente caso, a la fidelidad del Mesías y a la respuesta de fe (plenitud) de su pueblo. Ambas cosas van inexorablemente unidas y no deben oponerse la una a la otra.[24]

Esto ayuda a explicar por qué Pablo utiliza un lenguaje «incorporativo» a lo largo de todo el presente pasaje, y en particular, por qué puede tomar el largo y complejo verso 16 y resumirlo en el verso 17a en una frase corta y nítida: «si, al buscar ser declarados 'justos' en el Mesías». Eso, podemos estar seguros, ¡es lo que Pablo al menos cree haber dicho en el verso 16! Todavía se encuentra una idea antigua del siglo XIX, abrazada con entusiasmo por Albert Schweitzer, de que el lenguaje de la «justificación» y el de la «incorporación» representan dos tipos diferentes de soteriología, prefiriendo los luteranos la «justificación» y los calvinistas – incluido el propio Schweitzer – la «incorporación». No: los dos van firmemente unidos. Pablo habla, aquí y en otros lugares, de ser «justificados en el Mesías».[25] Así que: hemos creído, dice Pablo, *en el Mesías* Jesús (*eis Christon Iēsoun*); y esto significa (v. 17) que buscamos ser «declarados

---

reciente de Morgan coloca las propuestas de Hays en un cimiento, aunque esto necesitaría ser elaborado a lo largo de Romanos también.

[24] Como se ha hecho frecuentemente en discusiones de *pistis Christou*: véase el debate catalogado en Bird y Sprinkle, *The Faith of Jesus Christ*.

[25] Véase Fil.3:9, en donde la *dikaiosynē* del creyente es «en él», eso es, en el Mesías; y más complicadamente, Rom. 3:24, en donde la justificación ocurre «a través de la redención la cual se halla *en el Mesías*, Jesús».

'justos' *en el Mesías*». El Mesías fue fiel a la muerte, y fue declarado justo en la resurrección; nosotros (dice Pablo) creímos el evangelio concerniente a él, y por ello confiamos en la misma declaración, el mismo anuncio de estatus, porque estamos «en él». Esto apunta a la «esperanza de justicia», el veredicto del último día, en 5:5. Eso no se olvida. Pero el punto actual, lo que Pedro necesitaba captar en Antioquía y los gálatas necesitan captar ahora, es la definición de la comunidad. La «seguridad» que el creyente recibe de la «doctrina de la justificación» se da, entre otras cosas, en la «acogida» concreta y la pertenencia en igualdad de condiciones a la reunión familiar real, especialmente en la comida común.[26] Por eso, en el versículo 20, Pablo dice que su vida actual se vive «dentro de la fidelidad del Hijo de Dios». Jesús, como Mesías, ha ofrecido a Dios la fidelidad, la *pistis*, que es su fiel obediencia al plan de Israel para la salvación del mundo. Pablo vive dentro de esa fidelidad, tal como se manifiesta en la comunidad de todos los fieles.

En *tercer lugar, ser «declarado justo»* es mi traducción preferida para la forma pasiva de *dikaioō* que se repite tres veces. Pero debemos recordar que «justo» aquí, aunque por supuesto tiene un significado moral, escatológico y soteriológico, es principalmente un término de *estatus social*. Los *dikaioi* son el verdadero pueblo de Dios, como — de nuevo — en Qumrán o en los Salmos de Salomón. Se trata de un estatus de pacto: ¿Quién debe ser considerado como parte del pueblo de Dios? y, por tanto, ¿a quiénes puede y debe considerar como sus propios compañeros de mesa? Esto surge claramente cuando se ve 2:16a como un contraste deliberado y cuidadosamente equilibrado con 2:15: «somos judíos, no *hamartōloi* gentiles, pero una persona no es declarada 'justa' por las obras de la ley [judía]». El vínculo natural y asumido entre «judíos» y *dikaioi* es desafiado por la nueva realidad mesiánica. «Declarado 'justo'» aquí debe tener entonces la fuerza de «tener nuestro estatus como pueblo de Dios suscrito o confirmado».

Debido a las connotaciones de «justo» en este sentido en el mundo del Segundo Templo, prefiero esa traducción («declarado justo») a las traducciones «rectificado» y «rectificación», defendidas por algunos estudiosos.[27] «Rectificación» implica una acción divina de rescate y transformación, con personas que antes no estaban bien y que ahora *son* corregidas. Tiene que ver con el momento en que, y la acción por la que, eso se logra: lo que muchos hoy llamarían «conversión», vista desde el punto de vista legal como «justificación». Pablo cree claramente que Dios ha llevado a cabo tal acción de enderezamiento, tal «rectificación», pero no es de esto de lo que trata el presente pasaje, y no es lo que deberíamos esperar de un discurso de *dikaiosynē* y *pistis*. La cuestión tiene que ver, no con el proceso o mecanismo por el que las personas que antes eran pecadoras pasan a ser *dikaioi*, sino con la identificación actual, con la cuestión de cómo se puede identificar ahora quiénes son los *dikaioi*. Y la respuesta es: son el pueblo *pistis Christou*. El pueblo de la fe en el Mesías.

---

[26] Véase esp. Rom. 14:1, 3; 15:7. Estoy agradecido con mi hijo Oliver por su minucioso trabajo en este punto.

[27] Martyn y otros; véase la discusión en *Paul and His Recent Interpreters*, 177–78.

Cuarto, «obras de la ley judía». La frase *erga nomou*, por supuesto, tiene connotaciones morales, pero de nuevo, ese no es el punto. El tema más amplio en Gálatas es la circuncisión, pero el punto inmediato en Antioquía era la separación de la mesa de los gentiles. Esto, notoriamente, es uno de los lugares donde se dibujan las líneas de batalla en la interpretación actual. Por un lado, algunos todavía quieren ver a los antiguos judíos como «legalistas», tratando de hacerse moralmente lo suficientemente buenos para Dios haciendo buenas obras, rehabilitando así los grandes y prejuiciosos malentendidos dentro de la tradición occidental. Por otro lado, yo y otros persistimos en ver las «obras de la ley» aquí como las prácticas particulares que distinguen a los judíos de sus vecinos paganos.[28] Las obras de la Torá son *marcadores de identidad sociocultural*, no banderas de «logros» morales. Por supuesto, los marcadores se veían regularmente como signos de superioridad moral; nadie debería dudar de ello. Pero el punto de Pablo es que las «obras de la ley» que ahora no pueden ser los marcadores de límites para los *dikaioi* son las cosas que trazaron una línea alrededor de la comunidad étnicamente judía.[29]

Esto se desprende del contraste, ya comentado, entre el versículo 15 y el comienzo del versículo 16. Los que son judíos de nacimiento podrían esperar que su condición de pueblo del pacto de Dios quedara confirmada o respaldada en el tiempo presente por su posesión de los elementos específicos de la Torá judía, es decir, el sábado, las leyes alimentarias y, por supuesto, la circuncisión, y por su adhesión a ellos. Aquí el «pero» al comienzo del versículo 16 es importante. Incluso si la pequeña palabra *de* debería omitirse, como ocurre en algunos buenos manuscritos, la fuerza adversativa es clara: «judíos de nacimiento» en el verso 15 parecería ir naturalmente con «obras de la ley» en el verso 16, y es ese vínculo fácilmente asumido el que Pablo está negando.[30] Cabría esperar, sobre todo conociendo a Pablo, que los judíos de nacimiento (¡pensemos en los Salmos de Salomón!) «sabrían» que una persona es, en efecto, «declarada parte del pueblo de Dios» por su observación de «las obras de la Torá». Así, Pablo está diciendo aquí: «Somos judíos», que normalmente pensarían así, «pero sabemos que ha ocurrido algo nuevo, como resultado de lo cual el estatus de *dikaioi*, que los judíos leales han asumido que les pertenece – el estatus que significa que deben vivir como 'familia', bajo la Torá, y no admitir a ningún *hamartōloi* en ese grupo – ya no es válido». Así, «una persona no es declarada 'justa' por las obras de la ley [judía]»: He añadido «judía» en mi traducción debido a la antigua tendencia a olvidar que Pablo está hablando de la Torá de

---

[28] Véase las discusiones en, por ejemplo, *What St. Paul Really Said* y muchas publicaciones subsecuentes. Véase la importante monografía *Paul's «Works of the Law» in the Perspective of Second Century Reception* de M.J. Thomas.

[29] El paralelo más cercano al uso de Pablo de *erga nomou* es *maʻaseh ha-torah* del Qmrán en 4QMMT: véase mi discusión en *Pauline Perspectives*, cap. 21.

[30] Algunos sugieren que, con el MSS que omite *de*, la conexión debería ser leída positivamente: Somos judíos… *y por lo tanto sabemos* (¿por el Salmo 143) que uno no es justificado por las obras de la Torá (insinuado por Hays, *The Letter to the Galatians*, 241). Esto es contrario a la frase más amplia de Pablo: «sabemos que una persona n es declarada 'justa' por las obras de la ley judía, *sino a través de la fidelidad de Jesús el Mesías*». Esto difícilmente puede ser algo que «el judío» del verso 15 se supone que sepa. El final del verso 16 sí parece debilitar la distinción normal judío/gentil presentada en el verso 15.

Israel, que define el pacto, y a imaginar que se refiere simplemente a una supuesta ley moral general, un imperativo categórico kantiano nacido a destiempo.

Con estas cuatro aclaraciones, forzadas por la repentina ráfaga de densos términos técnicos de Pablo y por los habituales malentendidos de cada uno de ellos, podemos proceder a la lectura de 2:15-16, que constituye la afirmación básica que Pablo esgrime contra el comportamiento de Pedro. Una paráfrasis ampliada podría ser la siguiente

[2:15] Nosotros (Pedro, Pablo, Bernabé y los demás) somos judíos de nacimiento, y por lo tanto asumimos naturalmente que la posesión y el mantenimiento de nuestra Torá ancestral y las tradiciones asociadas a ella son lo que nos da la categoría de «justos». [2:16a] Pero ahora sabemos — por todo lo que conocemos de los acontecimientos mesiánicos relacionados con Jesús — que esto ya no es así. Las «obras de la Torá» no servirán como rasgo definitorio de nuestra (o de cualquiera) posición como *dikaioi* (en contraposición a los *hamartōloi* paganos). La fidelidad del Mesías en el cumplimiento del pacto, que invita y recibe nuestra respuesta fiel, es ahora el único marcador que define al pueblo de Dios, es decir, a los que ahora son designados correctamente como *dikaioi*. [2:16b] Así que nosotros también hemos creído en el Mesías Jesús: nosotros los judíos, Pedro, Bernabé, yo mismo y los demás. Nuestro estatus ahora es que efectivamente somos *dikaioi*, pero esa *dikaiosynē* depende totalmente de la fidelidad al Mesías, no de las obras de la Torá. [2:16c] Después de todo, como dice la Escritura, ninguna carne será declarada *dikaios sobre la base de las obras de la Torá*.

2:16a El vínculo entre «una persona no se justifica por las obras de la Torá» y «mediante la fe de Jesús Mesías» se hace mediante la frase *ean mē*, que podría significar «si no» o «a menos que». El sentido normal se ve en un pasaje como 2Timoteo 2:5: «no gana la corona a menos *que se compita de acuerdo con* las reglas» (*ou stephanoutai ean mē nomimōs athlēsē*) — que lleva la implicación de que si *se* compite de acuerdo con las reglas, se podría ganar la corona (aunque no, por supuesto, que competir legalmente sea una garantía de ganar). Por ello, algunos han sugerido que deberíamos leerlo en ese sentido aquí, lo que significa que Pablo no estaría negando directamente que uno pueda ser justificado por las obras de la Torá, ya que uno podría estar haciendo de hecho obras de la ley en el sentido modificado de «fidelidad al Mesías»: «uno no se justifica por las obras de la ley, *a menos que con eso quieras decir fe en el Mesías*». Esto podría significar que creer en el Mesías era de hecho un tipo de obra de la ley; o, tal vez, que la propia fidelidad del Mesías consistía (en cierto sentido) en su propio cumplimiento de la Torá — una visión que podría hacerse para apoyar el tipo de teología reformada en la que Jesús, al cumplir la ley, gana la «justicia» que luego se imputa a su pueblo. Algunos podrían ver esto como una resonancia de Romanos 10:1-11 en particular. Pero estas líneas de pensamiento me parecen que se pueden descartar por el final del versículo, que repite el pensamiento de la línea inicial del versículo 16a y sin más matizaciones. El verso 21 también parece descartar cualquier modificación del verso 16a: la justicia (la condición de ser un auténtico miembro del pacto) no se consigue mediante la Torá. Los continuos debates en este punto demuestran que la cruda y controvertida afirmación de Pablo sigue siendo tan cruda y controvertida hoy como siempre.

Por lo tanto, debemos tomar la frase *ean mē* como una modificación del verbo, no de la frase adverbial, es decir, como una modificación de *ou dikaioutai* y no de *ex ergon nomou*. Pablo no está diciendo «Uno no es justificado por las obras de la ley, a menos que por eso quieras decir a través de la fidelidad al Mesías», sino «uno no es justificado por las obras de la ley; uno solo es justificado a través de la fidelidad al Mesías». Hay algunos paralelismos interesantes con esta forma sintáctica. En Marcos 13:32, Jesús dice: «Nadie sabe el día y la hora, ni los ángeles del cielo, ni el Hijo, *ei mē* el Padre» («si no el Padre»). El *ei mē* se refiere claramente al verbo, no al material intermedio: nadie sabe… sino el Padre. Apocalipsis 21:27 niega enfáticamente que todo lo inmundo, o cualquiera que haga abominaciones o diga mentiras, entre en la ciudad santa, *ei mē* («si no») los que están escritos en el libro de la vida del Cordero. Esto no puede significar que algunos malhechores se escabullirán porque casualmente ya tienen sus nombres en el libro. El «si no» debe referirse de nuevo al verbo: nadie entrará (ciertamente no esos tres tipos) – nadie, es decir, excepto los que están en el libro de la vida.[31] Así que aquí: nadie es declarado justo, excepto a través de la fidelidad del Mesías.

2:16b Esto crea entonces el contexto para la «fe» en su sentido más normal: «Por eso es que nosotros también creímos en el Mesías, Jesús: para que pudiésemos ser declarados 'justos' por la fidelidad del Mesías, y no por las obras de la ley judía». Pablo, todavía resumiendo lo que le dijo a Pedro, pone sobre la mesa su propia fe evangélica como el único distintivo que cuenta, que los marca como *dikaioi*. No es el caso (como a veces se piensa) que la lectura de «*pistis* del Mesías» en términos de la propia fidelidad de Jesús descarte, o haga redundante, la respuesta humana, la creencia y la confianza que responden. Las dos van juntas, y de hecho es porque la propia *pistis del Mesías* ha creado el nuevo contexto que la respuesta de *pistis* humana pueda servir correctamente (y no arbitrariamente) como el distintivo apropiado de la pertenencia al pacto.

2:16c La otra cuestión pendiente en el verso 16 se refiere a la aparente referencia al Salmo 143:2 (LXX 142:2) al final del verso, «ninguna criatura será declarada justa». La alusión es oblicua: (a) las únicas palabras que se comparten exactamente son *ou dikaiōthēsetai*, «no será justificada»; (b) en lugar del *pas zōn del salmo*, «todas las [criaturas] vivientes», Pablo tiene *pasa sarx*, «toda carne»; (c) en lugar del «a tus ojos» (*enōpion sou*) del salmo, Pablo tiene «por obras de la Torá», *ex ergon nomou*. Pablo utiliza exactamente la misma redacción en Romanos 3:20, aunque allí añade *enōpion autou*, haciendo más explícita la alusión al salmo. En Romanos hace entonces el vínculo metaléptico con el salmo al hablar a la vez de la «justicia» de Dios revelada, que es el tema del Salmo 143[142]:1.[32]

De este pequeño y complejo rompecabezas intertextual surgen dos cosas. En primer lugar, en general se acepta que el cambio de Pablo de «todo ser viviente» a «toda carne»

---

[31] La curiosa oración en 4 Re. 6:22 LXX nos llevaría demasiado lejos.

[32] Véase R. B. Hays, *Echoes of Scripture in the Letters of Paul* (New Haven: Yale University Press, 1989), 51–53.

(vuelve a la idea de «vida» en el versículo 20) anticipa deliberadamente el tema de la «carne», que adquiere importancia en esta carta y, en menor medida, también en Romanos. En lo que viene, Pablo tendrá en mente tanto el énfasis judío en la «carne», la carne circuncidada, como la marca de distinción de la familia de Abraham «según la carne», como las «obras de la carne», que muestran los resultados de la idolatría y la corrupción humana. No, dice Pablo: la «carne» no es la forma de marcar a los *dikaioi*. Ahora hay un distintivo diferente.

En segundo lugar, Pablo tiene mucho interés en mostrar que su rechazo a las «obras de la Torá» como base de la «justificación» no es una invención nueva y antiescritural. Se anticipa en las propias Escrituras. La afirmación más amplia del salmo («ningún ser vivo es justo ante ti») incluye en sí misma, según la comprensión de Pablo, la negación más específica y centrada de que ningún ser humano será declarado justo mediante las obras de la Torá.

2:17-18 Los dos versículos siguientes encajan en su sitio, con el cambio, comentado anteriormente, de «nosotros» en el verso 17 a «yo» en el verso 18 y siguientes. El pensamiento de Pablo aquí no queda claro si se lee — como se ha hecho habitualmente — en términos de los modelos tradicionales de «justificación», y sin referencia a lo que Pablo y Pedro habían estado hablando realmente.[33] Lo tomamos frase por frase.

2:17a En primer lugar, estamos «buscando ser declarados 'justos' en el Mesías». Este es el propio resumen de Pablo de la compleja frase del versículo anterior, y como tal es más útil de lo que muchos han comprendido. Dios ha declarado que Jesús es el Mesías al resucitarlo de entre los muertos (como en la confesión de Rom. 1:3-4); esta vindicación se afirma entonces de todos los que están «en el Mesías». Él está en lo cierto; su pueblo (los que están «en él») está, por tanto, también «en su derecho».

Es la primera vez en la carta que Pablo utiliza esta expresión incorporativa *en Christō*, que ha dado lugar a debates, en parte porque, como se ha señalado anteriormente, algunas exposiciones populares de la «justificación», basándose simplemente en Romanos 1-4, han conseguido ignorarla, dejando la impresión de que «justificación» e «incorporación» pertenecen a esquemas de pensamiento diferentes. El presente versículo obviamente lo desmiente; pero ¿qué significa?

La solución más sencilla es la mejor, basada en el contexto actual y su ampliación en 3:23-29. Pablo entiende que la condición de Mesías de Jesús es «incorporativa» en el sentido de que los creyentes bautizados entran «en» el Mesías (3:27) y, por tanto, son considerados como «en él» (3:26, 28) o, más sencillamente, como pertenecientes a él (3:29). Pablo parece poder dar por sentado algo así. Esto es inicialmente sorprendente, ya que en ninguna parte del pensamiento judío del Segundo Templo encontramos este tipo de solidaridad corporativa asociada a una figura mesiánica venidera (aunque hay precedentes más lejanos, en el lenguaje bíblico sobre Abraham y David). He sugerido en otro lugar que Pablo puede haber deducido esto, como muchas otras cosas, de la resurrección de Jesús: la resurrección era lo que los judíos devotos como él creían que el

---

[33] Por tanto, por ejemplo, T. Keller, *Galatians for You* (Epsom, Reino Unido: Good Book Co., 2013), 60, describiendo estos versos como «bastante oscuros».

Dios de Israel haría por *todo* su pueblo al *final* de los tiempos, pero Dios lo había hecho por Jesús en medio de los tiempos, declarando así de antemano que Jesús era el Mesías, el verdadero israelita, e implicando que la propia identidad del pueblo del pacto de Dios estaba ahora ligada a él, remodelada por él, definida en y a través de él. Como esto tiene un excelente sentido tanto en el presente pasaje como en el resto de la carta (para no ir más lejos por el momento), seguiremos con esa suposición.

Cuando Pablo dice que «buscamos ser declarados 'justos' en el Mesías», debemos volver a escuchar «justos» dentro de la cámara de resonancia de Qumrán, los Salmos de Salomón y el mundo al que ambos, en sus diferentes formas, pertenecen. Es decir, Pablo sigue operando con la distinción de «justos» y «pecadores», *dikaioi* y *hamartōloi*, el verdadero pueblo de Dios y los que están más allá de los límites. Pero los *dikaioi* se definen ahora alrededor, o de hecho dentro, del Mesías. Dios lo ha vindicado; su pueblo es vindicado con él. Y – como aclara la siguiente cláusula – no se trata simplemente de que la gente crea que en algún tribunal celestial Dios les ha acreditado la condición de «vindicados» del Mesías. Es mucho más realista. Significa que *comparten la mesa con todo el pueblo del Mesías*. Eso es lo que había sucedido en Antioquía, y lo que ahora estaba amenazado. Por lo tanto, «buscar ser declarados 'justos' en el Mesías» no tiene que ver principalmente con la búsqueda del «estatus justo a los ojos de Dios» en las lecturas occidentales normales. Se trata de la realidad social y cultural de la celebración de una nueva entidad teológica y política, la comunidad unida del pueblo de Jesús, aquellos que esperan con confianza el «reino» final que «heredarán» (3:29; 4:7).

Lo sorprendente de esta nueva comunidad supuestamente «justificada» es, por supuesto, que, al tratarse de judíos y gentiles reunidos, la primera impresión que uno tendría es que los judíos que la componen se han unido a las filas de *los hamartōloi*. Ese es el problema que Pablo aborda ahora.

2:17b Por lo tanto, «nosotros mismos somos hallados 'pecadores'». Si se parte de la estricta suposición judía de que no se debe comer con «pecadores gentiles», y que todos los que lo hacen se convierten en «pecadores» por ese contacto – la suposición hecha por las «ciertas personas de Santiago» – entonces, por supuesto, esta nueva familia del Mesías, que incorporaba como lo hacía tanto a judíos como a gentiles, se vería efectivamente como *hamartōloi*. No estaban siendo observantes de la ley en la forma normal – al igual que, según Hechos 10 y 11, Pedro no había sido observante de la ley cuando se quedó con Cornelio y su casa. Como antes, podemos suponer que los asuntos en cuestión incluían el contenido de las comidas, así como la compañía en la que se compartían.

2:17c Por lo tanto, la pregunta se impone: «¿eso hace al Mesías un agente del 'pecado'? ¡Claro que no!». Si nos quedamos con el sentido técnico de «pecado» como «ir en contra de las normas de la Torá», la respuesta podría parecer que sí. Esta familia mesiánica se sale, en efecto, del modelo establecido en la Torá tal y como se interpretaba en la época. El punto aquí, agudo y radical, es que incluso el «pecado» ha sido redefinido, de modo que compartir la mesa con los gentiles *ya no es pecado*. ¿Cómo puede ser eso? Pablo aún no lo ha explicado, aunque lo hará a su debido tiempo.

Esta es una cuestión de interés urgente en las iglesias occidentales del siglo XXI. A veces se lee a Pablo como si estuviera aflojando deliberadamente las exigencias morales de la Torá; esto es, por supuesto, el resultado de ver la Torá no como el marcador de límites del pueblo de Dios, sino como una forma judía primitiva de un código moral generalizado. Sin embargo, Pablo no está sugiriendo que se deba relajar la obligación del pueblo de Dios de evitar la idolatría y el comportamiento que produce. Más bien está reconociendo que cuando los gentiles llegan a compartir la identidad de fe del Mesías – creyendo el evangelio y siendo bautizados en el pueblo del Mesías – entonces ellos mismos ya no son «pecadores». Han sido rescatados de los ídolos que anteriormente los esclavizaban (como en 1:4), y el Espíritu Santo los ha limpiado de la contaminación interna y los ha energizado para el comportamiento mesiánico, como Pablo explicará en los siguientes capítulos. Uno de los grandes logros (aunque a menudo desapercibidos) de algunas versiones de la «perspectiva fresca» de Pablo es evitar la trampa del relativismo moral en la que a menudo se ha deslizado el pensamiento posterior a la Reforma, especialmente en sus diversas modalidades posteriores a la Ilustración.

Por el momento, Pablo simplemente está reivindicando la práctica de que los judíos creyentes en Jesús coman con los gentiles creyentes en Jesús. Más adelante, en 1Corintios, se enfrentará al problema más amplio de que los creyentes coman con los incrédulos. Entonces adoptará la robusta línea «fuerte»: hay un solo Dios, y nosotros, su pueblo, somos libres, a menos que nuestra libertad comprometa la conciencia de los demás creyentes. Pero esa es otra historia.[34]

En cualquier caso, en 2:17 Pablo sigue abordando la situación de los judíos creyentes en Jesús. Sigue hablando con Pedro sobre la situación en la que se encuentran ellos dos y otros como ellos. No está ofreciendo una teoría de la «justificación» en general, aunque ciertamente uno puede, con la debida precaución, inferir tal cosa de lo que dice aquí. El punto principal del versículo 17 es decir a Pedro y a los demás: si quieres ser una persona del Mesías, creyendo que Dios ha vindicado al Mesías y a su pueblo, entonces debes comer con la gente del Mesías, con *todos* ellos. Y si respondes que confraternizar con esos gentiles te convertirá a ti, o más aún, al propio Mesías, en un *hamartōlos* – ¡que es obviamente lo que habrían dicho «ciertas personas de Santiago» – entonces piénsalo de nuevo. La rápida negación aquí («¡Claro que no!») se explicará en el resto del capítulo.

2:18 La alternativa se explica en 2:18, donde, como vimos, Pablo pasa a la primera persona del singular. Cuando dice «si construyo otra vez lo que derribé», lo dice hipotéticamente. Él mismo no lo ha hecho, sino que se refiere a lo que Pedro y los demás habían hecho. Habían «construido de nuevo» la línea divisoria entre los judíos (incluso los judíos creyentes en Jesús) y los gentiles (incluso los gentiles creyentes en Jesús); más ampliamente, habían estado reinscribiendo todo el sistema de la Torá y sus «obras», tal como se entendía normalmente en aquella época, que funcionaba precisamente como esa clase de muro. Es posible que Pablo tuviera en mente, al menos como alusión, el muro de separación en el templo de Jerusalén entre el Patio de los

---

[34] Véase 1Cor. 8–10.

Gentiles y los atrios interiores.[35] Si «yo» hiciera eso (entendido como, si tú, Pedro, realmente lo haces), «demuestro que soy un infractor de la ley».

¡Un infractor de la ley! La palabra es *parabatēs*, curiosamente diferente de *hamartōlos*. Es más específica: un «pecador» es alguien que está fuera de la ley, que anda dando tumbos por un mundo en el que no se puede evitar pecar porque es, de alguna forma, donde se vive. Por eso los gentiles son, por así decirlo, automáticamente «pecadores», y por supuesto lo demuestran con su idolatría y su consiguiente comportamiento. Un «infractor de la ley», sin embargo, es un «transgresor». La palabra *parabatēs* viene de *parabainō*, que significa «ponerse al lado» de algo, lo que lleva al significado extendido (pero frecuente) de «ponerse al lado» de una obligación específica; por lo tanto, burlar una obligación, romper un mandamiento. Un *parabatēs* es alguien que sabe que hay un camino recto que debe seguirse y se aparta deliberadamente de él.

Entonces, ¿qué quiere decir Pablo con esta críptica afirmación? La mejor respuesta es que, si invocas la Torá «construyendo de nuevo» el muro entre judíos y gentiles, entonces la propia Torá se dará la vuelta y señalará tu propia infracción de la ley.[36] Hasta este momento, Pablo no ha explicado que, de hecho, nadie guarda la Torá correctamente, aunque está insinuando esa acusación más específica con la alusión al Salmo 143:2 en el versículo 16. Una explicación más completa del mismo punto se encuentra en Romanos 7, tras las crípticas afirmaciones anteriores de la misma carta, como la de Romanos 4:15 («la ley despierta la ira de Dios», por lo que «donde no hay ley, no hay infracción de la ley», *parábasis*) y 5:20 («la ley entró al lado, para que la infracción se completara en toda su extensión», aunque «infracción» aquí es *paraptōma*, no *parábasis*). Pablo también podría estar insinuando un significado más específico. Si se hace lo que acaba de hacer Pedro, pasar de comer con gentiles a no comer con ellos, invocando la Torá como explicación, entonces la Torá podría preguntar de forma natural por qué se había estado comiendo con ellos en primer lugar. Estaría afirmando que, al menos en ese breve lapso, habías sido un infractor de la ley. Este significado más específico es posible. Pero creo que la referencia más amplia es más probable que sea lo que Pablo tenía en mente. Esto va también con Gálatas 3:22, donde la «escritura» cierra todo bajo el pecado. Invocar la Torá para consolidar tu condición de *dikaios* es como invitar al jefe de policía a que te ayude a enterrar los cuerpos de las personas que acabas de asesinar.

2:19-21 Morir y resucitar con el Mesías

Los tres versículos siguientes constituyen el núcleo del párrafo y de la carta hasta ahora, y se podría decir que de casi toda la vida y el pensamiento de Pablo. Resumiendo no solo de dónde venimos sino a dónde vamos, Pablo introduce con una *gar* su explicación no

---

[35] Véase también Ef. 2:14–15.

[36] Hays, *The Letter to the Galatians*, 242, realiza dos explicaciones: primero, que la reconstrucción de la barrera judío/gentil está en sí misma contra la voluntad de Dios; segundo, que demostraría que la misión de Pablo con los gentiles sería en vano. Hays sugiere que la última es la que los oyentes de la carta de Pablo hubiesen captado. Estoy proponiendo algo diferente nuevamente.

solo de lo que acaba de decir en los versículos 17 y 18 sino de lo que había dicho en el versículo 16 en particular, y con ello de todo el tema subyacente de su desafío a las iglesias gálatas.

Como hemos visto, lo expresa en primera persona, no porque su propia «experiencia» sea especial o especialmente dramática, sino precisamente porque no lo es: la considera normativa, paradigmática. No está articulando aquí una teoría general de la «justificación» o la «salvación», sino explicando con crudeza el significado de los acontecimientos mesiánicos *para el judío devoto*, con él mismo como ejemplo principal. El comportamiento de Pedro en Antioquía solo era explicable si él, Pedro, pensaba, o quería que la gente pensara que pensaba, que un judío devoto debía retirarse de la comunión de la mesa con los gentiles. Pero Pablo sabía, tan bien como cualquiera en el mundo en ese momento, lo que significaba ser un judío devoto y observante de la Torá. Y había captado el punto fundamental, que los acontecimientos mesiánicos de la cruz y la resurrección de Jesús habían producido una revolución en esa misma cuestión. En el próximo capítulo explicará cómo los gentiles son introducidos en la familia de Abraham. Pero aquí sigue explicando el punto quizá más fundamental, que los acontecimientos mesiánicos producen un cambio de estatus e identidad también para los judíos, incluyendo precisamente a los más devotos como él. Una vez que un judío cree que Jesús de Nazaret ha resucitado de entre los muertos y, por tanto, es validado como Mesías, esa *pistis* lleva consigo la afirmación de que la muerte de Jesús fue en sí misma el acto culminante de la *pistis* que cumple el pacto. Y la *pistis* del creyente se convierte así en el distintivo mediante el cual la persona en cuestión es señalada como *dikaios*.

Para Pablo, los acontecimientos relativos a Jesús habían sido demostrados por el Dios creador como el último acto de «gracia». Este es el punto del versículo 21. Si Dios había resucitado a Jesús crucificado de entre los muertos, entonces su resurrección había demostrado que su muerte, aunque totalmente imprevista e inicialmente un gran escollo para cualquier pretensión mesiánica, debía ser la acción necesaria para cumplir el antiguo plan de Dios. Este es el mismo punto que la fórmula que Pablo cita en Romanos 1:3-4. Así que, como él dice, si la «justicia» – la condición de ser *dikaios* en contraposición a *hamartōlos* – a través de la Torá, entonces un Mesías crucificado sería innecesario.

Entonces, ¿por qué era necesario un Mesías crucificado? Tal y como Pablo entiende ahora, la crucifixión del Mesías significaba que la situación de toda la humanidad, incluido Israel, era más profunda y oscura de lo que se había imaginado. La cura que el médico le ha recetado le indica que el diagnóstico era mucho peor de lo que había temido anteriormente. Todo esto se encuentra bajo la densa pero precisa formulación de estos tres versos, llevando la larga introducción de la carta a su dramático clímax retórico.

Dos puntos son vitales antes de continuar. En primer lugar, Pablo deja claro, aquí y en toda su obra, que se trata del *cumplimiento* del extraño propósito divino para Israel, no de su abolición. Si Dios ha enviado por fin al Mesías, entonces – como todo judío devoto de la época reconocería – el antiguo pueblo de Dios está siendo reagrupado, sus fronteras redibujadas, en ese momento. No tendría sentido decir, ante Simón bar Giora a mediados de los años 60 d.C. o Simeón ben Kosiba en los años 130, que podría ser el

Mesías pero que elegimos mantenernos al margen de su movimiento. O es el Mesías o no lo es. O bien Dios está cumpliendo sus antiguas promesas en esta persona, o las afirmaciones que hace constituyen una peligrosa blasfemia. Si la afirmación mesiánica se hace buena, entonces Dios está levantando la bandera del rescate y la renovación de Israel aquí y en ningún otro lugar. El pueblo de Dios se definirá para siempre en relación con este hombre y este momento. Esa es, históricamente hablando, la lógica del mesianismo judío.

En segundo lugar, lo que Pablo dice ahora no tiene nada que ver con que, antes o después, criticara la Torá en sí misma, o se inclinara por aflojar su enseñanza (como si hubiera algo «malo» en la Torá, tal vez por el hecho de que planteara exigencias tan estrictas). Antes de esto, Pablo había sido un fariseo de los fariseos.[37] Lo que dice ahora, sobre la base de su comprensión de la muerte y resurrección del Mesías, no tiene nada que ver con un movimiento hacia una ética más «relajada», un sentido de que tal vez la Torá era un poco restrictiva, o que es más saludable para los seres humanos no tener códigos morales externos que coarten su estilo, limiten su libertad o supriman su espontaneidad. Desde la Reforma ha existido el peligro de que la fuerte antítesis de «ley y gracia» que tanto caracterizaba a Lutero y sus seguidores se degradara hasta convertirse en el contraste existencialista de «reglas» por un lado y «autenticidad» por otro, con Pablo reivindicado como el héroe de un tipo de «libertad» particularmente moderna.[38] Esto ha sido suficientemente malo en sí mismo; pero tiene un lado aún más oscuro, es decir, el profundo prejuicio no solo contra la «ley», sino más específicamente contra la Torá; no solo contra la ley judía, sino contra los propios judíos. Una de las grandes virtudes de la llamada perspectiva fresca de Pablo – en sus diversas formas – ha sido ver claramente este peligro y evitarlo a toda costa.

Esto es lo más importante de entender porque lo que Pablo dice ahora – a sí mismo, a Pedro y Bernabé, a la desconcertada iglesia gálata – podría sonar fácilmente como un rechazo flagrante de la Torá y todo lo que significa.

2:19 Así, «a través de la ley morí a la ley, para que pueda vivir para Dios». Lo que sigue es una explicación más, no solo de los versículos 17 y 18, sino de toda la carta hasta ahora. (Para resaltar esto, he traducido y ampliado la *gar* de apertura de Pablo como «Déjame explicarlo así»). Pablo ahora *cuenta la historia de la muerte y resurrección del Mesías como su propia historia*. Esto es parte de lo que significa que él está «en el Mesías»: lo que es verdad del Mesías es verdad de él. Y esto, para repetir lo necesario, no es cierto solo para Pablo. No está describiendo una «experiencia espiritual privada». Su «yo» es representativo: esto es lo que significa ser un judío, de hecho un judío devoto, que llega a creer que Jesús crucificado ha resucitado de entre los muertos, y que por el bautismo pasa a formar parte de la familia mesiánica.

La afirmación se hace en cuatro etapas. Primero dice (2:19a) que ha muerto a la ley para vivir para Dios. Luego dice (2:19b-20a) que ha sido crucificado con el Mesías, pero que sin embargo está vivo, con la vida del Mesías dentro de él. Y luego dice (2:20b) –

---

[37] Véase Gál. 1:13–14; Fil. 3:4–6.

[38] Véase mi libro *Virtue Reborn* (Londres: SPCK; San Francisco: HarperOne, 2009). El título en Estados Unidos: *After You Believe*.

este es el punto de toda la argumentación, que enlaza con 2:16 — que esta nueva vida e identidad es la vida e identidad marcada por la fe en el Mesías, por la fidelidad de Jesús por un lado y la fidelidad de respuesta del creyente por el otro. Esto, a su vez, está anclado (2:20c) en la declaración del evangelio con la que comenzó la carta: el Hijo de Dios «me amó y se entregó por mí». Esta dramática afirmación se completa con 2:21, mostrando dónde se fundamenta en última instancia la línea de pensamiento. Si el Jesús crucificado resucitó de entre los muertos, al fin y al cabo debía ser el Mesías; pero la crucifixión del Mesías no podía ser simplemente un accidente, ajeno al propósito divino; por tanto, debía ser un acto de gracia, *el* acto de gracia por excelencia. Si eso fue así, entonces para cualquier judío, especialmente el más devoto, aferrarse al estatus anterior de *dikaios*, y a los marcadores externos que lo separaban de la contaminación, sería mirar el último regalo de gracia de Dios y rechazarlo.

2:19a « A través la ley morí a la ley, para que pueda vivir para Dios»: esta frase tripartita expresa el delicado equilibrio que Pablo sabe que debe mantener. Decir simplemente «morí a la ley» — insistir en que la Torá es ahora irrelevante para los que están «en el Mesías» — sería dar un gran paso hacia lo que más tarde se convirtió en marcionismo. Marción negaba que el «Dios» de las Escrituras hebreas pudiera ser el Dios revelado en Jesús, pero Pablo lo descarta con «para vivir para Dios». Esto es, por supuesto, muy paradójico, ya que una de las invitaciones centrales de la Torá era que al seguirla, se encontraría la «vida» que Dios prometía.[39] Pero descarta cualquier sentido de que al decir que «murió a la ley» Pablo pretendiera ablandarse, o abandonar por completo, su lealtad de toda la vida al Dios Único de Israel, el Dios que dio la Torá en primer lugar.

El mismo punto se hace con la frase inicial, «a través de la ley», *dia nomou*. Esto muestra claramente que el «morir a la ley» de Pablo no tiene nada que ver con que la Torá sea algo malo (en el sentido de que condenaba a la gente) ahora felizmente descartado, o una cosa estúpida (con regulaciones pobres) ahora vista como perjudicial para el bienestar de uno, o una cosa débil (en el sentido de que no podía dar la «vida» que prometía) ahora mostrada como ineficaz. Esto último apunta a algo que Pablo dice en 3:21-22, pero allí está claro que la culpa no es de la Torá, sino del material con el que trabajaba, es decir, de los seres humanos pecadores. Al igual que en Romanos 7:1-8:4, la Torá es «débil a causa de la carne», incapaz de dar la vida que prometía.[40] El punto de Pablo es mucho más fuerte que un mero reconocimiento de la insuficiencia de la ley: *la propia Torá siempre había hablado de su propia redundancia final.* «Morir a la ley» era hacer lo que la propia ley siempre había previsto que sucediera. Como explicará en el capítulo 3, la Torá siempre se concibió como una medida temporal, instituida hasta la venida del Mesías, y que contenía en sí misma indicios de este propósito final. Se podría decir, desde este punto de vista, que todo el resto de la carta es una explicación de lo que significa exactamente todo esto.

El argumento de Pablo, reducido a la mínima expresión en 2:19-20, es, pues, paralelo a la línea general de pensamiento de la carta a los Hebreos, en la que se cita y

---

[39] Ejemplo, Deut. 30:15–20.
[40] Igual Rom. 7:10; 8:3–4, 11.

expone un pasaje bíblico tras otro, de manera que se afirma que las propias escrituras de Israel apuntaban más allá de sí mismas. Esto, irónicamente, es ahora atacado como «relevista», pero esto es precisamente lo que no es. Ya he comentado esa discusión.[41] Solo podría ser «relevista» (implicando que algo llamado «cristianismo» ha «relevado» a algo llamado «judaísmo») si se pensara en términos de «modelos de religión» – como, por supuesto, ha hecho una gran parte de la academia moderna. Pero Pablo no está pensando en la religión comparada, sino en la *escatología mesiánica*. Él vivía en una narrativa, una narrativa (como él veía ahora) cuyas partes anteriores siempre habían apuntado hacia un cumplimiento mayor, una narrativa que, con la venida del Mesías, había llegado a ese cumplimiento. Decir que su estatus actual (y el de Pedro y el de todos los demás judíos creyentes en Jesús) se había producido (a) gracias al Mesías de Israel, (b) «a través de la ley», y (c) para permitirles «vivir para Dios», constituiría una importante afirmación y celebración, no una negación, de la bondad y el carácter divino de Israel y sus tradiciones ancestrales.

La declaración crucial, sin embargo, es la que se mantiene entre estas afirmaciones («a través de la ley» y «vivir para Dios»), es decir: «Morí a la ley». Eso significa lo que significa dentro del contexto más amplio que Pablo ha establecido. No puede ser ni marcionista ni relevista. Está destinado a ser escuchado como paradójico, pero para Pablo correspondía exactamente – y este era el punto – con la paradoja del Mesías crucificado. Y el hecho del Mesías crucificado significa lo que significa dentro, no fuera, de las arraigadas tradiciones de Israel, que se remontan hasta el mismo Abraham.

El punto de Pablo, entonces, hecho claramente a Pedro y a los otros y ahora expuesto para que los gálatas puedan verlo por sí mismos, es que *incluso para el judío devoto, la única manera de ser parte del pueblo de Dios es ahora salir de la regla de la Torá*. Pablo no deja espacio para la idea que algunos abrazan hoy en día, a saber, que el cristianismo estaba bien para los gentiles pero que los judíos debían quedarse como estaban. Tampoco hay lugar aquí para decir que los judíos creyentes en el Mesías están obligados a seguir bajo la Torá. Al igual que en Romanos 7, la Torá ha cumplido con su necesaria, aunque desagradable labor, y ahora, con la muerte y resurrección del Mesías, es irrelevante como marcador de límites para el pueblo de Dios. En su lugar, ahora hay un pueblo que «vive para Dios». La idea de vivir *hacia* o *en relación con* alguien o algo denota la orientación fundamental de la persona, la dirección primaria del pensamiento, la confianza, la esperanza y la voluntad. En la declaración más completa de Romanos 6:10 (ampliando el punto actual para incluir a todos los bautizados, más allá de simplemente el arquetipo de cristiano judío como aquí), Jesús mismo «murió al pecado» para «vivir para Dios», con la consecuencia (6:11) de que los bautizados deben «reconocer» que ellos mismos han «muerto al pecado» y ahora «viven para Dios», estando vivos dentro del reino y el gobierno de Dios y viviendo así en una relación de amor, adoración y obediencia. Y ahí también, insiste Pablo, los que están «en el Mesías» no están «bajo la ley, sino bajo la gracia» (6:14).

---

[41] Véase *Paul and the Faithfulness of God*, cap. 15.

2:19b Esto lleva a Pablo, comenzando una nueva frase enfáticamente al omitir cualquier tipo de conectivo, a la declaración central: *Christō synestaurōmai*, «He sido crucificado con el Mesías».[42] El tiempo perfecto habla, como es habitual, de un hecho pasado con consecuencias continuas: Estoy (en el presente) en la condición continua de haber sido crucificado. El verbo es adaptado por Pablo para esta nueva situación. En Romanos 6:6 (y el *sintagma* similar, «co-enterrado», en Col. 2:12) el verbo está vinculado al bautismo, y a la luz de Gálatas 3:27 está claro que esto es lo que Pablo tiene en mente. Algo en la «sepultura» simbólica de ser sumergido en el agua, y en la «resurrección» simbólica de salir de ella, tiene el sentido que él entiende, en el que los acontecimientos mesiánicos de la muerte y resurrección de Jesús, prefigurados ya en el bautismo de Juan, recapitulan y llevan a su máxima expresión los acontecimientos de la Pascua y el Éxodo que el propio Jesús eligió como momento simbólico para sus acciones finales de instauración del reino en Jerusalén.[43]

Todo eso está en el fondo. Pero Pablo no se centra aquí en el *acontecimiento* de la llegada de alguien a la familia. El verbo es perfecto: está subrayando el *significado continuo* de ese acontecimiento pasado. Sigue hablando del *estatus y la identidad del judío que llega a creer en Jesús,* lo que ha estado enfatizando a Pedro a lo largo de este pasaje, con los gálatas, por así decirlo, escuchando. Lo que quiere decir es que, al incorporarse al pueblo del Mesías, *él, Pablo, ha muerto.* Ya no es la persona que era antes. Esto explica, por fin, por qué la muerte del Mesías, aun siendo el clímax bíblico de la historia de Israel, se convierte en «el escándalo de la cruz» para el pueblo judío.[44] Con la crucifixión del Mesías, ya no se puede identificar a los «judíos de nacimiento» (2:15) como automáticamente *dikaioi,* miembros de la familia de Dios. Juan el Bautista ya lo había dicho, veinte años antes: ser hijos físicos de Abraham era ahora irrelevante.[45] Esta paradoja impulsa todo el argumento de Romanos 9-11.

Pablo *no* dice todo esto como si esta «co-crucifixión» fuera simplemente una experiencia espiritual particular que él mismo hubiera experimentado. Sin duda, él podría contar historias de experiencias particulares, si así lo hubiese querido, pero ese no es precisamente su punto actual. Más bien, todo el párrafo está explicando, en los términos vívidos que se utilizan para una experiencia «personal», lo que de hecho sucede cada vez que un judío se convierte en seguidor de Jesús. Esto es lo que Pedro necesitaba saber, y los gálatas necesitaban saber que Pedro necesitaba saberlo. Los maestros judíos rivales de Galacia estaban dando a entender a los gentiles gálatas que ellos, los maestros, poseían un estatus especial al que los gálatas podían acceder si se sometían a la circuncisión, y que Pedro habría aprobado esta opinión.

---

[42] Este verbo compuesto no se cuenta antes de fuentes cristianas tempranas; se usa con el significado literal para los forajidos junto con Jesús en, por ejemplo, Mt. 27:44 (con una variante textual que quizá indica que el verbo no era bien conocido); Mc. 15:32; Jn. 19:32. Pablo usa el significado presente, transferido en Rom. 6:6.

[43] Véase el uso de «bautismo» por Jesús mismo: Marcos 10:38–39 y en otras partes.

[44] Véase Gál. 5:11; 1Cor. 1:23.

[45] Mat. 3:9–10; Lucas 3:8.

Pablo insiste en que no tienen ese estatus especial, y que cuando Pedro se había comportado de una manera que ofrecía indicios en esa dirección, él, Pablo, le había puesto en su sitio. Si él, Pablo, «a través de la ley murió a la ley», entonces también lo hizo Pedro y todos los judíos seguidores de Jesús. Lo supieran o no.

Entonces, si Pablo ha sido co-crucificado con el Mesías, ¿qué pasa ahora? ¿Qué estatus le deja esto – y no solo a él, sino a Pedro, Bernabé y todos los demás judíos seguidores de Jesús?

2:20 «Sin embargo, estoy vivo», dice, «pero ya no soy yo, es el Mesías quien vive en mí». En este punto, muchas traducciones, impulsadas (es de suponer) por una visión defectuosa de lo que Pablo «debería» estar diciendo aquí, pierden el claro énfasis del griego. Podríamos comparar las dos clásicas más antiguas, la KJV, que creo que capta el significado de Pablo, y la RSV, que lo esquiva:

> KJV: «Estoy crucificado con Cristo; *sin embargo, vivo*, pero no yo, sino que Cristo vive en mí».

> RSV: «He sido crucificado con Cristo; *ya no vivo yo*, sino que es Cristo quien vive en mí».

> La NRSV sigue la RSV, añadiendo solo «y» antes de «ya no soy yo».[46]

La tradición de la RSV parece haber sido aceptada por muchos comentaristas, pero apenas coincide con el griego: *Christō synestaurōmai zō de ouketi egō, zē de en emoi Christos*. Mi punto principal aquí es que parece indiscutible que *zō de* es enfático, y ofrece un contraste llamativo con *Christō synestaurōmai*; esa cláusula inicial se queda corta por el *zō de*: «Estoy co-crucificado», *sin embargo, estoy vivo*.[47] El «yo» aquí está oculto dentro del verbo (*zō*) y no puede ser subsumido bajo el *egō* que luego sigue, como parece hacerse en la tradición de la RSV. Lo que sigue (*ouketi... Christos*) explica en qué sentido Pablo está ahora «vivo»: se le ha devuelto la vida en forma de la vida del Mesías que habita en él. El *egō* aquí («ya no soy yo») se refiere al «yo» que ha sido co-crucificado y dejado atrás, mientras que el *egō* implícito dentro del verbo está vivo, y es dentro de este «yo» resucitado donde vive el Mesías (*zē de en emoi Christos*). El *ouketi*, en otras palabras, no está modificando el *zō de*, como en la NVI («ya no vivo»), sino el *egō*, como en la KJV

---

[46] *King* está más cercana a la KJV: «He sido crucificado juntamente con Cristo. Pero ahora vivo [y ya no] yo, sino Cristo vive en mí». NEB (seguida en REB) está en el medio pero quizá más cerca a RSV: «He sido crucificado con Cristo: la vida que ahora vivo no es mi vida, sino la vida que Cristo vive en mí». NVI sigue a RSV: «Estoy crucificado con Cristo y ya no vivo».

[47] Véase *St. Paul's Epistle to the Galatians*, de Lightfoot, 119: «De ahora en adelante I vivo una vida nueva—pero no yo, sino Cristo viviéndola en mí». Contraste con E. de W. Burton, *A Critical and Exegetical Commentary on the Epistle to the Galatians* (Edimburgo: T&T Clark, 1921), 137, quien dice que la tradición de KJV es «completamente injustificada» y que el *de* aquí debería ser tomado como «continuo» (él lo traduce como «y») en lugar de adversativo, así que *zō de* expresa «otro aspecto del mismo hecho».

(«pero no yo»). La lectura natural del griego, en otras palabras, no es «no soy yo quien vive», y menos aún «ya no estoy vivo», sino «vivo, pero ya no soy yo».[48]

¿Cómo se resuelve esto? La tradición representada por la RSV, la NVI y muchos traductores y comentaristas parece asumir que el *ou* en *ouketi* está negando no solo el *egō* sino también el *egō* implícito en el propio *zō*. Esto se acerca a decir que *zō de ouk egō* está simplemente desempacando y subrayando el «estoy crucificado», de modo que en efecto significa «he sido crucificado con el Mesías; (por lo tanto) ya no estoy vivo».[49] Pero Pablo ha escrito *de*, no *oun*. Pablo está siguiendo la historia de Jesús, y por supuesto lo que debe decir después de la co-crucifixión es la co-resurrección (como en pasajes como Col. 2:20-3:4). Una vez que eso se establece con el *zō de*, entonces el *ouketi* puede ejercer toda su fuerza en el *egō* posterior: Saulo/Pablo ya no es la persona que era antes. La vida que se afirma en el *zō de* se descompone así, por así decirlo, en sus partes componentes. En primer lugar, ya no es el mismo «yo» que existía antes; es el «yo» resucitado, la identidad mesiánica, a la que Pablo se refiere en otros lugares en términos de la morada del Espíritu, pero de la que aquí habla simplemente en términos del propio Mesías. En segundo lugar, Pablo sigue viviendo «en la carne» — no se ha evaporado, no ha muerto y resucitado literalmente, sigue siendo un ser humano y un judío — lo que se define como la vida *dentro de la entrega fiel* del Mesías. Volveremos a hablar de ello más adelante. Esta transferencia de tema tiene estrechas analogías con lo que dice Pablo en Romanos 7:1-6.

Esto corresponde exactamente, también, a lo que encontramos en Romanos 8:9-11. Allí, la presencia divina residente se denomina Espíritu de Dios, Espíritu del Mesías, Mesías, el Espíritu, y luego «el Espíritu del que resucitó a Jesús de entre los muertos», y finalmente «el Espíritu que mora». Es difícil imaginar con qué mayor énfasis podría Pablo afirmar que todas estas son formas diferentes de referirse a la misma realidad.

El hecho de que sea el propio Mesías el que da a Pablo su nueva identidad es muy importante para lo que Pablo le decía a Pedro en Antioquía, y para lo que Pablo les dice ahora a los gálatas a través de su conversación con Pedro. Lo que está en juego en todos estos debates es la creencia de Pablo de que los que se identifican como pueblo de Jesús se definen en términos de él, el Mesías, y solo de él. Esto tiene dos aspectos complementarios. En primer lugar, el creyente bautizado está «en el Mesías», como en 2:17, y ahí es donde, y por qué, Dios declara que esta persona es *dikaios* (en contraposición a *hamartōlos*). Ese será el argumento más importante del capítulo 3 en particular. En segundo lugar, la propia vida del Mesías, por la presencia del Espíritu (aún no mencionado), es la realidad oculta, el fundamento de la nueva motivación y, sobre todo, del amor. Podemos sentir la gratitud amorosa que se filtra por todos los poros cuando Pablo escribe el versículo 20: la vida que vive «en la carne» está «en la fidelidad del Hijo de Dios, que me amó y se entregó por mí».

---

[48] Pablo regularmente usa *ouketi* en relación al contraste escatológico entre lo que era antes y ya no: por ejemplo, Rom. 6:9; 2Cor. 5:16; Gal. 3:18, 25; 4:7; Ef. 2:19.

[49] Igualmente, por ejemplo, Oakes, *Galatians*, 93.

La secuencia de 2:19b-2:20a da lugar, pues, a un conjunto de afirmaciones muy contrastadas pero bien equilibradas sobre la muerte y la vida, la crucifixión y la resurrección:

A través de la ley morí a la ley,
 para que pueda vivir para Dios.
He sido crucificado con el Mesías.
 Sin embargo, estoy vivo
—pero ya no soy yo,
 es el Mesías quien vive en mí.

Todo esto confirma el sentido de que hay que dar toda la fuerza a la importantísima *zō de* del comienzo del versículo 20. Esto es importante, sobre todo porque, para Pablo, no hay un punto intermedio entre ser crucificado con el Mesías y ser resucitado con él. Puesto que Pablo acaba de decir que el sentido de su «muerte a la ley» era que podía «vivir para Dios», y puesto que dice dos veces más en el versículo 20 que «vive», calificándolo la primera vez con «en la carne» y la segunda con «en la fe», no puede haber ninguna objeción por motivos de sentido a traducir *zō de* como «sin embargo, vivo», con *ouketi egō* que luego irrumpe para modificar esto con «pero ya no yo, sino el Mesías».

Al igual que en Romanos 6:4-14, Efesios 2:6 y Colosenses 2:12 y 3:1, la visión de Pablo de la situación actual del pueblo del Mesías es que se encuentra en terreno de resurrección. Un prejuicio más antiguo trató de negar esto a Romanos 6 con el argumento de que era un trozo de triunfalismo deutero-paulino, pero sin esto la apelación de Romanos 6:1-14 no tiene sentido.[50] Jesús, habiendo muerto, ahora «vive para Dios» (6:10), y esto es por tanto cierto también para el creyente bautizado (6:11). La frase «vive para Dios» vincula estrechamente este pasaje (como vimos anteriormente) con el actual.[51] Pablo, que sigue insistiendo en lo que ahora es cierto para todos los judíos creyentes en Jesús, insiste en que, por un lado, han salido del dominio de la Torá, pero que, por otro lado, esto no los ha separado de Dios. Al contrario, están «vivos para Dios».

Por supuesto, Pablo diría lo mismo de los creyentes gentiles. Ellos también están «vivos para Dios». Pero antes no habían estado «bajo la Torá». Todo este párrafo está mostrando, en forma de resumen del discurso de Pablo a Pedro en Antioquía, que incluso el judío devoto que ahora es una persona con fe en el Mesías no está «bajo la Torah», con el objetivo a más largo plazo del argumento *a fortiori* implícito en el resto de la carta: si incluso Pablo, y Pedro y los demás, no están «bajo la Torá», no tiene ningún sentido que los gentiles adopten ese estatus. Pablo está enfatizando la nueva posición del creyente judío, (a) para *eliminar cualquier sentido de que los creyentes judíos deban separarse de*

---

[50] Véase mi *Romans*, 538.
[51] Sobre el debate de Jesús con los saduceos acerca de «vivir para Dios» (Lucas 20:38), véase *The Resurrection of the Son of God*, 425–26.

los creyentes gentiles, y por lo tanto, (b) *para eliminar cualquier sentido de que los creyentes gentiles deban asumir la regla de la Torá para unirse a los que han abrazado esta política separatista equivocada.*

Pablo está socavando así la posición de los maestros rivales, y de cualquiera en Jerusalén o en cualquier otro lugar que pudiera estar detrás de ellos. No es solo que los creyentes gentiles no necesiten circuncidarse. Si los propios creyentes judíos ya no se definen por su identidad étnica y sus marcadores tradicionales, entonces cualquiera que intente obligar a los creyentes gentiles a circuncidarse está equivocándose enormemente. Dichos gentiles estarían entrando, bajo coacción, en un grupo cuya identidad ya ha sido redibujada. El propio Mesías es el único punto de definición de la nueva realidad social y teológica. Y, aunque el Mesías es obviamente el punto culminante de la historia y la vocación de Israel, el hecho de que este Mesías haya sido crucificado y resucitado significa que todo su pueblo comparte esa muerte y resurrección. Esa es ahora su identidad definitiva.

Hay que decir con la mayor rotundidad posible que, puesto que la nueva identidad es el propio Mesías, *Pablo lo ve como el cumplimiento de las antiguas esperanzas de Israel y de las más profundas aspiraciones judías.* Esa advertencia vital impide que la conclusión a la que acabamos de llegar se entienda (aunque no me sorprendería que algunos la malinterpretaran) como algo anti-judío. Como en Filipenses 3, donde Pablo considera sus diversos privilegios étnicos como *skybala*, «basura», *para poder ganar al Mesías*, no se trata de abandonar el «judaísmo» por algo muy diferente. Para decirlo de nuevo, Pablo no está hablando de un «Mesías cristiano» en contraposición a un «Mesías judío». El Mesías es, y sigue siendo, el último descendiente de Judá, el antepasado de David. La llegada del Mesías es el cumplimiento definitivo de la esperanza de Israel. Pablo lo sabe y lo celebra. Por eso puede utilizar la palabra *Ioudaios*, sin un calificativo como «verdadero» o «real», para hablar de los que se han circuncidado «en espíritu, no en letra» (Rom. 2:29). Son el pueblo del Mesías, los descendientes de Judá. Pero para conseguir esta perla de gran valor, como el propio Jesús advirtió, habrá que abandonar otras perlas menores. Esa es la lógica de Filipenses 3:2-11. Y esa es la dinámica subyacente de Gálatas 2. Pablo sigue siendo, por supuesto, judío, y a veces utilizará ese hecho con buenos resultados en la argumentación, como en Romanos 11. Pero esa vida «según la carne» ya no es lo que determina su verdadera identidad.

En este pasaje, ya de por sí apretado, como hemos visto, nos encontramos con la yuxtaposición (a primera vista desconcertante) de «Cristo en mí» y «yo en Cristo». Pablo está «justificado en el Mesías» (v. 17), pero ahora «el Mesías vive en mí» (v. 20). Aquí también se agolpan otros paralelos paulinos, sobre todo de Romanos 6-8. Algunos estudiosos (con Albert Schweitzer) han tomado las dos ideas como funcionalmente idénticas, viendo ambas simplemente como expresiones del «misticismo de Cristo». Pablo es más preciso que eso. Tenemos que entender ambas ideas por separado y luego ver cómo funcionan juntas.

Así que, primero, «en el Mesías». Pablo utiliza esto mucho más a menudo que «el Mesías en mí», aunque eso puede reflejar simplemente el accidente de sus argumentos situacionales. Como en Gálatas 3:26-29, las personas son bautizadas *en el Mesías,* de modo que ahora deben «se revestirse de él» como un traje; son un grupo único «en él», y «le pertenecen». Al parecer, todas estas formas de referirse a la misma realidad se entrelazan. «El Mesías» es el *locus* de la identidad de los creyentes en Jesús. Llamarle «Mesías» indica tanto que él es el cumplimiento del plan de Dios para Israel como que él es ahora el lugar donde, y el medio por el que, su pueblo vive, se mueve y tiene su ser. Él es su identidad: son el «gente del Mesías», de modo que incluso se les puede llamar colectivamente *Christos*, como en 1Corintios 1:13 o 12:12 (y posiblemente en Gálatas 3:16, como veremos). Esta es, pues, la idea general de 2:15-21: buscamos ser declarados «con derecho» *en el Mesías* (2:17). Esto concuerda con otras exposiciones de Pablo sobre el mismo tema, especialmente en Romanos, pero también en pasajes como Filipenses 3:9.

Esta nueva identidad, sin embargo, implica claramente la degradación de la antigua identidad. Se podría decir el «abandono», ya que implica la «muerte», aunque sea metafórica, de la «vieja persona» (Rom. 6 de nuevo). Pero el «abandono» ignoraría el hecho de que Pablo sigue siendo muy consciente de sí mismo como judío, al igual que su insistencia en que no hay ni esclavo ni libre, ni «hombre y mujer» (Gálatas 3:28), sigue dejando espacio para dirigirse a los esclavos y a los libres como esclavos y libres (en Filemón, por ejemplo, y en los «códigos del hogar» en Efesios y Colosenses) y a los hombres y mujeres como lo que todavía son (en varios puntos de 1Corintios, y de nuevo en los «códigos del hogar»). La cuestión no es que la vida «carnal» (es decir, la vida terrenal ordinaria en el cuerpo actual decadente e inclinado al pecado) haya dejado de existir. La cuestión, más bien, es que ya no determina la identidad. Esa es la lección que tuvo que aprender Pedro. El mundo de hoy, en el que la «identidad» se ha convertido en un tema tan tenso, necesita aprenderla también.

Pero esa existencia «carnal» continuada no es una mera cáscara. Una nueva fuente de vida y energía se ha instalado en ella, una vida personal que Pablo identifica como la vida del propio Mesías. De ahí que pueda hablar del «Mesías en mí», lo que no significa exactamente lo mismo que «yo en el Mesías», aunque ambos están estrechamente relacionados. Pablo habla a veces del Espíritu, o del Espíritu del Mesías, que vive en él, y esto podría explorarse más a fondo con la ayuda de Romanos 7:4-6 y 8:9-11. La obra del Espíritu – o, como diría Pablo, el Mesías que vive en mí por su Espíritu – adquiere mayor relieve una vez que llegamos a Gálatas 4 y 5.

Así que podemos decirlo así: los que están «en el Mesías» son *también*, como una realidad que podemos separar al menos en el pensamiento de esa cuestión de estatus, *transformados desde dentro* por la presencia viva del Mesías, el Hijo de Dios. Esto, como vemos en Gálatas 4:6-7, es el comienzo de una auténtica *theōsis* paulina. Esto también nos llevaría demasiado lejos por el momento. Pero es importante notar aquí que, aunque el argumento de Pablo no se refiere en este punto a lo que podríamos llamar «experiencia cristiana», la línea de pensamiento que persigue supone esa sensación vívida e inquietante de la presencia del Mesías en el interior, conduciendo, guiando, reprendiendo, impulsando.

2:20b La segunda mitad del versículo 20 mantiene juntas las ideas de «yo en el Mesías» y «el Mesías en mí», aunque con el «en el Mesías» todavía dominante: «y la vida que aun vivo en la carne, la vivo en la fidelidad del Hijo de Dios, que me amó y se entregó por mí». La segunda cláusula («me amó y se entregó por mí») explica la primera («vivo en la fidelidad del Hijo de Dios»). La idea de que Jesús «se entregó a sí mismo por mí» forma un círculo con 1:4a, lo que sugiere que Pablo, a lo largo de los dos primeros capítulos, ha estado construyendo hacia este momento culminante. Todo lo que dice, desde el desafío inicial, pasando por su relato autobiográfico, y hasta el enfrentamiento con Pedro, se mantiene unido por el hecho de que «el amor del Mesías nos constriñe» (2Cor. 5:14).

La adición de esta declaración de la amorosa entrega del Mesías añade un enorme peso retórico, a través de su propia apelación al amor agradecido. Despreciar lo que el Mesías ha hecho, ignorando su amor derramado en favor de mantener los marcadores de los límites que se requerían durante la «presente era maligna», es rechazar la propia gracia de Dios, como en el versículo 21. También es vital para nosotros, siguiendo los giros y vueltas de la fraseología comprimida y alusiva de Pablo, recordar que no se trata de una cuestión de lógica seca y dura, sino de amor – rico, amor derramado – el «amor» del que hablaba el Deuteronomio, que celebraba Isaías, el amor de pacto que había llamado a Israel en primer lugar y que ahora ha llevado a cabo esa vocación en la llegada personal del «Hijo de Dios», Israel en persona, el rey de Israel en persona, el Dios de Israel en persona, para completar la vocación de Israel. Hay suficiente argumento en Gálatas 2 para excitar la mente más aguda. Pero a menos que veamos también que hay suficiente amor para derretir el corazón más duro, Pablo diría que nos hemos perdido el punto.

Este clímax se intensifica con la referencia de Pablo a Jesús como «Hijo de Dios». El uso de «Hijo de Dios» no es común en Pablo, pero es decisivo cuando lo hace.[52] En el Antiguo Testamento, se utiliza ocasionalmente para los ángeles o la «corte celestial»; a veces para Israel (especialmente en Éxodo); y a veces (en pasajes que el Nuevo Testamento recupera con entusiasmo) para el rey. Pensamos especialmente en el Salmo 2:7 y en 2Samuel 7:14, pero también en el hijo de David como primogénito de Dios en el Salmo 89:26-27. Estos ecos se recogen en pasajes mesiánicos de Qumrán y de otros lugares del período del Segundo Templo. Esto aumenta la probabilidad de que Pablo piense aquí en Jesús como el Mesías de Israel, y que su muerte se vea en términos de su fidelidad real a la vocación de Israel que, como la obra del siervo en Isaías 40-55, de alguna manera hace en nombre de Israel lo que Israel mismo no hizo. Al mismo tiempo, aquí y en otros lugares, Pablo utiliza el término «Hijo de Dios» para señalar que, con la muerte de Jesús, el Dios de Israel se implicó personalmente en la entrega.

Podemos corroborar esto considerando la secuencia de referencias al «Hijo de Dios» en Romanos 5-8. En 5:10, un momento culminante de un párrafo programático, Pablo habla de la reconciliación con Dios por medio de la muerte de su Hijo, como demostración y prueba de cuánto nos amó Dios, por muy pecadores que fuéramos. (Esta afirmación, por supuesto, solo tiene sentido si «Hijo de Dios» implica una fuerte identificación entre «Dios» y Jesús; no tiene sentido decir «te amo tanto que envío a otro

---

[52] Véase mi ensayo «Son of God and Christian Origins» en mi *Interpreting Jesus: Essays on the Gospels* (Londres: SPCK; Grand Rapids: Zondervan, 2020), 261–78; y *Paul and the Faithfulness of God*, 690–701.

a morir por ti»). Esto se reafirma en la que quizá sea la más crítica de todas las afirmaciones de Pablo sobre la cruz: «Dios envió a su propio Hijo en semejanza de carne de pecado y como ofrenda por el pecado, y allí mismo, en la carne, condenó el pecado» (Rom. 8:3). El punto se retoma en la «coda» al final de los capítulos 5-8: «Dios, después de todo, no perdonó a su propio Hijo; ¡lo entregó por todos nosotros!». (8:32). También en Gálatas encontramos la mención de Jesús como «Hijo de Dios» en un momento decisivo de la argumentación: «Pero cuando llegó el tiempo del cumplimiento, Dios envió a su Hijo, nacido de mujer, nacido bajo la ley para que pudiese redimir a aquellos que están bajo la ley, para que pudiésemos recibir la adopción como hijos». (4:4-5).

A partir de estos pasajes, parece que Pablo utiliza «Hijo de Dios» para destacar lo que a nosotros nos parecen dos líneas de pensamiento bastante diferentes, pero que para Pablo parecen haberse unido en una sola. «Hijo de Dios» significa el Mesías de Israel, el rey que derrotaría al enemigo final, restauraría el templo y traería la justicia al mundo de Dios. Al mismo tiempo, «Hijo de Dios» para Pablo se refiere a Jesús como aquel en quien, y *como* quien, el Dios Único de Israel ha cumplido sus promesas de volver en persona y hacer lo que el amor y la gracia siempre habían pretendido hacer, dar su propio ser por su pueblo. No conozco ninguna evidencia pre-cristiana que combinara esos dos papeles, esos dos significados de «Hijo de Dios». Pero parece que la combinación ya se daba por sentada a los veinte años de la muerte de Jesús.

Todo esto da cuerpo a la frase «la fidelidad del Hijo de Dios», que en todo caso se explica además por «que me amó y se entregó por mí». En Jesús, como expresión humana del Dios Único de Israel, Pablo vio promulgado el amor fiel del pacto que se prometió en el Deuteronomio, los Salmos e Isaías. (Pablo se basará en los tres a medida que avanza su argumento).

La idea principal del versículo 20 es, pues, la *ubicación* de Pablo. Él mismo, habiendo «creído en» el Mesías Jesús (2:16), se encuentra ahora *dentro de* esa fidelidad mesiánica. Esta es su identidad; y el sentido de que lo diga aquí es subrayar que ésta es también la identidad de todos los creyentes en el Mesías, más concretamente (en este párrafo) de los judíos seguidores de Jesús, como él mismo y Pedro, que necesitan saber que en el Mesías, y en ningún otro lugar, deben encontrar su verdadera identidad israelita. Lo que distingue a los creyentes en el Mesías de todos los demás es precisamente su *pistis,* y ahora empezamos a entender por qué. En muchas exposiciones posteriores de la «justificación por la fe», el significado de la «fe» ha sido que «no son obras», en el sentido de «no es la realización de un buen comportamiento moral»; es, en otras palabras, una cuestión de confianza en Dios en lugar de tratar de ganar algo para uno mismo. Por otra parte, la «fe» se considera a veces vital porque es «interior» y no «exterior», con la suposición vagamente platónica de que lo interior es de alguna manera «lo real» y que el ritual exterior o el cumplimiento de las leyes es inútil o irrelevante. Para decirlo de nuevo: por muy importante que sea la pureza del corazón y la sinceridad interior del culto, no es de esto de lo que habla Pablo aquí. No: la razón por la que la *pistis* es el distintivo *apropiado* de pertenencia al recién configurado grupo de parentesco ficticio trans-étnico de los seguidores de Jesús (es decir, la iglesia) es que era la marca que definía al propio Mesías. *Pistis*, fe, fidelidad, lealtad, confiabilidad: esta es la insignia mesiánica que marca a los seguidores de Jesús. En el próximo capítulo, Pablo demostrará que, por lo tanto, marca a la verdadera familia de Abraham.

Pero, obviamente, esto no puede ser cualquier *pistis*. El César exigía *pistis*. La lealtad era el pegamento que mantenía unida cada unidad del ejército, cada gremio de comerciantes, cada consejo de la aldea. Para Pablo, lo que importaba era específica y precisamente la *pistis Christou*, la fe en el Mesías, que puede definir en otro lugar como «la fe en el Dios que resucitó a Jesús» o «confesar a Jesús como Señor y creer que Dios lo resucitó de entre los muertos».[53] El Mesías había sido fiel al Dios de Israel y, al mismo tiempo, había sido el agente personal encarnado de la llegada de Dios en fidelidad al pacto, es decir, en amor generoso, a Israel y al mundo. Mientras que, como decíamos hace un momento, ningún texto judío anterior que conozcamos reúne la expectativa de un Mesías y la expectativa del regreso personal y salvador de YHWH, desde el punto de vista de Pablo estas dos cosas estaban, literalmente, hechas la una para la otra. Podríamos concluir entonces que cuando Pablo habla de que el pueblo está «en el Mesías», piensa en él como el verdadero pueblo de Dios, el Israel ampliado y extendido, y que cuando piensa en que el Mesías está «en él», está pensando en que Jesús viene como la encarnación del Dios de Israel para habitar con su pueblo y ahora, por su Espíritu, habita en él, como la gloria divina en el templo. Este tema no se desarrolla mucho en Gálatas, pero basta con echar un vistazo a la correspondencia con Corinto para ver que era fundamental en el repertorio de Pablo.

Entonces, ¿qué hacen los versículos 19 y 20 en el argumento de este párrafo y de la carta en su conjunto? *Pablo declara aquí su propia identidad nueva, y por implicación la de todos los judíos creyentes en el Mesías, como una persona del Hijo de Dios, una persona del Mesías. Su «fe» (que Jesús es el Señor y que Dios lo resucitó de entre los muertos) es el distintivo que muestra que está «dentro» de la propia fidelidad del Mesías.* Y esto relativiza todas las demás «insignias» que había llevado anteriormente, especialmente la circuncisión. Pablo funciona así como un paradigma, que es lo que su argumento necesita aquí. Esta autobiografía es la forma más tajante en que puede decir a Pedro y Bernabé, por un lado, y a los gálatas, por otro: si esto es cierto para mí, el judío ultra celoso, es cierto para todos los creyentes judíos. Y si esto es lo que les sucede a los judíos cuando creen en Jesús como Mesías, no puede haber razón alguna para que los gentiles se unan a la identidad judía de estilo antiguo, marcada en la carne masculina observante de la Torá. En cualquier caso, la noción de «identidad» se ha exagerado en la reciente erudición occidental, en sintonía con la «política de la identidad» posmoderna. Para Pablo, la única identidad que importa es la de ser una persona del Mesías, que es, como he subrayado, ser un verdadero israelita, un auténtico *ioudaios*. Pero para llegar a lo que no se es, hay que ir por un camino en el que no se es. *Christō synestaurōmai.*

Esto lleva a 2:15-21, y con ello a los dos primeros capítulos de la carta, a su pretendido clímax. Pablo y Pedro, ellos mismos judíos creyentes en el Mesías, encuentran su estatus personal, sociocultural y político – ¡así como teológico! – como

---

[53] Rom. 4:24–25; 10:9–10.

dikaioi no en su ascendencia carnal ni en su adhesión a las «obras de la Torá», sino en el Mesías y su fidelidad, respondida por su propia fidelidad. El pueblo de Dios, en otras palabras, ha sido radicalmente redefinido por, alrededor de y en la persona del Mesías. Pablo y Pedro son *dikaioi en* la medida en que están «en él» — aunque eso les haga parecer, en medio de «la presente era maligna» y de las restricciones de la Torah apropiadas para ese tiempo, *hamartōloi* por su asociación con los gentiles. Y los gentiles, al escuchar esta conversación entre Pedro y Pablo, los dos líderes cristianos judíos, deben sacar sus propias conclusiones. Pablo les ayudará a hacerlo en el resto de la carta.

2:21 El último verso del capítulo, y de todo el argumento inicial de la carta, reúne estos puntos complejos y elaborados hasta su formulación más sencilla. Se trata de la gracia divina. El punto de partida lógico de todo el pensamiento de Pablo, y especialmente de su pensamiento sobre la cuestión de cómo reconocer al pueblo de Dios, es siempre la acción de Dios en Jesús. Esto significa, en particular, la muerte de Jesús, interpretada a la luz de la resurrección: muchos aspirantes a mesías y profetas surgieron en el primer siglo, más o menos, y fueron eliminados sistemáticamente por los romanos o por grupos judíos rivales. Si Jesús fue diferente, fue por lo que sucedió después: Dios lo resucitó de entre los muertos *y con ello declaró que su muerte había sido un asombroso acto de amor de entrega, no simplemente un asesinato horrible y sin sentido.* Así que si Dios había hecho eso, todo lo demás tenía que replantearse en torno a ese punto. Si Pedro o Bernabé, o cualquier otro judío, dijeran que, a pesar de todo, podían ser *dikaioi* por medio de la Torá y sus «obras» que definen la etnia, serían acusados de despreciar la propia gracia: **Yo no dejo de lado la gracia de Dios. Si la «justicia» viene por medio de la ley, entonces el Mesías murió por nada**. Si se puede ser *dikaioi* siendo judíos observantes de la Torá, no se necesita un Mesías crucificado. Pero si eso es lo que Dios te ha dado, significa una redefinición radical. *Dikaiosynē* aquí es el estatus del pueblo de Dios, la «membresía del pacto» que Pablo expondrá más ampliamente en los próximos dos capítulos. En breve explicará que todo el pueblo del Mesías debe ser considerado como *dikaioi*. Pero el significado de Pablo en todo este párrafo ha sido que el pueblo judío, incluso los creyentes judíos, no pueden ser definidos como pueblo de Dios en términos de las costumbres y leyes tradicionales y ancestrales.

Así pues, en este capítulo, Pablo no ha abordado directamente el problema de los gálatas. Ha estado explicando, mediante un breve informe de su altercado con Pedro, que la muerte fiel del Mesías es el único punto de partida, el único punto de apoyo en torno al cual puede girar la pertenencia al pueblo de Dios. Pero los gálatas, al escuchar, habrán captado el punto. Los maestros rivales que les han estado diciendo que tienen que circuncidarse están pisando el mismo terreno que Pedro y los demás habían pisado en Antioquía cuando se separaron de los creyentes gentiles. Y Pablo ha mostrado ahora que el terreno en cuestión, que parecía tan firme y estable, ha sido socavado. Está vacío. No permite un lugar seguro para pararse. Ahora puede dirigirse directamente a los gálatas y demostrarles el punto positivo: si ya son personas del Mesías por el bautismo y la fe (plenitud), ya son *dikaioi*, miembros de pleno derecho dentro del pueblo de Dios.

¿Ganó Pablo la discusión con Pedro? Toda una escuela de pensamiento (la de F. C. Baur en el siglo XIX) se basó en la creencia de que no lo hizo. Pablo, según esta teoría, se convirtió en el fundador de algo que más tarde se llamó «cristianismo gentil», mientras que Pedro representaba el «cristianismo judío».[54] Incluso cuando rechazamos, como debemos, esta pieza de ficción hegeliana, podríamos haber esperado que si Pedro y los otros hubieran aceptado de inmediato el punto, Pablo podría haber dicho aquí algo como lo que había dicho en 2:9, confirmando a los gálatas que Pedro estaba ahora del lado de la interpretación de Pablo de «la verdad del evangelio».[55] Pablo, al contar la historia de esta confrontación tan reciente a los desconcertados gálatas, cree claramente que la lógica interna de los acontecimientos evangélicos se mantendrá ahora por sí misma, independientemente de quién se haya adherido o no, en un momento dado, al resultado.

Conclusión

Todo esto queda por resolver en el resto de la carta. Pero hay cinco cosas que decir brevemente a modo de conclusión, que apuntan a la cuestión más amplia de la «formación cristiana», tanto en la Galacia del siglo I como en la iglesia y el mundo del siglo XXI.

En primer lugar, en cuanto al lugar de 2:15-21 dentro del conjunto de los capítulos 1 y 2. Gálatas 2:15-21 forma una notable *inclusio* – aunque creo que esto no se suele notar – con la introducción de la carta en 1:1-5. El tema principal de cada parte es *la gracia*: esto es lo que Dios ha hecho en el Mesías, y esta acción redefine el propio cosmos y también al pueblo de Dios. La entrega del Hijo de Dios en 2:20 coincide con su entrega en 1:4, y en ambas es la implementación del propósito divino – no solo el propósito de Dios para (por así decirlo) otra persona, sino el propósito de Dios para el propio segundo «a sí mismo» de Dios. En este sentido, 2:15-21 no trata de la «inclusión de los gentiles» (aunque se incluye implícitamente, sobre todo en el versículo 17), sino de la *redefinición mesiánica*: La cruz y la resurrección de Jesús han redefinido para siempre quién es realmente el pueblo de Dios. Esto subyace a lo que Pablo ha llamado «la verdad del evangelio»: la creación de una nueva identidad colectiva humana, social y casi política, y dentro de ella un nuevo *tipo de* vida humana, una vida basada en la pura gratitud, una vida en la que se ha instalado una nueva presencia, un nuevo poder, una nueva personalidad: «Sin embargo, estoy vivo – pero ya no soy yo, es el Mesías quien vive en mí». Hay una buena razón por la que ese texto ha sido tan importante en los movimientos de espiritualidad y pietismo a lo largo de los años, al igual que hay una buena razón por la que este énfasis propio debe enmarcarse, como lo hace Pablo, dentro de la declaración de la nueva comunidad con sus peligros y obligaciones. La muerte del Mesías significa que la Torá ya no es el marcador de límites, incluso para el judío celoso –¡precisamente para el judío celoso! La resurrección del Mesías significa que todos los que están «en él» tienen una nueva vida, la vida mesiánica, atestiguada en primer lugar y

---

[54] Véase *Paul and His Recent Interpreters*, cap. 1.

[55] Igualmente deSilva, *The Letter to the Galatians*, 209, sugiriendo que se repararon cercas particularmente en el concilio de Jerusalén.

de forma reconocible por su participación en su fe/fidelidad. La «justificación», en este contexto, es la declaración divina, emitida en el propio bautismo (donde se articula y dramatiza la fe), de que todas las personas con fe en el Mesías son *dikaioi*. Así que, si alguien intenta ganar ese estatus una vez más por las «obras de la Torá» que definen los límites, tal persona se convierte en *adikos* – específicamente, en un *parabatēs*. Gálatas 2:15-21 revela por fin las profundas razones teológicas a nivel estructural de todas las cosas agudas pero inexplicables que Pablo ha estado diciendo hasta este punto. «La verdad del evangelio» es la verdad del Mesías crucificado y resucitado, y la redefinición de arriba a abajo del pueblo de Dios, y de cada miembro de esa familia, «en él».

En segundo lugar, todo esto se apoya masivamente en el contexto clásico, tal y como lo ha expuesto Teresa Morgan. Podemos plantear esto en ambos sentidos. (a) Si encontramos un texto helenístico del siglo I que habla de *dikaiosynē* y *pistis* en estrecha proximidad, podríamos esperar que hablara de la fundación, el mantenimiento y la definición de un grupo sociopolítico o sociedad. (b) A la inversa, si llegamos a un texto esperando – ¡como deberíamos hacer a partir de 1:1-2:14! – que esté hablando de la fundación, generación y mantenimiento sociocultural y, de hecho, político de dicha comunidad, deberíamos esperar que haga ese trabajo empleando el lenguaje de *pistis* y *dikaiosynē*. Y así es. El pasaje no trata, en otras palabras, de «cómo se salva la gente». La salvación sigue siendo vital para Pablo, pero no es el tema de esta carta. Él no está aquí jugando una fe «interna» contra las obras «externas». No está advirtiendo contra la idea de que uno puede ser justificado primero por la fe, pero luego necesita añadir algunas obras, o algunos rituales religiosos. Esas son meras distorsiones anacrónicas. Para Pablo, la discusión está enraizada en el mundo judío del Segundo Templo, donde lo que importa es decidir en el presente quiénes son *los dikaioi*, quiénes son los *hamartōloi*, y quiénes son los transigentes, los «complacientes», en el medio. Todo esto tiene sentido. Todo es vital para entender la vocación de la comunidad que sigue a Jesús hoy.

En tercer lugar, la Iglesia de nuestros días se ha visto muy afectada por su relación con el pueblo judío. El sentimiento de culpa permanente por el Holocausto – por mucho que creamos que la responsabilidad no recae en las iglesias, sino en las fuerzas neo-paganas de la sociedad occidental en general, ciertamente con una clara colaboración por parte de algunos contextos eclesiásticos – nos ha dificultado decir lo que hay que decir exegética y teológicamente sobre Gálatas en su conjunto, y tal vez particularmente sobre 2:11-21. No puedo insistir demasiado en que lo que está en juego aquí es el mesianismo de Jesús, y que esta cuestión significa lo que significa dentro del contexto judío del siglo I. O bien Jesús era (y por lo tanto sigue siendo) el Mesías de Israel, o no lo era ni lo es. Como vimos antes, no hay dos «Mesías», uno judío y otro cristiano, por mucho que la creciente tendencia a apegar la tradición cristiana al pensamiento de Platón haya dado esa impresión.[56] Y si Jesús era y es el Mesías, entonces el propósito de Dios para Israel y el mundo alcanzó su punto álgido con él, y el pueblo de Dios en y para el mundo está constituido en y alrededor de él. Decir esto es *afirmar* la llamada de Abraham, la vocación del pueblo israelita y el carácter divino y la autoridad apropiada de

---

[56] Véase Novenson, *The Grammar of Messianism*, cap. 5.

las Escrituras hebreas y sus promesas. No es, en otras palabras, una propuesta marcionista. Es *afirmar* el anhelo nacional judío de «libertad», aunque con un nuevo nivel de libertad, mucho más profundo que el que buscaba Saulo de Tarso.[57] Es *afirmar que la identidad de la* comunidad que sigue a Jesús está arraigada en las promesas bíblicas, expuestas en la Torá, los profetas y los escritos. Es *afirmar que la identidad* de la iglesia no ha suplantado la identidad de Israel, excepto en el mismo sentido en que todos los nuevos movimientos judíos en los doscientos o trescientos años a ambos lados de la época de Jesús estaban redibujando los límites de una manera u otra. Qumran, en ese sentido, era un movimiento claramente «relevista». La revuelta de Bar Kokhba era relevista, ya que afirmaba que Dios estaba exaltando a Simeón ben Kosiba como Mesías y desafiaba a todos los judíos a unirse o a perdérselo. La compilación de la Mishná fue una actividad relevista, que trazó una línea en la arena en torno a una comunidad, y una forma de leer las Escrituras de Israel, que reivindicaba la continuidad con Hillel, Shammai y sus sucesores, al tiempo que excluía a los que habían desviado a Israel hacia desastrosas especulaciones y movimientos «apocalípticos» y del «reino de Dios» (aunque algunas de esas personas bien podrían haberse considerado a sí mismas como fariseos shammaístas en aquella época).[58] También descartó a otros grupos judíos, en particular a los saduceos, que ya no existían cuando se redactó la Mishná. Hasta este punto, y solo hasta este punto, los primeros seguidores de Jesús constituían un movimiento «relevista», que declaraba que así era como el Dios de Israel había cumplido sus promesas.[59] Pero reclamaba el terreno elevado hasta el final: Dios había enviado a su Mesías, una expectativa judía fuera de serie; lo había resucitado de entre los muertos, cumpliendo así en un solo hombre lo que había prometido hacer por todo Israel; había cumplido los oráculos de los profetas de Israel, y había cumplido en particular — como expone Pablo en Gálatas 3 y 4 — las propias promesas de Abraham. Incluso había mostrado una nueva forma de cumplir la Torá, aunque Pablo no llegará a ello hasta el capítulo 5. Por mucho que Pablo haya replanteado sus categorías tradicionales, siguen siendo eso: las categorías tradicionales de la fe y la vida judías. Por lo general, cuando se habla de «relevo», se pretende sugerir que el movimiento en cuestión está dejando atrás el «judaísmo» y está sugiriendo otra cosa (tal vez un movimiento solo para gentiles, tal vez incluso un movimiento anti-judío) para ocupar su lugar. Esa nunca fue la intención de Pablo. Cuando pensaba que otros se movían en esa dirección, era rápido y severo en la reprimenda.[60]

Hay otra (cuarta) razón, también, por la que todo esto es vital para la formación de las iglesias e individuos cristianos en nuestros días. Gálatas es sobre todo un documento *ecuménico*, en el sentido de que constituye un largo argumento a favor de la *unidad* de todos los seguidores de Jesús, sea cual sea su origen, ascendencia o cultura local. Pablo

---

[57] Igualmente, con razón, Keener, *Galatians*, New Cambridge Bible Commentary, 71.

[58] Véase *The New Testament and the People of God*, 190–94.

[59] J. D. Levenson, *The Death and Resurrection of the Beloved Son: The Transformation of Child Sacrifice in Judaism and Christianity* (New Haven: Yale University Press, 1993), x; véase *Paul and the Faithfulness of God*, 1415.

[60] Rom. 11:11–32.

veía que la Iglesia corría ya el peligro de dividirse en líneas étnicas: una comunidad para los creyentes judíos, otra para los creyentes gentiles. Rechazó esta idea con pasión en todas las cartas que escribió. El hecho de que en el Occidente moderno demos por sentada la desunión de la iglesia — o que creemos iglesias que pretenden ser las únicas verdaderas, pero el problema no desaparece por ello — es una señal de que no hemos escuchado a Pablo de forma drástica. Nuestra visión de la teología de Pablo ha sido regularmente desapegada de la historia. Se ha comprado un esquema de soteriología al estilo del pensamiento de Platón, buscando «ir al cielo» y, por lo tanto, despreocupándose de la vida histórica real. Se ha desprendido de la reconstrucción histórica real de la situación de Pablo, imaginando que se pueden proyectar categorías del siglo XVI sobre el siglo I. En nuestro afán por ser «justificados por la fe» en este sentido moderno y sin apego a la historia — y en nuestro entusiasmo por la «seguridad» que recibimos entonces de que nuestro (mal) comportamiento moral no importa porque hemos «hecho una oración» o expresado de otro modo una «fe» inicial que no debemos contaminar con «obras» — no nos hemos dado cuenta de que, lejos de que la «justificación por la fe» sea una «doctrina» sobre la que eventualmente podríamos ponernos de acuerdo a través de las líneas denominacionales tradicionales, es de hecho la doctrina que declara que *todos los que creen en Jesús pertenecen a la misma mesa,* sin importar su origen étnico, cultural o moral. Los diversos movimientos en favor de la unidad de la Iglesia han hecho grandes progresos en el último siglo, en todo el mundo. Pero, por lo general, han tratado de trabajar de forma pragmática, en lugar de reconocer que, dentro de la carta fundacional de la Iglesia — el propio Nuevo Testamento — la carta que posiblemente sea nuestro primer escrito cristiano contiene el argumento ecuménico más poderoso posible. La muerte y resurrección del Mesías, y la incorporación a él de todos los creyentes, no dejan lugar a dudas. Como argumentará Pablo en el próximo capítulo, «todos son uno en el Mesías Jesús».

La quinta y última implicación de todo esto debería estar ahora clara. Hay ejemplos de cultos que la gente trató de introducir en Roma, cultos que se negaban a adorar a los dioses locales, pero que se agrupaban para rendir un culto diferente, constituyéndose así como una comunidad diferente, utilizando para ello el lenguaje de *dikaiosynē* y *pistis.*[61] Esto estaba destinado a ser visto como subversivo. La comunidad de Pablo, *mutatis mutandis,* hacía lo mismo. Poner en orden la constitución de la iglesia — como estaba haciendo Pablo en Gálatas — significaba aclarar las formas en que la gente del Mesías, formado por muchas naciones y tribus en lealtad a un único Señor y en culto compartido al Dios único, constituía un desafío al orden existente.

Sería reconocido como tal. Por eso, la persecución siguió en la mayoría de los lugares donde el mensaje de Pablo se impuso, aunque curiosamente no en todos. La única manera de que sus pequeñas comunidades, aun no plenamente formadas, pudieran escapar de las peligrosas consecuencias de su propia existencia sería reclamar el permiso que los romanos habían concedido al pueblo judío, según el cual se les permitiría

---

[61] Sobre la introducción de cultos nuevos, véase *Paul and the Faithfulness of God,* cap. 4.

abstenerse de adorar a los dioses paganos y adorar únicamente a su propio Dios. Esto, según Hechos 18, es lo que ocurrió en Corinto. Pero no en otros lugares; y esto, he sugerido, está en el corazón del problema en Galacia. Los grupos judíos locales, y tal vez los grupos judíos locales creyentes en Jesús, estaban naturalmente alarmados tanto por la existencia de esta comunidad de fe en el Mesías como por su reivindicación del privilegio judío, de la *dikaiosynē* del pacto. Sería intrigante indagar cuál podría ser el equivalente de esta situación hoy en día, no solo en el mundo occidental, sino en la iglesia de cualquier lugar.

La pregunta central en una controversia de este tipo tenía que ser entonces: ¿Quiénes son realmente los verdaderos hijos de Abraham? Este es el tema al que se refiere Pablo en Gálatas 3.

Antes de dejar este pasaje vital, conviene hacer algunas reflexiones sobre cómo se podría leer esta apasionada pieza de la retórica paulina en el contexto de la iglesia de hoy. Podría decirse que, si estoy en lo cierto en mi análisis, el intérprete podría quedar en la cuerda floja, ya que comparativamente pocos estudiantes contemporáneos de Pablo, o predicadores en las iglesias, son judíos que necesitan averiguar lo que ocurre con su identidad y estatus judío a través de la muerte y resurrección del Mesías. Y es importante que «escuchemos» ese significado inicial y primario para Pablo y no nos apresuremos a «traducir» sus preocupaciones específicas a otros desafíos generalizados.

Sin embargo, el propio Pablo proporciona en otro lugar la clave hermenéutica. De la misma manera que Jesús, en Juan 20:21, dice a los discípulos: «Como el Padre me ha enviado, así os envío yo», Pablo, en más de una ocasión, dice, en efecto: «Así como yo he aprendido a desprenderme de mis privilegios por causa del Mesías, así deben hacerlo ustedes». La enseñanza más extensa de este tipo se encuentra en 1Corintios 9, cuando Pablo utiliza su propia condición de apóstol, y el hecho de que se niega a comerciar con esa condición, como un ejemplo vital para la iglesia de Corinto de lo que significa renunciar a los propios derechos por el evangelio. En este caso, los «derechos» a los que podrían renunciar serían los derechos (se está dirigiendo a los «fuertes») a comer lo que quieran del mercado. Deben estar preparados para renunciar a ese derecho si eso hace que alguien con una conciencia débil vuelva a tropezar con la idolatría. Él es un apóstol, ellos no; pero puede «trasladar» el principio. De la misma manera, en Filipenses 3, Pablo enumera todos sus símbolos de estatus como el último judío celoso y luego declara que considera todo eso como un montón de basura, para ganar al Mesías. Entonces, dice, «únanse a imitarme». En un nivel, no pueden. Ni siquiera son judíos. Mucho menos son judíos estrictos y celosos, como lo había sido Pablo. Pero ellos también deben aprender a desprenderse del orgullo del estatus y del rango social o cívico.

Así, en el presente caso, Pablo está resumiendo, en beneficio de los gálatas, lo que le dijo a Pedro sobre lo que sucede a los judíos que llegan a estar «en el Mesías»; pero esto no significa que el texto no sea relevante también para todos los demás. Sabemos por Romanos 6 que lo que Pablo dice aquí sobre sí mismo lo diría también de todo cristiano bautizado: has muerto al pecado, ahora estás en tierra de resurrección, y no estás bajo la ley. Si antes eras judío, eres, por así decirlo, un judío cumplido, pero ese cumplimiento ha llegado a través de la cruz y la resurrección del Mesías, y ya no estás bajo la Torá. Si antes eras gentil, ahora estás incorporado a la familia mesiánica, y para ti también la cruz y la resurrección caracterizan tu vida… y no debes ponerte bajo la Torá, de la que el judío seguidor de Jesús acaba de «salir».

Sin embargo, al hacer esta transición, es importante no identificar demasiado rápido «la ley», la Torah judía, con cualquier ley moral general que los gentiles, entonces o ahora, puedan o no conocer. Eso nos lleva al complicado territorio de Romanos 1 y 2, y Pablo diría sin duda que los gentiles sí tienen un sentido moral básico, aunque eso no impida que todos sean, de un modo u otro, idólatras e injustos (Rom. 1:18). El problema de una lectura generalizada demasiado apresurada es que conduce, y ha conducido en el pasado, a un anti-nomianismo del tipo que habría horrorizado al Pablo de Gálatas 5 y 6. Los creyentes gentiles, (como el presente escritor) deben leer «A través de la ley morí a la ley» con temor y temblor, pensando en el majestuoso libro del Éxodo y en el fuego del Monte Sinaí. Decir «no estamos bajo la ley» no es una renuncia trivial a una moral generalizada y anquilosada. Es una participación en la muerte del Mesías para salir de toda la tradición dada por Dios, con el fin de ganar al propio Mesías como el Señor resucitado, cuyas normas éticas, como en el capítulo 5, son a su manera más rigurosas todavía y solo pueden ser abordadas sobre la base de la cruz y en la fuerza del Espíritu. Al hacer este movimiento hermenéutico, debemos recordar siempre que Pentecostés era, para muchos judíos, la fiesta de la entrega de la Torá. La Torá se dio para que el pueblo pudiera constituirse en el pueblo portador del tabernáculo, la familia en cuyo seno vendría a habitar el Dios vivo. La muerte y resurrección de Jesús, y el don del Espíritu, se dan por pura gracia para formar a los creyentes como el pueblo en cuyo seno ese mismo Dios vivo vendrá a habitar, no solo para transformarnos en nosotros mismos y en nuestro comportamiento, sino — como dice Pablo de sí mismo en 1:16 — para revelar al Hijo de Dios «en mí». Esto es «lo que la Torá no pudo hacer», no por su propia culpa sino por nuestra debilidad humana. Salir del dominio de la Torá no significa liberarse de la obligación. Significa llegar a ser el pueblo en el que se hace realidad aquello a lo que la Torá apuntaba desde el principio: la morada del Dios vivo en y con el pueblo de su Hijo.

El punto central de este último párrafo es uno en el que se han apoyado millones de seguidores de Jesús a lo largo de los años. «La vida que aún vivo en la carne, la vivo en la fidelidad del Hijo de Dios, que me amó y se entregó por mí». Siempre que se lleve a cabo una predicación y una labor pastoral genuinamente a la forma de Jesús, la muerte fiel de Jesús, que se entregó a sí mismo, será la fuerza motriz y la guía. Y el amor derramado en la cruz, generador de un amor que responde, permanece en el centro de la formación tanto de los seguidores de Jesús, tanto de individuos como, aún más exigente, de comunidades que buscan invocar y seguir al Hijo de Dios. Hay una línea recta desde aquí hasta Filipenses 2:1-18: el amor de entrega de aquel que siempre fue «igual a Dios» proporciona tanto el modelo como el motivo de una comunidad como la que el mundo nunca había visto. Lamentablemente, muchos de los que observan las iglesias del mundo actual tampoco lo ven.

GÁLATAS 3:1-14

Traducción

^{1}¡Gálatas necios! ¿Quién los hechizó? ¡Jesús Mesías fue crucificado frente a sus ojos! ^{2}Hay una sola cosa que quiero que me digan. ¿Ustedes recibieron el Espíritu haciendo las obras de la Torá o al oír y creer? ^{3}Son tan necios: Comenzaron con el Espíritu, ¿y ahora van a terminar con la carne? ^{4}¿De verdad sufrieron tanto por nada— si es que de verdad va a ser por nada? ^{5}Aquel que les da el Espíritu y opera poderosas obras entre ustedes —¿lo hace a través de su complimiento de la Torá o a través de oír y creer?

^{6}Es como Abraham. «Él creyó a Dios, y le fue contado por justicia». ^{7}Así que saben que es la gente de fe quienes son hijos de Abraham. ^{8}La Biblia vislumbró que Dios justificaría a las naciones por la fe, así que le anunció el evangelio a Abraham por adelantado, cuando le dijo «las naciones serán benditas en ti». ^{9}Así que ya ven: la gente de fe es bendita junto con el fiel Abraham.

^{10}Porque, ya ven, aquellos que pertenecen a «las obras de la ley» ¡están bajo una maldición! Sí, eso es lo que la Biblia dice: «Maldito es cualquiera que no se apega fielmente todo lo que está escrito en el libro de la ley para ponerlo por obra». ^{11}Pero como nadie es justificado ante Dios en la ley, «el justo por la fe vivirá». ^{12}La ley, sin embargo, no es por la fe: más bien, «quien la ponga por obra vivirá».

^{13}El Mesías nos redimió de la maldición de la ley, al convertirse en una maldición en nuestro lugar, como la Biblia dice: «Maldito es aquel que es colgado en un madero». ^{14}Esto fue así para que la bendición de Abraham pudiese fluir a las naciones en el Rey Jesús — y para que pudiésemos recibir la promesa del Espíritu, a través de la fe.

Introducción

Llegamos ahora a la gran sección central de Gálatas. Los comentaristas están de acuerdo en que comienza en 3:1, aunque difieren en cuanto a dónde termina. Eso no tiene mucha importancia: Pablo está trabajando con varios temas; la cuestión es ver cómo discurren los diferentes argumentos entrelazados y cómo se interrelacionan. Hay una línea natural que va de 3:1 a 3:29; hay otra que va de 3:1 a 4:11; pero estas introducen otras discusiones que continúan al menos hasta el 5:1 y, en algunos casos, hasta el 5:12. En cierto sentido, esto tampoco importa demasiado, ya que Pablo no sigue sumisamente ningún modelo retórico concreto, sino que deja que su argumento dicte su propia forma y flujo.[1] Cuanto más he vivido con Gálatas, más he llegado a la conclusión de que la línea de pensamiento iniciada aquí continúa efectivamente hasta el 5:1. Pero los argumentos a favor de este punto de vista, y las consecuencias exegéticas de leer la carta así, deben surgir sobre la marcha. Por el momento, tomamos la sección más corta; el capítulo 3 parece dividirse deliberadamente en dos partes (3:1-14; 3:15-29), con el versículo 15 que inicia un nuevo desarrollo con «Mis hermanos y hermanas…».

¿Por qué el énfasis en Abraham?

Lo que importa mucho más que la estructura retórica hipotética es la cuestión de por qué Pablo dedica tanto tiempo a Abraham, tanto aquí como en Romanos 4.[2]

La mayoría sigue sugiriendo una de estas dos razones. En primer lugar, algunos dicen que para Pablo, Abraham es un *ejemplo* de alguien que está «justificado por la fe», una especie de *prueba bíblica* lejana. E. P. Sanders opinó que, una vez que Pablo había experimentado la justificación por la fe (llegando a creer en el Señor resucitado), recorrió su concordancia mental en busca de pasajes que relacionaran «justicia» y «fe» y solo encontró dos: Génesis 15:6 y Habacuc 2:4. Así que, concluyó Sanders, Pablo metió estos dos pasajes en Gálatas y Romanos como «pruebas de la escritura».[3] Muchos que no soñarían con sugerir que Pablo adoptó un enfoque tan aparentemente aleatorio han adoptado efectivamente el mismo punto de vista, ya que la comprensión normal después de la Reforma, en la que toda la discusión es sobre la relación de las «obras» con «ser salvo», no tiene necesidad de Abraham, excepto como este tipo de marcador posterior, un «ejemplo» bíblico de largo alcance de una «experiencia» y/o una «prueba» de una «doctrina», una experiencia universalmente válida y una doctrina universalmente verdadera, ninguna de las cuales necesita estar vinculada a la antigua historia de los patriarcas de Israel, salvo en beneficio de la ilustración y la aparente autentificación.

La segunda sugerencia habitual es que Abraham había sido introducido en la discusión por los oponentes de Pablo. Según esta teoría, ellos habían estado explicando a los ex-paganos gálatas que para ser «salvos» necesitaban adoptar el signo del pacto de la circuncisión, ya que eso era lo que Dios había ordenado a Abraham en Génesis 17. Por lo tanto, Pablo se vio obligado (según este argumento) a proporcionar una forma alternativa de leer la historia de Abraham en su relación con la posición de los creyentes en Jesús, aunque, si se le hubiera dejado, no habría querido ir en esa dirección.[4]

En efecto, es posible, quizá incluso probable, que los maestros rivales de Galacia hayan utilizado a Abraham y Génesis 17. Pero, si esa era la razón de Pablo para hablar de Abraham aquí, es notable que no mencione Génesis 17 en Gálatas (aunque sí lo hace en

---

[1] Así, me alejo de los diversos debates sobre la forma y la estructura retórica, en particular las propuestas de H.-D. Betz en su famoso comentario Hermeneia (1979).

[2] Sobre esto, en adición a varias secciones en *Paul and the Faithfulness of God*, véase «Paul and the Patriarch», en *Pauline Perspectives*, cap. 33.

[3] E. P. Sanders, *Paul and Palestinian Judaism* (Londres: SCM, 1977), 483–84; E. P. Sanders, *Paul, the Law, and the Jewish People* (Filadelfia: Fortress, 1983), 21, y frecuentemente en conversación y seminarios.

[4] Igualmente, por ejemplo, deSilva, *The Letter to the Galatians*, 264: la exposición de Abraham es «es en gran medida complementario a la propia argumentación [de Pablo]».

Romanos 4 dentro de su argumento más amplio allí).[5] Creo que hay tres razones mucho más importantes por las que Pablo quiere exponer Génesis 15 aquí. Estas ofrecerán una mejor y más rica comprensión de Gálatas 3 y 4, y de hecho de toda la carta, y del modo en que el argumento real de Pablo contribuye materialmente a la cuestión de la «formación cristiana» en la Galacia del siglo I, así como en el cristianismo global del siglo XXI.

En **primer** lugar, está la narrativa subyacente a la que Pablo apela implícitamente. En el Génesis, tal como está, y en varias lecturas judías de ese gran libro, *el llamado de Dios a Abraham es la respuesta al problema de los humanos y del mundo.* Dios llama a Abraham para corregir el problema de Adán, y así volver a encarrilar el proyecto mismo de la creación. Pablo no expone esto en Gálatas, pero su uso en otros lugares – está entretejido en el tejido mismo de los romanos – indica lo importante que era para él, como para muchos otros judíos.[6] Después de todo, mucho depende de cómo se cuente la historia de la Biblia. Lamentablemente, muchos cristianos han visto el llamado de Abraham y su pueblo, incluida la entrega de la ley mosaica, como un experimento fallido: Dios trató de hacer buenas a las personas dándoles la ley, y no funcionó. Lo máximo que se puede hacer con las Escrituras hebreas es buscar en ellas patrones de avance, imágenes, tipos, alegorías, «figuras», que apunten hacia adelante, aunque sin ningún sentido de continuidad histórica, a la operación de salvación finalmente exitosa en Jesús. El Antiguo Testamento se percibe, pues, como una mezcolanza de posibles textos de prueba, que hay que sacar del contexto según convenga. Este enfoque, aunque muy extendido y a menudo lleno de sutil aprendizaje, es esencialmente trivial. Apunta a un semi-marcionismo implícito: de acuerdo, mantendremos las Escrituras, pero no las leeremos como la historia de Israel.

Para el judío devoto del primer siglo, en cambio, la pertenencia a la familia de Abraham lo era todo. En los Salmos de Salomón (probablemente fariseos), que examinamos antes en relación con Gálatas 1 y 2, encontramos una oración sorprendente:

Y ahora, tú eres nuestro Dios, y nosotros somos el pueblo al que has amado.
Mira y ten compasión, oh Dios de Israel, porque somos tuyos,
y no nos quites tu piedad, para que no nos ataquen.
Y elegiste a la descendencia de Abraham por encima de todas las naciones,
Y pusiste tu nombre sobre nosotros, Señor,
Y no nos rechazarás para siempre.
Hiciste un pacto con nuestros padres sobre nosotros,
Y esperaremos en ti cuando volvamos nuestras almas hacia ti.
La misericordia del Señor está sobre la casa de Israel para siempre y siempre (9:8–11).[7]

---

[5] Rom. 4:10–12.

[6] Véanse los detalles completos en *Paul and the Faithfulness of God*, 783–95.

[7] Trad. *NETS* (Pietersma y Wright). Véase también 18:3: «Tus juicios están sobre toda la tierra con piedad, y tu amor está sobre toda la descendencia de Abraam, los hijos de Israel».

Lo que importa al judío celoso es estar dentro del pacto abrahámico, ser parte de la «simiente» de Abraham. Ese es el resultado del amor activo y compasivo de Dios y el fundamento de la misericordia final de Dios. Saulo de Tarso habría afirmado esa proposición con entusiasmo; el apóstol Pablo la afirmó con igual entusiasmo. Pero el apóstol Pablo había llegado a creer que el amor divino había llegado en la persona del Hijo divino. La amenaza del «ataque» seguía estando muy presente, pero la misericordia divina ganaría al final.

También para los Salmos de Salomón, el Mesías venidero (que sustituiría a los ilegítimos gobernantes asmoneos) cumpliría las promesas del Salmo 2. Solo que ahora derrotaría no solo a las naciones malvadas sino también a los pecadores (judíos) que habían usurpado «la herencia». Él «aplastaría la arrogancia de los pecadores como una vasija de alfarero» y «destrozaría todo su cimiento con una vara de hierro».[8] La relectura subyacente del Salmo 2 tiene un resultado sorprendente (y muy paulino): cuando el Mesías, el verdadero rey, reúna a su pueblo, la palabra que Dios dirige al propio rey en el Salmo 2 («Tú eres mi hijo», 2:7) se pronunciará sobre todos ellos: «los conocerá, que todos son hijos de su Dios» (Salmo 17:27). Como el rey del Salmo 2, todos recibirán la herencia (17:28-29). Todo esto sucederá porque Dios es *fiel* a sus promesas (17:10: *pistos ho kyrios*; cf. 8:28). Este será el momento en que se revele la «justicia» divina, cuando se proclame la «buena nueva».[9]

Todo esto constituye un trasfondo instructivo para Gálatas, ya que el ex fariseo Pablo reflexiona sobre los mismos textos bíblicos a la luz de un Mesías muy diferente al que se espera en los Salmos de Salomón. También Pablo tiene en mente el pacto con Abraham y su consiguiente herencia. También él lo interpreta en términos de una nueva lectura del Salmo 2. Solo que, a diferencia de los Salmos de Salomón, sigue lo que dice el salmo bíblico, que la «herencia» será ahora todo el mundo – un punto que se destaca con más fuerza en Romanos 4:13, pero que es igualmente relevante para Gálatas, ya que aquí subyace la insistencia de Pablo en que el evangelio es para todas las naciones por igual. El Mesías de Israel es ahora el verdadero Señor de todo el mundo.[10]

Si situamos entonces a Pablo dentro de esta cosmovisión re-pensada-farisaica, vemos claramente que para él el evangelio de Jesús está realmente enraizado en la fidelidad de Dios a sus antiguas promesas. Por lo tanto, su argumento requiere que discierna las formas en que la acción de Dios en el Mesías y por el Espíritu puede ser vista como el complimiento de las antiguas promesas, no tanto a través de tipos y sombras sino por un único plan global. Dios había querido decir lo que había dicho, y finalmente había hecho lo que había prometido. Por lo tanto, como han argumentado Richard Hays y muchos otros, cuando Pablo cita las Escrituras, suele tener en mente todo el contexto, y está

---

[8] Sal. Slm. 17:23, haciendo resonancia Sal. 2:9.

[9] La justicia divina: véase Sal. Slm. 2:10; 2:15 (*egō dikaiōsō se*); 2:18, 30–32; 5:1; 8:7 (*edikaiōsa ton theon*); 8:23 (*edikaiōthē ho theos*); see also 8:26; 9:2, 4; 10:5; 11:1: *kēruxate en Ierousalēm phōnēn euangelizomenou*, hacienda eco, por supuesto, Is. 40:9; 52:7.

[10] En este punto me hubiera gustado poder aprovechar más y comprometerme más con la tesis E. McCaulley, *Sharing in the Son's Inheritance: Davidic Messianism and Paul's Worldwide Interpretation of the Abrahamic Land Promise in Galatians* (Londres: T&T Clark, 2019).

aplicando todo ese contexto más amplio a la cuestión que tiene ante sí en Galacia.[11] Eso, como veremos, se aplica a muchas cosas en Gálatas 3, no solo a Abraham.

La **segunda** razón por la que Abraham es importante para Pablo, aquí y por implicación en todas partes, es que en su lectura de las promesas de Abraham, Dios le prometió a Abraham no solo una pequeña porción de territorio, sino el mundo entero. Pablo lo dice, sin explicarlo, en Romanos 4:13, y aquí, en Gálatas, el punto se desarrolla. Proviene de la combinación de Génesis 15 y pasajes similares con el Salmo 2 y otras promesas mesiánicas, en las que la «herencia» ya no es «la tierra de Canaán» o un equivalente cercano, sino «las naciones» y «los confines del mundo».

Es de suponer que Pablo pensaba que esta herencia se daría a la «simiente» de Abraham en el «reino de Dios» pleno y definitivo, que aun estaba en el futuro (Gálatas 5:21). Pero no debemos suponer que esto se refiera entonces a un futuro «celestial» completamente discontinuo con el mundo actual. Si utilizamos frases como «el mundo venidero», las mentes occidentales modernas pensarán en términos de «ir al cielo», pero Pablo seguía pensando en términos judíos del siglo I, en un rescate y una transformación *de* la creación presente, como en Romanos 8:18-30 o Filipenses 3:19-21. La cuestión, pues, en términos de la agenda de Pablo al escribir esta carta, es que *la misión gentil en la que los gálatas están ahora atrapados es el comienzo, la anticipación, el signo que apunta al futuro, de esa herencia mundial venidera.* Cuando Pablo hace hincapié en la «herencia» en Gálatas 3:18, 29; y 4:7 — y luego de forma dramática en 4:30 — no solo está asegurando a los gálatas gentiles que forman parte de la familia de Abraham. Basándose en el tema bíblico de la «herencia», insiste en que no son meros añadidos, una especie de extensión graciosa causada por una relajación de las normas, sino que son el comienzo del largamente prometido gobierno mundial de los descendientes de Abraham. Filón y Josefo habrían entendido la línea de pensamiento, por mucho que se hubieran horrorizado al pensar en un hombre crucificado como gobernante mesiánico y en gentiles incircuncisos entre los herederos legítimos.[12]

La **tercera** razón por la que Pablo necesita exponer las promesas abrahámicas está relacionada con el contexto teológico más amplio de Galacia, que, como hemos visto, incluye lo que llamaríamos el entorno sociocultural. Recapitulando: cuando los paganos gálatas escucharon y creyeron el evangelio, dejaron de adorar a los dioses locales, incluyendo las divinidades imperiales. Su justificación para este movimiento contracultural, que estaba destinado a ser visto como antisocial y un peligro para la ciudad o la región más amplia, habría sido que ellos eran judíos en cierto sentido, y en ese mismo sentido (todavía sin duda desconcertante) exentos del culto pagano. Pretendían refugiarse bajo el permiso oficial romano.

Esto iba a producir una reacción airada de varias partes. Sus vecinos paganos sabrían lo suficiente sobre los judíos como para darse cuenta de que este nuevo grupo no se parecía a los judíos que ellos conocían. Probablemente les molestaría su comportamiento antisocial, calculado (pensarían) para provocar la ira de los dioses locales. Los grupos

---

[11] Hays, *Echoes of Scripture in the Letters of Paul*; véase la discusión en *Paul and His Recent Interpreters*, 96–102.

[12] Véase *Paul and the Faithfulness of God*, 120–21.

judíos locales, los que hasta ahora se habían resistido al mensaje de Pablo, confiaban ellos mismos en el «permiso» romano para mantenerse a salvo de cualquier acusación de deslealtad cívica. Ver a otro grupo reclamando el mismo permiso, pero sin las mismas raíces étnicas habría sido personalmente irritante y socialmente preocupante. En tercer lugar, los judíos locales que *habían* aceptado a Jesús como Mesías y Señor podrían no haber pensado todavía en cómo iba a funcionar esto. Cuando «algunas personas vinieron de Jerusalén» (parafraseando lo que sucedió en Antioquía, suponiendo que algo similar había sucedido en Galacia), bien podrían suponer que su propia posición era repentinamente precaria. Estarían ansiosos por persuadir a los nuevos ex creyentes paganos en Jesús de que se circuncidaran para evitarles problemas.

La respuesta de Pablo a todo esto es doble.

En primer lugar, los propios judíos, por muy devotos que sean (¡con el propio Pablo como ejemplo principal!), tienen que someterse a la humillación de morir y resucitar con el Mesías para poder pertenecer a su familia (eso era, después de todo, lo que el propio Jesús había advertido en pasajes como Marcos 8:34-38). Ese, como vimos, era el punto de Gálatas 2:15-21, y Pablo volverá al mismo tema desde nuevos ángulos en lo que viene ahora, y en lo que dice en otros pasajes, como Filipenses 3 y Romanos 2-3. No se trata, pues, de que los gentiles creyentes en Jesús se añadan simplemente a la comunidad judía ya existente, que en sí misma no cambia sino por ampliación. Los miembros judíos de la familia de Jesús, con el propio Pablo como ejemplo obvio, han llegado ellos mismos a donde están ahora a través del dramático cambio de identidad al compartir la muerte y resurrección del Mesías.[13]

En segundo lugar, Dios siempre previó una última familia mundial de Abraham marcada por la *pistis*; y esta familia ha llegado a existir mediante la muerte y resurrección del Mesías y el don del Espíritu. La familia de Jesús a la que se han unido los ex-paganos gálatas es, por tanto, la verdadera familia de Abraham. Pablo es muy consciente de que está pisando una línea muy fina. Para que su argumento se ajuste al punto en cuestión, esta nueva familia del Mesías debe ser claramente lo suficientemente «judía» como para reclamar el «permiso» romano. Pero su judaísmo es un judaísmo *transformado*. No es sorprendente que esto sea difícil de argumentar con claridad. Pero de eso tratan estos capítulos.

El final del capítulo 3 aclara todo esto. El objetivo de Pablo es decir a los gálatas: *ustedes ya son la verdadera familia de Abraham, así que no necesitan nada más.* Ya tienen todo el «estatus» y la «identidad» que necesitan para argumentar — con independencia de que alguien les preste atención — que están oficialmente exentos del culto pagano y constituyen una nueva comunidad con su propia legitimidad y larga historia. Este punto es normalmente pasado por alto por los comentaristas que siguen asumiendo, a pesar de la ausencia de pruebas, que Pablo está «realmente» hablando sobre el camino de la «salvación» y el lugar de las «obras» dentro de ella. Han querido que responda a la pregunta de Lutero: «¿Cómo puedo encontrar a un Dios misericordioso?» y, por tanto, no se han dado cuenta de que Pablo está abordando una pregunta diferente: «¿Cómo le

---

[13] This is inevitably controversial. I have discussed the issues quite fully in chapter 15 of *Paul and the Faithfulness of God*, where the crucial passage 1 Cor 9:19–23 is discussed at 1434–43.

da Dios a Abraham la familia única que le prometió?». Para muchos comentaristas, por lo tanto, Pablo debería haber concluido su discusión sobre Abraham diciendo: «Entonces, si eres de la familia de Abraham, perteneces a Jesús el Mesías». Pero lo que dice, con la fuerza de un QED, es al revés. «Si son del Mesías, *son de la familia de Abraham*». Esa era la cuestión que había que plantear.

Esto queda más claro cuando observamos el medio verso anterior, *«todos son uno en el Mesías, Jesús»*, y luego completamos la conclusión («y, si son del Mesías, son familia de Abraham. Están en condiciones de heredar la promesa»). Otra indicación en la misma dirección es que la palabra para «familia» aquí es *sperma*, «simiente». Abraham tiene una única «simiente»; y, Pablo está diciendo, si perteneces al Mesías, eres parte de ella. Si los exégetas hubieran tomado nota de cómo concluye el capítulo, se habrían ahorrado muchas perplejidades. Pero las viejas suposiciones mueren con fuerza, obligando a la gente a leer todos los detalles sobre Abraham, sobre la maldición de la ley, sobre la alteración de un testamento, sobre la simiente y el mediador, como si todo se relacionara *de alguna manera* con la cuestión relativa a los papeles respectivos de la «fe» y las «obras» (en el sentido de «buen comportamiento moral») en el proceso de salvación, aunque no esté muy claro cómo. Estos autores tienden a mirar con recelo las interpretaciones alternativas, como la mía, y nos acusan de ignorar la «salvación» en favor de la sociología.[14] Las cuestiones soteriológicas más amplias están justo detrás de las cuestiones inmediatas y apremiantes de la justificación; pero la «justificación» aquí no se refiere principalmente a una decisión en un tribunal de justicia celestial que contribuya a la seguridad de la salvación final del creyente, sino a la declaración por parte del Dios Único, al resucitar a Jesús el Mesías de entre los muertos, de que todas las personas del Mesías son ahora *dikaioi* en lugar de *hamartōloi*, con las consecuencias inmediatas de que todos pertenecen juntos a una única familia y a la misma mesa. Ese imperativo «sociológico» – tan ampliamente ignorado en las iglesias occidentales actuales – es de hecho el contexto de la propia visión de Pablo sobre la «seguridad». La acogida de todo tipo de personas en la única familia de la fe es el don práctico y externo por el que los seguidores de Jesús se dan mutuamente la evidencia visible y tangible de que son amados por el Único Dios. En otras palabras, no se consigue la «soteriología» ignorando la «sociología». Como en Romanos 14 y 15, la acogida mutua dentro de la familia del Mesías es el signo de esa *koinōnia* en la que todos pueden apoyarse mutuamente para gloria de Dios.

¿Cómo funciona la historia de Abraham?

Entonces, si Pablo realmente quiere exponer la historia de Abraham por sí misma, ¿qué hace con ella?[15] ¿Cómo *funciona* la historia, en el mundo judío al que pertenece, y cómo

---

[14] Un buen ejemplo es S. Westerholm, *Perspectives Old and New on Paul: The Lutheran Paul and His Critics* (Grand Rapids: Eerdmans, 2004); véase la discusión de él y otros en *Paul and His Recent Interpreters*, 123–28.

[15] En Génesis, el nombre original del patriarca es «Abram», alargado en 17:5. Uso siempre la versión larga.

funciona para Pablo? En particular, ¿cómo entendería la gente de forma natural el capítulo vital, Génesis 15, en el que Dios hace su pacto con Abraham?

Pacto y Comunidad

Aquí me remito de nuevo a Teresa Morgan. En su obra *Roman Faith and Christian Faith* tiene un resumen notablemente explícito de cómo se entendería Génesis 15 de la Septuaginta de en el mundo helenístico. Allí, ella dice,

> *Dikaiosynē*, y aún más la yuxtaposición de *dikaiosynē* y *pistis*, tienen matices inequívocamente sociales, políticos y jurídicos… [Son] términos de orden social y de contrato o pacto social entre las esferas divina y humana y entre los seres humanos… Cuando a Abram se le atribuye *dikaiosynē*, seguramente los hablantes griegos le atribuyeron algo más que una relación personal con Dios. [Y, podríamos añadir, más que tener un cúmulo de méritos morales «acreditados» a él como si el tema en consideración fuera una antropología moralizada y forense]. Se le marcó como elegido para desempeñar su papel en el establecimiento de la sociedad que crecería a partir de su descendencia y se convertiría en Israel. Del mismo modo, la *pistis* de Abram se presenta como algo más que la de un individuo obediente a su Dios. Es una acción independiente y socialmente fundacional, que permite una fase nueva y creativa en la relación divino-humana y en la sociedad humana.[16]

Pablo estaría rotundamente de acuerdo. Como señala Morgan, Génesis 15 continúa con el establecimiento del pacto entre Dios y Abraham, permitiendo «la evolución de una relación que es social y política, así como personal». Debemos notar el «además de». No se trata de «sociología *contra* soteriología», como sugieren a veces los nerviosos tradicionalistas. Se trata de una lectura bíblica holística y completa. Resulta fascinante que Morgan señale que cuando Josefo y Filón vuelven a contar esta parte de la historia de Abraham, omiten precisamente las partes que podrían sugerir que esta era la base del pueblo de Israel como *politeia*, una comunidad sociocultural. Josefo no quería dar a entender a su público romano que el pueblo judío *era* realmente ese tipo de comunidad.

A Filón, como es habitual, solo le interesaba la aplicación alegórica.[17] Así pues, concluye Morgan, los traductores de la Septuaginta elegían regularmente el lenguaje *pistis* «en momentos de cambio y toma de decisiones, cuando la relación entre Dios y su pueblo se retrata como entrando en una nueva fase, o se hace un pacto que creará o dará forma a Israel en el futuro».[18]

---

[16] Morgan, *Roman Faith and Christian Faith*, 181.

[17] Morgan, *Roman Faith and Christian Faith*, 183–84.

[18] Morgan, *Roman Faith and Christian Faith*, 188. Señala que esta no era la única traducción disponible de *emunah*: a veces en su lugar se escoger *alētheia*, indicando «la conexión cercana entre la confiabilidad y verdad de Dios en el pensamiento de la Septuaginta» (188n38).

Es cierto. Cuando Pablo coloca Génesis 15:6 en primer plano en Gálatas 3 (y en Romanos 4), está haciendo lo mismo. Morgan no hace aquí las mismas observaciones exegéticas o teológicas que yo, pero lo que dice se ajusta a mi lectura. Pablo, escribe, entiende que su comunidad entra en una relación con Dios que la hace «indistinguible de Israel»: es «el cumplimiento de las promesas de Dios a Israel, no... una comunidad nueva y separada». Utiliza, para esta comunidad, «el lenguaje tradicional de Israel como pueblo y como comunidad político-legal»; la relación divino-humana es «a la vez cuasi-doméstica y cuasi-política».[19] Esto me parece exactamente correcto.

Todo esto se centra en lo que Pablo entiende por la frase «le fue contado como justicia». A pesar del significado moralista-antropológico que nos es familiar en la soteriología occidental — en otras palabras, tomar «justicia» aquí para significar «posición moral», tal vez «mérito moral», acreditado como si fuera a la balanza bancaria moral de Abraham — insisto en que, en línea con Morgan, pero recurriendo también a otro pasaje, significa lo que Génesis 15 sigue diciendo: que Dios estableció su *pacto* con Abraham.

Hoy en día existe una enorme resistencia a la «teología del pacto», tanto entre los luteranos, que desconfían innatamente del calvinismo, como entre los partidarios de la llamada escuela apocalíptica estadounidense, que desconfían de la historia de la salvación. Pero estos son meros anacronismos. No estamos hablando ni del calvinismo ni de la noción decimonónica de la «historia de la salvación».[20] Estamos hablando de la recuperación en el primer siglo de las antiguas tradiciones israelitas, una recuperación que vemos en un modo en los Salmos de Salomón, en otro modo en Qumrán y en otro más en Pablo.

Consideremos el esquema básico del tema bíblico que Pablo está recuperando. El pacto original de Dios con Abraham se narra en Génesis 15 (*dietheto kyrios tō Abraam diathēkēn*, 15:18). El pacto se refiere a la «herencia» que recibirían Abraham y su «descendencia» (Génesis 15:3, 4 [dos veces], 7, 8). La promesa abrahámica se retoma en el Salmo real 2, donde esa «herencia», otorgada ahora al rey davídico venidero, se extiende hasta los confines de la tierra. Cada uno de estos temas es recuperado por Pablo en nuestro pasaje actual. Está exponiendo claramente Génesis 15 en Gálatas 3, y en el capítulo 4. Lo hace a la luz del Salmo 2 y su cumplimiento en el Mesías. Más concretamente, habla de lo que le ocurre a un *diathēkē* una vez que ha sido ratificado (Gálatas 3:15, 18), de cómo apunta a la «herencia» definitiva (*klēronomia*) (3:18, 29), y de cómo esta herencia definitiva se otorga no solo al «hijo», sino (de nuevo, como en los Salmos de Salomón) a los que son todos «hijos de Dios» (3:26; 4:6).

Por lo tanto, se puede afirmar a primera vista que Pablo está evocando deliberadamente la totalidad de Génesis 15: promesa, herencia, pacto y todo. La pertenencia a la familia de Abraham, tan importante para el autor farisaico de Salmos de Salomón 9, es vital para Pablo y para la formación, la auto-comprensión y la vida continua de sus iglesias gálatas. Como hemos visto antes, Pablo entiende la misión gentil

---

[19] Morgan, *Roman Faith and Christian Faith*, 276, 278.

[20] Véase *Paul and the Faithfulness of God*, cap. 10, y los diveros debates catalogados en *Paul and His Recent Interpreters*.

no simplemente como una forma de «conseguir que la gente se convierta», sino como el medio simbólico y real de extender y mostrar el reino del Dios de Israel, y de su «Hijo», hasta los confines de la tierra.

Hay otro pasaje que aclara la recuperación de Génesis 15 por parte de Pablo en Gálatas 3:6, más concretamente su uso de Génesis 15:6 (Abraham «creyó a Dios, y le fue contado por justicia»). Esto, por supuesto, se ha utilizado como texto de prueba para las teorías de la «justificación» en las que los seres humanos pecadores necesitan «justicia» para estar libres de vergüenza ante Dios, y, al no tener ninguna propia, deben confiar en una «justicia» de otra parte, con muchas teorías que compiten entre sí sobre qué es exactamente esta «justicia» y cómo los seres humanos pecadores descubren que se ha acreditado, como un don gratuito, en sus balances bancarios morales. Pero hay razones de peso para pensar que esta es una forma totalmente equivocada de interpretar Génesis 15:6. Para empezar, como hemos visto, el Génesis 15 en su conjunto comienza con Dios dirigiéndose a la desconcertante pregunta de Abraham y prometiéndole una familia inmensa e incontable (15:1-5). Continúa con un pacto de Dios con Abraham para dar a sus descendientes la «herencia» de la tierra de Canaán (15:7-20). En medio de estas dos promesas – familia y tierra – tenemos la (para nosotros) críptica afirmación de que, ante la promesa sobre la vasta familia, «Abraham creyó al Señor, y éste se lo reconoció como justicia».[21] Tendría un excelente sentido que este versículo se refiriera, no a una transferencia abstracta de «justicia» en el sentido habitual, sino al establecimiento del pacto de Dios con Abraham. Las evidencias que Teresa Morgan ha acumulado apuntan fuertemente en esta dirección. También lo haría el otro pasaje que tenemos que considerar.

Este otro pasaje es el Salmo 106:31 (105:31 en la LXX). El salmo relata las rebeliones de Israel en el desierto, una de las cuales provoca una plaga, tras la cual, según el salmo, Finees se levantó y «se interpuso» (*exilasato*) y la plaga cesó. Lo que realmente hizo, según Números 25, fue matar de un solo golpe de lanza a un hombre israelita y a una mujer moabita sorprendidos *in flagrante*. Y el resultado, en el salmo, es que esto «le fue contado por justicia de generación en generación para siempre». Ese es el único lugar en la Biblia hebrea o en la Septuaginta donde encontramos las mismas palabras que en Génesis 15:6, «le fue contado por justicia». Entonces, ¿qué significa?

Significa exactamente lo que Teresa Morgan dijo que debía significar: Dios estableció un *pacto* con Finees y sus descendientes después de él. Claramente no significa que Finees fue «justificado» en el sentido de tener la bondad moral acreditada en su cuenta bancaria celestial, o de tener la seguridad de «ir al cielo». Incluso si ese hubiera sido un posible significado de «contado como justicia» aquí, no tendría sentido decir, como lo hacen Números, Sirácida y 1 Macabeos, que el pacto de Finees continuó «de una generación a otra para siempre». Finees es ahora la cabeza de una familia bajo un pacto, en este caso una línea perpetua de sacerdotes.[22] Eso es lo que significa realmente «contado por

---

[21] NRSV repite «el Señor» en lugar de «él».

[22] Véase Núm. 25:12–13; Sir. 45:24; 1Mac. 2:54; cap. Is. 54:10; Mal. 2:4–5; véase *Paul and the Faithfulness of God*, 88, 848–49, con el apoyo interesante de F. B. Watson, *Paul and the Hermeneutics of Faith*

justicia». No se trata de que un individuo sea acreditado con un excedente moral. Se trataba del establecimiento del pacto de Dios con Abraham y su «descendencia» (Gén. 15:13, 18). Ese es precisamente el punto que Pablo recoge en Gálatas 3, como el argumento fuerte y claro para la seguridad – la seguridad para los ex-paganos gálatas de que realmente son descendientes de Abraham. «Si perteneces al Mesías, eres de la familia de Abraham (*sperma*). Están en condiciones de heredar la promesa (*kat' epangelian klēronomoi*)» (3:29).[23]

Pacto y Éxodo

Si la historia de Abraham trata de la formación de una comunidad, Génesis 15 insiste en que esta comunidad estará marcada como la comunidad *rescatada de la esclavitud*. En el centro de la creación del pacto en Génesis 15:13-16, Dios promete que la familia de Abraham será esclavizada en Egipto, pero que Dios finalmente los rescatará. A continuación, Pablo desarrolla el tema del «nuevo Éxodo», sobre todo en Gálatas 4:1-7, en consonancia con los anhelos post-exílicos de Isaías 40-55 y otros lugares.

Esto refleja en particular la teología del pacto más amplia del Pentateuco, que culmina en los últimos capítulos del Deuteronomio. Estos capítulos fueron vistos por varios escritores del Segundo Templo, desde los de Qumrán hasta Josefo, como la previsión a largo plazo de toda la historia de Israel: una historia de bendición seguida de la maldición del exilio, a la que seguiría de nuevo – ¡un día! – el rescate y la renovación del pacto. Algunos escritores del Segundo Templo correlacionaron todo eso con el «exilio prolongado» de Daniel 9.[24] Pablo reúne todo ese esquema de pensamiento. El Pentateuco, desde Abraham hasta el Deuteronomio, puede leerse como un relato de la historia del pacto del pueblo de Dios. Su motivo central es el Éxodo y, con él, el tabernáculo de Dios con su pueblo (véase más adelante). El exilio es la última «maldición» amenazada tanto en el Levítico como en el Deuteronomio, pero Dios ya había prometido que no sería definitivo. El pueblo de Dios sería finalmente rescatado, incluso de las profundidades del exilio.

Abraham y David

Como muchos han señalado, el tema de la realeza davídica, central en varias corrientes de pensamiento bíblico y post-bíblico, se relaciona regularmente con Abraham y las promesas que Dios le hizo. A veces el salmista parece decir que lo que Dios prometió a Abraham se iba a cumplir ahora a través de David. El ejemplo clásico es el Salmo 2, donde Dios se dirige al rey como su propio «hijo», y dice

---

(Londres: T&T Clark, 2004), 177 (= 2da ed., 2016, 162): «La 'justicia' eterna con la que Finees fue dotada claramente alude al 'pacto de paz' el cual también es un sacerdocio genuino».

[23] Es fascinante que Witherington (*Grace in Galatia*, 281) sienta que tiene que insiste que 3:29 «no debe verse como una idea de última hora, sino como una conclusión». Está reaccionando apropiadamente contra una tradición de lectura que ha marginalizado lo que era central para Pablo.

[24] Véase *Paul and the Faithfulness of God*, 114–63.

Pídeme y haré que las naciones sean tu herencia,
y los confines de la tierra tu posesión. (Sal 2:8)

Esto cumplirá las promesas más amplias a Abraham, en las que «todas las naciones» serán
(¡de alguna manera!) bendecidas en él (Gén. 12:3 y 18:8, citadas por Pablo en Gál. 3:8).
Luego, en el Salmo 72:17, «todas las naciones serán bendecidas» en el rey venidero. En
particular, el Mesías daría a su pueblo la herencia mundial prometida. Los relatos de
Abraham oscilan entre una promesa mundial, como en Génesis 12:3 (*todas las naciones
serán bendecidas*), y el enfoque más estrecho especificado durante la ceremonia del pacto
en Génesis 15:18-20 (desde el Nilo hasta el Éufrates). Los Salmos, al igual que los
últimos capítulos de Isaías, no muestran esa reticencia. La «herencia» será el mundo
entero, incluyendo todas las naciones y reinos. Esto es lo que Pablo cree que se está
cumpliendo ahora a través de su trabajo misionero. Este cumplimiento se vería socavado
si los maestros rivales de Galacia se salieran con la suya.

Pacto y Espíritu

Algunos escritores del Segundo Templo, mirando hacia la época del Éxodo y anhelando
un segundo Éxodo, entendían la gloriosa presencia divina en el tabernáculo en términos
del espíritu de Dios. Isaías (63:11), Hageo (2:5) y Nehemías (9:20) pensaban de esta
manera, y esta extraña presencia «espiritual» parece haber sido vista como algo más que
el simple equipamiento de individuos para tareas particulares (como en Núm. 11:17).[25]
Estos pasajes pueden ser vistos como una especie de respuesta al problema al que se
enfrentó Salomón en 1Reyes 8:27: ¿Cómo puede el Dios que el cielo mismo no puede
contener venir a morar con su pueblo en una tienda o un templo? Cuando esta forma de
pensar sobre el tabernáculo del desierto se proyecta hacia el nuevo Éxodo putativo, la
idea del Espíritu divino como agente de renovación de Dios va fácilmente con la promesa
de Ezequiel, Joel y otros lugares de que el propio Espíritu de Dios reviviría a su pueblo
en los días venideros.[26] Todo esto es bien conocido, pero debemos mencionarlo aquí
porque en Gálatas, Pablo destaca el don del Espíritu dentro del argumento sobre
Abraham y la justificación, y esto parece tratarse de algo más que simplemente un nuevo
tipo de «experiencia religiosa». El Espíritu en el presente, como insiste Pablo en otras
cartas, es el anticipo de la futura «herencia» definitiva.[27] Cuando llegamos a Gálatas 4:6-
7, queda claro lo que ocurre: esto forma parte de la asombrosa revelación del Dios
Único del monoteísmo judío, ahora revelado en forma triple. Ese es el contexto más
amplio en el que debemos leer las pequeñas insinuaciones sobre el Espíritu en el capítulo
3.

---

[25] Estoy agradecido con J. R. Levison por motivarme a considerer estos textos (en «The Spirit in Its
Second Temple Context: An Exegetical Analysis of the Pneumatology of N. T. Wright», en *God and the
Faithfulness of Paul: A Critical Examination of the Pauline Theology of N. T. Wright*, ed. C. Heilig, J. T. Hewitt,
y M. F. Bird [Tübingen: Mohr Siebeck, 2016], 439–62).

[26] Ez. 36:29; 37:14; 39:29; Jl. 2:28–29; cf. Isa 32:15; 44:3; 59:21.

[27] Véase, por ejemplo, 2Cor. 1:22; 5:5; véase abajo.

Conclusión

Podemos concluir esta extensa introducción a Gálatas 3 y 4 afirmando que Abraham es cualquier cosa menos un mero «ejemplo» de lo que Pablo está diciendo, y que Génesis 15:6, citado en el versículo 6, es cualquier cosa menos un «texto de prueba» aislado de una doctrina llamada «justificación por la fe», una doctrina sobre cómo los pecadores se «salvan» mediante la atribución de una cualidad llamada «justicia». La recuperación por parte de Pablo de la compleja historia de Abraham, comprensible como una innovación radical dentro de las diversas interpretaciones de las tradiciones de Abraham en el período del Segundo Templo, mantiene unidos varios temas interrelacionados dentro de un argumento que se podría resumir así.

En primer lugar, los que están «en el Mesías», en quienes habita el Espíritu de Dios, y exhiben la fe en el Mesías, *ya forman la familia única que Dios prometió a Abraham*. En segundo lugar, la ley judía (incluyendo la circuncisión) es irrelevante para esta familia, ya que fue (correctamente) diseñada para operar dentro de «la presente era maligna», el tiempo de esclavitud, que ahora ha terminado con la muerte del Mesías (al igual que la esclavitud en Egipto terminó en la Pascua). Tercero, por lo tanto, la elección que los cristianos gálatas enfrentan ahora es entre la esclavitud y la libertad. ¿Elegirán «volver a Egipto», fingir que la gran liberación no ha sucedido, o seguirán hacia la herencia prometida? Con esto, llegamos por fin al pasaje mismo.

3:1-5 - El Espíritu y la Fe

A menudo se leen los primeros cinco versículos del capítulo 3 como una «apelación a la experiencia religiosa».[28] El pasaje está muy cargado, con varias preguntas retóricas rápidas que se utilizan tanto para establecer un tono como para obtener respuestas reales.[29] Pablo puede suponer, en efecto, lo que ahora llamamos «experiencia»: los conversos gálatas se habían visto evidentemente afectados personalmente por una fuerza nueva y extraña, que había transformado sus vidas, provocado la fe y realizado actos poderosos, presumiblemente de curación. En otras palabras, su «conversión» (para usar ese lenguaje, que Pablo no usa aquí) no había sido simplemente una cuestión de persuasión intelectual. Pero la «experiencia religiosa» por sí misma no significa nada. Después de todo, en el mundo antiguo se ofrecían muchas variedades de experiencias religiosas, incluidos los estados de éxtasis, como indica Pablo en 1Corintios 12:1-3. La razón por la que Pablo hace estas preguntas desafiantes es muy diferente.

Como siempre en Pablo, tenemos que recordar no solo lo que *hace* el Espíritu (obras poderosas, dones especiales, producir «fruto», como en 5:22-23), sino lo que *significa* el

---

[28] Por ejemplo, Dunn, *A Commentary on the Epistle to the Galatians*, 150. Keener, *Galatians*, New Cambridge Bible Commentary, 118, sugiere un paralelo entre la descripción de Pablo de su propia «experiencia» en caps. 1 y 2.

[29] Keener, *Galatians*, New Cambridge Bible Commentary, 117, ve seis preguntas y sugiere que Pablo usa aquí el estilo de «diatriba» (sobre lo cual puede ver en *Paul and the Faithfulness of God*, 222, 224, 453, 458). Como veremos, la enumeración de las preguntas depende de la puntuación.

Espíritu. Una vez que planteamos la cuestión de esa manera, todo el presente pasaje puede resumirse en un tema paulino que, aunque no se enuncia en este breve pasaje, está claramente presente en su mente. El Espíritu es «la garantía de la herencia», como en Romanos 8:23, 2Corintios 1:22, 5:5 y Efesios 1:14. La palabra para «garantía» es *arrabōn*, «pago inicial», como en el primer plazo de un contrato. *El presente don del Espíritu era el anticipo de la nueva creación definitiva*, el «anticipo» de la «herencia» que estaba por venir, y esa «herencia», la pregunta «¿quién es el heredero?», es, por supuesto, un tema importante de estos capítulos.[30] Los hilos se unen finalmente en 4:6-7: «Y porque son hijos, Dios envió al Espíritu de su Hijo a nuestros corazones, llamando '¡Abba, Padre!' Así que ya no eres más esclavo, ¡sino un hijo! Y si eres un hijo, eres un heredero, a través de Dios». Este es el punto. Pablo no está diciendo: «Han tenido esta maravillosa experiencia espiritual, así que ¿por qué van a querer ahora cumplir también un poco la ley?» (Aparte de todo lo demás, la antítesis de la experiencia espiritual y el cumplimiento exterior es implacablemente moderna y, como tal, bastante irrelevante para Pablo y sus oyentes). Está diciendo: (a) Ya recibieron el anticipo de la herencia abrahámica, (b) por lo que deben saber que ya son miembros plenamente calificados de su familia, (c) sin referencia a la ley judía. El énfasis recae, pues, no en la experiencia humana en sí, sino en la realidad del Espíritu divino como garante de la pertenencia actual y de la herencia definitiva.

El Espíritu desempeña un papel vital, para Pablo, dentro de su narrativa implícita del «nuevo Éxodo». Pablo se hace eco del lenguaje del Éxodo en 4:1-7, como también lo hace en Romanos 8. Uno de los temas centrales de la narración del Éxodo es la gloriosa presencia divina, en la columna de nube y fuego que acompañó al pueblo en su viaje, conduciéndolo a su «herencia», y finalmente, al final del libro del Éxodo, viniendo a morar en el tabernáculo en el desierto.[31] También aquí, visto en la larga retrospectiva de la memoria judía, la presencia divina era el «anticipo» o la garantía anticipada, tanto de la llegada a la tierra prometida como de la presencia divina que habitaba en el templo de Jerusalén (véase, por ejemplo, Éx. 15:17). Cuando Pablo recoge este hilo narrativo y lo aplica a la comunidad de seguidores de Jesús, o al individuo, está afirmando implícitamente que el pueblo del Mesías es el pueblo del templo. El Dios vivo habita en ellos. En realidad, este es el comienzo de lo que se convierte en la tradición de la «teosis»: la reconstrucción orgánica de los seres humanos por la morada de Dios mismo a través de su Espíritu.[32]

Esto es lo que Pablo está sugiriendo aquí, en esta apertura tan cargada del capítulo 3. Los gálatas ya tienen en su interior la evidencia de que son el pueblo del nuevo Éxodo, en camino hacia la herencia plena. El poderoso Espíritu divino que ya habita en ellos no les fue dado porque trataran de cumplir la ley judía. El Espíritu fue dado a través del

---

[30] Véase esp. R. J. Morales, *The Spirit and the Restoration of Israel* (Tübingen: Mohr Siebeck, 2010).

[31] Éx. 13:21–22; 14:19–20; 40:34; Dt. 1:33.

[32] Esto ha sido explorado particularmente por M. Gorman en varias obras: *Inhabiting the Cruciform God: Kenosis, Justification, and Theosis in Paul's Narrative Soteriology* (Grand Rapids: Eerdmans, 2009) y *Becoming the Gospel: Paul, Participation, and Mission* (Grand Rapids: Eerdmans, 2015).

mensaje que, cuando lo escucharon, evocó la fe. Eso prepara el camino para la introducción de Abraham y su propia fe en el versículo 6.

3:1 Este versículo enlaza con el final del capítulo 2: la muerte del Mesías, elemento final del argumento anterior, es el motivo de apertura de la nueva dirección del pensamiento. La crucifixión del Mesías fue «retratada» en Galacia. Pablo puede querer decir simplemente que había descrito la crucifixión gráficamente. Algunos han sugerido que puede haber utilizado una ayuda visual, pero la gente de su mundo sabía muy bien cómo eran las crucifixiones. O bien, como piensan algunos, el propio cuerpo de Pablo, maltratado y con cicatrices como consecuencia de sus diversas palizas y otros abusos físicos, era en sí mismo una demostración gráfica.[33] ¿No podían sacar sus propias conclusiones, a partir de la escandalosa muerte del Mesías, de que todo el mundo de identidad judía había sido puesto patas arriba, y con él, el imperio de la ley mosaica? Bueno, tal vez no. No todo lo que estaba claro para Pablo lo estaba incluso para sus compañeros apóstoles, y mucho menos para los recién convertidos, atrapados en todo tipo de desafíos para los que sus vidas anteriores no les habían proporcionado ninguna preparación. Pero Pablo es implacable: Deben, dice, haber sido hechizados. Alguien les ha echado el mal de ojo. ¿Quién ha sido? En aquella cultura, como en muchas partes del mundo hasta hoy, la idea del «mal de ojo» – una forma común de maldición – era bien conocida. Jesús, el Mesías, fue representado «ante sus ojos», dice, como crucificado. ¿No debería eso haber evitado que sus propios ojos fueran cegados por algún hechizo?

3:2 Pablo declara que solo tiene una pregunta para ellos, pero si añadimos también el versículo 1, hace por lo menos seis: (a) ¿Quién los ha hechizó? (b) ¿Recibieron el Espíritu a través del mensaje del evangelio y la fe o a través de las obras de la ley? (c) ¿Son realmente tan tontos? (d) Habiendo comenzado en el Espíritu, ¿acaban ahora en la carne?[34] (e) ¿Han sufrido tanto en vano? (f) ¿Distribuye Dios el poderoso Espíritu a y a través de ellos por las obras de la ley o por oír y creer? Sin embargo, todas ellas se resuelven en una (no para quitarle el filo a la retórica de Pablo, sino para discernir lo que realmente quiere enfatizar): Con todo lo que les ha sucedido desde el día en que Pablo llegó a la ciudad y les habló de Jesús, ¿ha sucedido algo de eso porque estaban cumpliendo la ley judía? Las preguntas se responden solas: por supuesto que no. Dios estaba actuando poderosamente en su comunidad cuando Pablo anunció el mensaje sobre Jesús, y – como cuando Pedro anunció a Jesús a Cornelio y su familia en Hechos 11 – el Espíritu vino sobre ellos mientras escuchaban.

Este énfasis en la iniciativa divina hace más probable que, en la pregunta cuidadosamente equilibrada de Pablo, la palabra *akoē*, en la frase sobre «al oír y creer», deba tomarse como una referencia *al mensaje que se oyó* más que al acto de oír en sí mismo.[35] (El equilibrio de la frase en griego es como un par de balanzas, con **«recibieron el Espíritu»** en el centro y «las obras de la ley» y «el oír/la fe» en los

---

[33] Véase, por ejemplo, 2Cor. 4:10–11; 6:4–5; 11:23–28. Véase esp. la discusión en J. A. Dunne, *Persecution and Participation in Galatians* (Tübingen: Mohr Siebeck, 2017), 69–78.

[34] Es possible que «son tan necios» al inicio del verso 3 debería ser leído también como la introducción a la pregunta del resto del verso, dando un total de siete.

[35] Esto se me fue sugerido primero por Hays, *The Faith of Jesus Christ*, 128–31.

extremos: *ex ergōn nomou to pneuma elabete ē ex akoēs pisteōs*.)[36] No habían entrado en la vida y la disciplina de la sinagoga como condición previa a que recibieran el Espíritu y, por el hecho de recibir el Espíritu, se les aseguraba que ya formaban parte de la familia de Abraham. El mensaje fue anunciado, ellos creyeron y descubrieron que al hacerlo el Espíritu ya estaba actuando, produciendo entonces hechos poderosos (v. 5). En mi propia traducción he traducido la frase *ex akoēs pisteōs* como «oír y creer», y eso puede seguir transmitiendo parte del significado de Pablo. Pero el paralelo de este uso de *akoē* en Romanos 10:16 sugiere que es el propio mensaje el que hace el trabajo.[37]

Eso no resuelve la cuestión de la relación gramatical y de sentido de *akoē* y *pistis* aquí y en el versículo 5. La frase *akoē pisteōs* podría ser «el mensaje sobre la fidelidad del Mesías» o «el mensaje que evocó su propia fe», o podría ser ambas cosas. A la luz de mi lectura de Gálatas 2:16 (más arriba), Pablo podría haber querido decir efectivamente ambas cosas: la «fe» del creyente es la respuesta apropiada y definitoria de la comunidad a la «fidelidad» del Mesías. También hay un eco más lejano, pero interesante, de su frase *hypakoē pisteōs*, «la obediencia de la fe», en Romanos 1:5 y 16:26.

3:3 Pero el punto de Pablo, como lo dice de manera muy aguda, es que si lo primero que les sucedió cuando se anunció el evangelio fue que el Espíritu vino sobre ellos, entonces sería directamente una tontería tratar de continuar su peregrinaje con la «carne». No dijo, en el versículo 2, que su «recepción del Espíritu» fue realmente el *comienzo* de su vida cristiana, pero esto es claramente lo que supone. El mensaje fue anunciado; ellos escucharon y creyeron, y allí estaba el Espíritu, evocando esa fe (véase 1Cor. 12:3) y produciendo luego obras poderosas (Gál. 3:5). Nadie les había sugerido hasta ese momento que debían obedecer la ley judía, o que esa obediencia podría ser una condición para la poderosa obra del Espíritu.

El emparejamiento de «Espíritu» y «carne» – una pareja natural, que se remonta a la Escritura, pero con resonancias en la literatura filosófica popular – anticipa la cuidadosa exposición posterior de Pablo en el capítulo 5 sobre el «fruto del Espíritu» y las «obras de la carne». Esta antítesis funciona entonces como una sinécdoque para las realidades contrastantes de la nueva creación y la vieja, el reino de la vida por un lado y el reino de la corrupción, la decadencia y la muerte por el otro. En particular, Pablo tiene presente en todo momento – aunque rara vez lo explique – que la «carne» es en sí misma una sinécdoque del pueblo judío «según la carne», los descendientes físicos de Abraham, con una ascendencia carnal como contexto étnico y una circuncisión carnal como distintivo exterior.

Esto no es lo mismo que el contraste platónico que a menudo se invoca implícitamente en este punto, el contraste (es decir) entre las acciones «exteriores», las «obras» en ese sentido, y una disposición, decisión o devoción «espiritual» interior. Esa

---

[36] La totalidad de los cinco versos tiene un agudo sabor retórico. En adición al cuidadoso balance aquí, nótese el verso 3b: *enarxamenoi pneumati nyn sarki epiteleisthe*, con los dos verbos por fuera con el contraste espíritu/carne, por dentro la antítesis y la asonancia de los dos verbos *epichorēgōn* y *energōn* en el verso 5.

[37] Sobre este uso regular de *akoē* para significar lo que se ha oído en lugar del acto de oír, véase, por ejemplo, Éx. 23:1 y muchos otros ejemplos.

antítesis no bíblica se cuela a menudo en las discusiones sobre Gálatas, partiendo de la base de que la «fe» debe ser algo interior o «espiritual», mientras que las «obras» designan acciones exteriores en conformidad con una ley o una exigencia ritual. Ese es el camino hacia una súper-espiritualidad dualista y, en última instancia, hacia diversas formas de idealismo filosófico en las que se considera que el «judaísmo» es el tipo de religión equivocado porque tiene que ver con cosas «externas» como la sangre, la tierra, la circuncisión, etc. En la medida en que muchos, al oír hablar de la doctrina de Pablo de la «justificación por la fe, no por las obras», asumen que este tipo de antítesis es lo que tiene en mente, será bueno decir claramente en este punto que esto es una distorsión radical. Como vemos en el capítulo 5, muchas de las «obras de la carne» podrían ser practicadas por (lo que llamamos) «un espíritu sin cuerpo»; mientras que buena parte del «fruto del Espíritu» se expresa en acciones físicas «externas» apropiadas. Por lo tanto, lo que Pablo quiere decir con «empezar en el Espíritu y terminar en la carne» no es lo mismo que la preocupación que tienen algunos expositores posteriores a la Reforma sobre que la gente sea «justificada por la fe» y luego intente ser «salva por las obras». Pablo tiene en mente cuestiones muy diferentes.

3:4 Pablo agudiza el desafío: los gálatas ya han sufrido persecución, como Pablo advertía regularmente a los conversos que ocurriría.[38] ¿Todo eso es en vano? Si se hubieran circuncidado desde el principio, nada de eso habría ocurrido; entonces, ¿por qué iban a tirar ahora lo que habían ganado? La persecución también es una forma de «experiencia» que demuestra que pertenecen al Mesías crucificado; ¡no deben dejar que se desperdicie! ¿Sería «para nada», pregunta Pablo, resonando de nuevo con su propia ansiedad habitual, como en 2:2?

3:5 El pequeño y agudo párrafo llega a su punto culminante con una repetición de la pregunta inicial, solo que ahora reforzada con el énfasis en el hecho de que es Dios mismo quien les distribuye su Espíritu y quien opera con obras de poder en medio de ellos. La palabra «distribuye» (*epichorēgeō*) puede tener el sentido de un benefactor que reparte dones; la palabra «opera» las obras de poder es la misma que en 2:8, donde Pablo habla de que Dios «opera» a través de su ministerio y el de Pedro. De nuevo, por tanto, la pregunta se refiere, no al tipo de «experiencia» que tuvieron los gálatas per se, sino a la obra manifiesta de Dios en medio de ellos, anticipando la herencia completa y final cuando Dios sea «todo en todos». Entonces, pregunta, ¿hizo Dios solo esos signos preliminares, esos rasgos del reino ya inaugurado, porque ellos trataban de cumplir la Torá judía o porque el mensaje de la fidelidad del Mesías evocaba su fe contestataria? La pregunta retórica se responde a sí misma. La obvia respuesta implícita lleva a Pablo a la discusión principal que sigue. De ahí el *kathōs* al comienzo del siguiente párrafo. «Por supuesto que fue a través del mensaje de *pistis*; muy bien, esto les pone en el mismo mapa que Abraham y su *pistis*».

---

[38] 1Tes. 3:3–4.

3:6-9 - Abraham y el pacto

Con esos cinco versos tan cargados para ponerse en marcha, Pablo se acomoda ahora a su ritmo. **3:6** El *kathōs* no indica que Abraham sea simplemente un «ejemplo» de esto, como vimos, y mucho menos «una situación histórica análoga».[39] Es una palabra de transición, que abre el panorama más amplio de la historia bíblica en la que ahora se narra a los ex-paganos gálatas. El Génesis, y especialmente el capítulo 15, es vital para todo Gálatas 3, como lo es también, aunque de forma sutilmente diferente, para Romanos 4. La transición en cuestión, de 3:1-5 a la discusión principal del capítulo, a través de esta cita vital de Génesis 15:6, puede explicarse como sigue.

Pablo ha establecido, a través de sus preguntas retóricas, que el don inicial y la subsiguiente obra del Espíritu en Galacia se produjo no a través de la gente que se comprometió a guardar la Torá judía, sino a través del «mensaje de la fe» — que, siendo el sentido activo que «creer» está a punto de darse, ahora parece aún más probable que signifique «el mensaje que evocó la fe», aunque Pablo probablemente está feliz de permitir que el significado de «el mensaje sobre la fidelidad [de Jesús]» resuene también. Y el *kathōs* significa lo que dice: «Así como». Los gálatas comenzaron escuchando el mensaje y creyéndolo; Abraham en Génesis 15 escuchó la promesa y la creyó. Así fue como él también comenzó: eso es lo que indica el «Así como». Cuando ponemos Génesis 15:6 en su contexto, no se trata de una declaración independiente sobre que Abraham tenía el tipo correcto de acercamiento a Dios («fe» en contraposición a «obras») y que Dios, por lo tanto, o en consecuencia, le «acreditaba» con una cualidad o estatus llamado «justicia». Esa es una lectura completamente anacrónica del versículo, y en cualquier caso lo arranca de su contexto en Génesis 15. Ese capítulo comienza con la queja de Abraham a Dios de que no tiene ningún heredero, excepto «un esclavo nacido en mi casa», a lo que Dios responde dándole a Abraham la seguridad de que de hecho tendrá un hijo propio, del que saldrá una vasta e incontable familia. Esa es la promesa que Abraham «creyó». La promesa no era que Abraham, siendo ahora acreditado con «justicia», estaría así calificado para ir al cielo cuando muriera. La promesa era que tendría una vasta familia, y una tierra, la «herencia» prometida.

Esa es precisamente la doble promesa — familia y herencia — que Pablo analiza y discute a lo largo de Gálatas 3. El tema de este capítulo no es «cómo se salva la gente», sino «cómo consigue Abraham su familia prometida» y «cómo ha de obtener esta familia la herencia». El versículo 7 saca la conclusión preliminar que el versículo 29 refuerza después de la discusión intermedia: «Son las personas de fe las que son hijos de Abraham»; «Si pertenecen al Mesías, son de la familia de Abraham. Tienen derecho de heredar la promesa». A continuación, el versículo 7 del capítulo 4 subraya todo esto tras el momento decisivo del «Éxodo» de 4:1-7: ya no eres un esclavo, sino un hijo; y si eres un hijo, eres un heredero, por medio de Dios.

Esto abre nuevas posibilidades para entender la cita de Pablo de la famosa línea de Génesis 15:6 «creyó a Dios, y le fue contado por justicia». Como he argumentado

---

[39] DeSilva, *The Letter to the Galatians*, 277.

anteriormente, el papel del versículo 6 dentro del conjunto de Génesis 15, y el paralelismo con la declaración sobre Finees en el Salmo 106, sugieren fuertemente que «le fue contado por justicia» debe referirse al establecimiento del pacto – un pacto relativo a la familia y la herencia, los mismos temas de Gálatas 3, y los mismos temas sobre los que los gálatas seguidores de Jesús tienen que tener claro. Cuando Pablo cita la línea clave, lo hace para indicar que la creencia de Abraham en la promesa de Dios – su *pistis* – iba a ser la característica central de esa familia del pacto.

3:7 Pablo saca entonces precisamente esta conclusión: «es el pueblo de la fe», *hoi ek pisteōs*, el que es «hijo» de Abraham. Su existencia es el cumplimiento de la promesa divina; constituyen la familia del pacto. La cuestión de los hijos de Abraham se retoma, de forma no muy distinta, en Romanos 9:6-9.

Aquí, por supuesto, nos encontramos en una bifurcación del camino. Los exégetas de hoy pueden estar ahí, como Robert Frost, preguntándose qué camino tomar. Como estuvo a punto de decir Jesús, hay un camino ancho que lleva a la confusión, y son muchos los que lo encuentran: el camino que insiste en el significado no histórico de «justicia» como un depósito de crédito moral, contabilizado a alguien como parte de una soteriología moralista. Otros y yo hemos tomado el camino menos transitado, y eso ha marcado la diferencia: el camino de una auténtica exégesis histórica, dentro del contexto tanto de los significados grecorromanos de *pistis* y *dikaiosynē* como de las lecturas judías del Génesis y de la historia de Abraham, y también del contexto histórico más amplio de Pablo y de los gálatas en su conjunto.

El sentido de este planteamiento es inmediatamente evidente. Como acabamos de ver, la conclusión preliminar del versículo 7 muestra que Pablo no está hablando de un cúmulo de méritos morales que conducen a la salvación, sino de *la formación de una comunidad de hijos de Abraham*. Esto es enfático, como indica la colocación del *houtoi*: *hoi ek pisteōs*, «los de la fe», se convierte en un término técnico para todos los creyentes en Jesús, y el énfasis de Pablo es: «Los de la fe...». *Ellos – estos – son* hijos de Abraham». Todo el punto de la carta es que toda la gente de *la pistis* ya está marcada como familia de Abraham. Este es tanto el punto *teológico* en cuestión (son el pueblo de Israel que ahora hereda las promesas de Dios) como el punto *sociopolítico* en cuestión (son auténticos «judíos» en términos del permiso romano que les permite abstenerse de adorar a los dioses). Pablo no está haciendo la distinción abstracta entre «confiar» y «obrar», como si la primera fuera un tipo superior de actividad religiosa.[40]

3:8-9 El significado de «justificación» queda aún más claro en los versículos 8 y 9. Teniendo en cuenta el argumento que hemos planteado hasta ahora, y recordando el trabajo de Morgan sobre los significados de las palabras en su contexto histórico, podemos decir con confianza que cuando Pablo lee el Génesis, encuentra la «escritura» que dice que Dios *considerará a los gentiles como parte de la familia del pacto*. Por supuesto, eso conlleva el largo matiz de la salvación final; «heredarán el reino de Dios», como en 5:21. Pero ese no es el punto que Pablo está haciendo aquí, y no es lo que los gálatas necesitan que se les diga.

---

[40] Recientemente, DeSilva, *The Letter to the Galatians*, 277.

Así, Pablo amplía aquí, de forma típica, la declaración inicial de los versículos 6 y 7 para revelar lo que se escondía en ella. Personificando la «escritura», fusionando «lo que Dios dijo a Abraham según la Biblia» con «lo que la Biblia dijo», cita Génesis 12:3 (repetido sustancialmente en 18:18): «las naciones serán bendecidas en ti». Entiende la «predicación del evangelio» de las Escrituras no, notablemente, en términos de «el Mesías murió por tus pecados», sino en términos de la promesa de que «Dios bendeciría a las naciones en Abraham». Eso, después de todo, es lo que significaba «la verdad del evangelio» en el capítulo 2. La «bendición» aquí está estrechamente relacionada con el motivo de la «herencia». Dios tiene bienes creativos específicos que otorgar a su pueblo, y «en Abraham» se darán a todas las naciones.

Pablo parece dar por sentado aquí que si «las naciones» van a ser bendecidas «en» o «con» Abraham, esta vasta comunidad de «hijos» de Abraham no puede limitarse a los que poseen o guardan la Torá. Debe ser porque Dios «declarará justos», o «justificará», a estos no judíos sobre alguna otra base. Pablo concluye (con el mismo fundamento bíblico, es decir, Gén. 15:6) que esta base debe ser *pistis*. Aquí también, al igual que en 2:16, el verbo *dikaioō*, traducido regularmente como «justificar», debe significar «declarar *dikaioi*» (en contraposición, digamos, a ser declarado *hamartōloi*). La lectura de Pablo de Génesis 12, a la luz de Génesis 15, es que Dios siempre tuvo la intención de dar a Abraham esta vasta familia, comenzando con su propia descendencia física, pero luego extendiéndose para abarcar una compañía mucho más grande. Y la pista de cómo se reconocería esta compañía, marcada, en un mundo de mucha confusión, se da en la declaración del pacto de Génesis 15:6: será por *pistis*. La conclusión del versículo 9 refuerza y amplía, pues, la conclusión preliminar del versículo 7 y, al igual que este, apunta hacia la conclusión del capítulo en el versículo 29. Es vital tener en cuenta estas coordenadas a medida que avanzamos en el resto del difícil argumento de Pablo. Esto es lo que él cree que está diciendo, y debemos resistir la tentación de volver al «modo por defecto» de la lectura «normal» que encontramos en las discusiones soteriológicas occidentales modernas.

La mención de la «bendición», en la cita de Génesis 12:3, hace que Pablo pase de inmediato a la siguiente fase de su argumento. Las promesas a Abraham y su familia, hechas de forma tan dramática en el Génesis, dieron lugar a la larga historia de Israel. Esa larga historia se había topado con el grave problema sobre el que el Deuteronomio siempre había advertido. Solo una escatología dramática podía aportar la solución.

Antes de dejar los versículos 6-9, observamos dos cosas particulares. Primero, en Romanos 4 Pablo discute Génesis 15 en términos de la promesa de Dios de «justificar a los impíos». Esto se toma regularmente para indicar que Abraham mismo era «impío» en Génesis 15. No creo que ese sea el objetivo de Pablo. Al igual que en el presente pasaje de Gálatas, está sacando a relucir el significado de la promesa de Dios de dar a Abraham una vasta e incontable familia, que, como en el capítulo 12, tendría que incluir a los gentiles. Dios promete justificar a los *gentiles* impíos. Los contará y los constituirá como parte de su familia, sus herederos, el pueblo en el que se está deshaciendo la carga del pecado humano. Aquí, como en otras partes, la «justificación» implica, en efecto, la «salvación final», pero lo que Pablo quiere decir se refiere a la *situación actual* de los gentiles creyentes en Jesús. Son miembros de pleno derecho de la familia. Los judíos creyentes en Jesús (como Pedro en Antioquía y los maestros rivales en Galacia) deben tratarlos como tales, compartiendo una mesa común con ellos y – lo más importante en el presente argumento – ni siquiera soñar con «obligarlos a circuncidarse».

Lo segundo es el lenguaje incorporativo sobre Abraham. En el verso 8, citando a Génesis 12, Pablo tiene la «Escritura» diciendo que Dios bendecirá a las naciones «en ti». En el verso 9, extrayendo este significado más allá, dice que *los hoi ek pisteōs* son bendecidos «con el fiel Abraham». Al igual que en Romanos 6, donde la gente viene «*en el Mesías*» en el bautismo para que sean por lo tanto «*en él*», y para que mueran y resuciten «*con él*», así es con Abraham aquí. ¿Pero qué vino primero? «¿En Abraham o en el Mesías? ¿Es este el origen del famoso motivo paulino de «en el Mesías», *en Christō*?

Algunos han pensado que sí.[41] Yo me inclino más por pensar que la primera visión «incorporativa» de Pablo provino de la reflexión sobre el propio Mesías: cuando Dios resucitó a Jesús de entre los muertos, hizo en y por él lo que Pablo esperaba que hiciera por todo Israel. Esto puede haber llevado a Pablo a reflexionar sobre el lenguaje anterior de las Escrituras, enviándole de nuevo a la historia de Abraham en busca de una indicación previa de un patrón similar.

En cualquier caso, el sentido de incorporación de la condición de mesías de Jesús será importante a medida que avance el argumento. Pero podríamos observar que la «incorporación» de este tipo tiene que ver principalmente con la *pertenencia a una familia humana particular*. No se trata, en sí mismo, de que Jesús, como Mesías, sea de algún modo «más que meramente humano», al igual que la idea de estar «en Abraham» llevaría esa implicación sobre el patriarca.[42] Me apresuro a añadir que esto no implica ninguna duda sobre la creencia de Pablo en la «divinidad» de Jesús. Simplemente cuestiona si la vertiente «incorporativa» de su pensamiento refleja o expresa esa creencia.

3:10-14 - La maldición de la ley

Esto nos lleva al corazón de Gálatas 3, a uno de los argumentos más notoriamente difíciles en cualquier parte de Pablo. La mención de que el Mesías había sido «hecho maldición» en el versículo 13 ha desempeñado un papel tan importante en los debates sobre la teología de la «expiación» que es difícil desligar esos temas de la exégesis real. Sin embargo, al igual que en los versículos 6-9, donde las conclusiones preliminares de los versículos 7 y 9 sobre la composición de la familia de Abraham indican que la preocupación de Pablo es la eclesiología («¿Quién es el pueblo de Dios? ¿A quién se refieren las promesas de Abraham?»), aquí la conclusión del versículo 14 socava la lectura «normal» del pasaje. El punto final del argumento *no* es «para que seamos liberados de la culpa, la pena y el poder del pecado». Sin duda, si le hubiéramos preguntado a Pablo sobre esa cuestión, habría aceptado con entusiasmo que eso también

---

[41] Véase la discusión en *Paul and the Faithfulness of God*, 827.

[42] En contra del argumento principal a este punto de *The Origin of Christology* de C. F. D. Moule, (Cambridge: Cambridge University Press, 1977).

era cierto, aunque querría saber por qué estábamos cambiando de tema y evitando su verdadero desafío. Al igual que con la declaración inicial de la muerte de Jesús y sus efectos previstos (1:4), también aquí. Allí, «se entregó a sí mismo por nuestros pecados» fue para «rescatarnos de la presente era maligna». Aquí, el Mesías «se hizo maldición por nosotros» fue para «que la bendición de Abraham fluyera a través de las naciones», y también para que todos los seguidores de Jesús recibieran el Espíritu prometido, mediante la fe, como en 3:2-5.

Una buena parte de la confusión exegética sobre este pasaje ha sido causada por el fracaso a largo plazo de la iglesia para entender lo que la Biblia – ¡incluyendo el Nuevo Testamento! – dice sobre el propósito divino de llamar a Abraham y su familia, y cómo ese propósito divino se llevó a cabo a través de Jesús y luego se lleva a cabo en la práctica a través del Espíritu. Esto es parte del problema mucho más amplio de la iglesia que se aleja de la visión de Jesús y sus primeros seguidores – del reino de Dios que viene «en la tierra como en el cielo» – y abraza varios tipos de reducciones platónicas... y luego esforzándose en cada nervio exegético para hacer que el Nuevo Testamento encaje en el nuevo esquema.

Hagamos un experimento mental. Suponiendo que no supiéramos nada de los versículos 10 a 14, y solo tuviéramos los versículos 6-9 ante nosotros. No tendríamos ninguna dificultad en ver que Pablo estaba afirmando que Génesis 12 y 15 contemplaban una familia mundial categorizada por *pistis*. Si luego descubriéramos los versículos 15-29 como parte del argumento de seguimiento, encontraríamos que lo mismo es cierto allí: se trata del cumplimiento de la promesa pactada por Dios a Abraham de darle esta familia mundial. A no ser que los versículos 10-14 fueran un mero inciso, deberíamos suponer que, de alguna manera, continúan la misma línea de pensamiento, desde el versículo 9 hasta el 15.

Cuando miramos entonces el contexto más amplio de Gálatas, donde el capítulo 2 ya ha indicado con suficiente claridad dónde se trazan las líneas de la aguda controversia, esta cuestión de la familia mundial de Abraham está destinada a plantear la pregunta: ¿Cómo va a llegar esta «bendición» prometida a Abraham (como en 3:8-9) a las naciones? ¿Será a través del trabajo y el testimonio del pueblo de la Torá, de modo que los gentiles que quieran participar en esa bendición tendrán que convertirse ellos mismos en pueblo de la Torá?

Así, tal vez, podría haber creído Saulo de Tarso. Debemos ser cautos a la hora de invocar Romanos como guía para Gálatas, pero el paralelismo aquí es significativo. En otro lugar he defendido una lectura particular de Romanos 2:17-24 en la que «el judío» es «guía de los ciegos, luz de los pueblos en tinieblas, maestro de los necios, instructor de los niños», sobre la base de que, en la Torá, el judío posee «el esquema del conocimiento y de la verdad».[43] Creo que Pablo afirma todas estas cosas: esta es, en efecto, la vocación de Israel, desde el Génesis hasta Isaías y los Salmos, y en varios otros lugares.

---

[43] Véase *Pauline Perspectives*, cap. 30, y *Interpreting Paul*, cap. 2.

Pero las propias Escrituras de Israel, respaldadas por numerosos escritos del Segundo Templo que igualmente lamentan el mismo lamentable estado de cosas, indican que esta vocación no ha funcionado como podría haberlo hecho. El propio Israel necesita ser rescatado de la misma situación que el resto del mundo. La comunidad de Qumran habría estado de acuerdo con ello. También lo estaría el autor de 4Esdras. El argumento de Pablo continúa (Romanos 2:25-29) con la posibilidad hipotética de que Dios cree un «judío» y una categoría de «circuncisión» que sea «en el espíritu y no en la letra» (2:29), una categoría que Pablo completa en Romanos 5-8 con su imagen de la gente del Mesías. Esto, a su vez, al final de Romanos 2, plantea necesariamente la pregunta de para qué sirve ser judío o estar circuncidado (3:1). La respuesta de Pablo es que a Israel se le «confiaron los oráculos de Dios» (3:2).

Esto se corresponde muy estrechamente con el punto subyacente de Gálatas 3:6-9: a Abraham y su familia se les promete que las naciones serán «bendecidas» con ellos. Aunque Israel haya demostrado ser infiel a este encargo (Rom. 3:3), eso no puede anular la fidelidad de Dios. Esto nos lleva directamente a Romanos 3:21-26, donde la muerte fiel y redentora del Mesías representativo de Israel resulta ser la revelación de la fidelidad del pacto de Dios, que da lugar a la inclusión de los gentiles sobre la base de *la pistis* (Rom. 3:27-31). Así se cumplen las promesas de Génesis 15 mediante la creación de una única familia mundial, caracterizada de nuevo por la *pistis* (Rom. 4).[44]

Esto, *mutatis mutandis*, es exactamente la misma línea de pensamiento que encontramos aquí en Gálatas 3:6-14. En Romanos, Pablo se ocupa de las cuestiones del pecado y el perdón, que no son los temas principales de Gálatas, pero también están plenamente integrados en el enfoque eclesiológico. Si nos remontamos a la literatura judía, encontramos que muchos judíos leen la Escritura en términos de la gran narración en la que Dios llamó a Abraham para deshacer el pecado de Adán; de modo que la cuestión de «cómo se perdonan los pecados» y la de «quiénes son los hijos de Abraham» están estrechamente entrelazadas.[45] La «seguridad» del «perdón» (especialmente para los «pecadores gentiles», ¡pero no solo para ellos!) no es, para Pablo, un asunto exclusivamente privado. La acogida mutua y el culto compartido de la familia multiétnica de Dios creyente en Jesús son el signo externo, visible y tangible de esa bendición central del Evangelio, como (por decirlo de nuevo) atestiguan ampliamente Romanos 14 y 15.

Con todo esto en mente, volvemos a Gálatas 3:10-14, donde encontramos que Pablo, al menos, realmente piensa que está hablando de cómo la bendición prometida a Abraham en 3:6-9 puede llegar a su destino mundial previsto. Los versículos 10 a 12 de Gálatas 3 se corresponden con Romanos 2:21-24: la propia Torá se interpone en el camino para que Israel pueda transmitir esa bendición al mundo. Esto refuerza el punto que Pablo estaba planteando en Gálatas 2:11-21, que la familia de la Torá en sí misma no puede ser «justificada» tal como está (2:16). Solo «muriendo a la Torá» en el Mesías se puede entonces «vivir para Dios». Esta, una conclusión tan impopular en el siglo XXI

---

[44] Para detalles, véase *Interpreting Paul*, cap. 9.

[45] Para detalles, véase *Paul and the Faithfulness of God*, 783–95.

como lo fue en el primero, es el escándalo del Mesías crucificado. Y ahora vemos cómo se resuelve.

Los versículos 10-14 cumplen dos funciones principales dentro del argumento general de Pablo. En primer lugar, muestran cómo Dios ha abierto un camino a través del bloqueo, permitiendo que las promesas de Abraham lleguen a «todas las naciones» a pesar de la maldición que la propia Torá pronunció sobre los que la desobedecieron (es decir, la familia de Abraham quien debía ser la luz para las naciones). En segundo lugar, refuerzan el punto subyacente de la carta: los creyentes gentiles no deben circuncidarse, porque hacerlo sería ponerse bajo la Torá, y la propia Torá los condenaría entonces como infractores de la ley (como en 2:18, aunque eso se decía de los judíos creyentes que volvían al gobierno de la Torá y no de los creyentes gentiles que la asumían por primera vez). Además de estos dos puntos, Pablo añade un tercero al final, retomando el tema de 3:1-5 y señalando hacia adelante en 4:6-7: así como la «bendición de Abraham» llega a las naciones, la nueva vida del Espíritu, el anticipo de la eventual herencia, se derrama sobre todos los creyentes en Jesús. El don del Espíritu, como la propia resurrección de Jesús, es el regalo al tiempo presente del futuro eventual de Dios. Es la señal de que los creyentes han sido realmente «rescatados de la presente era maligna».

Este pasaje sobre la «maldición de la ley» ha sido fundamental no solo para muchas teologías de la «expiación», sino también para muchas reconstrucciones hipotéticas tanto de la persecución de los primeros cristianos (porque la crucifixión de Jesús habría implicado que Dios lo había maldecido) como de la supuesta construcción por parte de Pablo de un supuesto evangelio sin ley (la ley mosaica maldijo a Jesús, pero se demostró que estaba equivocada, mostrándose así como una revelación menor o incluso como una fuerza malévola). Tales especulaciones, a pesar de su interminable repetición en la literatura académica y en la predicación popular, no vienen al caso, aunque ciertamente es posible que la «maldición» de la crucifixión fuera un elemento de la noción más amplia de Pablo sobre el «escándalo de la cruz».[46] Pero es vital para Pablo que la maldición de la ley, lejos de ser mostrada como errónea, fuera afirmada. Era real. El Deuteronomio quería decir lo que decía. La Torá tenía razón al pronunciar la maldición por la falta de fe de Israel. Esa maldición tan apropiada fue entonces tratada en la cruz.

Para entender todo esto, debemos entrar con simpatía en el mundo de Pablo, donde una lectura a gran escala del Pentateuco llegaba a su aterradora conclusión con los capítulos finales del Deuteronomio — leídos por algunos en el primer siglo como una predicción de sus propios tiempos.[47] Los capítulos vitales, Deuteronomio 27-32, contienen promesas y advertencias del pacto, bendiciones y maldiciones. Esto tiene poco o nada que ver con la vieja antítesis anti-histórica de «la vida bajo la ley» en contraposición a «la vida bajo el evangelio», en el sentido de «vivir como un aspirante a legalista tratando de ganarse la salvación por medio de buenas obras morales y rendimiento ceremonial» frente a «vivir por gracia mediante la fe». No es un contraste ni

---

[46] Como en 5:11; 1Cor. 1:23. Notamos, también, las referencias cristianas tempranas a la cruz como «madero» (Hch. 5:30; 10:39; 13:29; 1Pe. 2:24). ¿Era un simple eufemismo temprano (siendo que la palabra misma «cruz» fuese tan horrible y vergonzosa)? ¿O era ya una referencia a Dt. 21:23?

[47] Josefo, *Jewish Antiquities* 4.303; discutido en *Paul and the Faithfulness of God*, 130–31.

de estilos espirituales ni de sistemas soteriológicos. Es el mundo que conocemos por muchos textos judíos, como, por ejemplo, el 4QMMT, que lee el Deuteronomio 27-30 de forma muy parecida a la de Pablo – aunque, por supuesto, sin un Mesías crucificado y resucitado que provoque la dramática transición al pacto renovado del Deuteronomio 30.[48] Es el mundo, en otras palabras, del *exilio continuo del pueblo de Dios*.[49]

Este «exilio continuado» constituyó el extraño y prolongado «período de oscuridad» del que se habla explícitamente en Daniel 9 y que caracteriza, de un modo u otro, la mayoría de los escritos que tenemos de los judíos del Segundo Templo. Para los judíos de la época de Pablo, la prolongada «maldición» significaba simplemente que los paganos seguían gobernando sobre Israel y que la gran liberación prometida por Isaías y los demás profetas aún no había llegado. Deuteronomio 27-29 era una realidad en curso. Al igual que la expulsión original del jardín (que, podemos suponer, podría leerse naturalmente en el período «exílico» como una parábola de la expulsión de Israel de la tierra), el exilio era el resultado directo de la idolatría de Israel y del consiguiente pecado. Para que el exilio se deshiciera, los pecados tendrían que ser perdonados. Todo esto nos prepara para una lectura plenamente histórica y teológica de 3:10-14.

3:10a El *gar* («porque», «por»), que vincula el verso 10 con el párrafo anterior, se basa para su lógica en la antítesis implícita entre *hoi ek pisteōs* en el verso 9 y *hosoi ex ergōn nomou* aquí. «Los de la fe» son bendecidos con Abraham, *porque* «los que pertenecen al campo de las 'obras de la ley' están bajo maldición». Esa maldición continua significa que deben ser, solo pueden ser, «los de la fe» los que son bendecidos. Esto se explica en los cuatro versículos siguientes. Pablo está retomando lo que dijo en 2:16d y 2:18: «ninguna persona» será justificada por las obras de la Torá, e invocar la Torá en absoluto es invitar a la acusación de que uno es un «transgresor de la ley».

3:10b Pablo cita Deuteronomio 27:26, el versículo general que invoca la maldición divina sobre todos los que no observan lo que decreta la Torá. Aquí debemos mantener la cabeza fría. *Pablo no está hablando de reinos supra-mundanos, ni siquiera de un escenario forense celestial, en el que podría operar una «maldición» o «bendición» divina*. Tampoco está diciendo simplemente, como algunos han supuesto, que el problema de la Torá es que nadie es capaz de obedecerla totalmente, de arriba abajo. Ese es un punto al que volverá en 5:3; pero entonces no estará argumentando «por lo tanto, la justificación no puede ser por 'obras'», sino más bien, «si se circuncidan, eso es solo el comienzo: hay otros 612 mandamientos que tendrán que asumir también». Es más (6:13), «los propios maestros rivales no están interesados en tratar de guardar la Torá correctamente». Para Pablo, la Torá significaba lo que decía. Era todo o nada.

La principal línea de pensamiento de Pablo se refiere, pues, a la larga y extraña historia de Israel como pueblo de Dios, llamado a ser el medio para llevar adelante las promesas de Abraham, pero que se encuentra fatalmente infectado por la misma enfermedad que el resto del mundo. Este análisis de la situación del pueblo de Dios no habría parecido extraño en Qumrán. Toda la razón de ser de la secta era que Israel en su

---

[48] En MMT, véase *Pauline Perspectives*, cap. 21, con *Paul and the Faithfulness of God*, 184–86.

[49] Sobre este tema, véase Scott, *Exile*, y *Paul and the Faithfulness of God*, 139–63.

conjunto había seguido siendo desleal y que Dios había lanzado ahora en secreto su nuevo pacto para arreglar todo. El 4QMMT lo explica: primero hubo un período de bendición, bajo David y Salomón; luego hubo el pecado de Jeroboam hijo de Nabat, hasta llegar a Sedequías, lo que dio lugar a la maldición, que continuó a partir de entonces, pero que ahora podría deshacerse mediante el establecimiento secreto del nuevo pacto de Dios. El mismo punto sobre el fracaso continuo a gran escala de Israel habría tenido sentido para los poetas enojados que escribieron los Salmos de Salomón. Los mártires macabeos habrían estado ciertamente de acuerdo con esta línea de pensamiento. Y, tras ello, Esdras y Nehemías fueron explícitos, como lo fue la oración de Daniel en el capítulo 9: el pueblo de Dios, incluso después de que algunos de ellos hubieran regresado de Babilonia a Jerusalén, seguía siendo pecador, seguía «en el exilio», «esclavos en nuestra propia tierra», gobernados por extranjeros. Las grandes promesas de Deuteronomio 30 no se habían hecho realidad. Las magníficas predicciones de Isaías 40-55 seguían siendo solo un sueño, hermoso pero remoto. Detrás de todo esto volvemos a recordar 2Reyes 22-23, cuando el rey Josías hizo leer el «libro de la ley» y dedujo enseguida que se avecinaban problemas. El Deuteronomio había advertido de la «maldición». Los contemporáneos de Pablo sabían que estaba en marcha.

En otras palabras (para evitar posibles malentendidos), Gálatas 3:10b no es un poco de «polémica cristiana» contra «los judíos», de manera que los contemporáneos judíos de Pablo se habrían enfurecido ante la acusación de estar bajo la maldición de la ley. (Algunos, sin duda, podrían haberlo hecho, como los de Juan 8:33 que asombrosamente le dicen a Jesús que son hijos de Abraham y que nunca han estado esclavizados a nadie). Más bien, Pablo había sabido toda su vida que la opresión pagana de Roma era simplemente la última de una larga lista – Babilonia, Persia, Egipto, Grecia, Siria – que podía verse como monstruos de las profundidades: oscuros, mortíferos y que hacían exactamente lo que Deuteronomio y Daniel decían que harían. Pero si uno vivía en el Deuteronomio 27-29, siempre había la esperanza de que el Deuteronomio 30 llegaría, trayendo por fin las bendiciones de la renovación del pacto. Eso es lo que la MMT afirmaba que había ocurrido con la fundación de la comunidad de Qumrán. Es lo que Pablo afirma en Romanos 10 que ha sucedido a través del Mesías y el Espíritu.[50]

Es probable, pues, que muchos, si no la mayoría, de los contemporáneos judíos de Pablo estuvieran de acuerdo con el versículo 10b. Esto prepara el camino para los difíciles versos centrales 11 y 12, que subrayan y explican el mismo punto.

3:11 Este versículo presenta un extraño desafío exegético. Contiene dos oraciones, una de las cuales es probada por la otra, pero no está claro cuál prueba cuál. Esto se debe en parte a que la palabra *hoti*, que introduce ambas oraciones, puede significar tanto «que» como «porque». La oración podría decir o bien

«*que* nadie se justifica en la ley está claro, *porque* 'el justo vivirá por la fe'»,

o

---

[50] Véase abajo sobre el uso de Lev. 18 en Gál. 3:12 y Rom. 10:5.

«*porque* nadie se justifica en la ley, está claro *que* 'el justo vivirá por la fe'».

El problema se complica porque – como indican esas posibles traducciones – la palabra del medio, *dēlon* («obvio, claro»), podría ir en cualquier dirección.[51] Pablo está diciendo que una cosa es «obvia» sobre la base de la otra cosa, pero ¿cuál es la otra?

El uso gramatical solo nos lleva hasta cierto punto. La práctica griega normal sería que la palabra *dēlon* estuviera separada por una coma de la *hoti* que le sigue. Esto apoyaría la primera lectura de abajo. Pero en el Nuevo Testamento, es mucho más frecuente que *dēlon* vaya directamente con *hoti*, y eso apoyaría la segunda.[52] Así que los dos posibles significados son

a. «Es obvio *que* nadie se justifica ante Dios en la Torá, *porque* 'el justo vivirá por la fe'». Aquí el *dēlon* del final de la primera cláusula recoge el *hoti* del principio de la frase. La cita de Habacuc es entonces la premisa lógica de la que parte el argumento de Pablo, y la afirmación general sobre que nadie está justificado es la conclusión («obvia»).

b. «*Como* nadie se justifica ante Dios en la Torá, *es obvio que* 'el justo vivirá por la fe'». Esto se lee *dēlon* con el *hoti* que le sigue inmediatamente[53] y hace que la afirmación general (presumiblemente basada ella misma en el hecho del «exilio continuo» bajo la maldición deuteronómica y en versículos como el Salmo 143:2, citado en 2:16) sea la premisa del argumento, siendo la línea de Habacuc la «conclusión». Pablo estaría diciendo, en efecto, «pueden ver que es obvio que Habacuc tiene razón al decir esto, porque nadie está justificado en la Torá».

En el pasado me he inclinado por (*b*), y todavía lo hago, aunque sigue siendo algo peculiar. El principal problema que plantea es la aparente extrañeza de suponer que Pablo pueda sentir la necesidad de «demostrar» algo en las Escrituras citando una generalización. Sin embargo, la generalización en cuestión es en sí misma un tema bíblico importante. El verso 11a («nadie se justifica... en la ley») sirve, de hecho, para resumir el efecto de la maldición deuteronómica citada en el verso 10b, y para extraer de ella la conclusión, para la que las palabras de Habacuc hacen bien, de que si hay algún *dikaioi*, debe ser el de *pistis*. Esto deja a 10b y 11a como un silogismo implícito con una premisa media suprimida y una conclusión secundaria:

a. El Deuteronomio declara una maldición para todo aquel que no cumpla con toda la ley (10b);

b. [premisa media suprimida] todos sabemos, como con el Salmo 143:2, citado en 2:16, que nadie cumple de hecho con toda la ley;

---

[51] Véase la afirmación preliminar sobre esto en *The Climax of the Covenant*, 149, y *Paul and the Faithfulness of God*, 865.

[52] Por ejemplo, 1Cor. 15:27.

[53] Como en mi propia traducción. *King*, 447, toma una visión opuesta.

c. por lo tanto, esto puede sostenerse como una premisa nueva y bíblicamente justificada: «nadie se justifica ante Dios en la ley» (11a);

d. y por lo tanto (11b) Habacuc tenía razón al decir que los *dikaioi* tendrán vida (la promesa de la Torá, como en el siguiente versículo) por la fe, ya que esa es la única manera que queda.

En otras palabras, todo el pasaje no está haciendo que Deuteronomio y Habacuc articulen principios abstractos e intemporales sobre el pecado y la salvación; están hablando de la narrativa tradicional del pacto de Israel. Ambos pasajes – Deuteronomio y Habacuc – están articulando la situación real del pueblo de Dios. El primero aclara por qué había un exilio continuo en primer lugar: la «maldición» seguía operando, debido a que Israel no había guardado la Torá. La segunda, coincidiendo con esto, sacaría la conclusión de que el único camino a seguir era la fe/fidelidad. Esa es la línea de pensamiento de Pablo en este punto del párrafo.

Es notorio que la cita de Habacuc, aquí y en Romanos 1:17, ha sido interpretada de diversas maneras. Hay un rompecabezas extra conocido aquí, porque el texto hebreo de Habacuc 2:4 indica que la «fe»/«fidelidad» es la del creyente, mientras que la LXX indica que es la propia fidelidad de Dios. La forma en que Pablo cita el texto (*ho dikaios ek pisteōs zēsetai*) evita este problema. Morgan lo califica de «golpe maestro», que permite que resuenen ambos significados. No estoy seguro de que sea exactamente eso, pero el efecto es el mismo.[54]

Como a menudo, el contexto es importante para Pablo. El profeta ve la maldad a su alrededor, pero, al mirar hacia el futuro final (el «fin señalado», Hab. 2:3), hay esperanza, tanto en la fidelidad de Dios como en la fe que se aferra a las promesas divinas. En Qumrán, curiosamente, esta promesa de Habacuc recibe un enfoque específico: Dios liberará a los justos debido a su sufrimiento (o posiblemente «trabajo») y su «fe en» (o «lealtad a») el Maestro de Justicia (1QpHab).[55] El problema del significado de Pablo es más agudo, creo, en Romanos que aquí.[56] En Gálatas, sea cual sea la forma en que tomemos el versículo 11, Pablo enfatiza el estado lamentable del pueblo de Dios en su continuo «exilio» y llega a un texto profético que habla de esa situación con la única palabra posible de esperanza. Teniendo en cuenta el fracaso del antiguo pueblo de Dios en obedecer la Torá o en creer en el Mesías que ahora ha aparecido – el doble fracaso que Pablo lamenta, y discute ampliamente, en Romanos 9-11 – la palabra de Habacuc destaca como una señal luminosa en la oscuridad.

3:12 Esto nos lleva al que probablemente sea el versículo más difícil de Gálatas, ciertamente para el tipo de interpretación que estoy ofreciendo. «La ley, sin embargo, no es por la fe: más bien, 'el que los cumpla [es decir, los mandamientos de la Torá]

---

[54] Morgan, *Roman Faith and Christian Faith*, 276.

[55] GMT 1:16–17 asume una lectura del texto de Habacuc como *be'munathō*, como en TM, con el sufijo indicando el objeto: «por su lealtad *a él*», es decir (como en 1QpHab 2:2–3), «su lealtad al Maestro de Rectitud» La LXX dice *ho de dikaios ek pisteōs mou zēsetai*, «el justo vivirá por mi fe [fidelidad]».

[56] Véase mi *Romans*, 425–26.

vivirá en ellos'». Pablo cita aquí un famoso versículo que en sí mismo tiene bastante historia en el pensamiento judío, es decir, Levítico 18:5. Destacan dos cosas.

En primer lugar, parece que Pablo está, después de todo, contrastando dos estilos diferentes de espiritualidad o métodos de salvación: «hacer» y «creer». ¿No es esto lo que siempre ha dicho la buena exégesis protestante? En segundo lugar, parece como si estuviera utilizando Levítico 18:5 para enfatizar aquí que lo que importa para la Torá es el «hacer», mientras que en Romanos 10:5-8 cita el mismo pasaje y luego lo interpreta con la ayuda de Deuteronomio 30:12-14.[57] Allí, el «hacer» se entiende firmemente en términos de «confesar con tus labios que Jesús es el Señor y creer en tu corazón que Dios lo resucitó de entre los muertos»:

> Moisés escribe, como ves, sobre la pertenencia al pacto definida por la ley, que «la persona que cumple los mandatos de la ley vivirá en ellos» [Lev. 18:5]. Pero la membresía del pacto *basada en la fe* lo dice así [Dt. 30:11- 14]: No digas en tu corazón: «¿Quién subirá al cielo?» (en otras palabras, para hacer bajar al Mesías), o, «¿Quién bajará a las profundidades?» (en otras palabras, para hacer subir al Mesías de entre los muertos). ¿Pero qué dice? «La palabra está cerca de ti, en tu boca y en tu corazón» (es decir, la palabra de fe que proclamamos); porque si profesas con tu boca que Jesús es el Señor, y crees en tu corazón que Dios lo resucitó de entre los muertos, serás salvo. (Rom. 10:5-9)

Deuteronomio 30 es el famoso pasaje en el que, después de que la maldición del pacto haya sido completa y finalmente ejecutada en el largo y triste exilio del pueblo de Dios, tendrá lugar la gran renovación. El pueblo de Dios volverá por fin a él; Dios circuncidará sus corazones, para que le amen y le sirvan completamente. Pablo dice en Romanos 10 que este es el cumplimiento final de Levítico 18:5: este es el «cumplimiento de la ley» que tendrá lugar en los últimos días. El Deuteronomio asocia los mandatos de «no digas», no con la bajada del Mesías del cielo o su subida de la muerte, sino con la Torá. Es una Torá que no es demasiado alta ni demasiado profunda; no necesitarás traerla de lejos «para hacerla», porque «la palabra» estará cerca de ti, «para que la hagas».[58] El «hacer» ordenado en el Levítico se interpreta así, en Romanos, en términos de la confesión y la creencia mesiánicas.

Pero este no parece ser el caso en Gálatas 3. El contraste aparente entre las lecturas de Levítico en las dos cartas es tan marcado que a menudo consideré que este es el único pasaje en el que Pablo cambió visiblemente de opinión, ya que Gálatas ofrece una lectura

---

[57] Esta no es, por supuesto, la lectura universal de Rom 10. Muchos siguen C. H. Dodd (*The Epistle of Paul to the Romans* [Londres: Collins/Fontana, 1959 (1932)], 177) en sugerir que Pablo está contrastando el «hacer» del que se habla en Lev. 18 con «creer»; Dodd felicita a Pablo por tener los resultados anticipados de la «alta crítica» al permitir al estrato D del Pentateuco invalidar el punto de vista legalista P. W. Sanday y A. C. Headlam, *A Critical and Exegetical Commentary on the Epistle to the Romans* (Edimburgo: T&T Clark, 1902 [1895]), 277, resumiendo la vision popular, declara que la vieja forma de obtener justicia era muy difícil, mientras que la nueva – fe – «es fácil y abierta a todo». Tal lectura ejemplifica la bancarrota de toda una tradición, de la cual me lamento decir que soy parte.

[58] LXX Dt. 30:14 tiene *auto poiein*, que resuena por la cita de Pablo de Lev. 18:5 en Rom. 10:5.

«negativa» de Levítico 18:5 y Romanos una «positiva». Pero ahora pienso de forma diferente. Tenemos que trazar cuidadosamente las cámaras acústicas socioculturales e históricas dentro de las cuales se escucharía Levítico 18:5 en el mundo judío de la época de Pablo.[59]

Para empezar, el propio Levítico 18 es paralelo a las advertencias de «maldición» de Deuteronomio 28:15-29:29. Levítico 18:1-5 ofrece una introducción general, advirtiendo al pueblo que no imite las idolatrías de Egipto o Canaán. Esto conduce a la promesa de que la «vida» se encontrará en «hacer los estatutos y ordenanzas». A continuación, siguen diecisiete versículos (18:6-23) de prohibiciones explícitas, en su mayoría sobre la mala conducta sexual. Estos estilos de vida, insiste el texto, son la razón por la que las naciones cananeas fueron expulsadas de la tierra. Si Israel los imita, entonces «la tierra los vomitará por haberla contaminado, como vomitó a la nación que había antes de ustedes. Porque cualquiera que cometa alguna de estas abominaciones será cortado de su pueblo» (18:28-29). En otras palabras, el Levítico habla del exilio resultante de no «hacer la Torá». El exilio es la verdadera «muerte», el no alcanzar la «vida» que se prometió para «los que la hacen».

El propio contexto del Levítico indica, pues, una advertencia sobre las consecuencias de *no* «cumplir la ley». Este es el punto que se hace en casi todos los textos existentes del Segundo Templo donde se cita Levítico 18:5. Un breve repaso permitirá comprenderlo.

Para empezar, Ezequiel 20:11, 13 y 21 reflexionan sobre el Levítico en este sentido: Sí, Dios dio la Torá con el objetivo de dar vida, pero no ha funcionado así:

> Les di mis estatutos y les mostré mis ordenanzas, *por cuya observancia todos vivirán*… Pero la casa de Israel se rebeló contra mí en el desierto; no observaron mis estatutos, sino que rechazaron mis ordenanzas, por cuya observancia *todos vivirán*… Los hijos se rebelaron contra mí; no siguieron mis estatutos, y no tuvieron cuidado de observar mis ordenanzas, *por cuya observancia todos vivirán*.

Luego tenemos la oración de Nehemías (9:29), dentro de la gran oración confesional de Esdras, citando lastimosamente Levítico 18:5, con un sentido de «si solo»: «Les advertiste para que volvieran a tu ley. Sin embargo, actuaron con presunción y no obedecieron tus mandamientos, sino que pecaron contra tus ordenanzas, *por cuya observancia debe vivir una persona*. Volvieron un hombro obstinado y endurecieron su cuello y no quisieron obedecer». El Levítico sí fijó la norma, dice Esdras, pero lamentablemente no la hemos cumplido. Por eso ahora seguimos siendo «esclavos», aunque estemos «en nuestra propia tierra» (Neh. 9:36).

---

[59] Sanders, *Paul and Palestinian Judaism*, 483, lee Rom. 10:5–13 como la refutación de Pablo de Lev.18:5. Para la lectura «positive», véase mi *Romans*, 658–66. Keener, *Galatians*, New Cambridge Bible Commentary, 138, sugiere que en los dos pasajes no son tan diferentes, ya que en ambos Pablo cita otros textos para modificar Levítico. Esto ignora el hecho de que en Gálatas la cita en cuestión (de Hab. 2) es vista como una *alternativa* a Levítico 18 y en Romanos la cita en cuestión (Dt. 30) es una *interpretación fresca* del pasaje de Levítico.

El mismo tema surge tras el desastre del año 70 d.C. En 4Esdras 7:21 cita el pasaje del Levítico para señalar que, por supuesto, todo el mundo desobedeció, y que esta es la razón por la que todo salió mal: «El Señor ordenó estrictamente a los que vinieron al mundo, cuando vinieron, *lo que debían hacer para vivir,* y lo que debían observar para evitar el castigo. Sin embargo, no fueron obedientes». Hasta aquí el panorama es uniforme. En Levítico 18:5, la ley es el camino a la vida; pero Israel, a quien le fue dada, no la ha guardado. Esta conclusión, que se da por sentada, es la que Pablo retoma en Gálatas 3:12.

Sin embargo, hay dos pasajes en los que, bajo ciertas circunstancias, el mismo texto puede, por así decirlo, cobrar nueva vida. Supongamos que el pacto ha sido renovado, de modo que ahora los que están dentro de ese pacto renovado pueden, después de todo, guardar la Torá. El Documento de Damasco en Qumrán cita el versículo en este sentido. Desde el establecimiento de la comunidad, las cosas han empezado por fin a volver a su cauce. Ahora por fin hay un pueblo que «cumple la ley». Así:

> Con los que quedaron de entre ellos, Dios estableció su pacto con Israel para siempre, revelándoles asuntos ocultos en los que todo Israel se había extraviado... sus santos sábados y sus gloriosas fiestas, sus justas estipulaciones y sus verdaderos caminos, y los deseos de su voluntad *que el hombre debe hacer para vivir por ellos.* Les reveló (estos asuntos) y cavaron un pozo de agua abundante; y quien los desprecie no vivirá... Los que se mantuvieron firmes en ella adquirirán la vida eterna, y toda la gloria de Adán es para ellos.[60]

Esto, sugiero, corresponde al uso que hace Pablo en Romanos 10: Sí, el Levítico dice que hay que «hacer» estas cosas para vivir en ellas, y hemos descubierto el secreto de lo que se quiere decir. Ahora estamos corrigiendo los «asuntos ocultos» que Israel había ignorado anteriormente, y para nosotros, por lo tanto, el Levítico se hará realidad. Somos, pues, el pueblo «que hace la ley», el pueblo del nuevo pacto. Esto encaja con la exégesis del Deuteronomio 30 en el 4QMMT.[61] Nosotros, el remanente dentro del pacto, heredaremos por tanto la vida que prometió Levítico.

Nuestro viejo amigo los Salmos de Salomón también interviene aquí, sugiriendo que el grupo (probablemente fariseo) responsable de escribir y preservar estos himnos creía, como la secta de Qumrán, que con el establecimiento de su movimiento ahora era posible que se cumpliera el Levítico y que se ganara la «vida» con ello. El decimocuarto salmo habla de la fidelidad de Dios «a los que andan en la justicia de sus ordenanzas, en la ley que nos mandó para que viviéramos. Los devotos del Señor vivirán por ella [es decir, por la ley] para siempre».[62] Este salmo, como el primer salmo canónico, está dividido entre una primera mitad que expresa esta esperanza y una segunda mitad en la que los *hamartōloi* y los *paranomoi* heredan la oscuridad y la destrucción del Hades. Luego hay un

---

[60] CD-A 3:13–20, con la línea crucial (en cursiva) línea en 3:16. Trad. GMT 555.

[61] Sobre ello, véase mi artículo en *Pauline Perspectives*, cap. 21.

[62] Sal. Slm. 14:1–3.

verso final en el que los «santos heredarán la vida con alegría», *klēronomēsousin zōēn en euphrosynē*.[63] Esto es muy similar a la promesa de CD [Documento de Damasco] 3 y resuena con las conclusiones tanto de Gálatas 3 como de Gálatas 4. Aunque Salmos de Salomón 14 ofrece, pues, un tema bastante habitual de la piedad judía, es evidente que se hace eco de Levítico 18:5, pero leyéndolo ahora, no como una reflexión triste sobre lo que podría haber sido, sino como un estímulo vigorizante para lo que ahora se puede alcanzar. Esta aspiración farisaica quizá esté detrás de la advertencia de Pablo en 5:3, de que quien quiera asumir la Torá debe asumirla en su totalidad.

Así, encontramos, dentro de otros textos del Segundo Templo, más o menos exactamente las dos interpretaciones de Levítico 18:5 que vemos en Pablo. Gálatas 3:12 corresponde a Ezequiel, Nehemías y 4Esdras; Romanos 10:5 (con 10:6-9) a Qumrán y los Salmos de Salomón. Por un lado, la promesa de vida de Dios para los guardianes de la ley es un triste recuerdo, que se burla del fracaso de Israel. Citar el Levítico 18 en tiempos normales se reconocería en ese contexto como algo que transmite con tristeza que, aunque el Levítico sí tenía la promesa de «vida», esa era un espejismo brillante. Todo el mundo sabía que no había forma de atravesar la barrera del pecado de Israel. Eso es lo que hace Pablo con el versículo de Gálatas 3:12. Por otro lado, si Dios renueva el pacto, entonces puede surgir una nueva forma de cumplir Levítico 18:5 y así encontrar la «vida» que prometía. Allí donde ha surgido un movimiento de renovación que reclama un nuevo tipo de cumplimiento de la Torá – en el caso de Qumrán, con una teología explícita de renovación del pacto con un «remanente» de Israel – el Levítico 18 puede cumplirse, aunque quizá no de la forma que cabría esperar. En Salmos de Salomón 14, aunque muchos judíos están fracasando por ser transgresores de la Torá, ahora hay algunos (los *dikaioi*, los *hosioi*) que son capaces – el escritor no dice cómo – de soportar la disciplina del Señor y caminar en sus leyes; y ellos, los «santos», «vivirán en ella para siempre» (14:3b). Esto es lo que hace Pablo con el Levítico en Romanos 10. Si Dios ha renovado el pacto, ha iniciado un movimiento de renovación, entonces Deuteronomio 30 se estaría haciendo realidad, y con ello la posibilidad de un nuevo tipo de «hacer» mediante el cual se encontraría, después de todo, la «vida» que Levítico 18 había prometido.

Por lo tanto, ni Gálatas 3 ni Romanos 10 están articulando, como se ha supuesto a menudo, *un principio general que contrasta el «hacer» como camino a la salvación con el «creer» como un camino mejor.* Una vez que situamos a Pablo en su contexto histórico y, de hecho, judío, podemos ver que en Gálatas Pablo está citando el Levítico para decir, al igual que una línea de textos que van desde Ezequiel hasta 4Esdras, que «está claro que el Levítico 18 no proporciona por sí mismo ningún camino hacia lo que Habacuc esperaba». La mayoría de los contemporáneos judíos de Pablo habrían asentido con tristeza. Es más, tanto en Gálatas como en Romanos, Pablo trabaja con el Levítico y el Deuteronomio, *no como declaraciones teológicas independientes sobre los méritos de los diferentes enfoques de la salvación,* sino precisamente como marcadores dentro de la narrativa del pacto del exilio y la restauración.

---

[63] Sal. Slm. 14:1–5, 6–9, con el concluyente v. 10.

3:13 En esta situación llega el Mesías. El verso 13 no tiene ninguna palabra de enlace con la frase anterior (esto es mucho más inusual en el discurso griego, sobre todo en Pablo, que en el español). Esto parece expresar la opinión de Pablo de que la venida del Mesías no es «causada» por nada anterior, aparte de la propia promesa de Dios. No es (o sea) el crecimiento finalmente desarrollado a partir de una «revelación progresiva» que avanza de manera constante, o cualquier variación hegeliana de tal cosa. Pablo parece haber pretendido que esto sea un golpe de efecto; concuerda exactamente con lo que está diciendo. No hay nada en la literatura del Segundo Templo que nos prepare para un Mesías maldito. En ningún momento ninguna de las fuentes estándar, desde Qumrán, 4Esdras, los Salmos de Salomón, o cualquiera de las otras, «resuelven» el problema del exilio continuo de Israel de tal manera.

Sin duda, todos los textos que acabamos de mencionar prevén algún tipo de intervención mesiánica, muy probablemente militar. Salmos de Salomón 17 espera que el verdadero rey davídico desaloje a la usurpadora monarquía asmonea y, tras ella, a los malvados romanos, permitiendo así que los *dikaioi* vivan por fin como deberían. El 4Esdras 11-12 sueña con el León de Judá atacando y derrotando al águila romana. Así, en el mismo punto en el que el mundo judío de Pablo le llevaría a esperar una *victoria* mesiánica, tenemos lo que parece ser una *derrota* mesiánica. El Mesías vino y recibió maldición, siendo colgado en un madero.

Para Pablo, sin embargo, fue una victoria. Lo sabemos por el verbo principal que rige todo el versículo 13 y 14: *exēgorasen*. El Mesías nos *redimió*. «Redención» – «recompra» – es un término del mercado de esclavos. Pero el «mercado de esclavos» que todos los judíos conocían, por la historia del Éxodo que se recitaba regularmente, era Egipto; y la «redención» era la propia Pascua. Al fin y al cabo, esta era la fiesta que Jesús había elegido para sus acciones dramáticas finales y para el destino que sabía que tendría Gálatas 3:13, el clímax de la primera mitad del capítulo 3, por lo que se relaciona estrechamente con la rica introducción teológica de la carta en 1:4: «se entregó a sí mismo por nuestros pecados, para rescatarnos de la presente era maligna», con el clímax retórico de la larga sección autobiográfica en 2:20 («el Hijo de Dios… me amó y se entregó a sí mismo por mí»), y con la posterior afirmación decisiva de 4:4-5 sobre Dios entregando al Hijo para redimir. La solución está precisamente orientada al problema, aunque el problema no es el que la mayoría de los teólogos occidentales han planteado en estos versículos.

Podemos saberlo por la marcada divergencia entre el versículo 14 y la conclusión «normal» (ya insinuada más arriba) que han sacado los predicadores y profesores.[64] «El Mesías nos redimió… para que *la bendición de Abraham fluyera a través de las naciones*», y para que «recibiéramos la promesa del Espíritu, mediante la fe». Conociendo la tradición comparativamente moderna de las teologías de la «expiación», uno podría haber esperado algo como «para que pudiéramos ser liberados de la culpa, la pena y el poder del pecado». Pero el problema que Pablo aborda aquí no es «el pecado, la muerte y el

---

[64] Es evidente que Keller, un buen representante de la tradición clásica, no hace mención del verso 14 en su tratamiento del pasaje (Keller, *Galatians for You*, 71–76).

infierno». No estoy diciendo (y Pablo no está insinuando) que estos tres no tengan importancia. La cuestión es que él está hablando de algo más. Su pregunta sigue siendo: *¿Cómo es posible que las promesas de Dios a Abraham sobre una familia mundial se hagan realidad, dado el fracaso de Israel, a quien se le había dado la Torá?* Una vez más, esto está estrechamente relacionado con la línea de pensamiento, a menudo mal entendida, de Romanos 3:1-9 y su resolución en 3:21-26.[65] La pregunta se toma en serio el hecho de que el pacto de Dios con Abraham seguía en vigor aunque la familia física de Abraham – ¡como lamentaron Ezequiel, Esdras, 4Esdras y otros! – no había permanecido fiel. «Sea Dios veraz», dice Pablo en Romanos 3:4, «y todo ser humano falso». Es el mismo punto. El Deuteronomio había prometido que los hijos de Abraham estarían a la cabeza, no a la cola; pero ahora se había producido lo contrario, tal como el mismo pasaje había advertido.[66]

Todo esto significaba que el pueblo judío estaba, y se percibía a sí mismo, en la misma situación que sus antepasados habían enfrentado en Egipto. Con una diferencia: la arquetípica esclavitud allí nunca se interpretó como un castigo por el pecado. Sin embargo, el «exilio» – tanto el cautiverio original bajo Babilonia como el estado de «exilio» continuado – se entendió precisamente en términos de castigo por el pecado. El nuevo Éxodo, si es que se llevase a cabo, tendría que ser, por tanto, no solo un rescate de la esclavitud, sino también un rescate de la idolatría y el pecado que habían provocado esa esclavitud.

Todo esto sigue siendo un territorio desconocido para muchos cristianos modernos, pero Pablo y sus contemporáneos lo habrían asimilado todo en un instante. Los pensadores cristianos de nuestros días, acostumbrados desde hace tiempo a un análisis diferente de «la situación», que poco o nada tiene que ver con la narrativa del pueblo judío del siglo I, han leído habitualmente nuestro pasaje actual y otros similares como si trataran «el problema del pecado» en abstracto. Pero el contexto más amplio del capítulo, y la conclusión específica que Pablo ofrece en el versículo 14, descartan esta posibilidad. Su preocupación (recordemos) es explicar a los gálatas creyentes en Jesús, la mayoría de los cuales hasta hace poco habían tenido poca o ninguna comprensión del pueblo judío y su larga narrativa, que si son realmente creyentes en Jesús, entonces son la familia de Abraham, con un lugar legítimo en la mesa y sin necesidad de asumir la circuncisión o cualquier otra observancia de la Torá que marque los límites. Es más, la propia Torá, si la adoptaran como forma de vida, les llevaría desde el nuevo mundo abierto por el Evangelio (véase de nuevo 1:4) de vuelta al viejo mundo, la «presente era maligna». Dado que esta seguridad tiene su origen en las promesas de Génesis 12 y Génesis 15, ahí es donde ha tenido que empezar. Pero ha dejado claro, continuando a través del Pentateuco, que el Levítico y el Deuteronomio parecen interponerse en el camino del cumplimiento de las promesas. ¿Cómo puede la familia de Abraham tener algún éxito en ser el canal a través del cual las promesas originales podrían ser entregadas al mundo en general? (Esto, de nuevo, está relacionado con Romanos 3, esta vez el versículo 2: al pueblo judío se le «confiaron» los oráculos de Dios, y su fracaso en la

---

[65] Sobre esto, véase arriba, con *Pauline Perspectives*, cap. 30, e *Interpreting Paul*, cap. 9.

[66] Dt. 28:10–14, 44.

entrega del mensaje a los gentiles – para ser la luz del mundo, como en Romanos 2:19-20 – no debe permitirse anular la fidelidad de Dios).

La respuesta al problema, pues, es la «redención», la recompra, el rescate del mercado de esclavos. Es curioso que haya dos términos técnicos para esto, el verbo *exagorazō* como aquí y en 4:5 y el sustantivo *apolytrōsis* como en Romanos 3:24. El primero conlleva un sentido lejano, aunque ahora probablemente latente, de compra; el segundo podría poner más énfasis en el hecho de la «liberación» de la esclavitud. Pero en la época de Pablo la etimología subyacente se había sumergido en un uso más general, y dentro del contexto narrativo de una historia implícita del Éxodo las dos palabras y sus cognados equivaldrían a casi lo mismo.

Si interrogamos a la tradición judía precristiana sobre cómo podría producirse esta «redención», obtenemos a grandes rasgos tres respuestas.

Para algunos, mirando a los Salmos 2 y 110 y a la larga tradición de David como rey guerrero, la respuesta será «una victoria mesiánica». Eso era lo que quería 4 Esdras, junto con los Salmos de Salomón y, muy probablemente, Qumrán. Eso era lo que muchos en la guerra del 66-70 d.C. esperaban, con varios líderes diferentes propuestos y luego fracasados, siendo el más conocido Simón bar Giora. Eso fue lo que Akiba pensó que estaba a punto de suceder a través de BarKokhba. También los primeros cristianos hablaban de una victoria mesiánica y citaban regularmente los Salmos 2 y 110 para hablar de Jesús y su logro, pero la victoria era de un tipo muy diferente.

Para otros, mirando hacia atrás a Deuteronomio 30 y los pasajes similares de «circuncisión del corazón» en Jeremías y Ezequiel, la respuesta era «un movimiento de renovación». Dios llamaría a un pueblo cuyos corazones fueran renovados por el Espíritu Santo de Dios. Tal vez ya los estaba llamando. Lo vemos de forma más evidente en Qumran.[67]

Para otros, de nuevo, la respuesta vendría a través del sufrimiento. Algunos de los relatos de mártires, especialmente los de 2Macabeos, indican la esperanza de que, cuando los judíos justos sufrieran la tortura o el martirio en lugar de abandonar sus tradiciones ancestrales, esto podría proporcionar de alguna manera un camino a través del tiempo de dolor y prueba. Puede ser el inicio de la victoria y la consiguiente liberación de la dominación pagana.[68]

Entre las muchas cosas fascinantes de la comprensión de Pablo de la muerte de Jesús (sobre la que tiene muchas cosas que decir, ¡y nunca exactamente lo mismo dos veces!) está la forma en que reúne todas estas «soluciones» en una nueva síntesis. Una nueva Pascua ha tenido lugar, proporcionando el «rescate» divinamente autorizado de la «presente era malvada» (Gál. 1:4). Dios, por medio del Mesías, ha ganado la victoria sobre los poderes del mal, pero es una victoria ganada, no con la fuerza de las armas, sino a través del *sufrimiento sustitutivo*, como aquí en 3:13, donde la «maldición» que pesa

---

[67] Véase Levison, «The Spirit in Its Second Temple Context».

[68] Sobre la importancia aquí de toda la tradición macabea, véase esp. S. A. Cummins, *Paul and the Crucified Christ in Antioch: Maccabean Martyrdom and Galatians 1 and 2* (Cambridge: Cambridge University Press, 2001).

sobre todos los infractores de la Torá es soportada por el único hombre cuya muerte «maldita» es de alguna manera capaz de contar contra todas las demás.

Jesús no fue, por supuesto, el único judío que fue «colgado en un madero» en el primer siglo. Una de las cosas que Pablo no explica en el presente pasaje es por qué *esta muerte* tendría este efecto de maldición, en comparación con todas las demás que no lo tuvieron. Si hubiera afrontado esta cuestión aquí, Pablo presumiblemente habría explicado que Jesús, habiendo muerto como un pretendiente mesiánico, había sido vindicado por Dios como el auténtico Mesías, y que esto había revelado, retrospectivamente, el significado salvador de su muerte.[69] Esto está, por supuesto, ligado a lo que Pablo también diría, que la muerte de Jesús revela el amor de Dios mismo, como en Romanos 5:6-10 y en Gálatas 2:20. Pero no hay que cortocircuitar la narración a la que apela Pablo: La muerte de Jesús significa lo que significa porque ha completado personalmente la tarea de Israel, no porque, a través de su «divinidad», haya proporcionado un *deus ex machina* para cortarla y hacerla irrelevante después de todo.

Así, las cláusulas anteriores, «se entregó a sí mismo por nuestros pecados» (1:4) y «el Hijo de Dios... me amó y se entregó a sí mismo por mí» (2:20), se enuncian de nuevo en una forma nueva: «el Mesías nos redimió de la maldición de la ley, *haciéndose maldición por nosotros*». «Esto reúne la primera y la tercera de las explicaciones habituales: la victoria a través del sufrimiento. Y el segundo elemento de la expectativa judía, que se remonta al Deuteronomio 30, también está implicado de forma central: un movimiento de renovación se deriva directamente de la muerte salvadora del Mesías. Todo sucede «para que recibamos la promesa del Espíritu, por medio de la fe» – la nueva vida, de hecho, de la que habló Pablo en 3:1-5, la vida prometida en Levítico 18, la vida que es un auténtico anticipo de la «herencia» final, demostrando que los que la tienen son realmente hijos de Abraham.

Entonces, ¿cómo es posible que la muerte del Mesías tenga este efecto? Pablo asume aquí, una vez más, una especie de solidaridad entre el Mesías y su pueblo, de tal manera que *su* muerte pudo tener y tuvo el efecto que no tuvieron las muertes de los muchos otros judíos crucificados por los romanos del siglo I. Una vez más nos encontramos con el misterio de la *incorporación mesiánica*. La reconstrucción de Pablo del propósito salvador de Dios, pensando retrospectivamente a partir del hecho de que el Jesús crucificado había sido resucitado por Dios, parece haber sido algo así. (Recordamos la insistencia enfática de Pablo en 1:4 de que lo que ocurrió en Jesús tuvo lugar de acuerdo con la voluntad del Padre). La resurrección del aspirante a Mesías crucificado demostró que Jesús era realmente el Mesías. Pero, de ser así, esa combinación de muerte y resurrección debió ser el plan divino todo el tiempo. La reconstrucción de Pablo de la intención de Dios reunió los elementos de la teología judía del rescate de la esclavitud en una nueva construcción. A ello contribuyó, por supuesto, la reflexión sobre las Escrituras, sobre todo en Isaías 53, donde la victoria mesiánica se obtiene mediante el sufrimiento y la muerte, lo que da lugar a una renovación de pacto y cósmica. Aquí no hay ecos verbales evidentes de ese pasaje, pero la idea general – «el que lleva los pecados

---

[69] Rom. 1:3–4 con 1Cor. 15:17.

de muchos» — es clara y central. El Mesías *vino al lugar de la maldición y la tomó sobre sí*. En la resurrección, Dios había hecho por Jesús lo que los judíos devotos esperaban que hiciera por todo Israel. Esa puede haber sido la pista que empujó a Pablo hacia el significado «incorporativo» del mesías, que luego desempeña un papel tan importante en la segunda mitad del presente capítulo.

Al igual que con algunos otros elementos de su argumento aquí, es perfectamente posible que Pablo llegara a este punto de vista tras las agudas críticas de las voces judías — incluyendo la de su propio antiguo yo — que rechazaban cualquier sugerencia de que un hombre crucificado (y por tanto maldito) pudiera ser el Mesías de Dios. Sin embargo, si es así, Pablo ha vuelto con una formulación sorprendente: que el hecho de que el Mesías fuera maldecido fue hyper *hēmōn*, «en nuestro favor» — la misma preposición que en el resumen evangélico de 1Corintios 15:3, «en favor de nuestros pecados» (*hyper tōn hamartiōn hēmōn*).[70] Sí, fue maldecido — porque *todos estábamos maldecidos, y este fue el remedio de Dios*. Esto, a su vez, solo tiene el sentido que Pablo pretende si el Mesías representa de algún modo a Israel, de modo que la maldición deuteronómica que pendía sobre ellos de forma bastante evidente en forma de tiranía pagana pudo ser soportada por él. Que el Mesías muera en una cruz romana es el destino más «exílico» que se pueda imaginar. El acto redentor había ocurrido. Las promesas de Dios de dar a Abraham una familia mundial podían ahora proseguir sin obstáculos.

Deberíamos notar especialmente aquí, en contra de la tendencia de muchos comentarios y reconstrucciones teológicas e históricas, que Pablo no está diciendo que la ley, o su maldición, fueran erróneas. No está sugiriendo que la Torah haya sido invalidada, mostrada como errónea, innecesaria o incluso (como algunos han sugerido oscuramente) demoníaca. Se ha escrito mucho sugiriendo que Saulo de Tarso había considerado a Jesús como maldito debido al veredicto de la Torá sobre su crucifixión, y que el apóstol Pablo, al descubrir que Dios había revertido el veredicto del tribunal al resucitar a Jesús de entre los muertos, sacó la conclusión de que, por lo tanto, la Torá había estado equivocada, lo que dio lugar al supuesto «evangelio sin ley» de Pablo.

Hay varias cosas que fallan en esta historia. Para empezar, el «evangelio sin ley» de Pablo ha sido normalmente una construcción dentro de las formas más antiguas (a menudo luteranas) de leer a Pablo, en las que lo que importaba era la ley moral original global y su aparente sustitución por la «fe», como si Dios no estuviera interesado en la moralidad sino solo en las disposiciones interiores. Si eso es una caricatura, es una caricatura popular. En segundo lugar, cuando Pablo declara que el Mesías cargó con la «maldición de la ley», *no* está diciendo que la maldición fuera por tanto ilegítima; su argumento depende de que la maldición sea válida y legítima. Pablo está dando la razón a Levítico y mostrando lo que ocurrió con su verdadero veredicto. Cuando, en la resurrección, Dios revocó el veredicto de la corte judía y del tribunal de Pilato — ¡Jesús

---

[70] Esto es cercano, aunque no verbalmente indéntico, al *peri hēmōn* de Is. 53:4 y el *dia tas hamartias/anomias* de 53:5, 12. Is. 53 se encuentra, sin duda, detrás de tales formulaciones cristianas tempranas, tanto por su narración del «exilio deshecho por el sufrimiento del siervo» y la consiguiente renovación del pacto y la creación, como por las alusiones verbales específicas, aunque también las hay en abundancia.

era realmente el Mesías de Israel! — esto no significó que la maldición de la ley se demostrara errónea, o que la Torá en sí misma fuera incorrecta, o mala. Pablo *afirma* la combinación de Deuteronomio 27 y Levítico 18. Esos pasajes podrían ser una sinécdoque de toda la narrativa del pacto: Israel había pecado, y los resultados se inscribieron en la historia con medio milenio de dominación pagana. Pablo lo acepta. Eso fue lo que la Torá advirtió con razón, y se ha producido. Así, en lugar de decir «la ley maldijo al Mesías, por lo tanto ahora vemos que la ley es algo malo», concluye que «la ley maldijo al Mesías, por lo tanto el Mesías ha llevado la maldición por nosotros». Su «crítica» a la Torá no es que siempre fue algo malo ahora felizmente abolido. Como veremos en los versículos 15 a 25, su punto de vista es que la Torá era algo bueno, dado para un propósito específico *y limitado en el tiempo*. Su problema con los maestros rivales de Galacia no es que la Torá que ofrecen forme parte de un plan malvado, sino que insisten en mantener las cortinas cerradas y las velas encendidas cuando el día ha amanecido y el sol brilla intensamente fuera de la ventana.

3:14 El resultado, hacia el que Pablo ha estado conduciendo todo el tiempo como parte de su argumento de que los gentiles son ahora bienvenidos en el pueblo de Dios, es que el atasco se ha roto. El canal ha sido limpiado de sus bloqueos. La bendición prometida ya no estará atascada en el estado maldito del Israel exílico. El camino está despejado para que «la bendición de Abraham venga sobre los gentiles en el Mesías Jesús». Las bendiciones posteriores a la maldición de Deuteronomio 30 se abren a todos los pueblos. Y, al igual que en 3:1-5, la familia de Abraham, que ahora crece rápidamente en su forma más amplia siempre prevista, recibe el «pago inicial», la porción anticipada de la eventual herencia abrahámica, en la forma del Espíritu. De hecho, hay un sentido en el que la primera mitad del capítulo 3 está encerrada por estas referencias: «¿Recibiste el Espíritu?» en 3:2, y «para que recibiéramos la promesa del Espíritu» en 3:14. El hecho de que esta última esté estrechamente unida a la noción de «la bendición de Abraham» que llega a los gentiles refuerza la opinión de que en 3:1-5 se habla efectivamente del Espíritu como señal de que los creyentes gálatas son ya miembros de la familia de Abraham.

Esto aclara una cuestión difícil sobre los pronombres de Pablo aquí. En el versículo 13 el Mesías nos redimió a «nosotros» de la maldición de la ley; el «nosotros» aquí debe ser los que estaban bajo la maldición de la ley, en otras palabras, el Israel de Deuteronomio 27-29, el pueblo que se suponía que debía llevar las promesas abrahámicas a las naciones pero que no podía a causa de su pecado. Pero el «nosotros» del versículo 1 («para que recibamos la promesa del Espíritu, mediante la fe») debe ser *tanto los* creyentes judíos *como* los creyentes gentiles. Como en Romanos 3:30, los dos grupos llegan al mismo destino, aunque desde puntos de partida diferentes.

Volviendo a los primeros catorce versículos del capítulo 3, podemos ver cómo funcionan los dos argumentos centrales de Pablo. En primer lugar, cualquier intento de imponer la Torá a los gentiles conversos está bloqueado, entre otras cosas, porque la propia Torá pronuncia la maldición deuteronómica sobre los «en la Torá». La forma de superar esa maldición no es endureciendo la observancia rigurosa, ni sugiriendo que la Torá estuvo mal todo el tiempo, sino mediante la intervención mesiánica de Dios, en cumplimiento de sus antiguas promesas. Si el propio Pablo puede decir «Por medio de la ley he muerto a la ley, para vivir para Dios», y si es realmente «obvio» que el único camino a la «vida» que la ley prometía es a través de *la pistis*, entonces los maestros rivales de Galacia no hacen más que conducir a los confusos gentiles seguidores de Jesús de vuelta a la «presente era maligna», aunque en su forma judía.

En segundo lugar, el estatus de los gentiles que han creído en el evangelio está asegurado. Dios siempre buscó y prometió una familia mundial y multiétnica para Abraham. El derramamiento del Espíritu sobre la iglesia de Gálatas es la señal segura de que esta familia ha sido bien y verdaderamente inaugurada y que ellos, junto con todos los que han recibido el Espíritu, forman parte plenamente de ella. Deben asumir su audaz posición, por mucho que sus vecinos se mofen y los funcionarios locales se horroricen: si forman parte de la familia mesiánica que cree en Jesús, son la verdadera familia de Abraham, y deben mantenerse firmes en esa condición. La mayoría de los lectores de Gálatas 3:1-14 encontrarán todo este argumento muy denso y necesitado de más explicaciones. Eso es lo que Pablo proporcionará ahora.

Conclusión

El momento de una «conclusión» más completa de esta sección llegará al final del capítulo 3. Pero entretanto podemos decir algo. Es de suponer que pocos cristianos del mundo actual se consideran habitualmente «hijos de Abraham», pero para Pablo (como para, por ejemplo, Mateo, Lucas, Juan y los hebreos, al menos) esto era básico. Merece la pena considerar cómo se ha llegado a esta extraña situación: es decir, cómo algo tan central para los primeros cristianos se ha convertido en algo tan marginal. Y vale la pena considerar qué se puede hacer para formar a una nueva generación en este sentido propio y bíblico de la «identidad». A lo primero, la respuesta sería presumiblemente el prejuicio de siglos contra la base judía del movimiento de Jesús. El error de Marción, aunque reconocido como tal por los maestros ortodoxos de la época, se ha repetido una y otra vez, hasta el punto de que muchos asumen irreflexivamente que el llamado de Abraham, y toda la historia de Israel, fue un primer intento fallido de Dios por salvar a la gente, que ahora se ha vuelto redundante y ha sido barrido por la nueva revelación del evangelio de Jesús. Esto reduce las Escrituras hebreas al estatus de una colección desordenada de «tipos» y «figuras», separada del tipo de narrativa que es una característica de muchos textos «apocalípticos» de la época. Para Pablo, la reivindicación de los creyentes en Jesús de pertenecer a la «familia ampliada» de Abraham, prometida desde hace tiempo, era fundamental y vital. Esa afirmación fue controvertida en su época, y lo sigue siendo ahora.

El énfasis en el Espíritu en estos versículos nos recuerda que Pablo veía la poderosa y misteriosa obra de Dios en el Evangelio, sanando y transformando vidas y personalidades, en términos de la presencia divina que habitaba en y con la compañía de los creyentes en Jesús, tema que desarrolla en otras partes en términos del «nuevo Templo». Al igual que con el antiguo Templo, esta nueva realidad apuntaba al cumplimiento completo de las promesas de Dios en la «herencia» definitiva (3:29; 4:7). También aquí hay mucho que reflexionar en una cultura cristiana en la que la actividad del Espíritu se ve puramente en términos (por muy importantes que sean en sí mismos) de la «experiencia» personal, orientación y consuelo. Estas cosas son importantes, pero no lo son menos porque son verdaderas anticipaciones de la futura realidad última.

Dentro de todo esto, destaca el hecho impactante de un Mesías crucificado. El propósito de Dios se cumplió, no en una línea suave que avanzaba palmo a palmo desde Abraham, a través de múltiples desarrollos, hasta la renovación del pacto y la inclusión gentil, sino en la muerte del Ungido del Señor, que antes era impensable. Gálatas 3:13 se une a las demás afirmaciones de Pablo sobre la muerte de Jesús, en esta carta y en otros lugares, para formar un cuadro general en el que el poderoso amor divino llega hasta las más oscuras profundidades posibles para permitir que tenga lugar la operación de rescate.

GÁLATAS 3:15-29

Traducción

[15]*Mis hermanos y hermanas, permítanme usar una ilustración humana. Cuando alguien hace un pacto, nadie lo invalida o le añade.* [16]*Bueno, las promesas fueron hechas «a Abraham y su simiente». Es decir, su familia. No dice «sus simientes», como si se refiriese a varias familias, sino que indica a una sola familia al decir «y a tu simiente», hablando del Mesías.*

[17]*Esto es lo que quiero decir. Dios hizo este pacto; la ley, la cual vino 430 años después, no puede debilitar, anular e invalidar la promesa.* [18]*Si la herencia vino a través de la ley, ya no hubiese sido por la promesa; pero Dios la dio a Abraham por promesa.*

[19]*¿Para qué la ley entonces? Fue añadida por las trasgresiones hasta que viniera la familia a quien se le había prometido. Fue entregada por ángeles, a las manos de un mediador.* [20]*Él, sin embargo, no es el mediador del «uno»—¡pero Dios es uno!*

[21]*¿Está entonces la ley contra las promesas de Dios? ¡Por supuesto que no! No, si se hubiese dado una ley que pudiera impartir vida, entonces la pertenencia al pacto realmente hubiese sido por la ley.* [22]*Pero la Biblia encerró todo junto bajo el poder del pecado, para que la promesa —la cual viene por la fidelidad de Jesús el Mesías— fuese dada a aquellos que creen.*

[23]*Antes que llegara su fidelidad, estábamos bajo la custodia de la ley, en estricto confinamiento hasta que se revelara la llegada de la promesa.* [24]*Así la ley era como una niñera para nosotros, cuidándonos hasta la venida del Mesías, para que se nos diese membresía sobre la base de la fidelidad.*

[25]*Pero ahora que ha venido la fidelidad, ya no estamos bajo el gobierno de la niñera.* [26]*Porque ustedes son todos hijos de Dios, a través de la fe, en el Mesías, Jesús.*

[27]*Bien, pues, cada uno de ustedes que ha sido bautizado en el Mesías ha sido revestidos de él.* [28]*Ya no hay más judío o griego; ya no hay más esclavo o libre; no hay «hombre y mujer»; ustedes son todos uno en el Mesías, Jesús.*

[29]*Y, si ustedes pertenecen al Mesías, son de la familia de Abraham. Tienen derecho a heredar la promesa.*

Introducción

La primera mitad de Gálatas 3 ha versado sobre la familia de Abraham y el hecho de que, mediante la muerte del Mesías, la promesa original de dar a Abraham una familia mundial pudo seguir adelante. La futura «herencia» definitiva de esta familia está asegurada con el don anticipado del Espíritu. La segunda mitad de Gálatas 3 explica esto, y lo amplía, mediante una discusión detallada del lugar de la Torá dentro de la larga secuencia histórica desde Abraham hasta el Mesías. La Torá, argumenta Pablo, no puede ser la característica que defina a la familia de Abraham. Esa familia está constituida, en cambio, por el propio Mesías y la nueva condición que tienen en él todos los creyentes bautizados (3:26-29).

Pablo está luchando aquí con algunas de las cuestiones más importantes y difíciles de toda su teología. Como en Romanos 9-11, está examinando la coherencia global del propósito divino. Por tanto, está escribiendo sobre el carácter, las promesas y las obras de Dios mismo. ¿Qué tema podría ser más amplio?

El tema, sin embargo, es también urgente. Es muy posible que los maestros rivales estuvieran diciendo que, para pertenecer a la familia de Abraham, los gálatas tendrían que guardar la Torá, exigiendo que los hombres se circuncidaran. Recordemos que la razón por la que los creyentes gálatas querrían formar parte de la familia de Abraham no era solo la seguridad personal de saber que eran el pueblo de Dios para siempre, sino también la seguridad muy de este mundo de poder reclamar el privilegio judío de estar exentos del culto pagano ordinario. Los maestros rivales han estado insistiendo en que el camino hacia la seguridad política, y tal vez espiritual, será adoptar la Torá, al menos en el sentido externo y obvio de la circuncisión.[1]

Pero Pablo sabe que la propia Torá había profetizado, en el conocido clímax del Deuteronomio, que Israel se rebelaría y acabaría en la esclavitud. Por tanto, abrazar la Torá sería volver a esa esclavitud largamente profetizada. (Existen estrechos vínculos, que exploraremos más adelante, entre el presente argumento y Romanos 7). La observancia de la Torá, para los gálatas creyentes en Jesús, no haría más que empeorar las cosas, del mismo modo que la vuelta a la observancia de la Torá para Pedro u otros creyentes judíos empeoraría las cosas, como se afirma crípticamente en 2:18. De hecho, retomar la Torá sería volver a «la presente era maligna», la época *anterior a que los acontecimientos mesiánicos* relativos a Jesús irrumpieran en un mundo sorprendido y desprevenido. Pero estos acontecimientos mesiánicos eran el medio por el que el Dios Único había cumplido sus promesas a Abraham, las promesas de una familia mundial, promesas que formaban la raíz profunda de la nueva vida que ya disfrutaban los seguidores de Jesús en Gálatas.

Este era el corazón de todo para Pablo. El propósito salvador de Dios, antes oculto, había sido revelado. Cerrar los ojos ante ello sería como volver corriendo de un glorioso amanecer de primavera a una casa sombría con la esperanza de encontrar un lugar donde volver a dormir. Si el tan esperado Mesías de Israel había llegado, y si en su muerte y resurrección había roto el callejón sin salida de la esclavitud y la muerte, volver a la Torá sería desdeñar la fresca y vivificante gracia de Dios (2:21). La única manera de avanzar era entonces abrazar el nuevo amanecer, morir y resucitar con el Mesías en una nueva realidad, una comunidad de nueva creación, en la que los propios marcadores de límites étnicos – el sábado, las leyes alimentarias y, sobre todo aquí, la circuncisión – ya no eran relevantes. Paradójicamente, esta era la forma en que Dios había cumplido y estaba

---

[1] Como en 5:3 y 6:13, Pablo deja la duda sobre si los maestros rivales estaban realmente interesados en lo que él sabía que era serio sobre la observancia de la Torá.

cumpliendo sus promesas a Abraham. Volver a la Torá sería confabular con los poderes de la época actual, utilizar la ley mosaica dada por Dios como un refugio en el que, al evitar la confrontación con los poderes, se podría confraternizar con ellos.

Entonces, ¿fue la propia ley mosaica uno de esos poderes malvados? ¿Qué está diciendo Pablo? Estas son las preguntas naturales que surgen, y Pablo las aborda en este pasaje. Y lo hace dentro del marco narrativo más amplio de todo su pensamiento: Abraham y el Mesías.

Podemos preguntar, ¿qué tiene todo esto que ver con los seguidores de Jesús en el siglo XXI? Ha habido muchos problemas para recuperar la línea de pensamiento de Pablo, sobre todo en el mundo protestante y evangélico. Hemos aplanado rutinariamente los contornos afilados del argumento de Pablo, mucho más específico y dirigido a la situación, y en realidad hemos pasado por alto algunos de los puntos vitales para la formación cristiana no solo de las iglesias del siglo I en el sur de Turquía, sino de las iglesias del siglo XXI en todo el mundo. Lo que quiero decir es que solo cuando dejamos que se escuche la voz y el argumento de Pablo podemos discernir una palabra nueva para nuestro tiempo. Al igual que el propio Pablo, tenemos que someter nuestras tradiciones al trillo, a la historia aterradora pero vivificante de la cruz y la resurrección, y ver qué surge del otro lado.

El problema de la expectativa – nuestra expectativa como lectores que llegan a este texto – es más agudo que en Gálatas 3:15-18 y, de nuevo, en los versículos 19 a 22. Estos pasajes han sido considerados como profundamente desconcertantes, y se han hecho literalmente cientos de sugerencias sobre lo que Pablo estaba realmente queriendo decir. Una de las claves es recordar que el capítulo termina con la rotunda afirmación de que «todos son uno en el Mesías, Jesús» y que, por tanto, «son la familia de Abraham» y que «tienen derecho a heredar la promesa». *He aquí la suma total del argumento de Pablo: que Dios prometió a Abraham una familia, no dos, y que esta única familia consiste en todos los que creen en Jesús.* Esta es la familia sobre la que Dios pronuncia la palabra «justo», *dikaioi*, la palabra que en el pensamiento judío marcaba al verdadero pueblo de Dios de los «pecadores». Pablo insiste en que el distintivo que lleva el pueblo de Dios, que permite a toda la familia reconocerse como miembros, es *pistis*, la fe o la fidelidad – la fidelidad del Mesías al propósito divino, y la fe y la fidelidad en respuesta de los creyentes. La *justificación por la fe* es la doctrina que insiste en la unidad de todos los creyentes en la única familia.

Si esto era lo que Dios pretendía, ¿por qué entonces dio la ley? El propio Pablo plantea esta cuestión en el versículo 19. Aquí está el verdadero problema para el que la tradición teológica occidental ha ofrecido una parodia reducida. En nuestras tradiciones, «da ley» es simplemente un código moral universal, que todos nosotros hemos roto (aunque en nuestro orgullo a menudo esperamos poder hacer lo suficiente para salir adelante). El «evangelio» significa entonces que no hay que preocuparse por ese viejo código moral: Dios ha perdonado tus pecados a través de la muerte de Jesús. De hecho, si tratas de mantener el código moral solo para estar seguro, te arriesgas a añadir tus propias «obras» a la «fe» que justifica. El resultado, tal y como se enseña en muchas escuelas dominicales, en muchas mega-iglesias, en muchas parroquias tradicionales, es que solo necesitas creer que Jesús murió por ti, y entonces irás al cielo de todos modos. Ojalá fuera solo una caricatura. Todo indica que no lo es.

Sin embargo, como argumenté en mi libro *The Day the Revolution Began*, toda esta tradición occidental ha hecho tres cosas que nos han alejado paso a paso de lo que la propia Escritura enseña realmente. En primer lugar, hemos permitido que la visión platónica del «cielo» domine nuestras esperanzas. Esto casi ha sustituido la visión bíblica de «cielos nuevos y tierra nueva», la renovación de la creación, que Pablo, Juan y el Apocalipsis toman de los Salmos e Isaías y celebran como iniciada en Jesús, y que constituye el contexto adecuado para la verdadera esperanza definitiva, que es la resurrección corporal dentro de esa nueva creación. En segundo lugar, tal vez como resultado, hemos entendido lo que significa ser humano en términos de guardar (o no guardar) un código moral; como si lo principal que ocurrió en el jardín del Edén fuera que Dios les puso a Adán y Eva un examen moral, y que ellos lo fallaron. La Biblia, sin embargo, ofrece una historia mucho más rica: la vocación humana de ser portadores de una imagen, llamados a reflejar los propósitos del creador en el mundo y a reflejar las alabanzas de la creación a Dios. La moral, por supuesto, es importante, pero solo como parte de esa vocación más amplia, orientada hacia el exterior. Luego, en tercer lugar, hemos resuelto el problema que hemos creado haciendo que la muerte de Jesús se ajuste a la visión encogida de «ir al cielo» y al problema encogido del «moralismo fallido». Esto ha generado de nuevo la noción pagana de un Dios enfadado y bravucón que necesita ser apaciguado con sangre, y que descarga su furia en su propio Hijo inocente, en lugar de la noción bíblica del Dios del amor que se da a sí mismo, viniendo en la persona de su Hijo para dar su propia vida como rescate por muchos.

He resumido todo esto en tres aforismos: hemos platonizado nuestra escatología; hemos moralizado nuestra antropología; y por tanto hemos paganizado nuestra soteriología. No es una perspectiva bonita. Y, no menos importante, hemos hecho todo esto en nuestras lecturas de Gálatas. La obediencia a la propia Escritura exige que exploremos un camino mejor.

Sería útil empezar con algo de claridad verbal, partiendo de algunas cosas que hemos dicho antes. Para Pablo, «la ley» es siempre la Torá, la ley de Israel, el código que Dios dio a Moisés en el Monte Sinaí. Para Pablo, *Christos* no solo denota al propio Jesús; también connota mesianismo. Es un «honorífico»: como un título, la palabra dice algo sobre el papel y la *vocación*, además de referirse simplemente a Jesús como individuo. Y la palabra que he traducido a menudo como «familia» es *sperma*, literalmente «simiente», la palabra griega que denota lo mismo que nuestra «familia», pero que connota de forma más evidente el acto de la generación en sí misma, y por lo tanto considera a la «familia» no en términos de una red de tíos, primos y tías que se extiende lateralmente, sino en términos del «árbol genealógico» vertical de la descendencia de un antepasado. Aquí es donde las promesas a «Abraham y su descendencia» salen a relucir de repente. Y esas promesas son fundamentales tanto en Génesis 15 como en Gálatas 3.

3:15-18 - El pacto inquebrantable

Los que hayan seguido el argumento real de Pablo hasta ahora — en contraposición a las generalizaciones abstractas sobre «ley», «obras» y «fe» para las que Abraham sería, en el mejor de los casos, un ejemplo secundario — no se sorprenderán de que ahora tome la idea del *pacto*. Muchos traductores, y por lo tanto muchos lectores, han asumido que cuando utiliza la palabra griega *diathēkē* en los versículos 15 y 17, está haciendo una «analogía humana» sobre «testamentos», con la idea de «pacto» como, en el mejor de los casos, un eco lejano. Según este punto de vista, Pablo está haciendo un contraste entre dos sistemas soteriológicos, «cumplir las reglas» por un lado y «creer en las promesas» por el otro, sugiriendo que «creer en las promesas» es de alguna manera algo mejor, más digno de la aprobación divina, que «cumplir las reglas» — ¡como si ese fuera el punto! Pero, de hecho, esta forma de leer el pasaje es errónea. El pacto es lo central; la elaboración de testamentos es la analogía fugaz.

En cualquier caso, todo el capítulo gira en torno a las promesas del pacto a Abraham, y el presente pasaje está igualmente repleto de ecos de Génesis 15: promesa, simiente, herencia, la brecha de cuatrocientos años entre Abraham y Moisés, por no hablar de la fe de Abraham y la noción de la justicia que se le es «contada». No debería sorprender entonces que, en medio de todo esto, Pablo hablara de un *diathēkē*, y se refiriera con ello al *diathēkē* que se estableció en Génesis 15:18, después del cual hubo una brecha de cuatrocientos años antes de Moisés y la Torá.[2] Es solo la persistente negativa de la teología cristiana a tomar en serio su propia relación adecuada con las Escrituras hebreas la que ha ignorado todo esto y ha tratado los versículos 15-18 como un mero «ejemplo» sobre un «testamento humano», con poca o ninguna referencia intencionada al «pacto» en sí.

Por supuesto, estos versículos utilizan la elaboración de testamentos como ejemplo. Pero el objetivo de ese ejemplo es establecer la relación adecuada entre Abraham y Moisés, y por lo tanto, la relación adecuada de la nueva familia mesiánica mundial con Abraham como el verdadero «padre de todos nosotros» (Romanos 4:16) y con Moisés como el dador de una ley que ahora ha completado su tarea dada por Dios. Cumplida esa tarea, no se puede permitir que la Torá anule los términos del pacto con Abraham. Si Dios prometió a Abraham una familia mundial, la Torá no debe restringir esa familia (con solo judíos como miembros) ni dividirla (insistiendo, como Pedro en Antioquía, en una membresía familiar de dos niveles).

Al fin y al cabo, ahí es donde va el argumento, como en 3:28-29: «Ustedes son todos uno en el Mesías, Jesús. Y, si pertenecen al Mesías, son familia de Abraham. Tienen derecho a heredar la promesa». La palabra para «familia», como hemos dicho, es *sperma*,

---

[2] Gén. 15:13: 400 años; Éx. 12:40: 430 years, como aquí; Hch. 13:20: 450 years. No tengo explicación para estas variaciones.

«simiente»; esto, también, es un rasgo central de Génesis 15.[3] El sustantivo *sperma*, la misma palabra que se usaría para la «simiente» de una planta, o incluso la «simiente» de un animal, es frecuentemente colectiva, con su forma singular denotando «descendencia» en general. El plural *spermata* significaría entonces de forma más natural «familias», en plural. Una vez que comprendemos el propósito del argumento de Pablo, su forma aparentemente densa y torpe de exponerlo todo resulta al menos relativamente clara.

3:15 La «ilustración humana», por tanto, es efectivamente la elaboración de un testamento. Para ello, la palabra griega *diathēkē* – un «testamento» – sería el término técnico pertinente. Pero, por supuesto, *diathēkē* debería haber estado en mente desde el versículo 6, donde Pablo introdujo Génesis 15:6 en el argumento: en Génesis 15:18 Dios hizo un pacto con Abraham para dar a su «simiente» la tierra como su herencia, y argumenté anteriormente que «le fue contado como justicia» es la forma abreviada de decir que Dios «estableció su pacto con él» y con esa «simiente». La «simiente» y la «herencia» son también temas importantes en Gálatas 3. Así, Pablo está utilizando el acto familiar de hacer un testamento para ilustrar el punto sobre Abraham y Moisés, y la forma en que el pacto con Abraham crea un contexto inquebrantable para todo lo que sigue.

3:16 Así que las promesas fueron hechas «a Abraham y a su *sperma*».[4] Pablo explota el sentido colectivo de *sperma*, muy similar a nuestra «familia». Su punto es mucho más obvio, y mucho menos malogrado, de lo que generaciones de comentaristas han supuesto. (Este versículo, creo, tiene la dudosa distinción de ser el pasaje más mencionado cuando la gente quiere decir lo ridículo, lo imposible de imitar, que es el uso que hace el Nuevo Testamento del Antiguo). El punto de Pablo no es, como se ha supuesto habitualmente, que la promesa de la «simiente» singular apunta necesariamente a la persona «singular» Jesús de Nazaret, aquí denotado como *Christos*. Pablo sabe perfectamente que *sperma* es colectivo. Más bien, lo que quiere decir es que *Dios prometió a Abraham una sola familia*, una «simiente», no más, y que esa familia consiste en el Mesías y su pueblo.[5]

Esto depende, por supuesto, de la lectura de *Christos en* sentido colectivo. Eso no debería ser un problema, teniendo en cuenta los diversos usos incorporativos del capítulo 2 (2:16, 17, 19, 20)[6] y la ráfaga de lenguaje incorporativo que aparecerá en los

---

[3] Gén. 15:3, 5, 13, 18: Abraham se queja de que Dios no le ha dado «simiente»; Dios le dice que su «simiente» será como las estrellas; su «simiente» será peregrina en una tierra extranjera; él le dará a su «simiente» la tierra de Canaan como su heredad.

[4] Mi primer intent con este verso está en *The Climax of the Covenant*, cap. 8.

[5] Recuerdo con gratitud mi primera controversia con las controversias de los versos 16 y 20 en un estudio bíblico en casa en Montreal dirigido por el Dr. Peter Braun. Sobre todo el tema de Jesús como Mesías en Gálatas, y la forma como Pablo configura su visión de la «herencia», véase ahora especialmente McCaulley, *Sharing in the Son's Inheritance*. La sugerencia de Keener aquí en la que Pablo hace «una amplia analogía con Cristo como la simiente singular *definitiva* de la promesa» (*Galatians*, New Cambridge Bible Commentary, 146) pasa por alto el vínculo de Abraham/David aquí y por completo.

[6] Uno debería agregar también 3:13, ya que el significado del pasaje depende de que el Mesías sea capaz de representar a su gente.

últimos versículos del presente capítulo (3:24, 26, 27, 28, 29). Como en 1Corintios 1:13, 12:12 y muchos otros pasajes, la palabra *Christos* puede significar simplemente toda la familia mesiánica.[7] El punto de Pablo es, pues, que Dios prometió a Abraham una *sola* familia, compuesta por judíos y gentiles; pero la Torá, dejada a su cuenta, construiría un muro divisorio entre los dos grupos, dando como resultado no un *sperma* sino dos. De hecho, una vez que se admite el principio de los marcadores de límites étnicos, no hay razón para que no haya docenas de «familias». Eso, por supuesto, es lo que tenemos en la iglesia de hoy, donde el individualismo occidental ha sido llevado a su conclusión lógica y profundamente anti-paulina, en lugar de la única compañía compuesta por personas de cada nación y familia.[8]

La idea de que las promesas abrahámicas se cumplen en el Mesías – aunque tomada por Pablo de una manera particular – tiene profundas raíces en las Escrituras hebreas y su recuperación en período del Segundo Templo. Los pasajes más obvios incluirían los Salmos 2 y 72, donde las promesas al rey davídico se hacen eco, y también amplían, las promesas a Abraham. Así como Génesis 12 sigue a la ruina de Babel en Génesis 11, y Génesis 15 sigue la derrota de Abraham a las monarquías locales en Génesis 14, el Salmo 2 celebra la instalación de Dios de su rey, su «hijo», en su santa colina de Sión, después de las conspiraciones y rebeliones de los gobernantes del mundo. Pero ahora las promesas territorialmente restringidas a Abraham sobre su «herencia» (Génesis 15:18-21) son cosa del pasado:

Pídeme, y haré que las *naciones sean* tu herencia, y *los confines de la tierra* tu posesión. Las romperás con una vara de hierro y las desmenuzarás como un vaso de alfarero. (Sal. 2:8-9)

También se podría considerar aquí todo el Salmo 72, aunque ahora los reyes de la tierra vendrán llevando regalos y rindiendo homenaje en lugar de ser destrozados:

Que domine de mar a mar,
y desde el río hasta los confines de la tierra.
Que sus enemigos se inclinen ante él,
y sus enemigos laman el polvo.
Que los reyes de Tarsis y de las islas
le rindan tributo,
que los reyes de Saba y Seba
traigan regalos.

---

[7] 1Cor. 1:13: «¿Ha sido el Mesías cortado en pedazos?» *memeristai ho Christos*; véase también 1Cor. 6:15; 8:12; y especialmente 12:12; y todo el tema incorporativo en Rom. 6. Sobre esto, véase *Paul and the Faithfulness of God*, 825–35.

[8] La idea de una sola familia multi-étnica es constantemente celebrada en Apocalipsis, por ejemplo, 5:9; 7:9; cf. 10:11; 14:6. Esta es la realidad que Roma («Babilonia») está tratando de copiar sin éxito (13:7; 17:15). El fracaso del pretendido multiculturalismo occidental moderno es el resultado de intentar obtener el resultado del evangelio sin la lealtad al evangelio mismo.

Que todos los reyes caigan ante él,
todas las naciones le sirvan…
Bendito sea el Señor, el Dios de Israel,
que es el único que hace cosas maravillosas.
Bendito sea su glorioso nombre por siempre;
que su gloria llene toda la tierra. Amén y Amén.
(Sal. 72:8-11, 18-19)

La promesa *patriarcal*, enmarcada en su propio relato, se traduce así en la promesa *mesiánica*, dentro de su relato similar pero de mayor escala.

Esto le da un sentido propio a Pablo, que ha sido regularmente oscurecido cuando los comentaristas han retorcido y girado para entender el uso aparentemente desconcertante de *Christos* en el versículo 16. *La lógica de la misión gentil fluye directamente del hecho de que las promesas abrahámicas se han traducido en una realidad mesiánica.*

Parte del objetivo de retroceder en la narración hasta Abraham es que aquí fue donde el Dios Único reivindicó no solo a una única familia, sino, a través de ella, a todo el mundo. Los límites geográficos de Génesis 15 ya se consideraban solo un comienzo, puesto que la promesa de Génesis 12:12 y 18:18 preveía «todas las naciones»; y ese alcance más amplio se va a cumplir bajo el gobierno del verdadero rey de Israel. Todas las naciones de la tierra han de ser convocadas a la lealtad al Mesías de Israel, ya que la intención de Dios siempre fue que el Mesías fuera el verdadero Señor del mundo.[9] Y los gentiles son ahora libres de dar esa lealtad, ya que, como veremos, los amos de la esclavitud que los han tiranizado y mantenido en la esclavitud del pecado han sido vencidos en la paradójica victoria del Mesías.

Todo esto queda en segundo plano cuando Pablo insiste en Gálatas 3 en que las promesas a Abraham se han cumplido en el *Christos*, el Mesías, y su pueblo. La intención siempre fue que este pueblo mesiánico fuera una única familia mundial, y Pablo, habiendo vislumbrado los inicios de esa realidad, no va a cambiarla por un triste retorno a la antigua visión limitada. Esto está implícito en la fórmula primitiva del evangelio en Romanos 1:3-5, y en la lógica más amplia de Romanos 1-8, en la que la exposición del pacto abrahámico en el capítulo 4, que sustenta la teología de la justificación, constituye la plataforma para la exposición a gran escala en los capítulos 5-8 de la nueva realidad mesiánica, que alcanza su triunfo cósmico final. En cualquier caso, los Salmos 2 y 110 se encuentran entre los pasajes bíblicos favoritos de la Iglesia primitiva y, junto con 2Samuel 7:12-14, forman un conjunto de temas mesiánicos en los que Pablo podía basarse libremente, incluido el tema del «hijo de Dios» del Salmo 2:7, tal como aparece en Gálatas 3:26 (de todo el pueblo) y en 4:4 (del propio Jesús). Estos temas ya habían constituido la base de las expectativas mesiánicas en Qumrán, como atestigua el texto

---

[9] El tema está por supuesto extendido en los Salmos: por ejemplo, 2:1–11; 8:3–9 (si se lee «mesiánicamente» como parece haber sido el casi en muchos círculos judíos: véase *Interpreting Jesus*, cap. 14); 18:43–45, 49–50; 45:16; 72:8–11, 17; 89:25–27. El tema más amplio, del Dios de Israel como Señor de todas las naciones es omnipresente en el salterio, desde 9:8 hasta 149:7–9, a través de afirmaciones centrales como 47:1–9.

conocido como 4Q Florilegium.[10] Lo vemos también en los Salmos de Salomón, donde el amor fiel de Dios a «la descendencia de Abraham» se cumplirá «en la manifestación de su ungido».[11]

De todos modos, este punto sobre Abraham y David, aunque comúnmente ignorado, es de hecho crucial para todo el argumento de Pablo. Para él, si quieres ver dónde se cumplen las promesas a Abraham, busca al Mesías davídico.

A la inversa, si encuentra al Mesías davídico – o si Dios se lo revela, como en 1:16 – entonces sabe que ahí es donde Dios está cumpliendo sus promesas abrahámicas. Este argumento es igualmente importante para Pablo y para nuestra lectura de él. Pablo no está abordando una cuestión de «religión comparativa», como entre (digamos) algo llamado «judaísmo» y algo llamado «cristianismo». Estas son construcciones posteriores, un gesto distorsionado y anacrónico hacia la realidad del siglo I. Tampoco defiende algo llamado «revelación» en contraposición a algo llamado «religión»: eso también es un anacronismo flagrante y engañoso.[12] Propone *una escatología mesiánica*: el Mesías ha venido y es, por tanto, el cumplimiento de la promesa abrahámica. Después de todo, hubo varios movimientos mesiánicos en los cien años que precedieron a la época de Jesús, y todos ellos habrían estado de acuerdo con el punto general de que si esta persona (¡sea quien sea!) es el Mesías, entonces es aquel en quien Dios está cumpliendo por fin todas sus antiguas promesas. No todos los judíos, al parecer, creían en un Mesías venidero. Pero los que lo hacían sabían que cuando el Mesías apareciera, atraería todas las antiguas promesas sobre sí mismo, aunque tal vez en nuevas formas.[13]

3:17-18 Una vez que comprendemos todo esto, la conclusión es fácil. Dios hizo el pacto con Abraham, prometiéndole su incontable familia. La Torá siguió, casi medio milenio después, y no puede anular la promesa pactada. Una vez más, no se trata de una afirmación sobre estilos religiosos o sistemas soteriológicos, sobre el enfrentamiento entre el «hacer» y el «creer» (aunque si se saca el versículo 18 de su contexto, podría leerse así, con el contraste de «ley» y «promesa»). Se trata del pueblo de Dios: quiénes son y cómo se puede saber. Y el objetivo es *la herencia*, como en el versículo 18a. Esto no se ha mencionado hasta ahora, pero es claramente uno de los temas principales de Génesis 15. No debe sorprendernos que ahora haga su aparición, el inicio de un crescendo que alcanzará su punto álgido en 3:29 y luego de nuevo en 4:7, con consecuencias a largo plazo en 4:21-5:1. Esto, para volver a insistir, subyace en la misión gentil. La vocación de Pablo no era ir por el mundo salvando algunas almas para un cielo incorpóreo. Se trataba de anunciar al verdadero Señor al mundo real, anunciando el derrocamiento de los poderes de las tinieblas y proclamando que, al haber tratado con el

---

[10] 4QFlor = 4Q174 (GMT 1:352–55), inspirado en y exponiendo Sal. 89:23; Éx. 15:17–18; 2Sam. 7:11, 12–14; Am. 9:11; Is. 8:11; Ez. 44:10; Sal. 2:1.

[11] Sal. Slm. 18:3, 5; lee *anadeixei* («manifestación») por el *anaxei* del MMS («levantar»), que sería un *hapax legomenon*; aunque uno podría inferirlo como «levantar»: véase la nota de Sparks en *The Apocryphal Old Testament*, ed. H. F. D. Sparks (Oxford: Clarendon, 1984), 681. R. B. Wright, «Psalms of Solomon» 669, traduce apresuradamente «cuando el Mesías reinará».

[12] Este es un problema particular con el comentario de J. L. Martyn: véase *Paul and His Recent Interpreters*, cap. 8, por ejemplo, 171–72.

[13] Véase nuevamente Novenson, *Christ among the Messiahs*.

pecado, ahora fue entronizado como el verdadero soberano del mundo, aunque de una manera muy diferente a los gobernantes terrenales normales. La «herencia» es entonces (como en Rom. 8:17-30) todo el orden creado, la provincia dada por el Dios creador a su «Hijo», el Mesías. Así se cumple no solo la promesa a Abraham, sino también la vocación humana original de ser portadores de la imagen dentro de la creación de Dios.

El versículo 17 ofrece así una explicación («Esto es lo que quiero decir»: *touto de legō*) para la densa formulación de los versículos 15 y 16. Dios ya había ratificado su voluntad y propósito pactados, y la Torá dada posteriormente no puede «des-ratificar» la promesa contenida en el pacto.[14] Tampoco puede abolir (*katargēsai*) esa promesa por completo. Los verbos *akyroō* y *katargeō* se aproximan en su significado, pero este último parece más fuerte: no solo «des-confirmar» o «des-ratificar», sino realmente «abolir», eliminar.

La antítesis del versículo 18 («si por la ley, no por la promesa») no puede entonces reducirse a un mero contraste de estilos religiosos, «hacer» frente a «creer». La primera de estas oraciones (*ei gar ek nomou hē klēronomia*) es similar en su forma a la de 2:21 (*ei gar dia nomou dikaiosynē*), pero, como es habitual, Pablo es bastante preciso: el estatus de «justo» podría llegar (pero no llegó) a *través de la Torá*, pero su punto aquí es que la herencia podría llegar (pero no llegó) a *partir de* la Torá. Es más bien «si por Moisés, entonces no por Abraham»: en otras palabras, la Torá, por sí misma, podría parecer que falsifica o al menos empaña la promesa original. El verso 18 está explicando (*gar*) lo que el verso 17 había dicho: si la herencia (la tierra prometida, y más allá el mundo entero, como en Romanos 4:13) hubiera salido de la Torá, no podría haber salido de la promesa. En ambos casos, la cuestión es que la Torá, bajo cuyo dominio se insta a los gálatas a vivir (al menos en lo que respecta a la circuncisión), no es ni el vehículo ni el origen de lo que realmente importa, que es la «herencia». La «herencia» se originó con el don gracioso de la promesa de Dios a Abraham, al igual que la condición de justo (es decir, la pertenencia a la familia del pacto) viene a través de la muerte del Mesías.[15]

Esta es la base de la respuesta que Pablo dará a la pregunta que los gálatas debían estar deseando formular. No están solos.

3:19-22 - ¿Por qué entonces la Ley?

Más de una vez he tenido la experiencia, enseñando a través de Gálatas, que para cuando llegamos al versículo 18 alguien en la clase estalla: «Entonces, ¿por qué Dios dio la ley en primer lugar?». El hecho de que, naturalmente, lleguemos al mismo punto que el propio

---

[14] Esto es claro en el griego: *kyroō* significa «retificar» o «confirmar» *prokyroō* significa «ratificar por adelantado» y *akyroō* significa «des-ratificar» o «des-confirmar».

[15] El verbo en verso 18 es *kecharistai*, indicando más que solo «dio» (a) porque resalta la naturaleza gratuita del regalo, y (b) porque el verbo es perfecto, indicando la naturaleza permanente de la promesa de Dios: «Dios ha dado este regalo de gracia a Abraham a través de la promesa», con la implicación que «esto sigue en vigencia, sifue siendo válido». Dios sigue teniendo gracia hacia Abraham, precisamente en la apariencia y el mantenimiento de esta familia creyente multi-étnica.

Pablo, no significa necesariamente que hayamos entendido todo su argumento. La lectura de Gálatas 3:1-18 desde la perspectiva de la exégesis protestante tradicional bien puede producir una reacción similar. Pero cuando leemos la respuesta de Pablo a la luz del enfoque que he adoptado hasta ahora para el capítulo, todo tiene tanto más sentido – eliminando los enigmas que los exegetas han seguido encontrando aquí – que solo esto tiene el efecto de dar una aprobación retrospectiva a la línea de pensamiento que he seguido.

La pregunta «¿por qué la ley?» es, por supuesto, muy amplia, y Pablo le da aquí una respuesta muy breve, así que nos preparamos para uno de sus argumentos más densos. Una vez más rechazamos la idea de que Pablo esté hablando de diferentes enfoques o esquemas espirituales de «cómo salvarse». No se trata de que Dios diera a su pueblo una ley para engañarlo y hacerle creer que podría justificarse por buenas obras morales, cuando en realidad eso era imposible. Tampoco se trata simplemente de que Dios diera la Torá para enseñar a los seres humanos lo malvados que eran y así impulsarlos a buscar la redención – el trueno de la ley, en el lenguaje de Lutero, seguido de la dulce lluvia del evangelio.[16] Se trata de que *cuando Dios decidió rescatar al mundo a través de una familia humana, tuvo que contar con el hecho – como la propia Escritura atestigua abundantemente – de que la familia humana en cuestión estaba peligrosamente infectada con la misma enfermedad que el resto de la raza humana.*

La analogía médica es adecuada, como veremos más adelante. Por el momento, Pablo se concentra en *el propósito temporal de la buena Torá.* La idea de que algo pueda ser bueno pero temporal – o, de hecho, temporal pero bueno – es en sí misma una especie de afrenta a cualquier teología clásica que pudiera esperar que Dios fuera más «coherente», más como el dios de los filósofos y menos como el Dios de Abraham, Isaac y Jacob. La coherencia, para Pablo (al igual que para la Escritura), reside en la narración global, no en abstracciones ahistóricas arrancadas de la historia viva para colocarse como flores en una jarra, ordenadas pero separadas de su fuente de vida.

3:19a Será útil dividir el versículo 19 en tres: (a) «¿Por qué, pues, la ley? Fue añadida a causa de las transgresiones», (b) «hasta que llegara la familia a la que había sido prometida». (c) «Fue entregada por los ángeles, a las manos de un mediador».

Entonces, ¿por qué la Torá? Esa es la pregunta natural, pero la respuesta de Pablo, «Se añadió a causa de las transgresiones», es cualquier cosa menos directa. El significado más obvio, en un principio, parece ser este: ya que Israel, en sí mismo compuesto por seres humanos pecadores (empezando por el propio Abraham), estaba destinado a extraviarse mientras llevaba adelante la promesa abrahámica para toda la creación, había que poner algo para evitar que Israel se desviara totalmente hacia el mal. Piensa en las preocupaciones de Esdras después de que algunos regresaran de Babilonia. Esta solución tiene cierto sentido, pero es problemática, porque la palabra para «transgresión» aquí es *parabasis*, que significa «la ruptura de una ley», en contraposición a la general *hamartia*, «errar el blanco» («pecado»). Por lo tanto, no puede ser que la Torá haya sido añadida

---

[16] Tyndale tomó esta línea de Lutero en su tratado *On the Wicked Mammon.*

para tratar las «transgresiones». Sin la Torá no habrían existido, como dice Pablo en Romanos 4:15.

Esto sugiere un segundo significado, que se corresponde estrechamente con lo que Pablo dice en Romanos 5:20 (la ley entró «para que la transgresión se llenara en toda su extensión», *nomos de pareisēlthen hina pleonasē to paraptōma*) y que luego desarrolla ampliamente en 7:7-25. La ley fue dada para *convertir el pecado en transgresión* (*parabasis*). En otras palabras, el «pecado» necesitaba ser mostrado como lo que realmente era (no solo una torpeza miscelánea, sino una desobediencia real y mortal), para que entonces pudiera ser tratado adecuadamente. Invocar esos pasajes, por supuesto, corre el riesgo de leer Romanos en Gálatas, lo que resulta en distorsiones, ya que los argumentos no son iguales en todos los aspectos. Pero alguna combinación de estos dos significados puede estar justificada por el versículo 22, la conclusión de este breve argumento dentro de un argumento. Allí «la Biblia» (de nuevo, la Escritura personificada, como en 3:8) «encerró todo... bajo el poder del pecado», para que, como en Romanos 11:32, la promesa de Dios, a través de la fidelidad del Mesías, se diera a los fieles (con la implicación: antes que a cualquier otro). El punto subyacente de Pablo es que la Torá no está en contra de las promesas. Teniendo en cuenta el carácter pecaminoso del pueblo al que se le habían dado las promesas, la Torá era necesaria para hacer frente al problema resultante y, paradójicamente, para mantener las promesas en pie. Al igual que en los pasajes igualmente complicados de 2Corintios 3 y Romanos 7, el problema no es con la Torá, sino con el material sobre el que trabajaba la Torá, es decir, los seres humanos pecadores.

3:19b La verdadera idea central del versículo 19 se encuentra en la cláusula «hasta»: la ley se añadió sobre una base estrictamente limitada en el tiempo, es decir, «hasta que llegara la familia (*sperma*) a quien se le había prometido». La traducción normal aquí, «simiente», ha oscurecido a menudo la cuestión. La «simiente» o «familia» del versículo 16 — a la que debe referirse este versículo — es el mismo grupo de personas al que Pablo se ha referido a lo largo del capítulo: *hoi ek pisteōs*, «gente de la fe» (3:7, 9); los «hijos de Abraham» (3:7); los que son «bendecidos con el fiel Abraham» (3:9); los gentiles sobre los que ha llegado «la bendición de Abraham» (3:14a); y los «nosotros» sobre los que se ha otorgado el Espíritu prometido en previsión de la eventual herencia (3:14b). En otras palabras, la Torá fue dada con un propósito bueno pero temporal. Una vez que se cumpla la promesa de Abraham, en el Mesías y su pueblo mundial, ese propósito se cumplirá.

Esto es, por supuesto, vital para los gentiles gálatas. Los maestros rivales les instan a someterse a la Torá. Pablo insiste en que ya ha pasado el momento de hacerlo. La ilustración que he utilizado a veces es la de un cohete espacial. Se necesita un tipo especial de propulsor para que el cohete atraviese la atmósfera terrestre. Pero una vez que está en el espacio, alguien aprieta un botón y el propulsor desaparece. Esto no se debe a que sea algo malo y a que desees no haberlo tenido nunca. Se desecha el propulsor porque era *una cosa buena cuyo trabajo ya está hecho*. Eso es lo que dice Pablo sobre la Torá.

3:19c Luego añade que la Torá fue «entregada por ángeles, de la mano de un mediador». La mayoría de los comentaristas siguen suponiendo que estas observaciones pretenden menospreciar la Torá, aunque pocos seguirían ahora a los escritores más antiguos que concluyeron que los ángeles en cuestión eran malos y que la propia ley podría ser una especie de «poder» casi gnóstico. No es así: en los otros lugares que destacan la entrega angélica de la ley, los ángeles son buenos y están cumpliendo la orden explícita de Dios.[17] Asimismo, no hay nada malo en la mediación; el mediador es claramente Moisés, y Moisés hizo lo que Dios quería.[18] Algunos todavía suponen que la «mediación» significa que Dios estaba operando a una mayor distancia en la entrega de la ley, o incluso que Dios estaba representado por una hueste de ángeles y los israelitas por otra, con un solo ángel mediador en el medio, y que esto reduce (¿por qué?) la autoridad de la ley.[19] Estas teorías son simplemente un alarde y no vienen al caso. El hecho de que en el versículo 22 «Escritura» sea obviamente una perífrasis de «Dios» descarta tales especulaciones. Moisés hizo lo que Dios quería; la Torá hizo lo que Dios quería. Pero Dios nunca tuvo la intención de establecer en la Torá un esquema abstracto de salvación — la vieja idea de que Dios dio originalmente la Torá para que la gente pudiera salvarse haciendo buenas obras y luego tuviera que renunciar a eso como a un mal trabajo; o la sombra de eso, que Dios dio la Torá para que la gente se diera cuenta de que no podía hacerlo en primer lugar.[20] La Torá tenía un propósito mucho más específico, aunque temporal — «hasta la venida del Mesías». Pablo va a explorar ese propósito en un momento.

3:20 Entonces, ¿cuál es el problema con el mediador? La respuesta está clara si mantenemos el desconcertante versículo 20 entre los versículos 16 y 29. La confusión ha surgido en parte, sin duda, debido al lenguaje extremadamente denso y alusivo de Pablo, pero también porque los comentaristas han mirado en la dirección equivocada y han querido oír a Pablo decir algo «malo» sobre la ley en relación con un esquema de salvación. No se trata de eso. Pablo está diciendo, de forma breve pero realmente clara, que «el mediador» no es el mediador de «lo único», de *la familia única que Dios prometió a Abraham*. La ley no puede ser el medio por el cual las promesas de Abraham debían cumplirse. Moisés, el «mediador» a través del cual se dio la ley, no podía realizar por sí mismo la única familia mundial, la «única semilla» de 3:16 y 3:29. Su labor era otra. Esto es fundamental para el argumento de Pablo: Dios dio la Torá con un propósito específico y limitado en el tiempo. Esto corta de un plumazo las enmarañadas redes de especulación que han seguido enredando este versículo.[21]

---

[17] Dt. 33:2 (el cual parece sugerir que hay dos companies de ángeles, aunque el texto es oscuro); en el NT, Hch. 7:38, 53; Heb. 2:2. Véase más *The Climax of the Covenant*, cap. 8, esp. 158–62.

[18] El hebraísmo «de la mano de» simplemente significa «a través» o «por la agencia de»

[19] Véase, por ejemplo, Hays, *The Letter to the Galatians*, 267; Keener, *Galatians*, New Cambridge Bible Commentary, 154.

[20] Véase nuevamente Sanday y Headlam sobre Rom. 10, citado arriba, 203.

[21] Ejemplo, Oakes, *Galatians*, 124: si Moisés de alguna forma representa los intereses tanto de Dios como a la gente, él no puede representar completamente al Dios único. Oakes ve la unidad de la comunidad a la que Pablo se dirige, pero expresa desconcierto en cómo el «uno» aquí se vincula con los

Lingüísticamente, la apretada frase griega (*ho de mesitēs henos ouk estin*, literalmente «pero no es mediador de uno») podría funcionar de cualquier manera. O bien se asume que «mediador» se repite («el mediador, sin embargo, no es *el mediador* del 'uno'») o se lee la primera cláusula del verso 20 con *ho de* como *sujeto* («él, sin embargo») y *mesitēs henos* como *complemento* («él, sin embargo, no es el mediador del 'uno'»). En conjunto, prefiero esta última, pero el punto teológico es el mismo, es decir, que a Moisés no se le encomendó la tarea de reunir a judíos y gentiles en la familia única prometida. Más bien, la voluntad de Dios fue siempre mantener a judíos y gentiles a distancia unos de otros. El Deuteronomio insiste en ello; ¡no debe haber hermandad con los cananeos! En una larga retrospectiva, uno puede ver el propósito, para intentar la difícil y solo parcialmente exitosa tarea de impedir que Israel se deslizara hacia el culto y el comportamiento paganos. Esa división judío/gentil es entonces la separación que los agitadores gálatas están tratando de labrar nuevamente. Pablo insiste en que el tiempo de la separación ya ha pasado.

Esa existencia separada nunca fue, de hecho, la intención final de Dios. La secuencia temporal implícita aquí, que continúa sólidamente a lo largo de 3:23-29, alcanza su meta en 4:4 con «cuando llegó el tiempo del cumplimiento».[22] Esto coincide, curiosamente, con la secuencia temporal señalada en Marcos 10:2-9. Los fariseos citan Deuteronomio 24:1-3, que permite el divorcio. Jesús responde que este mandamiento se dio «porque son duros de corazón» (10:5), mientras que la intención original de Dios para la creación era la unión hombre-mujer para toda la vida (10:6-9). Una vez que uno piensa de forma secuencial, en lugar de esperar que cada parte de la Biblia diga lo mismo todo el tiempo, esto no es problemático.

El principal problema con el versículo 20 es entonces que Pablo ha comprimido su comentario sobre todo esto en una pequeña y densa frase: «¡Pero Dios es uno!» (*ho de theos heis estin*). Aquí, como en otros pasajes, Romanos viene en nuestra ayuda, porque en Romanos 3:30 el telescopio se amplía lo suficiente como para que veamos lo que quiere decir: el Dios Único desea una sola familia, *en la que judíos y gentiles estén juntos en igualdad de condiciones*. Ese es precisamente el preludio de la nueva lectura que hace Pablo de la historia de Abraham en Génesis 15. Por tanto, hay muchas razones para permitir que Romanos 3:30 explique lo que Pablo había querido decir en el más críptico Gálatas 2:20.

Una lectura de este tipo corta literalmente cientos de propuestas interpretativas alternativas. Todas ellas surgen cuando la gente imagina que Pablo estaba esbozando

---

versos 16 y 28; deSilva, *The Letter to the Galatians*, 318, piensa que Pablo concibe a Dios «operando en una gran distancia».

[22] Así directamente eliminando la falsa «o bien», de «apocalíptica» e «historia de la salvación» perpetuada por Martyn y sus seguidores: véase *Paul and His Recent Interpreters*, cap. 8. Virtualmente todos los textos «apocalípticos» del Segundo Templo, como Daniel como ejemplo principal, piensan en terminos de una historia continua de los propósitos de Dios alcanzando algún tipo de *dénouement*, no a través de un proceso inmanente de desarrollo, sino a través de la revelación repentina de la resolución prometida desde hace mucho tiempo: véase *Interpreting Scripture: Essays on the Bible and Hermeneutics* (Londres: SPCK; Minneapolis: Fortress, 1992), cap. 13.

diferentes estrategias para una soteriología platónica. No es así. Él estaba escribiendo sobre la narrativa histórica desde Abraham hasta el Mesías, con Moisés como un tema secundario en el camino — al igual que, en Romanos 5:12-21, la historia es desde Adán hasta el Mesías con la ley «viniendo al lado». Gálatas 3 en su conjunto trata de la familia única que Dios prometió a Abraham, de la forma en que se creó esa familia y del hecho de que la Torá, dejada para siempre (lo que nunca fue la idea), habría frustrado ese propósito. Los gálatas ya pertenecen a la familia de Abraham; ¿por qué volver a lo que siempre fue una disposición temporal y negativa?

3:21 Esto genera entonces una pregunta de segundo orden: ¿Está la ley, entonces, en contra de las promesas de Dios? El espectro del marcionismo nunca está lejos de discusiones como esta, y muchos exegetas, deseosos de sostener una aguda antítesis ley/evangelio bajo la errónea impresión de que así es como se predica el evangelio en nuestros días, han querido decir más bien que sí. Pero la respuesta de Pablo es mucho más sutil. Sigue dos líneas: la cronológica, por un lado, y la antropológica, por otro. Su respuesta es cronológica en el sentido de que la Torá fue dada para el período temporal hasta el Mesías; antropológica, en el sentido de que el «problema con la Torá» percibido no era en realidad un problema con la Torá en sí, sino un problema con el material humano (es decir, los israelitas) sobre el que la Torá tenía que trabajar.

Esto, una vez más, nos lleva al corazón de la lectura que hace Pablo de la historia de Israel y a una auténtica hermenéutica cristiana del Antiguo Testamento. Esto coincide directamente con lo que dice Pablo en Romanos 8:3, donde habla de «lo que la ley era incapaz de hacer, siendo débil a causa de la carne humana».[23] La Torá prometía «vida» pero no podía darla. Shakespeare hace que Casio declare: «La culpa, querido Bruto, no está en nuestras estrellas, sino *en nosotros mismos, que* somos *subalternos*».[24] El punto de Pablo es que la culpa (el problema que causa la aparente dificultad para la historia de la familia de Abraham) no estaba en la Torá sino en el material humano con el que tenía que trabajar, es decir, el pueblo de Israel. La familia de Abraham, elegida para traer la sanidad al mundo, estaba compuesta a su vez por personas que padecían la misma enfermedad mortal. Pablo vuelve a señalar, por así decirlo, a Romanos 7 y 8, con solo una sutil diferencia. Aquí, como dice, si se hubiera dado una ley *que hubiera podido dar la vida*, entonces la pertenencia al pacto habría sido realmente por la ley.[25] (En Romanos 7:10, «el mandamiento que señalaba la vida resultó, en mi caso, traer la muerte»). Si ese hubiera sido el caso, entonces los gálatas habrían hecho bien en circuncidarse, ya que entonces habría habido un pueblo perfecto de Dios *y no habría sido necesario un Mesías crucificado*. La lógica es la misma que vimos en 2:21, solo que ahora se ha elaborado a través de las cuestiones específicas tratadas en los veinte versículos intermedios. Ese pasaje, por supuesto, sigue de cerca a 2:19-20, donde Pablo hace hincapié en la nueva «vida» que disfrutan los que están «en el Mesías» y que, a su vez, tienen al Mesías habitando en ellos. Esto, a su vez, apunta a los capítulos 4 y 5, donde parte del punto del evangelio es precisamente el regalo de una nueva vida, una vida que la Torá por sí misma

---

[23] Esto es cercano, también, a uno de los elementos claves en 2Cor. 3; pero eso nos llevaría muy lejos.

[24] *Julius Caesar*, acto 1, escena 2, líneas 140–41. Cursivas, por supuesto, añadidas.

[25] Esta es otra referencia a Lev. 18:5: véase arriba en verso 12.

era incapaz de proporcionar, pero que Dios ha proporcionado a través del Mesías y el Espíritu. Es, en esencia, el mismo argumento que encontramos en Romanos 8:1-11.

3:22 A continuación, Pablo reafirma el punto en 3:22. Esto concluye el denso argumento y apunta al siguiente pasaje (3:23-29), llegando a una conclusión enfática en 3:28-29, que a su vez forma la plataforma para 4:1-7. Pablo declara aquí, como en varias ocasiones en Romanos, que el propósito divino de la buena Torá era encerrar todo en la prisión de *hamartia*, el pecado. El mensaje a los gálatas es tajante: si adoptan la Torá (o permiten que los adopte), están pidiendo ir a la cárcel, la cárcel que era lo mejor que la Torá podía hacer con los pecadores. El único camino hacia adelante, entonces, como en Gálatas 2:16 y 2:19, y luego 3:13, es a través de la muerte fiel del Mesías, apropiado por una fe/fidelidad que responde. «La promesa – que viene por la fidelidad de Jesús el Mesías», es decir, su fidelidad hasta la muerte, su obediencia al propósito del pacto divino para Israel, como en Isaías 40-55 – es «dada a los que creen».

Esto nos permite resumir el capítulo 3 hasta ahora. A *los hoi ek pisteōs* de 3:7 y 3:9, el «pueblo de la fe», se les asegura no solo que la Torá no tiene ningún derecho sobre ellos, ninguna demanda legítima, sino también que son, sin más, ya los herederos prometidos, miembros en la única familia que heredará la bendición prometida a Abraham. Heredarán el mundo, como dice Pablo con valentía de Abraham en Romanos 4:13. Y, como ha insinuado Gálatas 3:21, tendrán la «vida» que la Torá había ofrecido, brillando como un espejismo, pero que no podía hacer efectiva. La Torá no puede dar la vida que promete, por lo que los gentiles gálatas no deben soñar con adoptarla. Todo lo que la Torá parece prometer es, de hecho, ya el derecho de nacimiento de los nuevos miembros de la única familia mundial de Abraham.

3:23-25 - Bajo los *Paidagōgos*

Pablo puede ahora apartarse de esta densa muestra del propósito divino de dar la Torá a la familia de Abraham. Aunque su mensaje subyacente a los gálatas tiene que ver con su propia situación y perspectivas – y el hecho de que ellos, como gentiles seguidores de Jesús, no deben circuncidarse – todavía tiene mucho que decir sobre la situación de los propios judíos. Suponemos que esto se debe a que, al igual que en 2:15-21, la situación de los judíos bajo la Torá, tal y como la ve ahora Pablo, forma parte del mejor argumento para disuadir a los gálatas del curso de acción que algunos intentan que sigan.

Como parte de esto, ahora está en condiciones de esbozar un cuadro de «antes y después»: primero, cómo eran las cosas para el pueblo judío, y segundo, cómo son ahora para los judíos que han creído en Jesús como Mesías. «Entonces» – antes de que viniera el Mesías – las cosas eran de una manera; «ahora» – ahora que ha venido el Mesías – todo ha cambiado, y en particular la naturaleza, y las marcas distintivas, de la familia del pacto. Solo en el versículo 26 el «nosotros» se convierte en «ustedes», es decir, «también ustedes, los gentiles», una complicación de la que hablaremos cuando lleguemos allí.

En el presente pasaje, hasta el versículo 29, Pablo dice esto de una manera, aportando tantos detalles densos que es fácil quedar bastante desconcertado con todo ello. Luego, en 4:1-7, cuenta la misma historia de otra manera, con 4:1-3 dando una nueva versión del «entonces» y 4:4-7 del «ahora» – o más bien, en 4:4-7, el «ahora» con una explicación más completa de cómo se produjo la transición. Con estos catorce versículos, los siete últimos del capítulo 3 y los siete primeros del capítulo 4, tenemos no solo el corazón de la teología paulina, sino el punto de origen de toda la teología cristiana: la Trinidad, la encarnación, la expiación, la regeneración, el Espíritu Santo, la vida nueva, la espiritualidad, el destino final. Como con un buen whisky, tenemos que entrenar nuestro paladar para degustar las diferentes notas. Si lo hiciéramos seriamente, podríamos incluso descubrir que preferimos el pequeño vaso que Pablo nos ha dado aquí a las grandes jarras de licor teológico que nos han proporcionado los siglos posteriores.

3:23 A pesar de los que insisten en que la mente apocalíptica de Pablo no deja lugar a la cronología, este pasaje no trata de otra cosa. Pablo describe lo que *solía ser* el caso, lo que vino y lo *cambió todo*, y lo que *es ahora* el caso. De forma confusa para nosotros, aquí utiliza la palabra *pistis*, «fe» o «fidelidad», como sinécdoque de toda la llegada del evangelio, aplastando juntos la fidelidad del Mesías y la confianza de respuesta de su pueblo al decir «antes de que llegara la fe» o «antes de que llegara esta fidelidad». Estas referencias son casi las últimas menciones de *pistis* en la carta: para el verso 26, el punto ha sido completamente hecho: «antes de que llegara *la pistis*», «esperando la llegada de la *pistis*» (23), «para que seamos justificados por la *pistis*» (24b); «ahora que ha llegado la *pistis*» (25); «todos los hijos de Dios por la *pistis*» (26).

De todos modos, el punto del verso 23 es entonces que *antes de* la llegada de *la pistis*, «nos mantuvimos bajo custodia… en estricto confinamiento». Pablo insiste en que, en efecto, la Torá tenía un propósito: impedir que Israel se fuera al mal, como siempre amenazaba con suceder. Aquí creo que tiene en mente no solo el hecho más general de que la Torá señala el pecado de Israel, sino también el hecho más específico de que las maldiciones deuteronómicas habían caído con fuerza sobre el pueblo en el extenso exilio, con extranjeros gobernando sobre ellos, tal y como habían advertido Deuteronomio 28 y 32.[26] Pablo ya se ha referido a las maldiciones deuteronómicas, una docena de versículos antes. Aquí, y en 4:1-3, parece estar aludiendo de nuevo a ese esquema del pacto, a las repetidas advertencias de devastación nacional y servidumbre a los paganos, y a sus divinidades, como veremos.

El punto principal a tener en cuenta aquí es que Pablo no está ofreciendo un relato generalizado en el que todos los humanos estaban «bajo la Torá». Solo los judíos estaban en esa posición: lo único que la Torá (tal como la había entendido Saulo de Tarso) tenía que decir a los gentiles era «Manténganse fuera» (o posiblemente: «Manténganse fuera, a menos que se sometan al cuchillo»). Es vital que los gálatas comprendan el papel y el efecto de la Torá, no porque ellos mismos hayan estado bajo ella, sino porque ahora se les invita a someterse a ella. Pablo utiliza dos verbos para explicar esto, ambos desarrollando la idea (en el verso anterior) de haber sido encarcelados: estábamos, dice,

---

[26] Véase 28:33, 36–38, 41–44, 49–57, 62–68.

«custodiados» (*ephrouroumetha*) y «en estricto confinamiento» (*synkleiomenoi*, cognado con *synkleisen* en el verso 22). Pero, al igual que en el mundo antiguo la prisión no era en sí misma un castigo, sino un lugar en el que se ponía a los indeseables hasta que se decidía qué hacer con ellos, Pablo considera que este encarcelamiento «bajo la Torá» tiene un tiempo fijo en mente: «hasta que se revele la fidelidad venidera». Esto nos devuelve a donde estábamos hace un momento. Pablo concibe el *terminus ad quem* como la «revelación» (*apokalypsis*) de la *pistis*. Y esto puede ampliarse en una dirección inesperada.

3:24-25 El análisis de Pablo sobre el papel de la Torá en el tiempo entre Abraham y el Mesías otorga a la Torá un papel particular: el de *paidagōgos*. Esta figura no era, como en la versión King James, el «maestro de escuela» o «tutor», alguien que realmente enseñaba a los jóvenes sus lecciones. El *paidagōgos* era el esclavo cuyo trabajo consistía en llevar y traer a los niños a la escuela y asegurarse de que no hicieran travesuras por el camino. El papel se corresponde vagamente con nuestro concepto de «niñera» – no es ni padre ni profesor, sino la persona encargada para ciertos fines. Este papel dura tanto como sea necesario; Pablo dice aquí que el nombramiento del *paidagōgos* dura *eis Christon*, que he parafraseado como «hasta la venida del Mesías». Debemos notar el posible matiz añadido, sin embargo, que *Christos* es la palabra utilizada en el verso 16 para el Mesías *incorporativo*, es decir, toda la familia del pueblo del Mesías, judío y gentil por igual, el Mesías *ahora encarnado en la nueva familia única*. Así que Pablo está diciendo que la ley estaba a cargo, asegurándose de que Israel no se extraviara demasiado, hasta la nueva dispensación cuando, con el Mesías, la familia única prometida por Dios llegó a existir.

Esa única familia, como ha insistido Pablo a lo largo de 2:15-3:22, está marcada por la pistis. La Torá cuida de Israel, está diciendo, hasta la llegada del Mesías fiel, momento en el que el pueblo de Dios debe ser identificado como *dikaioi*, no por las obras de la Torá, sino por la *pistis* que refleja, y vincula a esta familia, la *pistis* del propio Mesías.

Así concluye Pablo, en el versículo 25: ahora que ha llegado esta nueva dispensación, ya no estamos bajo *los paidagōgos*. La Torá ha hecho lo que se le pedía, y la revelación del Mesías por parte de Dios significa que la familia de Abraham es ahora lo que Dios siempre quiso «en la plenitud de los tiempos». Ustedes, gálatas, están diciendo con ello, deben darse cuenta de que, si se circuncidan, están volviendo a la vejez, al tiempo de la esclavitud, al régimen temporal. Ya son adultos: ¿Por qué volver a ponerse al cuidado de la niñera? Eso es lo que los maestros rivales quieren que hagan, porque no han comprendido – como tampoco lo había hecho Pedro en Antioquía – «la verdad del Evangelio»: mediante la muerte fiel del Mesías, Dios ha vencido a los poderes del mal, para poner en marcha la nueva creación de la que el pueblo renovado por el Evangelio es vanguardia y testigo.

Sin embargo, hay más en *los paidagōgos de* lo que hemos visto hasta ahora. Aplazamos esta discusión a la sección sobre 4:1-3 más adelante.

3:26-29 - La única familia de Abraham

Los cuatro últimos versículos de Gálatas 3 ofrecen un espectáculo de fuegos artificiales de lo que podríamos llamar eclesiología cristológica incorporada; y todo ello tiene por objeto (ese es el sentido de la *gar* al comienzo del versículo 26) explicar más ampliamente lo que se acaba de decir. Ante el repentino aluvión de términos teológicos, y la inicialmente desconcertante repetición de *Christos*, debemos tener presente esta función explicativa. Después de haber esbozado el panorama histórico más amplio desde Abraham hasta el Mesías (3:1-14), de haber mostrado la imposibilidad de que la Torá tenga un papel positivo dentro de él (3:15-22), y de haber enfatizado más bien el papel de la Torá (necesario pero todavía negativo), haciéndola cada vez menos atractiva como aparente refugio para los desconcertados gálatas, Pablo dice ahora, en efecto, «La razón de todo esto era producir, al final, la única familia de Abraham que es el pueblo del Mesías; y este es el aspecto de esta familia». A los confundidos ex-paganos seguidores de Jesús, Pablo muestra de repente el rico tapiz de la eclesiología centrada en el Mesías, como si dijera: Aquí es donde ya viven: ¿por qué cambiarían eso por una celda de prisión, custodiada por un *paidagōgos*?

3:26 El vínculo inmediato entre los versículos 25 y 26 es que el hecho de que Pablo hable de «hijos de Dios», en un nivel de significado, se enlaza con la idea del *paidagōgos*, cuya función, como esclavo, era cuidar del joven «hijo» hasta la madurez. Dado que esa es la imagen que Pablo desarrollará cuatro versículos después (4:1-3), parece muy probable que tenga en mente este vínculo.

Pero eso no es todo lo que el versículo 26 ofrece como vínculo con 3:23-25 y como señalización hacia 4:1-7. Podemos observar, para empezar, que la palabra «hijos», que hoy naturalmente traducimos como «niños» para no parecer excluyente en cuanto al género, lleva el eco tanto de Israel como «hijo de Dios» en la historia del Éxodo como de Jesús mismo como «Hijo de Dios» en Gálatas 2:20 y, detrás de eso, en las recuperaciones regulares del Salmo 2:7 en, por ejemplo, Marcos 1:11 y Hechos 13:33. Más cerca de nuestro pasaje, y anticipando Gálatas 4:4 en particular, observamos Romanos 1:3-4 y 8:3-4, 29. Estos y otros ecos insisten en que — exactamente en consonancia con nuestra interpretación del versículo 16 — entendemos que el punto principal de Pablo es que el pueblo del Mesías, marcado como tal por su *pistis* (Gal 3:26) y su bautismo que expresa la fe (3:27), se incorpora a él de una manera que parece fácil de concebir para Pablo, aunque sea difícil de expresar para nosotros. Así como puede hablar de ser «justificados en el Mesías» en 2:17, aquí puede hablar de toda la comunidad creyente en Jesús como «hijos de Dios en el Mesías Jesús».

Este sentido del Mesías como simultáneamente el ser humano Jesús y el complemento incorporado de todos sus fieles seguidores continúa en los versículos 27-29. Para mantener la cabeza en estos versos en medio de la repentina avalancha de lenguaje incorporativo, puede ser útil recordar en todo momento que en 3:29 es donde Pablo, al menos, piensa que va la discusión: Todos son «uno» en el Mesías, y si pertenecen al Mesías, sois *el sperma* de Abraham, la familia única, y en consecuencia «herederos» según la promesa, la promesa de que la familia de Abraham heredaría el mundo. Este es el QED final del argumento que comenzó en 3:6, abriendo entonces el camino para la ulterior exploración de los «hijos de Abraham» a la que Pablo llegará, con, si acaso, aún más trabajo y complejidad, al final del capítulo 4. O, para cambiar la imagen del argumento lógico a la música, los versículos 26-29 funcionan como los acordes finales de una sinfonía de Beethoven, o quizás incluso los grandes golpes de martillo al final de la Quinta de Sibelius:

> Todos los hijos de Dios en el Mesías Jesús
> Bautizados en el Mesías
> Vestido con el Mesías
> Todo uno en el Mesías Jesús
> Pertenecer al Mesías
> Por lo tanto, la semilla de Abraham y los herederos prometidos.

No podría ser más claro. Cada línea aquí es una señal de la única realidad brillante, demasiado deslumbrante tal vez para una descripción exacta: los que pertenecen al Mesías ya comparten su condición de hijo de Dios y, como tal, como el verdadero pueblo del Éxodo, la verdadera semilla de Abraham. Esto se aplica a cada creyente en el Mesías, a cada nuevo seguidor de Jesús en Galacia, tanto como al propio Pablo, o a las tres «columnas» de Jerusalén, o a cualquier otro. Este es el mensaje que Pablo tiene para los gálatas: Pónganse de pie. No tienen nada que ganar, y todo que perder, añadiendo la circuncisión a su perfil. Eso implicaría que, después de todo, el Mesías no ganó la victoria decisiva, no reclamó la herencia mundial prometida a Abraham. Implicaría que, en el mejor de los casos, se han convertido en un prosélito de la sinagoga, viviendo «bajo la Torá» y, por tanto, están todavía, si no tal vez en la cárcel (3:22, 23), ciertamente bajo el ojo vigilante y tal vez maléfico de los *paidagōgos*.

Los versículos 26 a 29, pues, siguen un estilo de argumentación típicamente paulino. El verso 26, que introduce el «pero ahora», lo resume, explicando lo que se acaba de decir con una nueva declaración de quién es ahora el único pueblo de Dios. El verso 27 explica a continuación el verso 26 (*gar*); el verso 28 lo comenta, extrayendo un significado particular en términos de la pertenencia indiferenciada a la familia; y el verso 29 concluye triunfalmente («bien, pues...» [*ei de*]) con la reafirmación de todo el tema del capítulo. Pablo suele pensar y argumentar así. Merece la pena tomarse el tiempo de pensar con él, paso a paso.

El versículo 26 introduce de repente la nueva idea, que se desarrollará en el capítulo 4: todos son «hijos de Dios». Podríamos decir «hijos e hijas» para evitar la restricción de género, pero parte de la idea de Pablo es que todos ellos, incluidas las mujeres, comparten la herencia que normalmente estaría restringida a los «hijos (varones)»; y, quizá más importante aún, que este es el nuevo Éxodo, la liberación definitiva de la esclavitud, el momento en que Dios dice de todo el pueblo del Mesías lo que dijo a través de Moisés al Faraón: «Israel es mi hijo, mi primogénito».[27] Lo que Dios dijo de

---

[27] Éx. 4:22–23; véase Os. 11:1.

Israel entonces, lo dijo del rey davídico venidero en el Salmo 2:7 y en 2Samuel 7:14; este título nacional y real se pronunció luego sobre el propio Jesús en su bautismo (Marcos 1:11 y paralelos); lo que Dios dijo de Israel, el rey, y luego de Jesús, lo dice ahora de todos los que pertenecen a la familia mesiánica. Este tema está presente en los primeros tiempos del cristianismo.[28] Como sabemos por otros textos del Segundo Templo, era una forma natural de hablar del pueblo que pretendía ser el verdadero heredero de Abraham, al que Dios consideraba *dikaioi*.[29]

La «filiación» de todos los seguidores de Jesús queda entonces aclarada por el resto del versículo. Al menos, quedaría aclarado si pudiéramos decidir entre las tres opciones interpretativas habituales para *dia tēs pisteōs en Christō Iēsou*, literalmente «por la fe (fidelidad) en el Mesías Jesús». (a) La forma más antigua de leer esto, reflejada en «por la fe en Cristo Jesús» de la KJV, toma «en Cristo Jesús» como el objeto de la «fe». El problema aquí es que, aunque «creer en Cristo Jesús» suena natural y obvio, y aunque el contenido de la fe cristiana primitiva se centraba sin duda en Jesús (confesándolo como *kyrios* y creyendo que Dios lo resucitó de entre los muertos),[30] *pisteuein en* es mucho menos natural en griego que en español.[31] (b) Más recientemente, se ha propuesto a veces que la *pistis* aquí es la propia fidelidad del Mesías, que es ciertamente un tema paulino en esta carta y en Romanos; pero la oración parece explicar cómo se produce que «todos ustedes son hijos de Dios». Aunque el acto de fidelidad del Mesías se erige, en efecto, como la agencia última de este nuevo estatus, tiene más sentido inmediato que Pablo se refiera a algo del propio pueblo. (c) Esto puede abrir el camino a la tercera opción, que es tomar «por la fe» y «en el Mesías» como dos calificaciones paralelas para «ustedes son todos hijos de Dios».

Sospecho que Pablo querría afirmar la verdad en las tres sugerencias, pero la tercera («hijos de Dios a través la fe» y también «hijos de Dios en el Mesías») me parece la más probable. Es interesante que Pablo diga aquí «a través la fe», *dia pisteōs*, en lugar de *ek pisteōs*, «por la fe», es decir, que surge de la fe, como en 2:16 o en el conocido Romanos 5:1 («siendo justificados a través la fe», *dikaiōthentes ek pisteōs*). De nuevo, sin embargo, podemos sospechar que Pablo vería todos estos caminos verbales como conduciendo al centro vital, aunque en sí mismo definitivamente indescriptible del todo, la acción del Dios Único en el Mesías y la resultante incorporación de sus seguidores creyentes en él.

3:27 El verso 27 ofrece entonces una explicación adicional (*gar*), aunque esta, al igual que el verso anterior, sigue siendo tentadora. Pablo parece dirigirse a la pregunta: ¿Cómo sabemos que estamos «en el Mesías», *en Christō*? Y da la respuesta: todos fuimos bautizados en el Mesías (*eis Christon*) y, por lo tanto, nos hemos «revestido» de *Christos*,

---

[28] Véase, por ejemplo, Juan 1:12–13; 20:17; 2Cor. 6:18 (citando 2Sam. 7:14 en el plural); Ap. 21:7 (citando como colectivo: «al que venciere», es decir, «culquiera que conquiste»).

[29] Véase, por ejemplo, Sal. Slm.17:27.

[30] Ejemplo, Rom. 4:24–25; 10:9; 1Cor. 15:3–11.

[31] Véase BDAG 816. El único ejemplo obvio del NT de *pisteuein en* es Marcos 1:15: «crean en el evangelio». Formas más naturales de decir «crean en Jesús» serían *pisteuein epi ton Iēsoun* (por ejemplo, Hechos 16:31). «Creer en Jesús» en español es ambiguo en español: para muchos, todavía significa simplemente «creer que existió» (como «creer en el monstruo del Lago Ness).

nos hemos revestido del Mesías, como el recién bautizado que sale del agua para recibir una túnica nueva y blanca. Por mucho que deseemos que Pablo haya explicado con más detalle cómo se relacionan el bautismo y la fe – una preocupación esencialmente moderna y occidental – nunca lo hace, ni siquiera en la exposición más completa de Romanos 6:1-11. Una vez más, esto parece ser algo que parecía fácilmente comprensible para Pablo y (uno espera) para sus oyentes, pero sigue siendo opaco en el mundo occidental moderno. Para entender por qué es así, habría que investigar a fondo las raíces del individualismo y el voluntarismo occidentales modernos: tomar el lenguaje de Pablo tal y como está conduciría, en nuestro mundo, a lo que consideramos una eclesiología evidentemente «elevada» y, dentro de ella, una teología sacramental igualmente «elevada».[32] Desde este punto de vista, el bautismo no solo marca a una comunidad (todo el mundo en la ciudad sabría quién está bautizado y quién no, y los miembros de la iglesia ciertamente lo sabrían), sino también a cada individuo (*hosoi* indica aquí «todos los que», es decir, «cada uno de ustedes que ha sido bautizado»). Podemos sospechar que esta es una realidad que las iglesias ortodoxas orientales han entendido mejor que las occidentales; igualmente, los occidentales desconcertados pueden seguir preguntando a los ortodoxos cuál podría haber sido la respuesta de Pablo a una situación en la que más o menos todo el mundo en un país o ciudad ha sido bautizado, pero en la que muy pocos parecen tener una fe personal viva o una santidad a la manera del Mesías. Pablo comienza a abordar estas cuestiones en 1 Corintios 10, pero todavía estamos lejos de una solución clara. Eso significa probablemente que el cristianismo occidental moderno necesita plantearse algunas preguntas difíciles sobre la vida y la disciplina de la iglesia.

3:28 El punto particular que debe extraerse de esto es, por supuesto, la unidad de todo el pueblo del Mesías, todos los que están *en Cristoō*. A medida que nos acercamos a la meta de este capítulo, Pablo vuelve a insistir aquí en el punto que tuvo que plantear en Jerusalén (2:3-5) y en Antioquía (2:11-21): *no hay distinción* – como insiste en dos momentos clave de Romanos.[33] Ya no hay judío o griego, ya no hay esclavo o libre, ya no hay «hombre y mujer». Situaciones diferentes requieren énfasis diferentes: Gálatas hace hincapié en lo primero (judío y griego), Filemón en lo segundo (esclavo y libre), y lo tercero también se recoge aquí de forma interesante, entre otras cosas porque la circuncisión judía era solo para los varones, mientras que el bautismo y, por supuesto, la fe, eran tanto para las mujeres como para los hombres. Pablo se hace eco aquí de la frase «hombre y mujer» de Génesis 1:27. Por supuesto, no aboga por una especie de existencia neutra en cuanto al género o hermafrodita. En 1 Corintios 11 insiste

---

[32] Véase la discusión que ha seguido la admisión de E. P. Sanders la incomprensión en este punto (Sanders, *Paul and Palestinian Judaism*, 522–23), comenzando por dos artículos en el Sanders Festschrift, por R. B. Hays, «What Is 'Real Participation in Christ'? A Dialogue with E. P. Sanders on Pauline Soteriology», y S. K. Stowers, «What Is 'Pauline Participation in Christ'?», ambos en *Redefining First-Century Jewish and Christian Identities: Essays in Honor of Ed Parish Sanders*, ed. F. E. Udoh et al. (Notre Dame: University of Notre Dame Press, 2008), 336–51 y 352–71, respectivamente. Véase mi resumen en *Paul and His Recent Interpreters*, 84–85.

[33] Rom. 3:23; 10:12.

(independientemente de las complejidades del argumento) en que cuando las mujeres dirigen el culto, deben aparecer visiblemente como mujeres, y que los hombres deben ser vistos como hombres; Pablo puede haber conocido varios aspectos de las culturas paganas y las prácticas de culto en las que el género sería deliberadamente disfrazado o incluso borrado, y ese no es el punto aquí. Insiste en que, *en lo que respecta a la pertenencia a la familia del Mesías*, no importa ninguna de estas categorías. Los gálatas deben saber y *comprender* que la novedad radical de la familia del Mesías, una novedad a la que se accede por compartir la muerte y la resurrección del Mesías (Gálatas 2:19-20), significa que son tan miembros plenos y verdaderos del pueblo de Dios como los propios apóstoles de Jerusalén.

A veces se ha sugerido de forma plausible que Pablo puede estar haciéndose eco aquí de la antigua oración rabínica en la que el devoto fariseo daba gracias a Dios por no haber nacido gentil, esclavo o mujer.[34] La preocupación de Pablo es subrayar que estas diferencias ahora se trascienden (no se borran, como a veces se ha sugerido de forma inverosímil) en una nueva forma de comunidad humana.[35] Si hay una alusión aquí, Pablo la hace con el propósito de subrayar la novedad radical de la eclesiología a la forma del Mesías, construyendo el enfático *heis* al final del versículo: todos son *uno* en el Mesías, Jesús. Ese es el punto hacia el que se ha movido durante todo el capítulo, y en particular desde el versículo 15, especialmente en esos versículos 16 y 20, que por lo demás son desconcertantes.

3:29 Queda el QED. La frase «pertenecen al Mesías» recoge aquí «en el Mesías Jesús» en 3:28; esto muestra que las referencias «incorporativa» y «posesiva» apuntan a la misma realidad. Primero, «son uno en el Mesías»; segundo, «así que si son del Mesías»; luego la conclusión, «son el *sperma de Abraham,* la 'simiente' colectiva prometida». «La frase «simiente de Abraham», en los textos de la época, significa de forma bastante inequívoca «Israel» en contraposición a las naciones paganas.[36] Eso es lo que los gálatas deben saber: ellos, creyentes incircuncisos en el Mesías, son miembros de pleno derecho de la familia de Abraham, y ahora pertenecen a un reino en el que los requisitos de la Torá son irrelevantes. Como tales, forman el grupo *único* de personas, la *ekklēsia* del Mesías, la iglesia. Las acciones de Pedro y los demás en Antioquía, y las acciones de los maestros rivales en Galacia, crearían una familia doble en el mejor de los casos, muy posiblemente una escena más compleja, ya que una vez que se permite que el origen étnico (¡no digamos la clase social o el género!) determine la identidad eclesial, no habrá quien lo pare, como ha demostrado la historia de la iglesia. Pero, de hecho, solo hay una familia.

---

[34] Detalles en, por ejemplo, R. N. Longenecker, *Galatians* (Dallas: Word, 1990), 157; Witherington, *Grace in Galatia*, 270–71; Keener, *Galatians: A Commentary*, 306. Aunque no es seguro que la oración tenga orígenes en el primer siglo (las Fuentes primarias son talmúdicas, por ejemplo, t. Berakhot 7.18; y Berakhot 13b), hay sentimientos similares expresado en el pensamiento pagano contemporáneo (ejemplo, agradecer por ser humano, no un bruto; masculino, no femenino; griego, no bárbaro). Diogenes Laertius, *Lives* 1.33, cita Tales o Sócrates para esos fines.

[35] Para la sugerencia, véase a Betz, *Galatians*, 191–201.

[36] Igualmente, con razón, Keener, *Galatians*, New Cambridge Bible Commentary, 147, citando, por ejemplo, Sal. Slm. 9:9; 18:3 (en donde *sperma Abraam* está en aposición directa a *huioi Israel*); 2Macc 6:3.

Este es el punto principal. La adición de «herederos según la promesa» retoma los temas de la «promesa» y la «herencia» de antes del capítulo. La «herencia» aun no se ha explorado, sino que se ha insinuado, aunque la forma en que Pablo introduce el tema en el versículo 18 y la forma en que coloca la palabra aquí como punto final del argumento indican que lo da por sentado. Si Jesús es el Mesías davídico, entonces la extensión real de las anteriores promesas abrahámicas se aplica explícitamente a él: es el Señor de todo el mundo, convocando a los gobernantes a una sabia sumisión. Y si los creyentes en Jesús de la fuertemente imperial Galacia del Sur descubren que comparten la identidad de Jesús, su vida misma, entonces no están simplemente reclamando un lugar en la subcultura «religiosa» de su región. Son la familia real en espera.

Todo esto apunta a la segunda exposición del «entonces y ahora» a la que Pablo recurre en el capítulo 4. Si nos aferramos a la imagen del pueblo del Mesías como el «hijo de Dios» colectivo, que ha de ser rescatado como Israel en el nuevo Éxodo para que pueda adorar al verdadero Dios lejos de la tierra de los ídolos, estaremos bien situados para entender la forma dramática en que Pablo abre la siguiente fase de su argumento.

Conclusión

Cuando miramos a Gálatas hasta ahora, ¿qué lecciones podríamos sacar para la iglesia de hoy y de mañana? Es inquietante pensar que desde el siglo XVI, estos capítulos se han leído de manera que se pone todo el énfasis en el mecanismo por el que las personas se «convierten» y se «salvan» (haciendo especial hincapié en que las «obras» en términos de logros morales humanos no pueden desempeñar ningún papel en este esquema), y ningún énfasis en lo que el propio Pablo subraya en todo momento, que Abraham tiene una familia, no dos. La unidad de la Iglesia es el tema de Pablo aquí, como lo es en todas las cartas que escribió.

Por lo tanto, cuando miramos a la iglesia en el mundo moderno, me parece obvio que Pablo no solo se escandalizaría de nuestra desunión; no sería capaz de comprender que no nos preocupemos por ella. Sencillamente, no sería capaz de comprender cómo personas que han leído y predicado Romanos y Gálatas y el resto durante cientos de años podrían estar de acuerdo con la desunión rampante. En particular, le horrorizaría la idea de la desunión a lo largo de líneas étnicas, culturales o sociales. El punto del evangelio, diría, es que Dios en el Mesías ha derribado los muros de la división. Los judíos como Pablo han aprendido que la crucifixión y la resurrección del Mesías han transformado lo que significa ser el pueblo de Dios, en un largo cumplimiento del pacto con Abraham, los salmos mesiánicos y las promesas de los grandes profetas. Los paganos como los gálatas han tenido que ser humillados ante la idea (endémica en las Escrituras hebreas) de que el rey de los judíos es el legítimo rey del mundo. El judío y el gentil son reunidos en una sola familia.

En particular – y sé lo difícil y polémico que es esto – creo que a Pablo le entristecería profundamente pensar que los que ahora se llaman a sí mismos «judíos mesiánicos» se sientan obligados a considerarse diferentes de los cristianos gentiles. Entiendo cómo se ha llegado a esa situación, y honro a quienes han luchado por encontrar una integridad genuina en medio de horribles presiones, una historia trágica y profundos prejuicios. Pero así como el peligro para los cristianos gentiles sigue siendo considerar al pueblo judío como un extraño anacronismo o, como reacción a ello, como una especie de faro de esperanza para el mundo – con todas las ramificaciones de esto en la escatología popular estadounidense – también el peligro para los cristianos judíos es replegarse, como los maestros rivales de Galacia, en un mundo en el que el Mesías aún no ha obtenido la victoria, en el que la Torá sigue siendo suprema. Sé que se trata de cuestiones muy importantes, pero sería un error no abordarlas al menos.

En particular, como dije antes, Pablo diría que si la iglesia no es unida – y tampoco, por supuesto, santa, y eso entrará en escena más adelante – entonces no hay razón para que el mundo que nos observa nos tome en serio ni un minuto. Eso es, por supuesto, lo que ha ocurrido. El cristianismo está relegado al estatus de un pasatiempo privado, con un artículo de «religión» en el periódico del fin de semana junto a la jardinería y el ajedrez. Pero si el evangelio de Pablo es cierto, entonces, como dice en Efesios 3, la propia existencia de la única familia de Abraham, que traspasa las fronteras sociales, culturales, de género y étnicas, es la señal para el mundo de que Dios es Dios, de que Jesús es el Señor. No es de extrañar que el mundo posterior a la Ilustración piense que puede alcanzar los objetivos cristianos – paz, justicia, educación, medicina, etc. – sin el evangelio cristiano. No puede, por supuesto, pero hemos olvidado nuestra verdadera identidad mesiánica y ni siquiera nos damos cuenta de lo que nos estamos perdiendo.

Tengo que decir, en conclusión, que gran parte de la resistencia a la llamada fresca perspectiva sobre Pablo – aunque de hecho hay muchas «frescas perspectivas» bastante diferentes, como he esbozado en *Paul and His Recent Interpreters* – ha venido de aquellos para los que un estilo e identidad eclesial particular había sido la suposición tácita, y la forma de leer a Pablo que estoy ofreciendo ha llegado como un choque brusco. Esto hay que trabajarlo en detalle; solo lo digo como advertencia. Por ahora, disfrutemos de la asombrosa y densa red de argumentos bíblicos de Pablo, que todo fluye de su visión de lo que Dios ha hecho en Jesús el Mesías. Y, mientras damos gracias a Dios por nuestra pertenencia a la familia única, oremos para que surja una nueva generación que trabaje incansablemente para hacer realidad esa visión paulina.

GÁLATAS 4:1-11

Traducción

¹Déjenme ponerlo así. Mientras que el heredero es niño, no es diferente a un esclavo—incluso, de hecho, ¡es el amo de todo! ²Está bajo el cuidado de guardianes y mayordomos hasta el tiempo fijado por su padre.

³Bueno, así es con nosotros. Cuando éramos niños, estábamos en «esclavitud» bajo los «elementos del mundo». ⁴Pero cuando llegó el tiempo del cumplimiento, Dios envió a su Hijo, nacido de mujer, nacido bajo la ley, ⁵para que pudiese redimir a aquellos que están bajo la ley, para que pudiésemos recibir la adopción como hijos.

⁶Y porque son hijos, Dios envió al Espíritu de su Hijo a nuestros corazones, llamando «¡Abba, Padre!» ⁷Así que ya no eres más esclavo, ¡sino un hijo! Y si eres un hijo, eres un heredero, a través de Dios.

⁸Sin embargo, en ese momento no conocían a Dios, así que estaban esclavizados a seres que, en su propia naturaleza, no son dioses. ⁹Pero ahora han venido a conocer a Dios — o, mejor, ser conocidos por Dios — ¿cómo pueden regresar otra vez a ese compendio de elementos pobres y débiles para servirles otra vez? ¹⁰ ¡Están observando días, y meses, y temporadas, y años! ¹¹Temo por ustedes; quizá mi arduo trabajo con ustedes va a ser completamente desperdiciado.

Introducción

Los primeros siete versos de Gálatas 4 son un punto culminante en una carta que tiene muchos. No se trata, como sugeriré más adelante, del verdadero clímax retórico de la carta; eso viene en el último párrafo del capítulo 4. Pero en el 4:1-11 Pablo ha plasmado eficazmente toda su teología en un único y breve relato, y con esto — lo que creo que es el primer escrito que tenemos de los primeros seguidores de Jesús — ha iniciado todo el proyecto de la teología cristiana desde ese día hasta ahora.[1] Y, como la mayor parte de la mejor teología, todo está dirigido específicamente a una necesidad inmediata y apremiante.

---

[1] Véase mi ensayo «How and Why Paul Invented 'Christian Theology'», en *Interpreting Paul*, cap. 3.

4:1-7 - El nuevo Éxodo

Uno de los misterios permanentes para mí cuando leo los comentarios sobre el comienzo de Gálatas 4 es que pocos eruditos parecen darse cuenta de que este pasaje es, por encima de todo, una historia del Éxodo. Cualquiera que estuviera en el mundo de Pablo, un mundo conformado, entre otras cosas, por las celebraciones periódicas de la Pascua y otras festividades relacionadas con el Éxodo, lo captaría de inmediato. Se trata de una historia sobre personas que están efectivamente esclavizadas. Luego llega un momento, largamente prometido y esperado, en el que son maravillosamente liberados en un acto de «redención». Este pueblo, como resultado, es declarado «hijo de Dios». El Dios viviente viene entonces a morar dentro y entre ellos mientras viajan hacia su plena «herencia». Esto es lo que dice Pablo aquí. Cada punto aquí sirve, de forma bastante obvia, como elemento clave en la clásica historia del Éxodo. Pura y simplemente.

O quizás no sea tan sencillo. Hay una diferencia importante y un rompecabezas sobresaliente.

La diferencia: en el relato original del Éxodo, la entrega de la Torá era uno de los grandes clímax. Dios rescató a los esclavos para que pudieran observar su ley (como dice el Salmo 105:45 de forma bastante conmovedora, solo para ser seguido por el Salmo 106, que dice, en efecto, «Pero déjame decirte lo que *realmente* sucedió»). Dios hizo esto – el rescate más la Torá – para poder venir a habitar en medio de su pueblo. Aquí, en Gálatas 4, tenemos la morada divina en medio (4:3-7), pero precisamente *no* la entrega de la Torá. De hecho, la acción divina tiene como objetivo «redimir a los que están bajo la ley». ¿Qué ha cambiado?

Esa diferencia (entre el propio Éxodo y la narración de Pablo) está relacionada con un importante rompecabezas. Pablo ha incorporado a su relato una característica que ha causado infinitos problemas, incluso en mi propio trabajo anterior sobre este tema, que ahora creo que es, al menos en parte, erróneo. Conozco tres tesis doctorales recientes sobre este tema, incluyendo dos de mis propios estudiantes. Incluso ellos, después de una amplia investigación, no están de acuerdo, aunque he hecho lo posible por incluir sus reflexiones en mi lectura general de la carta y de este pasaje. El tema en cuestión, que se encuentra aquí en 4:3 y 4:9, se refiere a la *stoicheia tou kosmou*, los «elementos del mundo». ¿Qué son estos «elementos» y por qué Pablo se refiere a ellos aquí? ¿Cómo funcionan en el flujo del pensamiento de Pablo, en este punto decisivo y central de la carta?

Estas cuestiones tienen una influencia decisiva en el argumento de los versos 1-11, sobre todo porque a primera vista parecen presentar una contradicción directa. En el versículo 3, Pablo insiste en que «nosotros», los judíos, estábamos «esclavizados bajo la *stoicheia*». Pero en los versos 8 y 9, alinea estas *stoicheia* con los «seres que por naturaleza no son dioses», a los que antes estaban esclavizados los *gentiles*. Esto ha llevado a muchos a suponer que, para Pablo, la propia Torá debe ser vista como una de las deidades aparentemente malignas o malévolas a las que se refiere aquí. Esto ha generado muchas teorías transversales. El único otro lugar del corpus paulino donde encontramos la *stoicheia* es en Colosenses 2:8. Aunque no veo ninguna buena razón para rechazar la autoría paulina de Colosenses, ese verso no es suficiente por sí mismo para proporcionar una pista segura del significado de Gálatas 4:3 y 9. (He argumentado en otro lugar que Colosenses 2 está advirtiendo, en términos filosóficos irónicos, del peligro que podía surgir si maestros rivales similares a los de Galacia trataban de desbaratar la joven iglesia.)[2]

La raíz de *stoicheion* es una «fila» o «línea», una serie de «elementos», ya sea en una lengua (los sonidos básicos), en la física (los materiales básicos, es decir, la tierra, el aire, el agua y el fuego), en la enseñanza de una materia (los principios fundamentales), etc. Recientes investigaciones minuciosas indican que el segundo de ellos es el más común; y que debe considerarse como el punto de partida natural, por muy ajenos al argumento de Pablo que puedan parecer inicialmente estos temas. Esto me ha hecho desviarme de mi anterior punto de vista, que era que la *stoicheia* aquí y en Colosenses 2 se refería a las «deidades tutelares» de las naciones, con estos dioses locales o tribales alineados en una fila y con la propia Torá tratada como una deidad étnica más, que funcionaba para el pueblo judío como su «divinidad» local o tribal.[3] Aquí debemos invocar de nuevo un libro del Segundo Templo aproximadamente contemporáneo de Pablo, que incluso puede haber conocido. (Si no lo conocía, sin embargo, expresaba y desarrollaba temas con los que estaba familiarizado). El libro en cuestión es la Sabiduría de Salomón (apócrifa). Quizá merezca la pena recordar algunos de sus rasgos más destacados.

En Sabiduría 7, el ficticio «Salomón» enumera sus logros intelectuales, incluyendo el hecho de que Dios «[le] dio un conocimiento infalible de lo que existe, para conocer la estructura del mundo y la actividad de los elementos [*energeian stoicheiōn*]; el principio y el fin y la mitad de los tiempos, las alternancias de los solsticios y los cambios de las estaciones, los ciclos del año y las constelaciones de las estrellas» (7:17-19). Esto tiene obvias afinidades con Gálatas 4:8-11, donde Pablo habla de la gente que observa «los días, y los meses, y las estaciones, y los años» como la prueba de que quieren estar esclavizados bajo la *stoicheia*. El léxico griego clásico estándar sugiere tentativamente que el significado astral puede estar en la mente de Pablo aquí.[4]

A continuación, el escritor alaba profusamente a la «Sabiduría», aquella por la que Dios hizo el mundo y que ahora habita con él (el ficticio «Salomón») como rey, permitiéndole gobernar al pueblo. A continuación, sigue una larga descripción de la historia de Israel, centrada especialmente en el Éxodo, en términos de guía y conducción de la «Sabiduría». Una vez descrito el acontecimiento del Éxodo y el castigo a los egipcios, «Salomón» se embarca en una larga diatriba contra la insensatez del culto a la naturaleza, basándose en Isaías y los Salmos, pero abriendo con lo siguiente:

---

[2] Véase *Paul and the Faithfulness of God*, 992–95, para una discusión reciente.

[3] Estoy muy agradecido con mis estudiantes Ernest Clark (2018) y Esau McCaulley (2019) por su trabajo fresco y creativo tanto en estas como en otras áreas.

[4] Henry George Liddell, Robert Scott, and Henry Stuart Jones, *A Greek-English Lexicon*, 9na ed. con suplemento revisado (Oxford: Clarendon, 1996), 1647, citando también para este significado a Manetho (un astrólogo del siglo IV) 4.624; PLond 1.130.60 (fechado del primero al segundo siglo a.C.).

> Porque todas las personas que ignoraban a Dios eran necias por naturaleza, y fueron incapaces, por las cosas buenas que se ven, de conocer al que existe, ni reconocieron al artesano mientras prestaban atención a sus obras, sino que suponían que el fuego o el viento o el aire veloz, o el círculo de las estrellas, o agua turbulenta, o las luminarias del cielo eran los dioses que gobiernan el mundo. Si a través del deleite en la belleza de estas cosas la gente las asumió que sean dioses, que sepan cuánto mejor que éstos es su Señor, pues el autor de la belleza los creó. (13:1–3)

La lista de posibles deidades en este pasaje va más allá del cuarteto habitual (tierra, aire, agua y fuego), sino que incluye el fuego, el aire y el agua, añadiendo las estrellas y las «luminarias», es decir, el sol y la luna. Así pues, parece que los «elementos» del orden creado se consideraban en cierto sentido divinos, no las deidades tutelares de las naciones, como he supuesto anteriormente, sino los objetos del culto gentil, ya sean cuerpos astrales o ídolos hechos por el hombre y compuestos de madera y piedra.

Filón dice algo parecido en su obra *On Contemplation* 3. Hablando de las prácticas paganas de elevar los elementos naturales en divinidades inventadas, intenta algunas etimologías dudosas cuando pregunta: «¿Podemos comparar a los que veneran los elementos [*ta stoicheia*], la tierra, el agua, el aire, el fuego, que han recibido diferentes nombres de diferentes pueblos que llaman al fuego Hefesto porque se enciende, al aire Hera porque se eleva y se exalta en lo alto, al agua Poseidón quizás porque se bebe, y a la tierra Deméter porque parece ser la madre de todas las plantas y animales?». Este significado fue recogido por los escritores cristianos posteriores.[5]

Volviendo a la Sabiduría de Salomón, este énfasis en la locura de la idolatría pagana constituye una parte clave de la larga narración del Éxodo en los capítulos 10-19, la segunda mitad del libro. «Salomón» está advirtiendo a los judíos de que no se participen de las prácticas paganas, al tiempo que advierte al pueblo actual de Egipto, el probable lugar de origen del libro, de la insensatez de sus costumbres. (La advertencia tiene sus raíces en los capítulos 1-6, que sirven como una especie de gran expansión del Salmo 2.)[6] Mira, dice el escritor, lo que Dios hizo a los paganos en el primer Éxodo; pues bien, Dios puede hacerlo y lo hará de nuevo. El escritor de la Sabiduría está asumiendo su propia versión del conocido tema del segundo Éxodo del Segundo Templo. El pueblo judío ha sido efectivamente esclavizado, tal como el Deuteronomio había dicho que sucedería, y para hacer frente a esta nueva esclavitud necesitamos un nuevo Éxodo.[7]

---

[5] Véase, por ejemplo, Moo, *Galatians*, 271, citando entre otros, *Idolatry* 4 de Tertuliano.

[6] Sal. 2 describe a las naciones necias en conflicto y la respuesta de Dios al establecer a su «hijo» como rey en Sión, de esa manera llamando a las naciones a humilde sujeción; Sab. 1-6, aunque sin figura real como tal, sigue una secuencia similar. El llamado al arrepentimiento es cercanamente paralelo: Sal. 2:10, *kai nyn, basileis, synete. Paideuthēte, pantes hoi krinontes tēn gēn*, que toma Sab. 6:1: *Akousate oun, basileis, kai synete; mathete, dikastai peratōn gēs.*

[7] Sobre el exilio extendido y el «Nuevo Éxodo», véase *Paul and the Faithfulness of God*, cap. 2, y Scott, *Exile*, 2017.

Ya hemos visto en Gálatas 3:10-14 que Pablo se basa en el tema de las maldiciones del pacto en Deuteronomio 27-29. Al igual que otros pensadores judíos de la época, supone que estas «maldiciones» – en definitiva, de exilio y servidumbre a los paganos – han continuado hasta el momento actual. Para Pablo, los acontecimientos mesiánicos relativos a Jesús han proporcionado el tan esperado «rescate» de esta «presente era maligna». Cuando examinamos más de cerca la «esclavitud» de la que advirtió el Deuteronomio, encontramos que incluye la amenaza de que Israel será sometido a «otros dioses», los dioses de la madera y la piedra:[8]

> El Señor los dispersará entre los pueblos; solo unos pocos de ustedes serán dejados entre las naciones a las que el Señor les conducirá. Allí servirán otros dioses hechos por manos humanas, objetos de madera y piedra que ni ven, ni oyen, ni comen, ni huelen. Desde allí buscarás al Señor tu Dios. (Dt. 4:27-29)

> El Señor te llevará a ti, y al rey que pongas sobre ti, a una nación que ni tú ni tus antepasados han conocido, donde servirás otros dioses, de madera y de piedra. Te convertirás en un objeto de horror, un proverbio, y un lema entre todos los pueblos a los que el Señor conducirá a ti. (Dt. 28:36-37)

> El Señor los dispersará entre todos los pueblos, desde un extremo de la tierra hasta la otra; y allí serviréis a otros dioses, de madera y de piedra, que ni tú ni tus antepasados habéis conocido. (Dt. 28:64)

Deuteronomio no describe estos «otros dioses… de madera y piedra» como *stoicheia*. Pero con Sabiduría 13 y Filón, *Contemplación* 3 detrás de nosotros, no parece demasiado exagerado suponer que esto es lo que Pablo tiene en mente. El pueblo judío, señala, se encuentra actualmente en la esclavitud que prometió el Deuteronomio; pero Dios ha actuado para ponerle fin, para cerrar la «presente era maligna» e inaugurar la «era venidera». Pero si los gentiles creyentes en el Mesías se circuncidan entonces, y se unen a la vida continua de la sinagoga, estarán volviendo a la condición de exilio continuo, lo que significa volver bajo el dominio de la *stoicheia*. Volveremos a este punto cuando lleguemos a 4:8-11.

Sugiero que el paralelismo con Romanos 7, que no es obvio, puede ayudarnos a entender este tema. (Se puede ofrecer una garantía inicial para examinar esta posibilidad en que Gálatas 4:4-7 se parece mucho a un resumen de Romanos 8:1-30). Aquí, también, Pablo habla en términos oscuros y desconcertantes sobre la ley: es la ley de Dios, santa, justa y buena, y sin embargo, ha sido utilizada por el «pecado» como base de operaciones (7:7-12). Así, aunque el judío leal se deleita con razón en la ley de Dios, hay «otra ley» que actúa «en mis miembros» y «me tiene preso en la ley del pecado» (7:23). El resultado es que «estoy esclavizado [*douleuō*]… a la ley del pecado con mi carne humana» (7:25). Esto, sugiero, es la forma alternativa posterior de Pablo de exponer el

---

[8] Le debo esta línea de pensamiento al Dr. Esau McCaulley.

mismo punto que ofrece Gálatas 4:3, donde describe al pueblo judío en su estado de «infancia» como «mantenido en 'esclavitud'» (*dedoulōmenoi*).

El término que utiliza en Romanos 7 para «tomarme como prisionero» es *aichmalōtizonta*, que en la Septuaginta es casi un término técnico para «exilio», incluido como tal en muchos pasajes donde el texto hebreo habla en términos más generales. No hay que buscar más ejemplo que el mismo pasaje del Deuteronomio que predijo que Israel quedaría bajo el dominio ajeno de los dioses de madera y piedra: «Tendrás hijos e hijas, pero no seguirán siendo tuyos, pues irán al cautiverio [*aichmalōsia*]» (28:41). Y el libro que, sobre todo, especifica el alargamiento del «exilio», es decir, Daniel, establece la escena hablando de Daniel y sus amigos como si estuvieran entre «los exiliados de los hijos de Judea», *ek tēs aichmalōsias tōn huiōn tēs Ioudaias*.[9] Hay numerosos ejemplos del sustantivo abstracto y sus diversos cognados con este sentido en los profetas, particularmente Jeremías y Ezequiel, y en los Salmos, siendo uno obvio el Salmo 126 (LXX 125):1: «Cuando YHWH hiciere volver la cautividad de Sion» (*en tō epistrepsai kyrion tēn aichmalōsian Siōn*), repetido en el verso 4.[10] El punto es simple: el «largo exilio» del pueblo judío, desde el desastre de Babilonia hasta el primer siglo, fue señalado regularmente por esta noción de «cautiverio».

Es más, para Pablo, la propia Torá parece estrechar el cerco de esta «esclavitud». La propia Torá había decretado que la respuesta de Dios al pecado de su pueblo sería esta «muerte» continua: «el mandamiento que apuntaba a la vida resultó, en mi caso, traer la muerte» (Rom. 7:10). Así, más concretamente, en Gálatas (3:21-22): la Torá que era incapaz de dar vida «encerró todo junto bajo el poder del pecado». Ahora Pablo está explicando cómo era ese «poder del pecado»: era la *stoicheia*, los «poderes» sombríos que utilizaban los dioses de madera y piedra para esclavizar a Israel, el pueblo del verdadero Dios.

¿Qué sucede cuando juntamos todo esto? En 4:1-2 Pablo recupera la ilustración del «hijo pequeño» de 3:23-25 y la desarrolla. Parece decir que detrás del papel de la Torá como *paidagōgos* otorgado por Dios estaban las imágenes talladas del mundo pagano. Pablo está viendo a Israel como el «hijo pequeño» que, tanto por buenas como por malas razones, es mantenido como no mejor que un esclavo (4:1, 3) hasta el momento fijado por el padre (4:2). Los creyentes en Jesús otrora paganos habían vivido en el mundo de los no dioses, de los ídolos tallados, y si ahora intentan abrazar la Torá, están invocando la propia maldición de la Torá, para que vuelvan a servir a esos dioses de madera y piedra.

Pablo no dice, pues, que la Torá sea en sí misma uno de los «elementos». Pero la Torá, en la forma del pacto deuteronómico, siempre advirtió que el Israel pecador quedaría bajo el dominio gentil, lo que significaría estar bajo el dominio de los no dioses

---

[9] Dan. 2:25 LXX. Véase también Dan. 5:10 LXX; 5:13; 6:13 Teodoción.

[10] Véase también, por ejemplo, Sal. 85 [LXX 84]:2. Sal. 126:1 NRSV: «Cuando el Señor restaurare las *fortunas* de Sión» sigue el texto principal del TM, el cual muchos consideran ser una corrupción de *shevuth* (cautividad) a *shevith* (fortuna); la LXX (y la Vulgata) de 126 [125]:1 es seguida, por ejemplo, por Coverdale en el Book of Common Prayer Psalter: «Cuando el Señor hiciere volver la *cautividad* de Sión».

de madera y piedra: en otras palabras, de la *stoicheia*. Esto tendría entonces un resultado muy similar al argumento sobre la maldición de 3:10-14. Allí Deuteronomio, al maldecir con razón a los que no se atenían a la Torá, creó el problema al que la muerte redentora del Mesías dio solución – siendo «redentor», por supuesto, precisamente un término del Éxodo. Así que aquí, retomando el tema de la «redención», Pablo explica la solución. En lugar de los no dioses, el verdadero Dios: el Dios que envió al Hijo y que ahora envía el Espíritu del Hijo (4:4-7). Como en el Éxodo original, el acto de redimir a su pueblo de la esclavitud revela el nombre personal de Dios y da lugar a que Dios venga a habitar entre su pueblo. Las raíces de la cristología y la neumatología primitivas se encuentran aquí mismo, en la historia del nuevo Éxodo, la liberación de la opresión pagana, tal como se manifiesta en Jesús y el Espíritu.

Hay más cosas que decir sobre la *stoicheia*, y volveremos a ese tema en breve. Pero primero nos sumergimos en 4:1-3.

4:1-3 El tiempo de la esclavitud

4:1-3 A primera vista, los tres primeros versos del capítulo 4 parecen ofrecer una ilustración generalizada. Pablo ha declarado que el pueblo del Mesías es hijo de Dios, hijo de Abraham y «heredero según la promesa». Así que ahora parece desarrollar esto como una metáfora en marcha: aquí hay un «heredero» joven, que aún no está preparado para asumir las responsabilidades de la herencia, y por lo tanto se mantiene bajo tutores. Sin embargo, al igual que con la supuesta «ilustración» del «testamento» en 3:15-18, hay dos problemas con esto, que indican que la «ilustración» es, de hecho, una función secundaria de la historia bíblica más amplia que Pablo está recontando.

En primer lugar, la «ilustración» no funciona tan bien como debería. Las leyes de la herencia no prescribían de hecho un proceso (que se presupone en la «ilustración») por el que un padre fijaba un tiempo específico para que el hijo heredara. Sin embargo, a lo largo del capítulo 3, Pablo ha estado trabajando con Génesis 15, donde existe precisamente ese tiempo, un tiempo en el que la descendencia de Abraham, habiendo sido esclavizada en Egipto, sería liberada. Parece como si Pablo estuviera doblando una vez más su ilustración humana para que encaje con la historia bíblica del pacto, en lugar de hacerlo al revés.

En segundo lugar, Pablo está enfatizando que el estado actual del pueblo de Dios bajo la Torah es un estado de «esclavitud» – como varios escritores del Segundo Templo estarían de acuerdo. (No se trata, pues, de un insulto retroactivo contra el «judaísmo» desde el punto de vista de la retrospectiva «cristiana», como algunos podrían imaginar). Pablo está retomando la secuencia cronológica, la línea de pensamiento «cómo era entonces / cómo es ahora», de 3:23-25: Israel como «heredero» del patrimonio, mantenido por el momento bajo «niñeras y mayordomos». Esto tensa la «ilustración» bastante: los jóvenes herederos ricos que son cuidados por tutores no encajarían en la idea de esclavitud de la mayoría de la gente. Pero encaja exactamente con la visión popular judía de «la presente era maligna».

Parece probable, entonces, que la primera prioridad de Pablo aquí, ilustrada vagamente con la imagen del «hijo pequeño», sea volver a contar la narrativa del pacto de Israel, emitida en un tiempo desconcertante y prolongado de «esclavitud», en el que Dios ha irrumpido por fin con el «nuevo Éxodo». Dentro de esto, la descripción del estatus propio de Israel como «dueño de todo», *kyrios pantōn* – un título que César habría esperado tener para sí mismo – puede ser una forma de decir que a la familia de Abraham se le había prometido el mundo como herencia. Esa opinión no era desconocida en el siglo I.[11] Ciertamente, Pablo ya aplicaría esto a Jesús, y en muchos pasajes insiste en que esta herencia global mesiánica se comparte con todo el pueblo de Jesús.[12]

La combinación de la historia del pacto y la ilustración cultural parece llevar a Pablo a decir dos cosas que pueden no ser estrictamente compatibles. Por un lado, parece aludir de nuevo al *paidagōgos* de 3:24-25 al contar de nuevo la historia del hijo pequeño que es cuidado por «niñeras y mayordomos» hasta el momento de la madurez. Por otra parte, aplica esto a que Israel está «bajo» la *stoicheia*, que no es lo mismo que estar «bajo la Torá» – salvo en la medida en que la Torá lo había advertido. Está haciendo todo lo posible para alinear los elementos de su argumento de manera que pueda obtener la recompensa que desea en los versos 8-11, donde si los gálatas tratan de asumir la Torá, en efecto se pondrán de nuevo bajo el dominio de la *stoicheia*. La fuerza de esta línea de pensamiento está clara en su repetición de la idea de la *esclavitud*: el joven hijo «no es diferente de un esclavo» (4:1), y de la misma manera «nosotros» fuimos mantenidos en «esclavitud» bajo los «elementos» (4:3); mientras tanto «ustedes» fueron anteriormente «esclavizados» a los no dioses (4:8), y ahora quieren «esclavizarse» a la *stoicheia* (4:9). A ese nivel, el argumento es ajustado: esclavitud entonces, esclavitud ahora. Es la forma específica de esclavitud la que parece cambiar de un lado a otro en la densa exposición de Pablo.

La narrativa del pacto que cuenta, por tanto, es la historia bastante estándar de la actual servidumbre de Israel bajo las naciones paganas, con Roma simplemente como la última en la línea de la secuencia que comenzó con Babilonia. Esto era lo que Deuteronomio había advertido que sucedería a causa del pecado de Israel, y los escritos proféticos posteriores (como Daniel 9) reflejan exactamente esto. Entonces, al igual que con la gran transición de Deuteronomio 29 a Deuteronomio 30, que se recoge en las profecías del «retorno del exilio» en Jeremías y particularmente en Ezequiel, aquí en Gálatas 4 Dios mismo hace «lo que la Torá no pudo hacer» y lleva a cabo la redención por la que Daniel 9 oró tan fervientemente.

Hay algo más que ocurre aquí, explorado por Ernest Clark en su innovadora disertación.[13] Clark, a través de un exhaustivo estudio de la *stoicheia* en el mundo griego, destacó la literatura médica (con escritores destacados como Galeno, pero en absoluto

---

[11] 4Ezra 6:55, 59: «Tú has dicho que fue para nosotros que creaste este mundo… Si el mundo fue hecho para nosotros, ¿por qué no poseemos nuestro mundo como heredad?». También 7:11; 8:44; 9:13.

[12] Ejemplo, Rom. 8:17–30.

[13] E. P. Clark, «Enslaved under the Elements of the Cosmos» (disertación de doctorado, University of St. Andrews, 2018).

únicos). Era de entendimiento común entre los médicos antiguos que los seres humanos estaban compuestos por los cuatro *stoicheia*, tierra, aire, agua y fuego. Esto fue explorado de diferentes maneras por diferentes filosofías. Pero la cuestión es que la enfermedad se diagnosticaba en función de un desequilibrio de los *stoicheia*, algo así como los «humores» en la medicina europea medieval. Cuando se ha hecho el diagnóstico y resulta que los *stoicheia* del paciente están desequilibrados, en desarmonía, lo que se necesita es algún tipo de régimen médico, un curso de tratamiento. Tal «régimen» sería un *nomos*, una «ley». Y este *nomos* funcionaría regularmente como un *paidagōgos*, para conducir al paciente de vuelta a la salud, como el niño que es llevado a la escuela por el esclavo de la casa. Esta observación es un rasgo central de la tesis de Clark.

Esto es extraordinario. Hasta donde yo sé, esta conexión – un problema con la *stoicheia que* se resuelve con un *nomos* que funciona como *paidagōgos* – nunca antes se había hecho en la erudición sobre Gálatas. Parece como si toda otra capa metafórica de significado hubiera pasado desapercibida bajo el argumento de Pablo. ¿Qué sentido podría aportar esto a su línea de pensamiento aquí? ¿Qué tiene que ver con su tema, que Dios ha llevado a cabo el nuevo Éxodo para liberar a su pueblo de la esclavitud, rescatándolo «de la presente era maligna», justificando a su pueblo mediante la muerte del Mesías y adoptándolo como «hijo» con el don del Espíritu? ¿Qué puede tener que ver, si es que tiene algo que ver, con el gran tema de la propia *pistis*?

Clark ha argumentado convincentemente que Pablo está ofreciendo efectivamente un diagnóstico médico implícito. Los seres humanos en general están moralmente enfermos: los maestros rivales de Galacia pueden haber estado diciendo a los conversos que para curarse, para alcanzar la verdadera virtud, necesitaban que el *nomos* judío funcionara como un *paidagōgos* y les devolviera la salud. No, responde Pablo: La Torá solo mantenía a raya la enfermedad. Ahora Dios ha hecho algo bastante nuevo que ha abordado el problema en su raíz.

Aquí retomamos el pensamiento de 3:21, volviendo la mirada a la «vida» de 2:19-20. Debajo de todos los demás temas queda la pregunta: ¿Cómo dará Dios a su pueblo la verdadera «vida» que prometió la Torá? Ese es el problema de la enfermedad humana definitiva, la enfermedad moral y ontológica que conduce a la muerte. En efecto, Gálatas mira hacia adelante, más allá del argumento inmediato, a la salvación final, rescatando a las personas de la muerte para que puedan heredar el reino de Dios, su nueva creación.[14] Los seres humanos se dirigen a la muerte a causa del pecado, con los gentiles a la cabeza y los judíos sin poder hacer nada ni para rescatarlos ni para evitar el mismo destino para ellos. Pero Dios había prometido a Abraham una familia mundial de bendición y vida. Entonces, ¿cómo encontrar el camino a la vida, si la Torá no puede hacerlo?

La respuesta de Pablo aquí apunta a una elaboración más completa más adelante en la carta. Pero tiene sus raíces en las acciones redentoras y en la incorporación señalada en 1:4, ampliada en 2:19-20, y ahora expuesta dramáticamente en 4:4-7. Al igual que en Sabiduría y Filón, cuando Pablo habla de la *stoicheia*, se refiere no solo a los elementos que componen el mundo físico, sino a los ídolos sin valor que se fabrican con esos

---

[14] Véase 5:21; 6:15.

elementos naturales. Y, al igual que los antiguos filósofos y médicos, también se habla de los «elementos» de los que está hecho el ser humano. Adorar a esos ídolos, al parecer, significa que esos elementos naturales están desequilibrados. Pero el camino hacia la salud, hacia la «vida» que la Torá prometió pero no pudo producir (3:21-22; Rom. 7:11; 8:1-4), no es invocar a la propia Torá como el *nomos* necesario para funcionar como *paidagōgos*. Ese trabajo ya está hecho. La obra de curación la hacen ahora el Hijo y el Espíritu. Los versos 4-7 son, pues, el fundamento no solo de la posterior teología trinitaria, sino de una soteriología que incluye la transformación personal.

Así pues, Pablo ha descrito cómo eran las cosas en «la presente era», en los versos 1-3. Ahora, al igual que en 1:4, describe el nuevo Éxodo, el momento en que Dios actuó para «librarnos de la presente era maligna».

4:4-7 El nuevo Éxodo en resumen

En el Éxodo original, el Dios de Abraham, Isaac y Jacob se reveló de una manera nueva a Moisés y a los israelitas. Esta fue la revelación completa de su «nombre».[15] La historia, que se repite una y otra vez en las Escrituras y en la tradición judía, declara que Dios los rescató de una tierra llena de ídolos para que pudiera habitar en medio de ellos y para que pudieran adorarle como es debido. En el corazón de la narración de Pablo de la historia del Éxodo en Gálatas 4:4-7, encontramos su denso pero preciso relato de la acción redentora de Dios en el nuevo Éxodo, su venida a morar en medio de su pueblo, y por lo tanto de la auto-revelación definitiva de Dios.

Podemos decir que esto es lo que Pablo pensaba que estaba haciendo aquí por la forma en que el verso 8 recapitula los versos 1-3 y el verso 9a recapitula los versos 4-7. En el 9a lo expresa así: «ahora han llegado a conocer a Dios — o, mejor, a ser conocido por Dios». En otras palabras, Pablo considera que la breve descripción que ha hecho de la «entrega» del Hijo y del Espíritu en los versos 4-7 se refiere a la acción reveladora-rescatadora del Dios Único, que se extiende en «conocimiento» para reclamar para sí una familia mundial que, a su vez, le «conozca» de verdad.[16] Cuando Pablo menciona a los no dioses en el versículo 8, está desenmascarando lo que realmente estaba ocurriendo en los versos 1-3; la cuestión es que Jesús y el Espíritu son la realidad de la que esos no dioses eran, en el mejor de los casos, parodias.

Este es el fundamento, el primer paso importante, en esa exploración de Dios que llevaría a los seguidores de Jesús hasta Nicea, Calcedonia y más allá. (Tal vez habría que describir esta búsqueda teológica como «exploración receptiva», reflejando la advertencia epistemológica del versículo 9a: la teología no es una cuestión de observación «neutral» del tema, sino de respuesta satisfecha y obediente a la revelación de Dios en la acción salvadora). Considero que incluso las grandes declaraciones de fe de los siglos IV y V no pueden mejorar lo que Pablo dice aquí. De hecho, en realidad, presentan esta exploración en términos más abstractos, de los que se han excluido

---

[15] Éx. 3:13–15; 6:2–4, refiriéndose a Gén. 15.
[16] Véase también 1Cor. 8:2–3.

elementos vitales como la propia narración del Éxodo. No deja de asombrarme que los teólogos sistemáticos prefieran con tanta frecuencia las fórmulas abstractas de las generaciones posteriores al texto históricamente resonante del Nuevo Testamento, incluida la presente carta, la primera (en mi opinión) de todos los escritos cristianos.

El nuevo Éxodo descrito en estos versos funciona entonces así. (En primer lugar, la «maldición» de la Torá en Deuteronomio 27-29, por la que el desobediente Israel estaba esclavizado a los «dioses de madera y piedra», se ha roto, como ya argumentó Pablo desde un ángulo diferente en 3:10-14. (Ese pasaje tiene muchas similitudes obvias con 4:4-7, como se ha señalado a menudo, aunque la muerte real del Mesías, tan vital en el pasaje anterior, no se menciona explícitamente en el posterior).[17] Los creyentes en Jesús ya no están en la «esclavitud» de la que hablan los escritores del Segundo Templo. Han sido liberados de «la presente era maligna». Algo ha sucedido para inaugurar la tan esperada nueva creación de Dios, y ellos forman parte de esa nueva realidad. Pero, en segundo lugar, precisamente porque forman parte de la nueva realidad creacional, descubren que el Espíritu obra en ellos una renovación personal y moral a la que Pablo ya ha apuntado en 3,1-5 y que desarrollará más ampliamente en los capítulos 5 y 6.

Así, al igual que la afirmación de Pablo sobre «cómo era antes» en 4:1-3 es paralela a 3:23-25 (y también a 4:8, como descubriremos en seguida), le lleva al «pero ahora» que es paralelo a 3:26-29 y también a 4:9a.

4:4a Comienza con una declaración de cronología: «cuando llegó el momento del cumplimiento». Algunos han sugerido recientemente que Pablo no estaba pensando en los acontecimientos relativos a Jesús como si estuvieran en una secuencia temporal cuyos momentos anteriores incluían a Abraham y a Moisés.[18] Esta propuesta queda directamente falsificada, no solo por este versículo, y por la forma en que recoge la cuidadosa secuencia cronológica de 3:15-18 (que a su vez se refiere a la promesa divina de Génesis 15:13), sino también por el hecho de que, retóricamente hablando, este versículo no es un aparte o un comentario desechable, sino que se sitúa posiblemente en el centro del argumento y de la carta. La visión «apocalíptica» de Pablo sobre el cumplimiento repentino de las antiguas promesas se corresponde exactamente con la literatura «apocalíptica» judía de la época, que, como Daniel 2 o Daniel 7, y sobre todo a la luz del esquema cronológico de Daniel 9, buscaba que los movimientos misteriosos de los acontecimientos históricos llegaran al punto que Dios siempre había pretendido. «Apocalíptico» e «historia» pueden ser términos antitéticos en algunos movimientos modernos de pensamiento, pero esa división no tiene relación con el mundo del siglo I ni del contexto judío de Pablo ni del propio Pablo.

Lo que dice aquí se corresponde directamente con la afirmación de Jesús («¡se ha cumplido el tiempo!») en Marcos 1:15, aunque allí la palabra «tiempo» traduce el griego

---

[17] La discusión temprana de Richard Hays, *The Faith of Jesus Christ*, sigue siendo importante.

[18] Sobre este tema, popularizado por Martyn, véase *Paul and His Recent Interpreters*, 178–82. Véase la afirmación equilibrada de T. D. Still, « 'In the Fullness of Time' (Gal. 4:4): Chronology and Theology in Galatians», en Elliott et al., *Galatians and Christian Theology*, 239–48; y, más ampliamente, J. P. Davies, *Paul among the Apocalypses: An Evaluation of the «Apocalyptic Paul» in the Context of Jewish and Christian Apocalyptic Literature* (Londres: T&T Clark, 2016).

kairos, un tiempo específicamente designado, mientras que aquí Pablo utiliza *chronos*, que se refiere a la sucesión ordinaria del tiempo, que conduce (en este caso) al momento señalado.

Aquí, en particular, Pablo está pensando claramente, como en el capítulo 3, en una secuencia temporal. Las razones por las que esto ha sido rechazado por algunos tiene que ver con una reacción exagerada contra un esquema de desarrollo hegeliano, como se ve, por ejemplo, en la idea evolucionista del siglo XIX de la «revelación progresiva» que entendería a Jesús simplemente como la guinda del pastel que se desarrolla gradualmente. Esa fue siempre una distorsión extraña, que condujo a una teoría del «proceso» inmanente que eliminaría, por definición, cualquier idea de la repentina acción misericordiosa de Dios. Pero en el mundo judío de la época de Pablo, el tiempo que conducía al cumplimiento de la promesa se veía regularmente como un tiempo no solo de oscuridad y dolor, sino también de oración y paciencia. (¿Quizás el «progreso» es lo que la gente busca cuando se cansa de la oración y la paciencia?) La llamada acción apocalíptica de Dios llegó en el momento oportuno, cuando el largo calendario de Dios finalmente se cumplió, como afirman más o menos todos los escritos «apocalípticos» del Segundo Templo (Daniel, 1Enoc, 2Baruc, etc.). Como señaló Jamie Davies en un artículo, los escritores «apocalípticos» suelen utilizar la imagen del nacimiento de un bebé para demostrar la llegada impactante, repentina y peligrosa de la nueva acción de Dios. Pero el nacimiento de un bebé significa que algo muy importante ha estado ocurriendo fuera de la vista en los meses previos de embarazo.[19]

Entonces, ¿qué ha sucedido ahora? *Dios envió a su Hijo.* Esto tiene un paralelo cercano en Romanos 8:3, aunque allí el verbo es *pempō* en lugar de *exapostellō*, como aquí. Esto no supone una gran diferencia; los dos verbos aparecen uno al lado del otro, en un paralelismo poético, en el notable pasaje sobre la figura de la Sabiduría en la Sabiduría de Salomón. La cristología de Pablo toma prestado, aunque no puede reducirse, el pensamiento judío sobre esta figura, y de nuevo una breve mirada a este sorprendente libro ayudará a sacar a la luz el significado de Pablo.

La Sabiduría de Salomón celebra al propio Salomón, hijo y heredero de David, no solo como el que *enseña* la Sabiduría, sino también como el que la *encarna*. Sabiendo que la «sabiduría» es la cualidad que un ser humano portador de una imagen necesita para traer el orden apropiado de Dios al mundo, «Salomón» ha orado para que Dios envíe su «sabiduría» para este propósito; en otras palabras, para que Dios le dé a él, a Salomón, la sabiduría especial que necesita para la tarea que le ha sido asignada.[20] La oración de la Sabiduría 9 une la creación y el tabernáculo, la monarquía y la revelación:

Me has elegido para ser rey de tu pueblo
y ser juez sobre tus hijos e hijas.
Has dado la orden de construir un templo en tu santo
monte,

[19] J. P. Davies «What to Expect When You're Expecting: Maternity, Salvation History, and the 'Apocalyptic Paul'», *Journal for the Study of the New Testament* 38.3 (2016): 301–15.
[20] 1Re. 3:3–15; Sab. 7:7–22; 9:1–18.

y un altar en la ciudad de tu habitación,
una copia de la tienda sagrada que preparaste desde el principio.
Contigo está la sabiduría, la que conoce tus obras
y estuvo presente cuando hiciste el mundo;
entiende lo que es agradable a tus ojos
y lo que es justo según tus mandamientos.
Envíala [*exaposteilon autēn*] desde los santos cielos,
y desde el trono de tu gloria envíala [*pempson autēn*],
para que pueda trabajar a mi lado,
y para que yo aprenda lo que te agrada.
Porque ella conoce y entiende todas las cosas,
y me guiará sabiamente en mis acciones
y me guardará con su gloria.
Entonces mis obras serán aceptables,
y juzgaré a tu pueblo con justicia,
y será digno del trono de mi padre.
Porque ¿quién puede aprender el consejo de Dios?
¿O quién puede discernir lo que quiere el Señor? (Sab. 9:7-13)

Salomón es el rey davídico que, por lo tanto, es el «hijo de Dios», como en el Salmo 2, que, como vimos, constituye la sub-estructura del argumento de Sabiduría 1-6.[21] Esta oración ve la figura de la propia Sabiduría como «enviada» para permitir a Salomón hacer la voluntad de Dios, hacer lo que el rey elegido por Dios debe hacer. En particular, él, Salomón, debe construir el templo, el sucesor del tabernáculo del desierto.

Pablo, haciéndose eco de esto, pero también trascendiéndolo, ve a Jesús mismo *tanto* como el rey davídico (y en ese sentido «el hijo de Dios») *como* la encarnación de la Sabiduría divina, el «segundo yo» del creador a través del cual el mundo fue hecho. Como vimos al hablar de Gálatas 2:20, la frase «Hijo de Dios» parece ideal para esta nueva combinación de significados antiguos, dando una expresión simultánea apropiada tanto a la creencia en Jesús como el Mesías que cumple la profecía de Israel como a la creencia de que en Jesús el Dios de Israel había regresado por fin, en y como un ser humano. La figura de la Sabiduría, como en Proverbios 8 y en otros lugares, ayuda a transmitir la (para nosotros) misteriosa creencia de que los seres humanos, y aquí el rey en particular, no se limitaban a trabajar siguiendo instrucciones divinas, sino que encarnaban realmente, en pensamiento y acción, la presencia personal y el poder del Dios creador.[22]

El hecho de que Pablo parezca inspirarse en el pensamiento de la «sabiduría» judía, aquí y en otros lugares (por ejemplo, en 1 Corintios y Colosenses), no debe interpretarse como un indicio de que se trata de una «mera metáfora», una forma de decir que Jesús

---

[21] Véase Sab. 2:13, en donde el hombre recto «se llama a sí mismo el hijo del Señor» (*pais kyriou*).

[22] Valdría la pena explorer el paralelo en Rom. 8:3–4, aunque no ha espacio para ello aquí. Véase mi artículo «Son of God and Christian Origins», en *Interpreting Jesus*, cap. 15.

era simplemente un ser humano dotado de una «sabiduría» suprema[23], ni tampoco el hecho de ser conscientes de esa posible línea de argumentación debe hacer que nos abstengamos de explorar el tema. Después de todo, tras la idea de que la «sabiduría» divina viene a morar, inspirar y capacitar a determinados seres humanos en sus vocaciones, deberíamos reconocer la noción afín de la «imagen» divina, con seres humanos diseñados y llamados a reflejar el orden sabio de Dios en el mundo. Estos temas se encuentran entre las diversas formas en que los judíos del siglo I pudieron hacer un gesto hacia la creencia de que el Dios Único no era ni inaccesiblemente «trascendente», separado del mundo, ni meramente «inmanente» dentro de él, sino que él, el creador del mundo, había llamado a la existencia a los seres humanos, y a Israel, y a la monarquía davídica, de tal manera que pudiera convertirse adecuada y sabiamente en el elemento central de ese complejo plan de creación y de pacto; en otras palabras, que el creador se hiciera verdaderamente humano, que se convirtiera en Israel-en-persona, que se convirtiera en el nuevo David. Pablo, como todos los demás cristianos primitivos cuyas reflexiones sobre este tema podemos rastrear, creía que todo esto era lo que había ocurrido en Jesús. Si estas líneas de pensamiento y conexiones de suposiciones nos resultan extrañas, ése es nuestro problema. Pablo los habría visto todos en un instante, como parte de un todo único.

Estas líneas de pensamiento teológico – una rica comprensión del Dios creador como Dios de Israel y como dador de «sabiduría» a los seres humanos en general y al rey en particular – se simbolizan de forma más evidente en dos rasgos centrales de la historia del Éxodo, es decir, la Torá y el tabernáculo. La Torá se da, dentro del marco más amplio de la narración del Éxodo, para que el pueblo redimido, llamado ahora a vivir como «sacerdocio real», pueda encarnar la intención del creador para sus criaturas humanas, y pueda así ser capaz de ser el pueblo portador del tabernáculo, el pueblo en cuyo seno Dios desea y planea habitar. El tabernáculo mismo, con todos sus accesorios detallados, se muestra a Moisés en el monte y debe ser construido por un equipo de trabajadores bajo la dirección de Bezaleel y Aholiab. Dios, dice el texto, ha llenado a Bezaleel con el espíritu divino de sabiduría, entendimiento y conocimiento (*kai eneplēsa auton pneuma theion sophias kai syneseōs kai epistēmēs*) para esta notable tarea. Lo que el producto terminado simbolizará y encarnará en sí mismo también está plasmado en la forma de su elaboración.[24] La Torá y el tabernáculo, pues, expresan ricamente el significado completo del Éxodo. Por eso Dios redimió a su pueblo.

Estos grandes temas, la Torá que da el camino de la vida y el tabernáculo que indica la morada de Dios entre su pueblo, reciben ahora un nuevo arquetipo en Gálatas 4:6-7. Al fin y al cabo, Pentecostés, que habló con fuerza a los primeros seguidores de Jesús del don del Espíritu divino, es la fiesta judía de la entrega de la Torá. Y cuando los escritores

---

[23] Esta línea fue popularizada por J. D. G. Dunn, *Christology in the Making: A New Testament Inquiry into the Origins of the Doctrine of the Incarnation* (Londres: SCM, 1980), y ha sido avivada recientemente de nuevas formas por J. F. McGrath, *The Only True God: Early Christian Monotheism in Its Jewish Context* (Urbana: University of Illinois Press, 2009), y J. D. Kirk, *A Man Attested by God: The Human Jesus of the Synoptic Gospels* (Grand Rapids: Eerdmans, 2016).

[24] Éx. 31:3.

del Segundo Templo recuerdan el peregrinaje por el desierto, con la presencia divina habitando con el pueblo, a veces hablan de ese glorioso misterio también en términos del espíritu divino.[25]

Sin duda, Pablo no está «transfiriendo» servil o mecánicamente los temas del mundo de los símbolos judíos al nuevo mundo del Mesías y del Espíritu. El rico paralelismo no tiene nada de torpe. No hay una correspondencia uno a uno (digamos) entre Jesús y la Torá por un lado y el Espíritu y el tabernáculo por otro. Es más bien como si los acontecimientos y significados centrales de la historia del Éxodo (la Pascua, la Torá, el tabernáculo) se enrollaran en una bola y se distribuyeran de nuevo. ¿Dios actuando en persona para rescatar? Miren al Mesías y piensen en su obra redentora. ¿Dios dando a su pueblo su nueva forma de vida? Miren la Sabiduría encarnada, el «hijo de Dios» salomónico ahora «enviado» al mundo; y miren al Espíritu, dado como la Torá en Pentecostés. ¿Dios viene a vivir en medio de su pueblo? Miren de nuevo al Mesías, «nacido de mujer, nacido bajo la ley», y miren también al Espíritu, habitando el corazón, inspirando la oración Abba de los «hijos». La narración de Pablo del «nuevo Éxodo» ancla y enmarca su visión de Dios y del pueblo de Dios. Su escrito en este punto es el equivalente del nuevo pacto a la habilidad de Bezaleel hijo de Uri. Gálatas 4:1-7 encarna la verdad que expresa, recubriendo cada pequeño elemento con oro puro.

Entonces, ¿cómo funciona realmente esta nueva historia del Éxodo en miniatura? Primero, el tiempo de la esclavitud (4:1-3); luego, la «plenitud de los tiempos» establecida por el Padre y el acto de la redención y la adopción (4:4); después, la llegada de la presencia divina para guiar, llenar y equipar al pueblo de Dios (4:6-7); y luego – todavía por delante – la «herencia» final de la que el presente don del Espíritu es el anticipo y la garantía. Los paralelos entre el primer y el segundo Éxodo ponen de manifiesto las diferencias. La entrega del Hijo en el segundo Éxodo ocupa el lugar de toda la acción divina del primer Éxodo. Dios declara en Éxodo 3:7-8: «He oído su clamor… y he bajado para librarlos».[26] «Librarlos» aquí, en la Septuaginta, es *exelesthai autous*, con el mismo verbo que en la temática de Gálatas 1:4, donde el Mesías «se entregó por nuestros pecados, para *rescatarnos* (*hopōs exelētai hēmas*) de la presente era maligna». En el primer Éxodo, el acto de redención se produce *porque* «Israel es mi hijo» (Éxodo 4:22);[27] aquí, la «adopción como hijos» es el *resultado* de la acción redentora, quizá al menos en parte porque solo con los acontecimientos mesiánicos los gentiles pueden incorporarse al pueblo de Dios. Por último, en el Éxodo original Dios redimió a su pueblo y luego le dio la Torá como forma de vida; aquí, la Torá se ha convertido –al hacer su trabajo dado por Dios, como en 3:21-22 y Romanos 7 – en parte de la fuerza oscura y esclavizadora de la que el pueblo de Dios necesitaba ser rescatado. Así pues, si Pablo se hubiera enfrentado a la pregunta: «¿Cómo fue que, en la plenitud de los tiempos, el Dios creador bajó a liberar a su pueblo como lo hizo en el primer Éxodo?»,

---

[25] Neh. 9:20; Is. 63:11, 14; Hag. 2:5.

[26] Éx. 3:8 señala la tierra prometida en terminos que recuerdan, aunque no reproduce exactamente, Gén. 15:18–20.

[27] Véase Jer. 31:9; Os. 11:1; cap. Is. 1:2.

su respuesta enfática sería: «se entregó a sí mismo por nuestros pecados» (1:4), o «el Hijo de Dios... me amó y se entregó a sí mismo por mí» (2:20).

No debemos suponer, pues, que hay una simple distribución de papeles, de manera que Jesús «cumple» el papel de la Torá en la historia original y que el Espíritu «cumple» el papel del tabernáculo. (La tipología, y la exégesis figurada en general, solo funciona hasta cierto punto. Lo que cuenta es la historia completa, con temas que se anticipan, que se contrarrestan, que se repiten al revés y que finalmente alcanzan una nueva resolución). Ambos cumplen con ambos y, por lo tanto, los trascienden radicalmente. La Torá es ahora, sin culpa alguna (3:21), parte del problema y no de la solución. El templo, tras su accidentada carrera, sigue siendo el centro de la Jerusalén actual, y Pablo pronto declarará que esta Jerusalén actual está «esclavizada con sus hijos» (4:25).

Así, Dios ha logrado lo que ni la Torá ni el templo podían hacer. Fueron parte de la provisión de gracia divina durante la «presente era maligna», pero ahora Dios ha puesto en marcha la «era venidera», mediante la muerte y resurrección del Mesías y el don del Espíritu. Él proporcionó el rescate necesario de la «presente era maligna», redimiendo a los que están «bajo la Torá» para que puedan llegar a ser realmente lo que se dice de ellos: hijos y «herederos». La explosiva redefinición trinitaria del monoteísmo en Gálatas 4:1-7 es la raíz de la igualmente explosiva soteriología transformadora de Pablo. La «formación» cristiana comienza, como comenzó el Éxodo, con la revelación en acción del Dios Único.

4:4b El hecho de que la muerte de Jesús no se mencione en 4:4 no significa en absoluto que Pablo la esté dejando de lado por alguna razón. Pablo supondría que sus oyentes podrían recordar sus referencias anteriores (1:4; 2:20-21; 3:1, 13) y sus repetidas referencias a la «fidelidad» del Mesías. La crucifixión sigue entretejida en su argumento a lo largo del resto de la carta (5:11, 24; 6:12, 14, 17). La acción redentora se centra aquí, en cambio, en la *entrega* del Hijo, resaltando el hecho (como en 1:4-5) de que se trata de la acción de Dios Padre y aportando los matices de la «entrega» de la «sabiduría» divina, de la que ya hemos hablado.

El otro foco de atención aquí es el *nacimiento* de Jesús. De hecho, este pasaje es uno de los dos únicos lugares en los que Pablo se refiere al nacimiento o ascendencia de Jesús, en contraposición a su muerte y resurrección. El otro es Romanos 1:3, donde, quizá citando (y respaldando fuertemente) una fórmula primitiva del evangelio, dice que Jesús era «descendiente de la simiente de David en cuanto a la carne». La relativa ausencia de este tema hace difícil entender por qué Pablo menciona aquí el nacimiento de Jesús, y en particular por qué dice estas dos cosas al respecto. Me inclino a pensar que con «nacido de mujer» está subrayando la solidaridad de Jesús con todo el género humano, y que con «nacido bajo la ley», más obviamente, está subrayando la solidaridad de Jesús con Israel bajo la Torá. Es evidente que este último punto es el que necesita más específicamente para su argumento actual, en paralelo a 3:13, donde el Mesías llega al lugar de la maldición para llevarla él mismo y anular así el efecto que necesariamente tenía, el de impedir que las promesas llegaran a las naciones. El Mesías llegó al punto en el que Israel estaba esclavizado, con la propia Torá cerrando aún más la puerta a esa esclavitud, como en Romanos 7. Pablo no menciona aquí ni la crucifixión en sí ni la muerte de Jesús, pero es obvio que es ahí a donde condujo el nacimiento, sobre todo por lo que afirma que se logró con ello («redimir a los que están bajo la ley»).

Sin embargo, puede ser que, al destacar el nacimiento de Jesús, y en relación con el lenguaje de que Jesús fue «enviado», Pablo pretenda enfatizar el mismo punto que hace en Filipenses 2:6-7, que el ser humano que conocemos como «Jesús» era de hecho el «hijo» de Dios (para estar seguros, en algún sentido difícil de articular) antes de su concepción humana. No era, en otras palabras, un ser humano que en algún momento fue «adoptado» por Dios para un propósito particular. En Romanos 5:6-10 y 8:32, el argumento gira en torno al hecho de que «la muerte del Hijo» revela el amor de Dios mismo, y esto mantiene en su lugar la otra referencia paulina (Rom. 8:3) a que el Hijo de Dios fue «enviado». Así pues, el hecho de que Pablo diga en el presente pasaje que Dios «envió» a su Hijo, que esto dio lugar a su «nacimiento» y que esto, a su vez, constituyó la plataforma para su logro redentor, ancla todo esto firmemente, sin dejar lugar a especulaciones adopcionistas. Es interesante que Pablo, aunque aquí presupone claramente lo que se ha llamado incómodamente la «preexistencia» de Jesús, no ve la necesidad de discutir el punto. Una vez que se ha reconocido que en Jesús el Dios de Israel ha cumplido su promesa de volver en persona y redimir a Israel y al mundo, y una vez que se ha visto esto en términos de la comprensión judía de la Torá, el templo, la sabiduría y la vocación humana de ser portador de la imagen [de Dios], las ansiedades y las complejas formulaciones de la cristología posterior pueden verse bajo una luz muy diferente.

4:5 Al igual que la carga de la maldición en 3:10-14, el envío del Mesías tiene un doble propósito, señalado por las dos oraciones *hina* en el versículo 5, que coinciden con las de 3:14 (*para* que pueda redimir a los que están bajo la ley, *para* que podamos recibir la adopción como hijos). Como en el versículo anterior, los dos resultados afectan a grupos diferentes. Allí, sin embargo, era (a) la bendición de Abraham fluyendo a los gentiles y (b) «nosotros» – que supongo que es toda la iglesia – recibiendo el Espíritu. Aquí es (a) los judíos, habiendo estado «bajo la Torá», siendo redimidos (como en 3:13), y entonces (b) «nosotros» – de nuevo asumo que toda la iglesia – recibiendo la «adopción» como «hijos» (de nuevo manteniendo el pronombre específico de género, para permitir que el matiz de «Israel es mi hijo» se escuche directamente).

La palabra «adopción» es *huiothesia*, que puede significar el *estatus* de «hijos» (por ejemplo, Rom. 9:4), así como el proceso legal por el que alguien llega a esa condición desde fuera de la familia. La práctica de la «adopción» estaba mucho más extendida en el mundo antiguo, sobre todo en el mundo romano, que en la mayoría de los lugares de hoy.[28] Sin embargo, al igual que con sus otras «ilustraciones de la vida real» (3:15; 4:1), Pablo no está pensando en la situación metafórica con demasiada profundidad, sino que se concentra en la narrativa subyacente del pacto. Aquí parece prever ciertamente que los creyentes gentiles han sido introducidos en la familia de Abraham desde fuera, convirtiéndose en «hijos de Dios» sin antecedentes. Pero, de hecho, para él, lo mismo

---

[28] Véase M. Foskett, «Adoption», en *The New Interpreter's Dictionary of the Bible*, ed. K. D. Sakenfeld et al. (Nashville: Abingdon, 2006), 54–56; J. M. Scott, *Adoption as Sons of God: An Exegetical Investigation into the Background of* Huiothesia *in the Pauline Corpus* (Tübingen: Mohr Siebeck, 1992).

ocurre con los creyentes judíos, aunque empiecen con la «filiación» como uno de sus privilegios básicos (Rom. 9:4). Pablo se ve a sí mismo como un claro ejemplo, quizá el más claro posible: «por medio de la ley he muerto a la ley, para vivir para Dios» (Gál. 2:19). Parece que hay (y como ya indicó Juan el Bautista) un nuevo nivel de «filiación» para el que el nacimiento ordinario en la familia de Abraham es insuficiente.[29] Pablo lo dice en Romanos 4:16 y 9:8. Aquí ha vuelto a una de las etapas cruciales de la sección anterior, 3:26, donde explica que «todos son hijos de Dios, por la fe, en el Mesías, Jesús», lo que lleva a la conclusión de que «ya no estamos bajo el dominio de *los paidagōgos*». Me inclino a decir, entonces, que cualquier significado local o legal particular de «adopción» está silenciado aquí, ya que el sentido de *huiothesia* que Pablo necesita está bien cubierto simplemente por la «filiación» misma. Por supuesto, una de las razones por las que los ciudadanos romanos acomodados adoptaban a los jóvenes que elegían era para tener a alguien apropiado a quien dejarle propiedades. Dado que Pablo sigue insistiendo en 4:7 en que los «hijos» son también «herederos», este sentido metafórico puede haber estado también en su mente. Pero esto también forma parte de la imagen de Abraham: la pregunta inicial del patriarca a Dios, que precipitó todo el Génesis 15, incluido el pacto, era sobre la herencia. Esa imagen del pacto, aun fresca en la mente desde el capítulo 3 y a solo quince versos de la exposición culminante de la familia de Abraham en 4:21-31, es probable que haya sido el principal referente de Pablo.

El versículo 5 reúne, pues, tres temas. En primer lugar, el acto divino de redención: éste (*exagorazein*) es un término habitual del Éxodo, y aquí, como en otras partes, Pablo ve la muerte de Jesús como el acontecimiento definitivo del Éxodo, siguiendo la propia intención de Jesús. En segundo lugar, se trataba de conceder la condición de «hijo», un término obvio de Israel, a todas las personas fieles al Mesías; esto, obviamente, recoge 3:26 y constituye la plataforma para la siguiente afirmación dramática. Pero, en tercer lugar, esta «filiación», realizada por el «Hijo» que fue enviado, indica una vez más la fluidez de pensamiento entre el Mesías y el pueblo. Él es el Hijo (único) que lleva a cabo su filiación (incorporada), aunque su fidelidad es el lugar que da forma a su propia fe.

4:6 Esto se lleva a cabo de forma espectacular mediante el don del Espíritu. Paralelamente al «envío» del Hijo, Pablo habla ahora (utilizando la misma palabra, *exapesteilen*) del envío del «Espíritu de su Hijo». El papel del Espíritu aquí es entrar en «nuestros corazones», para que esta «filiación», acreditada a todos los creyentes, no sea una mera cáscara exterior, un estatus legal sin una realidad íntima que responda. Pablo, al igual que Juan, vincula el nuevo don del Espíritu con las promesas de Jeremías y, en particular, de Ezequiel. Este es el lenguaje del nuevo pacto, el resultado del nuevo Éxodo. La afirmación escatológica no podría ser más fuerte. Esto es lo que Pablo está insinuando, lo que Israel había estado esperando todo el tiempo.

El Espíritu se identifica entonces como «el Espíritu de su Hijo». Como ocurre a menudo en el Nuevo Testamento, sobre todo en Pablo, el Espíritu es aquel a través del cual Jesús mismo se hace presente y activo en los corazones y las vidas de las personas.

---

[29] Mt. 3:9–10; Lc. 3:8–9; véase también Jn. 3:2–8.

No estamos aquí en el territorio de los debates filosóficos posteriores sobre el Espíritu que «procede» tanto del «Padre» como del «Hijo», o solo del Padre. Lo más interesante es que el Espíritu que permite a las personas *clamar* al Padre es enviado *desde* el Padre, en forma de don de la vida creativa y redentora del Hijo. Esta extraordinaria comprensión de lo que llamamos vagamente «espiritualidad cristiana» nos recuerda que la doctrina de la Trinidad no es una mera fórmula sombría y abstracta, sino un esbozo interpretativo de lo que Pablo veía como vida cristiana real y «normal»[30]. Y esto se entiende mejor como indicaría el contexto del nuevo relato del Éxodo – en términos del tabernáculo o templo. La iglesia en su conjunto, y cada cristiano individual, es ahora el lugar donde el Dios vivo ha venido a morar. Esto es, por supuesto, la base de la santidad, ya que es el fundamento de la esperanza.

Pablo dice que esto ha ocurrido «porque son hijos». Esto parece significar que la condición legal – quizá deberíamos decir la condición de redimido – precede, al menos lógicamente, a la efusión real del Espíritu. Al igual que en el Evangelio de Juan, el Espíritu puede ser derramado una vez que los discípulos han sido preparados por la muerte de Jesús.[31] Así, la «redención» del versículo 5 es la condición previa necesaria para la transformación interior, al igual que salir del Egipto pagano fue la condición previa necesaria para la construcción del tabernáculo y la llegada de su ocupante divino.

Como en Romanos 8, Pablo ve el resultado de todo esto como el grito de «Abba, *ho patēr*». Sobre esta invocación aramea se ha escrito mucho, y por supuesto se hace eco de la oración «Abba» de Jesús en Getsemaní.[32] Nada podría dejar más claro que la «filiación» de los creyentes en el Mesías está orgánicamente relacionada con la «filiación» del propio Jesús. Y nada podría dejar más claro que la soteriología de Pablo, aunque ciertamente tiene su aspecto legal, es fundacionalmente *de pacto*, con el pacto renovado de la promesa de Ezequiel, la transformación del corazón, recogiendo las promesas a Abraham y reinscribiendo la vida fiel del propio Mesías en las personalidades interiores de su pueblo fiel. De hecho, se podría decir que, en cierto sentido, invocar a Dios como «Abba» de esta manera *es* simplemente la *pistis*, o al menos una expresión clave de ella, de la que Pablo ha estado hablando todo el tiempo. En particular, observamos que el momento en que (según Marcos) el propio Jesús utilizó este grito fue el momento de mayor desesperación y angustia.[33] Romanos 8:15 lo hace más explícito: esto es lo que gritan los «hijos» de Dios cuando se enfrentan a un terrible sufrimiento.

Esta es, pues, la verdadera «señal de vida» que responde a lo que la ley no pudo hacer en 3:21. La enfermedad humana -la mala alineación de la *stoicheia*- que no podía resolverse tratando la Torá como un *nomos* o *paidagōgos* médico, puede resolverse, y se resuelve, por la presencia y el poder vivos de Dios mismo, el Dios revelado como el que

---

[30] Véase Rom. 8:9: cualquiera que no tiene el Espíritu del Mesías no le pertenece a él.

[31] Jn. 7:39; 20:22.

[32] El uso único de la palabra por Jesús apoya con dificultad la referencia de Boer al «hábito de Jesús de referirse a Dios como 'Abba'» (M. C. de Boer, *Galatians: A Commentary*, 94 [énfasis añadido]).

[33] Mc. 14:36; el paralelo con Mateo, 26:39, misteriosamente tiene *patēr mou*. Lucas 22:42 solo tiene *patēr*.

envió al Hijo y ahora envía el Espíritu. Así equipado, el pueblo del Mesías es capaz de «caminar» (*stoichein*) por el Espíritu (5:25).

4:7 Como resultado, «¡Ya no eres un esclavo, sino un hijo!» Israel había sido esclavizado en Egipto, pero de hecho era «hijo de Dios», y el Éxodo lo demostraría. Todo esto está presente en la mente de Pablo, ya que aquí, en 4:7, resume buena parte del capítulo 3 (mirando hacia atrás, en particular al 3:26), además de afirmar claramente que la «esclavitud» del 4:1-3 es cosa del pasado. Esto es lo que los ex paganos gálatas deben saber especialmente: no son simples adjuntos de la familia de Abraham, sino miembros de pleno derecho, con plenos derechos filiales. Como tales, son «herederos»: si a Abraham se le prometió el mundo, entonces eso es lo que heredarán, aunque el César se crea actualmente dueño de él. Pablo personaliza aquí la promesa, pasando del «ustedes» del versículo 6a («porque [todos] son hijos») al «tú» aquí: así que *tú* – imaginamos que el lector de la carta mira alrededor de la audiencia y escoge a un oyente sorprendido – «¡Sí, tú!» ya no eres un esclavo sino un hijo, y por tanto un heredero. El don del Espíritu en el presente lo garantiza. Eso era parte del objetivo de 3:1-5, y ahora se confirma.

La promesa original a Abraham se refería exactamente a esta cuestión de «hijo y heredero»: Abraham preguntó quién sería su heredero, y Dios respondió con la promesa de una gran familia. Pablo sigue insistiendo en que los gentiles seguidores de Jesús forman parte de esa familia. La promesa del pacto en Génesis 15 contenía la advertencia de que la familia tendría que vivir en Egipto. Pero su rescate demostró que realmente eran «hijos de Dios». Esta es la dinámica del propio evangelio, donde, como en la fórmula de Romanos 1:3-4, la resurrección ha declarado que Jesús había sido todo el tiempo el Hijo de Dios, el Mesías. El punto del evangelio es que, con esta declaración, todos los que pertenecen al Mesías son igualmente declarados «de derecho», miembros del pacto, hijos de Dios, la simiente de Abraham.

¿Por qué añade Pablo «por medio de Dios» al final del versículo? Tal vez simplemente para subrayar lo que dijo en las observaciones introductorias de 1:3-5: la operación de rescate mesiánico de Jesús el Mesías se llevó a cabo «según la voluntad de Dios nuestro Padre, a quien sea la gloria». Tal vez Pablo pudo detectar ya una tendencia entre algunos creyentes a subrayar lo que Jesús había hecho y a restarle importancia al hecho de que lo que hizo Jesús se hizo en realidad *por medio de Dios,* es decir, por iniciativa de Dios, por el plan de Dios, por la providencia de Dios, por el envío del Hijo y del Espíritu por parte de Dios, por el hecho de que Dios se encargó de llevar a cabo el proyecto hasta que se ganó la herencia por completo. Parte de la idea de 4:1-7 es que lo que ha sucedido en el Hijo y el Espíritu no es algo «aparte», con «Dios» – quienquiera que sea – mirando desde una distancia lejana. Lo que ha sucedido, de cerca y personalmente, es la revelación en acción del Dios Único.

Lo que Pablo dice aquí sobre el Espíritu nos lleva, de un plumazo, a la verdad más profunda de la neumatología sobre la que los padres reflexionarían durante tres o cuatro siglos. Pablo lo aclara aún más en Romanos 8, pero Gálatas lo dice en miniatura: al igual que Sabiduría de Salomón 9, esto es *teología del templo,* y ahora teología *del nuevo templo.* El Espíritu irrumpe en la escena como el anticipo de la herencia final, como en ese párrafo inicial de 3:1-5. El Espíritu es el que conducirá al pueblo del Mesías a su tierra prometida, que es, por supuesto, toda la nueva creación (no el «cielo»). No se puede tener una neumatología más elevada que ésta: en el nuevo Éxodo, el Espíritu en los corazones del pueblo de Dios es el equivalente, y el cumplimiento definitivo, de la gloria divina, la columna de nube y fuego, en el tabernáculo del desierto. Así, como tanto el tabernáculo como el templo fueron diseñados para ser pequeños modelos de trabajo de la nueva creación, el pueblo del Mesías en su conjunto, y cada uno de los miembros de esa nueva e inesperada familia, recibe esa misma vocación. Eso es parte de lo que significa ser «heredero, por medio de Dios»: ser una señal y un auténtico anticipo de la realidad última, cuando Dios sea «todo en todos» (1Cor. 15:28). Si los gálatas comprendieran esto, Pablo sabe que no serían vulnerables a los atractivos de la enseñanza rival.

4:8-11 - ¡No vuelvas a la esclavitud!

Una vez que nos damos cuenta de que 4:1-7 es una nueva versión de la historia del Éxodo, el atractivo de 4:8-11 tiene un sentido especial. Al igual que los israelitas se vieron constantemente tentados a volver a Egipto (¡la esclavitud es menos exigente que la libertad!), Pablo ha colocado a los seguidores de Jesús de Galacia en la misma posición. El punto aquí es afín a otras insinuaciones de la carta: asumir la Torá significa volver a la esclavitud. (Compárese 2:4, donde los falsos miembros de la familia trataban de «llevarnos a la esclavitud»; 5:1, donde el peligro es que estén «atados por las cadenas de la esclavitud»). Es cierto que en Romanos 14 Pablo insiste en que varias prácticas específicas de los judíos, en su mayoría relacionadas con lo que se come o se bebe, o con los días especiales que se pueden celebrar, son *adiaphora*, cosas sobre las que no se debe discutir ni dividir a la comunidad. Pero exigir a los no judíos que acepten la circuncisión como un distintivo necesario significaría reinscribir la distinción judío/gentil en el corazón de la definición del pueblo de Dios. Eso sería negar que en el Mesías Dios había cumplido de hecho sus propósitos de rescate. Significaría dejar a todo el mundo en «la presente era maligna».

En realidad, no sería exactamente como si los israelitas quisieran volver a Egipto. Sería como si los israelitas negaran haber sido sacados de Egipto en primer lugar. Y lo peor de todo sería volver del Dios verdadero a los ídolos. Una vez más, Pablo no dice que la Torá misma sea uno de los «dioses falsos». Pero se acerca lo suficiente a nivel superficial para ayudarnos a entender por qué tiene que negar tal cosa en Romanos 7:7, 13. La Torá, al pronunciar la maldición del exilio sobre los que no la cumplen, consigna a sus adherentes a la prisión del pecado (Gálatas 3:22), al gobierno de los no dioses. De esa prisión, el Evangelio los libera.

Este breve párrafo consiste en una reafirmación – en términos nuevos – del argumento de 4:1-7, con el versículo 8 resumiendo 4:1-3 (antes estaban esclavizados a los ídolos) y el versículo 9a resumiendo 4:4-7 (ahora conocen a Dios – o más bien, él los conoce a ustedes). El versículo 9b plantea entonces la aguda pregunta: ¿Por qué volver a esa esclavitud? El versículo 10 presenta las pruebas de la acusación, en términos de las observancias calendáricas en las que los gálatas aparentemente ya están comprometidos. El versículo 11, que prepara el camino para la apelación altamente personal y retórica de los versos 12 a 20, expresa el estado de ánimo de Pablo: ¿Ha estado perdiendo el tiempo?

4:8-9a Estos versos ofrecen, por tanto, una nueva afirmación de la imagen «como entonces... ahora» de 4:1-3 y 4:4-7, con la misma transición ya visible en 3:23-24 y 3:25-29. Detrás de esto, en efecto, vislumbramos también la transición de 3:10-12 a 3:13-14, y detrás de esto vemos de nuevo la propia transición personal de Pablo de 1:13-14 a 1:15-17. Esta vez, sin embargo, la descripción del estado «anterior» corresponde directamente a la acusación judía estándar contra los paganos. En primer lugar, no «conocen a Dios», es decir, aunque utilicen un lenguaje divino para referirse a sus diversos objetos de culto, no tienen un conocimiento real del único Dios verdadero.[34] En segundo lugar, están esclavizados a los ídolos. Aquí hay una paradoja: si los ídolos no tienen una existencia real (es decir, si no hay una realidad que corresponda a nombres como «Zeus», «Atenea» o «Poseidón»), entonces ¿cómo pueden «esclavizar» a alguien? La respuesta de Pablo, típica de muchos judíos, es que no existen *como divinidades reales* porque solo hay un Dios verdadero. Estos seres «por naturaleza» (*physei*, es decir, en su propia realidad) no son de hecho divinos. Son lo que en el mundo moderno podríamos llamar «fuerzas». Cuando hablamos de «presiones económicas» o «el mercado» o «las realidades de la dinámica de poder regional» o incluso «el sistema», estamos reconociendo que hay fuerzas supra-humanas (ninguna persona, ni siquiera un comité, ha decretado que estas cosas funcionen como lo hacen) que tienen el poder de decir a los seres humanos lo que deben y no deben hacer, decir e incluso pensar. Los oyentes de Pablo en Galacia sabían de lo que hablaba: en su mundo, todos los aspectos de la vida estaban regidos por algún dios o diosa, y pobre de aquellos que no se mantuvieran en el lado correcto de ellos – aunque a menudo era difícil saber qué querían exactamente los diferentes dioses.

«Pero ahora», dice Pablo en el versículo 9 – una de sus famosas afirmaciones *nyn de* – «han llegado a conocer a Dios -o, mejor, a ser conocidos por Dios». El primer verbo es simplemente un participio presente: «conocer a Dios». Esta es una de las afirmaciones más trascendentales en cualquier parte de Pablo. Conocer a *Dios* es el centro de las aspiraciones y anhelos de muchos pueblos en muchas culturas. Pablo afirma que los gálatas han llegado a esta misma posición, no por realizar prácticas místicas, ni por largas disciplinas ascéticas, ni aún por estudiar complejos textos sagrados, sino porque el Único Dios los había «conocido». Esta rápida corrección («o, mejor, ser conocido por Dios») lo dice todo, al igual que el punto correspondiente de 1Corintios 8:2-3: «Si alguien piensa que 'sabe' algo, todavía no 'sabe' de la manera en que debería saber. Pero si alguien ama a Dios, es 'conocido' por él». Dios, en otras palabras, conserva la iniciativa, pero esa iniciativa consiste precisamente en el evangelio de Jesús, operando a través del poder del Espíritu. Hablar del «conocimiento» activo de Dios es hablar de una combinación del

---

[34] Véase Ef. 2:12b.

ordenamiento sabio y soberano de todas las cosas y de conocimiento íntimo y personal, que puede dar lugar a una rica relación mutua o a un sentido de obligaciones no correspondidas.[35] De un modo u otro, lo que Pablo afirma ahora sobre los gálatas seguidores de Jesús es que, al creer en el evangelio mesiánico y conocer la presencia y el poder del Espíritu, ahora pueden decir realmente que Dios los ha «conocido», de este modo activo y buscador, y que ahora «conocen» a Dios mismo, directa y verdaderamente. Tal es la dramática afirmación de Pablo sobre el significado del propio evangelio: que en los acontecimientos del nuevo Éxodo relativos a Jesús y al Espíritu, el único Dios verdadero ha desnudado, citando a Isaías, su santo brazo ante los ojos de todas las naciones.[36]

4:9b El resultado es inmediato. O tienes al Dios que envía al Hijo y luego al Espíritu del Hijo, o tienes a los no dioses del mundo gentil. O la Trinidad o el paganismo. No hay camino intermedio. Así que aquí viene el desafío: «¿Cómo puedes volver atrás?» ¿Realmente quieres volver a la esclavitud en Egipto? ¿Cómo puedes volver a adorar a los ídolos? Aquí es donde entra en juego la sutileza de la mención anterior de Pablo a los «elementos» (asumiendo nuestro propio argumento anterior): abrazar la Torá significaría ponerse de nuevo en Deuteronomio 27-29, en el tiempo de la maldición, de estar esclavizado a los «dioses de madera y piedra». La Torá no es en sí misma uno de esos dioses, pero si apelas a la Torá circuncidándote, entonces declaras que la gran renovación no ha ocurrido y que todavía estás en la «presente era maligna», todavía bajo la maldición de la Torá según la cual las «fuerzas» paganas te gobernarán.

Para los gálatas, esto tiene varios niveles. A nivel teológico y pastoral, significa que se pondrá en duda su garantía de pertenencia a la familia de Abraham y, por tanto, su condición de «herederos» del reino definitivo de Dios (5:21). En el plano práctico y local, se someterían a la disciplina de la sinagoga local, que Pablo ha llegado a considerar como una forma de esclavitud. En el plano social y político, tendrían que aceptar las reglas de Roma, amparándose en la «excepción judía», pero reconociendo así al César como señor supremo.

El análisis de Pablo, por tanto, está uniendo dos cosas que a nosotros, dos mil años después, nos pueden parecer todavía distantes la una de la otra. La *stoicheia* – la tierra, el agua, el aire, el fuego, y quizás también las luces y luminarias celestiales – forman parte de la buena creación de Dios, pero si se adoran, se convierten en ídolos deshumanizados. Y la Torá, está diciendo, los llevará de vuelta a donde estaban en sus vidas paganas. Ya estuvieron allí, dice; no vuelvan atrás.[37]

4:10 El signo de este giro hacia atrás son las observancias calendáricas: días, meses, estaciones y años especiales. La Sabiduría de Salomón, de nuevo, apunta en esta dirección, con el monoteísmo creacional judío que disfruta del hecho de estar en sintonía con el orden creado. Pero para Pablo lo importante, como dice al final de la carta, es la

---

[35] Véase, por ejemplo, Gén. 18:19, en donde Dios dice que ha «conocido» a Abraham; TM Os. 5:3; 13:5 (LXX lo simplifica a «alimentado»); Amos 3:2; del llamado profético, Jer. 1:5.

[36] Is. 52:10.

[37] Para todo el tema de «volver», véase N. Martin, *Regression in Galatians: Paul and the Gentile Response to Jewish Law* (Tübingen: Mohr, 2020).

nueva creación. Las viejas observancias de las fiestas judías y demás – quizás también, puede estar insinuando, las observancias calendáricas de los cultos paganos, sobre todo el culto al César – no deberían tener ningún atractivo para ustedes.[38] Están en la vanguardia de la nueva creación. ¿Por qué volver a lo antiguo?

4:11 Así que, una vez más, Pablo expresa su constante temor: ¿Ha sido su trabajo en vano? ¿Ha trabajado en vano? Se hace eco, como suele hacer, del poema del «siervo» de Isaías 49:4.[39] Esto constituye una conclusión retórica natural de toda la sección del 3:1-4:11, y sirve de fácil transición al 4:12-20, donde Pablo abandona el argumento lógico paso a paso y se lanza a una apelación más personal.

Conclusión

De esta sección densa y a menudo complicada, que ha sido el centro de mi propia investigación de forma intermitente durante más de cuarenta años, me llaman la atención tres cosas en particular.

En primer lugar, la visión matizada de Pablo sobre la ley judía.[40] Es, como insiste en Romanos, santa, justa y buena. No era algo malo, ahora felizmente abolido, sino algo bueno y dado por Dios, diseñado para un propósito particular y limitado en el tiempo, un propósito ahora gloriosamente cumplido. Sin embargo, solo se puede entender ese propósito a la luz de la narración paulina de Israel en su conjunto: del pueblo de Abraham como el pueblo llamado a curar la enfermedad del mundo, pero ellos mismos afectados de forma terminal por la misma enfermedad. Una vez que se comprende esa historia, la Torá desempeña su papel dentro de los giros y vueltas de la trama.[41] Pero lo que Pablo quiere decir es que ese papel ha llegado a su fin, por muy inoportuno que fuera para muchos de sus contemporáneos, como de hecho para algunos de los nuestros.

En segundo lugar, Gálatas 3 y 4 descartan cualquier intento de dividir el pensamiento de Pablo en dos o más tipos de teología – por ejemplo, «forense» por un lado e «incorporativa» por otro, o incluso «apocalíptica» por un lado y «salvación-histórica» por otro. Si solo se leyera Romanos, se podría pensar que los capítulos 1-4 son «forenses» y los capítulos 5-8 son «incorporativos», quizá con el 9-11 como «histórico-salvíficos», aunque eso podría ser realmente muy engañoso; pero con Gálatas no es cuestión de que se muestre ese tipo de división teológica en diferentes argumentos. Todo el asunto está agrupado y *pertenece visiblemente a* una sola línea de pensamiento. En particular, esto elimina cualquier intento de teología de la justificación en la que las «buenas obras» – el comportamiento moral humano – son automáticamente sospechosas. Y menos mal, porque eso va a ser importante en los capítulos 5 y 6. Más adelante hablaremos de ello.

---

[38] Véase J. K. Hardin, *Galatians and the Imperial Cult* (Tübingen: Mohr Siebeck, 2008), esp. cap. 5.

[39] Véase las otras referencias de Pablo al pasaje en, por ejemplo, Gál. 2:2; 3:4; también 1Cor. 15:2, 58; Fil. 2:16; 1Tes. 3:5.

[40] Véase, más completamente, *Paul and the Faithfulness of God*, 1032–37.

[41] Véase *Paul and the Faithfulness of God*, cap. 7, 10.

En tercer lugar, tenemos en el capítulo 4 el lanzamiento decisivo de la teología trinitaria. Han llegado a conocer a Dios, dice Pablo, o más bien a ser conocidos por él. Acaba de describir al verdadero Dios, en términos tomados y luego desarrollados de la tradición sapiencial judía, como el que envió al Hijo y el que envía el Espíritu del Hijo. La alternativa es una forma de idolatría. Esta es la clásica teología trinitaria, aunque breve y densa. O tienes esta nueva forma de monoteísmo: el Dios que envía el Hijo y el Espíritu, o vuelves a la *stoicheia*. La idea de que los primeros seguidores de Jesús eran inocentes de las doctrinas posteriores, o que los primeros escritores lo decían todo de forma difusa y sin formación y que los padres tuvieron que pensarlo bien, es una tontería. Pablo es tan claro como Atanasio o los capadocios. De hecho, más. Él, después de todo, está pensando como un judío del primer siglo. Y eso fue cuando «el tiempo había llegado plenamente».

Pablo estaba escribiendo, dice en la siguiente sección, con el sentido de una madre en trabajo de parto que lucha por dar a luz... «hasta que el Mesías esté plenamente formado en ustedes» (4:19). Esta sorprendente imagen resume su tarea, y en cierto modo también la nuestra. La formación del *Christos* en la comunidad parece significar claramente el surgimiento y la madurez de la comunión en la que judíos y gentiles, esclavos y libres, hombres y mujeres son «todos uno en el Mesías Jesús». Dudo que muchas iglesias de nuestros días, ya sean del este o del oeste, del norte o del sur, se consideren «hijos de Abraham» en la forma en que Pablo insiste aquí. Del mismo modo, dudo que muchas iglesias de hoy hayan aprendido a leer las Escrituras de Israel, la antigua Torá con los Profetas y Escrituras, de la forma en que Pablo las veía, es decir, desde una perspectiva como la historia única de cómo se cumplieron finalmente las promesas de Dios a Abraham de sanar el mundo, y desde la otra perspectiva como la historia en dos etapas de cómo la buena Torá mosaica fue dada para un propósito específico y limitado en el tiempo. Hoy en día, muchas discusiones en nuestras iglesias se convierten en diálogos de sordos, con una parte insistiendo en que toda la Biblia es igualmente y inequívocamente la palabra de Dios y la otra parte abrazando varios tipos de marcionismo en el que las Escrituras de Israel pueden ser descartadas siempre que digan cosas que no nos gustan o no entendemos. La propia hermenéutica de Pablo, arraigada en su propia visión clara (¡aunque densamente expresada!) de la única pero compleja narrativa del pacto, proporciona el camino por el que, para una nueva generación, la tarea de leer las Escrituras con fidelidad y sabiduría – la tarea que, desde los primeros tiempos, los mejores teólogos han considerado siempre como la columna vertebral de todo su trabajo – puede emprenderse con humildad y esperanza.

GÁLATAS 4:12-5:1

Traducción

^{12}¡Vuélvanse como yo! — porque yo me hice como ustedes, mi querida familia. Este es mi ruego a ustedes. Ustedes no me dañaron: ^{13}no, ustedes saben que fue a través de la debilidad corporal que les anuncié el evangelio en primer lugar. ^{14}Ustedes no me despreciaron o encarnecieron, aunque mi condición fue una gran prueba para ustedes, pero me recibieron como si era el ángel de Dios, ¡como si yo era el Mesías, Jesús! ^{15}¿Qué pasó con la bendición que tenían en aquel momento? Sí, puedo testificar que se hubiesen sacado sus propios ojos, si hubiese sido posible, y me los hubiesen dado. ^{16}¿Me he vuelto entonces su enemigo por decirles la verdad?

^{17}Los otros les muestran interés, pero no por una buena causa. Quieren apartarlos, para que se interesen más bien en ellos. ^{18}Bueno, siempre es bueno estar interesado por una buena causa, y no solo cuando estoy allí con ustedes. ^{19}Mis hijos—¡pareciera que estoy en trabajo de parto otra vez, hasta que el Mesías esté completamente formado en ustedes! ^{20}Quisiera estar con ustedes ahora, y cambiar mi tono de voz. No sé qué decir.

^{21}Entonces, ustedes quieren vivir bajo la ley, ¿no? Muy bien, díganme esto: ¿Están listos para escuchar lo que dice la ley? ^{22}La Biblia dice que Abraham tuvo dos hijos, uno de la muchacha esclava y uno de la mujer libre. ^{23}Ahora, el hijo de la esclava nació según la carne, mientras que el de la mujer libre nació según la promesa.

^{24}Vean esto como lenguaje figurativo. Estas dos mujeres representan dos pactos: uno que viene del Monte Sinaí y que da a luz hijos esclavos; esa es Agar. ^{25}(Sinaí, como ven, es un monte en Arabia, y corresponde en la imagen, simboliza a Jerusalén, ya que está en esclavitud con sus hijos.) ^{26}Pero la Jerusalén que es de arriba, es libre—y ella es nuestra madre.

^{27}Porque la Biblia dice,

¡Celebra, estéril, la que no ha dado a luz!
¡Libérate y grita, joven que nunca ha tenido dolores!
¡La mujer infértil tiene mucho más hijos
Que la que tiene un esposo!

^{28}Ahora, ustedes, mi familia, son hijos de la promesa, de la línea de Isaac. ^{29}Pero las cosas son ahora como eran en aquel entonces: el que nació según la carne persiguió a aquel que nació según el Espíritu. ^{30}¿Pero qué dice la Bibia? «¡Echa a la esclava y a su hijo! Porque el hijo de la esclava no heredará con el hijo de la libre». ^{31}Así que, familia mía, nosotros no somos hijos de la esclava sino de la libre.

[5:1] *¡El Mesías no hizo libres para que pudiésemos disfrutar la libertad! Así que permanezcan firmes y no se dejen atar por cadenas de esclavitud.*

Introducción

En Gálatas 4:12-5:1 tenemos dos segmentos radicalmente diferentes uno detrás de otro.[1] Tomarlos juntos es importante porque, por muy diferentes que nos parezcan, Pablo pretende claramente que el 4:12-20 sea la introducción adecuada para lo que sigue en el 4:21-5:1.

El pasaje 4:12-20 consiste en una serie de órdenes rápidas, comentarios, preguntas y desviaciones polémicas. En cambio, el pasaje del 4:21-5:1 es otro argumento sobre la familia de Abraham, aunque en un registro bastante diferente del argumento anterior del capítulo 3. La carta continúa con más sentencias polémicas en el 5:2-12, antes de volver a ampliar lo que a menudo llamamos simplemente «ética», aunque, como veremos, esa etiqueta no hace justicia a lo que Pablo está haciendo y no llega realmente al corazón del papel del 5:13-25 en el argumento general de la carta.

Sin embargo, teniendo en cuenta lo que hemos dicho sobre 3:1-4:11, podríamos haber imaginado que la carta podría haber continuado directamente del 4:11 al 5:2; o, de hecho, del 4:20 al 5:2. Entonces (una pregunta que uno se hace a menudo con Pablo), ¿por qué ha escrito estas dos secciones aquí, tan diferentes y, sin embargo, como veremos, tan cercanas la una a la otra en su intención subyacente? ¿Qué quiere que los gálatas piensen, crean y, en particular, *hagan*?

De hecho, este es el punto de la carta en el que Pablo comienza a dar órdenes explícitas. El imperativo del 4:12 («Vuélvanse como yo») es la primera orden directa de la carta. El segundo (aparte del retórico «díganme» del 4:21) es la cita bíblica de Génesis 21:10 en 4:30: *ekbale tēn paidiskēn kai ton huion autēs*, «echa a la esclava y a su hijo». A esto le sigue el 5:1b: *stēkete oun kai mē palin zygō douleias enechesthe*: «permanezcan firmes y no se dejen atar por cadenas de esclavitud» (NRSV). Hay más imperativos en el capítulo 5, pero estos, después de un argumento tan largo, deberían llegar con todo el peso de un clímax retórico retrasado. Pablo les ha dicho todo el tiempo con gran detalle lo que deben *creer*. Les ha advertido contra la aceptación de falsas enseñanzas y les ha desafiado a considerar su posición (1:6-10; 3:1-5; 4:8-11). Ahora, por fin, les dice algo que deben *hacer*.

He llegado a la conclusión de que este es el verdadero énfasis de la carta. Es el punto culminante. Lo que Pablo tiene que decir ahora va a parecer duro. Por eso se prepara cuidadosamente para ello, dando vueltas desde distintos ángulos hasta que finalmente puede soltarlo, eligiendo hacerlo no con sus propias palabras, sino con una cita bíblica. Esta es otra ironía, como indica el 4:21: está citando la Torá para decir que no hay que someterse a la Torá. Esa ironía deliberada se mantiene dentro del argumento del capítulo

---

[1] Con la mayoría, tomo el 5:1 como el «final» verdadero de la 4:21–31, aunque esto causa poca diferencia a la exégesis.

3, donde Pablo ha distinguido cuidadosamente, casi de forma clínica, entre el pacto con Abraham y el pacto en el Sinaí. En cierto sentido, todo lo que hace 4:21-5:1 es extraer las implicaciones posteriores, pero devastadoras. En 3:1-4:11 insiste en que todos los creyentes en el Mesías son miembros de la única y verdadera familia de Abraham. En 4:21-5:1 insiste finalmente en que los que enseñan lo contrario deben ser expulsados de la comunidad. Me parece que este es el sentido a largo plazo de sus primeros «anatemas» (1:8-9). Y, por lo tanto, aquí es donde ha ido el argumento todo el tiempo. En el pasado he tendido a considerar que 3:1-4:11 es el verdadero núcleo del argumento, con la «alegoría» (para nosotros bastante extraña) de Sara y Agar como un aditivo extravagante, casi burlón y opcional.[2] Ahora me inclino a pensar que el presente pasaje es el verdadero clímax, y que parte de la razón de la aparente extravagancia de la «alegoría» es que Pablo está preparando un argumento muy personal, incluso más complejo y denso de lo habitual, para decir lo difícil que tiene que decir.

Mi propuesta, entonces, es que nuestras dos secciones – 4:12-20 y 4:21-5:1 – tienen esto en común: buscan hacer dos cosas simultáneamente. En primer lugar, tratan de vincular a los gálatas en estrechos lazos de amistad con Pablo. En segundo lugar, tratan de exponer a los maestros rivales como si estuvieran tramando un enredo tortuoso y perturbador, y la respuesta de Pablo es que la comunidad gálata de seguidores de Jesús no solo debe resistirse a ellos, sino que debe expulsarlos. La mejor explicación para el inesperado cambio de tono y ritmo en 4:12-20, por tanto, es que Pablo sabe lo tajante e inflexible que parecerá su necesaria orden. Quiere utilizar todos los medios posibles para poner a los gálatas de su lado antes de soltar la bomba.

Me anima a ello una reflexión particular. En algunos puntos clave, Pablo utiliza la técnica judía de aludir a cada sección de las Escrituras hebreas: la Torá, los Profetas y las Escrituras, aunque no necesariamente en ese orden. Lo hace, por ejemplo, en el momento culminante de Romanos 8:31-39, donde alude al sacrificio de Isaac por parte de Abraham, luego alude al tercer Canto del Siervo y después cita explícitamente el Salmo 44. Lo hace de nuevo en el igualmente culminante Romanos 15:7-13, donde cita explícitamente de dos salmos, de Deuteronomio 32 y luego de Isaías 11:10. Propongo que lo haga también en 4:21-5:1, con una alusión al Salmo 87 (LXX 86) en el versículo 26 junto a sus referencias al Génesis y a Isaías 54. Pablo parece creer que está llevando esta carta polémica a un punto culminante, y lo hace de forma apropiada e irónica construyendo un párrafo con una rica columna vertebral bíblica. Esto es apropiado: él cree firmemente que su misión mesiánica es el cumplimiento de las Escrituras de Israel. También es irónico: apela a la Torá contra los que quieren imponerla.

---

[2] Véase a Burton, *A Critical and Exegetical Commentary*, 251: «un argumento suplementario como una aparente idea adicional». C. K. Barrett, «The Allegory of Abraham, Sarah and Hagar in the Argument of Galatians», en *Rechtfertigung: Festschrift für Ernst Käsemann zum 70. Geburtstag*, ed. J. Friedrich, W. Pöhlmann, y P. Stuhlmacher (Tübingen: Mohr, 1976), pensó que Pablo había llegado a esto porque sus oponentes habían usado la narrativa de Abraham, Sara y Agar para su propio argumento.

4:12-20 - Amigos verdaderos y falsos amigos

Los giros de 4:12-20 se explican mejor en términos del contraste, explícito en el versículo 17, entre Pablo como verdadero amigo y los maestros rivales como falsos amigos. Pablo se presenta a sí mismo desde varios ángulos como el «verdadero amigo», utilizando sus propias variaciones sobre ciertas estratagemas retóricas bien conocidas, y luego muestra lo que sus rivales están haciendo como «falsa amistad». En realidad, están haciendo lo que Pedro y los demás habían estado haciendo con los creyentes gentiles en Antioquía: excluirlos del círculo íntimo para persuadirlos de que se circunciden. En el versículo 17 los rivales se presentan simplemente con una tercera persona del plural —*zēlousin hymas*, literalmente «tienen celo por ustedes». El «ellos» no necesita explicación, porque los oyentes de Pablo saben perfectamente de quiénes está hablando, aunque, sorprendentemente, no ha mencionado explícitamente a los maestros rivales desde el versículo 7 del capítulo 1, más de ochenta versículos antes.[3] Esto aumenta mi sensación de que incluso el gran argumento de 3:1-4:11 no hace más que sentar las bases teológicas y exegéticas para el punto directo que viene ahora.

Así, el 4:12-20 tiene el mismo efecto. Los versículos 12-16 sientan las bases de la «amistad» antes de que Pablo arremeta contra sus rivales en el versículo 17. Y el versículo 17, al acusar a los rivales de un «celo» equivocado y de querer «dejarlos fuera», expone el problema básico al que responde el imperativo del 4:30. Ellos, por desgracia, son los que deben ser expulsados.

4:12-16 Es ya de acuerdo común señalar que en los versículos 12-16 Pablo se hace eco de varios temas habituales de las discusiones filosóficas contemporáneas sobre la «amistad». El versículo 12a, los amigos se hacen semejantes en todo; el versículo 12b, no se hace ninguna acusación (aunque véase el v. 16); los versículos 13-14, lo acogieron a pesar de su condición; el versículo 15, habrían dado sus ojos por él (como la mayoría, lo tomo como una metáfora estándar, no como un comentario literal sobre el hecho de que Pablo sufriera una enfermedad ocular); el versículo 16, Pablo les está diciendo la verdad, que es lo que se supone que hacen los amigos entre sí. Todo esto resuena en la cultura grecorromana como una apelación múltiple al hecho de la antigua amistad y a las obligaciones que impone. Pero hay más. Como tantas veces en Pablo, el ropaje exterior puede ser helenístico, reflejando la enseñanza filosófica, pero la sustancia interior es judía, resonando con la Escritura y su interpretación contemporánea.

4:12a Para empezar, sin embargo, parece que Pablo puede estar volviendo a la cuestión de su propia «muerte a la Torá», invitando a los gálatas a unirse a él en la celebración de la pertenencia a la nueva comunidad, que en su caso significaba abandonar la vida anterior de «celo por las tradiciones ancestrales» (1:14). «¡Háganse como yo! —porque yo me hice como ustedes».[4] El llamado de Pablo a la imitación, como quizá en Filipenses 3:17, es que sus oyentes imiten su *renuncia* cristomórfica *a los privilegios*, incluido el privilegio de la condición de judío. Sus oyentes filipenses (en su mayoría) no

---

[3] Sobre los «agitadores» véase Hechos 15:24.

[4] Véase también, por ejemplo, 1Cor. 4:16; 11:1; Fil. 3:17; 4:9; 1Tes. 1:6; 2:14; 2Tes. 3:7, 9.

eran judíos; debió de pedirles que le imitaran al permitir que la cruciformidad del Mesías conformara su identidad. Esto concuerda con Gálatas 2:19-21, donde habla de estar «crucificado con el Mesías y, por lo tanto, dejar de poseer, o capitalizar, un estatus justo bajo la Torá». También concuerda con 1 Corintios 9:20-21, donde habla de hacerse judío para los judíos para poder ganar judíos (y de hacerse fuera de la ley para los que están fuera de la ley), para dar a los corintios un ejemplo de renuncia a los privilegios. La respuesta a todas estas paradojas es obvia: esto es lo que se quiere decir, en Gálatas 4:19, con «hasta que el Mesías esté completamente formado en ustedes». Pablo imagina una comunidad nueva, con forma de Mesías, creada por la acción decisiva de Dios en la muerte y resurrección del Mesías, y formada después por ese mismo Mesías, como él mismo lo había sido. Él, Pablo, ha mostrado el camino, como en 2:19-20. En el contexto, eso se aplicaba particularmente a Pedro y a los demás en Antioquía, judíos que tenían que aceptar a un Mesías crucificado. Ahora — y esto es, de nuevo, el primer imperativo de la carta — los gálatas no judíos también deben seguir el mismo camino.[5]

4:12b Entonces, ¿por qué dice en el versículo 12b que «no me dañaron»? Podríamos esperar que dijera *que no les ha perjudicado, como* en el versículo 16, donde se preocupa porque parece haberse convertido en su enemigo. Tal vez el significado sea similar a lo que dice a los ancianos judíos de Roma en Hechos 28:18-20: no ha venido a acusarlos. En otras palabras, no *les* acusa de *haberle perjudicado* — aunque, a medida que avanza el párrafo, debieron sentir que estaba a punto de hacerlo.

4:13-14 A continuación, recuerda su predicación inicial del Evangelio: se produjo, dice, «a través de la debilidad corporal». A partir de aquí han surgido infinitas teorías: quizás, se ha sugerido que Pablo tenía la intención de seguir adelante rápidamente, pero la enfermedad lo detuvo, así que predicó allí mismo. Yo prefiero la opinión de que cuando Pablo llegó llevaba las marcas de la persecución: palizas y apedreamientos.[6] El mundo antiguo era tan supersticioso como el moderno cuando se enfrentaba a personas gravemente desfiguradas o con discapacidad, y Pablo probablemente está insinuando que muchas personas, ante una visión como la que él presentaba, tendrían miedo del «mal de ojo», que podría ahuyentarse con acciones apotropaicas como escupir.[7] No hicieron eso, dice (v. 14); en cambio, lo recibieron como un ángel, o incluso como el propio Mesías. (Pablo mencionó la posibilidad de un mensajero angélico en 1:8). La sugerencia de que su acogida equivalía a una acogida del propio Mesías subraya la interpretación que dimos de 3:1: cuando Pablo llegó a las comunidades gálatas, mostraba todos los signos de la persecución reciente, de modo que cuando habló del Mesías crucificado, pudieron ver su mensaje reflejado en su propia condición física.

---

[5] Véase Hays, *The Letter to the Galatians*, 293: Pablo se está refiriendo aquí a su propia decision de «rechazar las prácticas de la observancia de la Torá y vivir como un gentil»; similarmenente Schreiner, *Galatians*, 285.

[6] Véase particularmente A. J. Goddard y S. A. Cummins, «Ill or Ill-Treated? Conflict and Persecution as the Context of Paul's Original Ministry in Galatia (Galatians 4.12–20)», *Journal for the Study of the New Testament* 52 (1993): 93–126. La idea de que estaba sufriendo alguna enfermedad, quizá alguna dolencia de los ojos, todavía tiene adeptos, por ejemplo, Moo, *Galatians*, 283.

[7] DeSilva, *The Letter to the Galatians*, 380, provee material rico e interesante sobre este tema, tan común en el mundo de Pablo y tan insual en el nuestro.

4:15-16 Lo habían bendecido por su mensaje («su bendición» en el versículo 15 es activa, refiriéndose a la bendición que *le* otorgaron), pero ahora parece que esta «bendición» ha desaparecido. Su reacción inicial había sido la de hacer todo lo posible por él (tomando «arrancarse los ojos» como una metáfora común, del mismo modo que decimos «daría mi brazo derecho» por una causa o persona favorita en particular), aunque no está claro si esto fue por bondad nativa o por su respuesta al evangelio. Lo que Pablo quiere decir es, nuestra amistad era sólida y estaba bien establecida. Es más (v. 16), he estado haciendo lo que debe hacer un buen amigo, es decir, decirles la verdad (con lo que Pablo se refiere particularmente a «la verdad del evangelio», como en 2:5, 14 y 5:7). ¿Cómo es que ahora parezco su enemigo?

Esta pregunta expone otra faceta del mensaje de los maestros rivales y su impacto en las congregaciones. De la larga explicación de Pablo sobre su propio «llamado» y sus consecuencias en los capítulos 1 y 2, podemos deducir que los rivales habían estado poniendo en duda la originalidad y autenticidad de su mensaje, apelando por encima de su cabeza a los apóstoles de Jerusalén. Ahora parece que los rivales habían ido más allá, ya sea en su enseñanza inicial o en la polémica posterior. Sugerían que Pablo, por su insistencia en la no exigencia de la circuncisión, actuaba él mismo como un enemigo, socavando la seguridad y el estatus de los creyentes.

4:17a La palabra «enemigo» en el versículo 16 — la antítesis exacta de «amigo» — tiene la intención de escandalizar. Esto pone de manifiesto los preliminares (4:12-16) y señala el verdadero impulso de 4:12-20, que a su vez prepara el crudo análisis de las «dos familias» en 4:21-31 y el solemne mandato de 4:30. Así que aquí, en el versículo 17, Pablo desenmascara al verdadero «enemigo», volviéndose contra sus rivales: «los otros» (Pablo no necesita especificar quiénes son; las comunidades gálatas lo sabrían bien) «les muestran interés», pero no es por una buena causa (*ou kalōs*; el griego *kalos* es una palabra general para «bueno», pero con un matiz más de «noble, fino» que el que encontraríamos con *agathos*; están fuera de lugar, se comportan mal).

«Están interesados» traduce *zēlousin*, y de nuevo el griego es significativo. El griego *zēloō*, estar celoso, puede significar «hacer la corte» a alguien, ya sea en un sentido político o amatorio. Pero tenía un significado específico en el mundo original de Pablo, que él mismo había abrazado, como dice en 1:14: el «celo» con el que él y otros como él defendían y promovían la estricta observancia de la Torá. Se había inscrito conscientemente en una tradición que se remontaba, desde los Macabeos a Elías, y hasta al propio Finees. Los maestros rivales, por tanto, eran como los «zelotes» judíos, solo que más: los «zelotes» normales, como Saulo de Tarso, estaban ansiosos por hacer que *los judíos* se ajustaran a la ley, pero estos estaban ansiosos por hacer que *los gentiles* también lo hicieran.[8] Sus motivos, sin embargo, se ven sometidos a un feroz escrutinio y ataque en la floritura final de 6:12-13, en la que Pablo les acusa de no preocuparse por el cumplimiento de la Torá por sí mismo, sino solo por «guardar las apariencias», presumiblemente las «apariencias» de una «comunidad judía normal» a los ojos de los

---

[8] Esto es así sea que hubiese o no a estas alturas un partido como tal conocido como «los zelotes»: véase la discusión en *The New Testament and the People of God*, 170–81.

paganos locales, y no solo de los funcionarios del gobierno. Por lo tanto, Pablo les acusa de un celo equivocado, ya que «celo» tiene tanto el significado no técnico de «interés» e intento de agradar o persuadir, como el significado judío más técnico de imposición celosa de la Torá. Todavía hay un lugar, como dice Pablo en el siguiente versículo, para un celo adecuado, un afán adecuado. Eso es lo que el propio Pablo está ejerciendo ahora en su nombre. Pero es un «celo» despojado de sus antiguos atributos específicos y reorientados por el evangelio.

4:17b Esto abre la declaración más explícita hasta ahora de lo que los rivales de Pablo estaban haciendo y por qué. Quieren, dice, «dejarles fuera, para que entonces estén interesados en ellos» (*hina autous zēloute* – Pablo utiliza el mismo verbo, ahora en su sentido habitual de «estar interesado», intentando ganar el favor de alguien). No debería haber ninguna duda acerca de lo que Pablo está acusando a los rivales, porque es muy similar a la acusación que había lanzado contra Pedro en 2:14, que resuena a lo largo de 2:15-21. Pedro se había retirado a un aparente «espacio seguro», un círculo interno solo para la circuncisión, lejos de los creyentes incircuncisos. Pablo vio lo que eso significaba: estaba «obligando a los gentiles a judaizarse», excluyéndolos de ese círculo interno para que tuvieran que venir, cuchillo en mano, por así decirlo, y mendigar su admisión. Eso era lo que algunos habían intentado hacer con Tito en la visita a Jerusalén mencionada en 2:1-4. Es lo que intentan hacer ahora los rivales en Galacia, como dirá finalmente Pablo en 6:12.[9]

4:18 Si el verso 17 es el verdadero impulso negativo de esta sección, Pablo está ansioso por pasar de la repentina nota polémica a la amistad en el verso 18. Los agitadores tienen un celo equivocado; él, por el contrario, tiene el celo correcto, su propio «interés» por su bienestar. Siempre es bueno (*kalos*) tener celo por una buena causa (*en kalō*). Es más, este «interés», este «celo» bien puesto, es tan apropiado cuando no está presente con ellos (como ahora, dictando la carta) como lo era cuando estaba presente con ellos, y lo será de nuevo en el futuro. Aquí percibimos algo de esa frustración, esa sensación de estar ausente en el cuerpo pero presente en el espíritu, que encontramos ampliamente en la correspondencia corintia.[10] Aquí sirve para subrayar que esta carta actual, aunque a veces parezca punzante y conflictiva, es en sí misma una manifestación de la misma «amistad» interesada que habían disfrutado cara a cara.

4:19 A continuación, pasa del lenguaje de la amistad al lenguaje aún más íntimo de la familia, concretamente de la maternidad. (En 1Corintios 4:15 habla de sí mismo como padre, engendrando a la iglesia mediante el evangelio). Es muy posible que en este punto haya un indicio de futuro: los que apelan a los líderes de Jerusalén bien pueden haber utilizado el lenguaje de la «maternidad» para describir la ciudad santa, y Pablo puede estar preparando el camino para su comentario devastador en 4:25-27.[11]

Por el momento, sin embargo, la implicación es que la comunidad gálata no ha nacido realmente, o no de forma adecuada; y tiene que volver a ponerse de parto. En

---

[9] Igualmente, con razón, de Boer, *Galatians: A Commentary*, 283.
[10] Véase 1Cor. 5:3 y pasajes cognatos.
[11] Véase Gaventa, *Our Mother Saint Paul*.

realidad, la imagen que utiliza sugiere no solo el trabajo de parto en sí, sino una especie de dolor anterior, a la espera de que el feto se forme adecuadamente (*morphoō* tiene propiamente este sentido)[12] y esté listo para aparecer. Y lo que Pablo anhela que se «forme» y se lleve a cabo un parto seguro y saludable no los creyentes individuales de Jesús, sino precisamente la comunidad que lleva las marcas del propio Mesías: *Christos en hymin*, «el Mesías en ustedes».[13] Sin duda, Pablo podría individualizar esto, como hace en su propio caso en 2:20. Pero lo que quiere ver es precisamente la formación del Mesías. Pero lo que quiere ver es precisamente toda la comunidad, «ni judío ni griego, ni esclavo ni libre, ni 'hombre y mujer'». Pablo ha visto una comunidad así en Antioquía (¡a pesar del intento de desorganización descrito en 2:11-14!), y sabe que esto es lo único que cuenta. Esto es lo que habla a la cultura circundante, declarando que una nueva forma de ser humano ha aparecido en la tierra. Esta será la vida cruciforme, o más bien formada por la cruz y la resurrección, en la que los gálatas llegarán a ser realmente como él (4:12), con su identidad de creyente del Mesías y bautizado como único estatus.

De este modo, Pablo lleva la llamada imagen apocalíptica de los «dolores de parto del Mesías» mucho más allá de lo que hace en otros lugares.[14] No es solo la nueva era en su conjunto la que nace en el *momento* del Mesías; es el propio Mesías. Se manifestará, al parecer, bajo la apariencia de una familia fiel, bien formada y segura, judía y gentil.

Esta sorprendente forma de leer el texto tiene a su favor, especialmente, la cristología corporativa del capítulo 3. También hay tres paralelos cercanos a esta idea, en Colosenses, Efesios y Filemón:

Colosenses 1:27-28: La intención de Dios era darles a conocer la rica gloria que encierra este misterio, en medio de las naciones. Y esta es la clave: el Mesías, que vive en ustedes como esperanza de gloria.

Efesios 4:13: El propósito de esto es que todos alcancemos la unidad en nuestra creencia y lealtad, y en el conocimiento del hijo de Dios. Entonces alcanzaremos la estatura del Hombre maduro medido por los estándares de la plenitud del Mesías.

Filemón 6: Mi oración es ésta: que la comunión que acompaña tu fe tenga su poderoso efecto, en la realización de todo lo bueno que está obrando en nosotros para llevarnos al Mesías.[15]

Estos pasajes, por supuesto, plantean muchas preguntas, pero en cada caso Pablo parece ver al propio Mesías incorporándose a la comunidad, específicamente en su unidad a través de las líneas de las divisiones sociales y culturales tradicionales. El pasaje de

---

[12] Véase, por ejemplo, Filón, *On the Special Laws* 3.117; BDAG 659 también cita a Galeno.

[13] Véase Col. 1:27.

[14] Oakes, *Galatians*, 151, sugiere que Pablo no está evocando ideas «apocalípticas» después de todom sino usando una metáfora estándar para la nueva vida que viene del dolor.

[15] Citas de NTE/KNT, con «Mesías» en lugar de «rey».

Filemón es especialmente llamativo: La oración de Pablo es que, a través del abrazo del amo Filemón y del esclavo Onésimo, el hogar y la iglesia habrán sido conducidos a la plenitud visible de la realidad del Mesías.[16] El punto de Pablo aquí es, pues, similar al de 3:27-29: aquellos que son «todos uno en el Mesías» deben entonces «hacerse como Pablo» al reconocer que su vida consiste en el Mesías mismo, viviendo dentro de ellos individual y corporativamente. Y en el pasaje de Colosenses, esta formación cristomórfica de la iglesia es una señal de Dios futuro final: «la esperanza de la gloria», la esperanza de que todas las cosas se reúnan en el Mesías, de que el mundo entero se llene de su gloria, de que Dios sea «todo en todos».

4:20 La conclusión de este párrafo plantea una cuestión histórica. Pablo dice que anhela verlos («Quisiera estar con ustedes ahora»); entonces, ¿por qué no va a verlos de inmediato? ¿No habría sido más fácil? Aquí también hay ecos de los problemas posteriores en Corinto, cuando Pablo agonizaba sobre cuándo visitarlos y qué podría pasar cuando lo hiciera.[17] Eso puede ayudarnos con la respuesta: después del desencuentro entre Pablo y algunos, al menos en Corinto, estaba ansioso por preparar el terreno para una nueva visita, para asegurarse de que cuando viniera todo estaría bien. En persona, hablaría con un tono más amable («cambiar mi tono de voz») – de nuevo, recordando lo que se dijo de Pablo en Corinto y lo que él respondió.[18] Pero hay un factor adicional en el presente caso. En lo que considero la reconstrucción histórica más plausible, la noticia de la crisis de Galacia llegó a Pablo más o menos en el momento en que la iglesia de Antioquía decidió – no mucho después del propio «incidente de Antioquía» – que Pablo y Bernabé debían ir a Jerusalén y plantear todo el asunto a Santiago y los demás líderes. Su esperanza es, por tanto, resolver los asuntos allí, enfrentándose a lo que considera el origen del problema en la propia «ciudad madre». Entonces espera volver a visitar Galacia y acabar tanto con la desinformación sobre sí mismo como con las devastadoras distorsiones locales del evangelio. Mientras tanto, sin embargo, solo puede soñar con ese momento. Está perdido.

Creo que esto significa que está perdido *en cuanto a cómo han llegado a este estado* más que *en cuanto a qué hacer a continuación*, porque – a menos que vayamos a postular un cambio de opinión repentino, o una nueva idea que se le ocurra a Pablo entre los versículos 20 y 21 – tenemos que decir que el siguiente párrafo parece como si estuviera cualquier cosa menos «perdido». Pablo sabe exactamente lo que tiene que ocurrir ahora, y ha elegido una forma densa pero poderosa de decirlo. Me inclino a pensar que ha construido cuidadosamente toda la carta para llegar a este punto. No sabe cómo han sido embrujados (3:1), pero no sabe qué decirles al respecto. Pero hay un eco, también, del verso 11, como si los versos 12-20 le hubieran devuelto a algo parecido a la misma posición: ¿Había sido en vano todo su trabajo por ellos?

Esto nos lleva por fin a la sección que contiene el verdadero desenlace del argumento de la carta.

---

[16] Véase la discusión de Filem. 6 en *Paul and the Faithfulness of God*, 3–22.

[17] Véase esp. 2Cor. 1:15–2:4.

[18] 2Cor. 12:19–13:4; 13:10.

4:21-5:1 - Dos mujeres, dos familias, dos pactos, dos montes

Pablo comienza en el versículo 21 haciendo la pregunta: «¿Están preparados para oír lo que dice la ley?», pero no dice claramente lo que «dice la ley» hasta el versículo 30. Entonces, finalmente lo entendemos: «¡Echa a la esclava y a su hijo!» ¿Están los gálatas preparados para escuchar *esa* palabra?

Posiblemente no más preparado de lo que han estado muchos comentaristas. Algunos escritores solían decir que Pablo hablaba de expulsar a *los judíos* de la iglesia, pero esto es obviamente ridículo.[19] El propio Pablo era judío, y también lo eran muchos otros, incluso muchos de la comunidad gálata. No: las personas que tiene en el punto de mira se identifican de tres maneras, oblicuas pero en definitiva claras.

En primer lugar, están apelando al pacto del Sinaí como determinante para la pertenencia a la familia de Abraham. En segundo lugar, están apelando por encima de Pablo a los actuales apóstoles de Jerusalén; la polémica de Pablo en el versículo 25b está claramente dirigida en esa dirección. En tercer lugar, están *persiguiendo a* los auténticos creyentes, utilizando la violencia física para tratar de obligarlos a alinearse. (Esto parece tener eco en el versículo 5:15, que por otra parte es extraño, donde Pablo les acusa de «morderse y devorarse» unos a otros). ¿Nos ayuda esto a identificar a las personas de las que habla Pablo?

Nos encontramos aquí con un problema demasiado familiar. Algunos escritores sobre Pablo se han expuesto a la acusación de «super-relevismo», mientras que otros, asustados, han defendido una supuesta nueva perspectiva radical en la que, siguiendo a John Gager y Lloyd Gaston de hace una generación, han sugerido que para Pablo el evangelio de Jesús era realmente solo para los gentiles, mientras que los judíos estaban bien quedándose como estaban. Por supuesto, si ese hubiera sido el punto de vista de Pablo, no tendría que haber habido lágrimas en Romanos 9 ni oración en Romanos 10; pero deberíamos intentar resolver esta cuestión desde el propio Gálatas si podemos. Esta teoría moderna (sobre los gentiles que se convierten en cristianos y los judíos que se quedan como están) es un intento de rehabilitar a Pablo a los ojos de los sospechosos pensadores judíos contemporáneos que, de otro modo, podrían considerarlo (como han hecho muchos) como un apóstata, y de oponerse también a cualquier sugerencia de que los «judíos» necesitan ahora convertirse en «cristianos» (las comillas están ahí porque en cuanto uno piensa en estas categorías, lo más probable es que se haya alejado de la verdadera cuestión, que es si Jesús de Nazaret fue y es el Mesías de Israel). Posiciones similares han sido tomadas por algunos que, quizás por otras razones, quieren hoy oponerse a las duras afirmaciones del evangelio. Para nuestros propósitos actuales, no ganamos mucho siguiendo estas propuestas por sus diversas madrigueras.[20] El presente pasaje es, en efecto, denso e inicialmente poco claro, pero eso no oculta el hecho de que

---

[19] Por ejemplo, K. H. Jobes, «Jerusalem, Our Mother: Metalepsis and Intertextuality in Galatians 4:21–31», *Westminster Theological Journal* 55 (1993): 301.

[20] He discutido algunos de los asusntos claves en *Paul and the Faithfulness of God*, cap. 15.

Pablo, al volver a contar la historia de Abraham y su familia, está estableciendo fuertes contrastes entre dos mujeres, dos pactos y dos montes. Y dos familias.

Este pasaje, 4:21-5:1, es, por supuesto, un *tour de force*. Pablo tiene en mente los capítulos 16 a 2 del Génesis. Comienza en el versículo 22 con un sencillo resumen y termina en el versículo 31 con una sencilla conclusión. Verso 22: Abraham tuvo dos hijos de dos mujeres; verso 31: somos hijos de la mujer libre, no de la esclava. Pero para llegar de lo uno a lo otro lleva a sus oyentes a un viaje complicado. Podríamos pensar en un prestidigitador que hace algo sencillo (un movimiento de muñeca) para conseguir algo complejo (una bandada de palomas o un conejo rosa de uno sombrero). Pablo hace lo contrario: consigue algo muy sencillo (reafirmar su punto de partida y añadirle la palabra «nosotros») haciendo algo casi increíblemente complejo (el propio argumento de los versículos 23 a 30). Y, como he sugerido, es de esa complejidad de donde surge el verdadero impulso de la carta: no solo la advertencia de no volver a la esclavitud (5:1, que se hace eco de 4:8-11, el pasaje de «no vuelvan a Egipto»), sino la denuncia de los que actualmente apelan a Jerusalén y utilizan la violencia para reforzar su mensaje. El versículo 30, a su manera, responde a 4:17 y también a 1:8-9: *ellos* son el objetivo del «anatema». Ellos son los que deben ser «excluidos». Eso es lo que Pablo quiere que haga la iglesia de Gálata.

Naturalmente, algunos no están de acuerdo. Algunos han preferido simplemente dejar que el énfasis del pasaje recaiga en la declaración de identidad: somos libres, no esclavos.[21] Otros han argumentado en contra de hacer del verso 30 el verdadero énfasis, principalmente sobre la base de que los otros imperativos de alrededor son tanto positivos (celebrar y gritar, 4:27) como plurales (mantenerse firmes, 5:1), mientras que este («echarlos») es negativo y singular (*ekbale*).[22] Esto es exagerado, por decir lo menos. El verbo singular *ekbale* forma parte, por supuesto, de la cita bíblica del versículo 30: Pablo difícilmente podría haberlo convertido en plural[23] sin producir una frase muy extraña, en la que Sara se encontraría dirigiéndose a Abraham como si fuera una reunión pública. Por el flujo de todo el párrafo, el énfasis está claro: la cita de Pablo de Génesis 21:10 en el versículo 30 es lo que quiere decir, y deja que la propia Torá lo diga. Es plenamente consciente de la ironía, como vemos en la línea introductoria del versículo 21 («Entonces, ustedes quieren vivir bajo la ley, ¿verdad? Muy bien, díganme esto: ¿Están dispuestos a escuchar lo que dice la ley?»).

Necesitamos más matices en este punto. Pablo no está diciendo que los maestros rivales no sean a su manera creyentes en Jesús. No está diciendo, para hablar de forma anacrónica, que no sean en algún sentido «verdaderos cristianos». Está indicando que no se han dado cuenta de la verdad del evangelio; están esclavizados por el mensaje

---

[21] Schreiner, *Galatians*, 306.

[22] S. Eastman, «'Cast Out the Slave Woman and Her Son': The Dynamics of Exclusion and Inclusion in Galatians 4.30», *Journal for the Study of the New Testament* 28.3 (2006): 309–36; S. Eastman, *Recovering Paul's Mother Tongue: Language and Theology in Galatians* (Grand Rapids: Eerdmans, 2007), 132–33, a pesar de los Fuertes argumentos aquí de Martyn, Hays, y otros.

[23] Como lo hace con *exarate* en 1Cor. 5:13, citando Dt. 17:7: igual M. Callaway, *Sing, O Barren One: A Study in Comparative Midrash* (Atlanta: Scholars Press, 1980), 133.

sinaítico, que ha dado lugar, *como dijo el Deuteronomio*, a la esclavitud de la que el Mesías les ha liberado de hecho, de modo que están negando de hecho – ¡como hicieron Pedro y Bernabé en Antioquía! – la verdad del evangelio de que la muerte del Mesías fue un hecho que liberó a los esclavos y abrió por fin la tan esperada herencia abrahámica y mesiánica a todas las naciones. Las críticas de Pablo contra los maestros rivales, por lo tanto, son una cuestión de *disciplina dentro del cuerpo más amplio de creyentes en el Mesías*, no una cuestión de decir que no son en ningún sentido miembros de ese cuerpo. La confrontación que Pablo tuvo con Pedro en Antioquía podría verse como el anticipo de la confrontación que ahora quiere que los gálatas tengan con los maestros rivales.

No está claro quiénes serían los que se enfrentarían. No tenemos información sobre el liderazgo entre las primeras congregaciones de Gálatas. Pero podemos suponer que Pablo preveía algo parecido a la situación de 1 Corintios 5, donde la disciplina era necesaria para la salud de todo el cuerpo. También puede haber una analogía, al menos, con las advertencias de Filipenses 3:17-19, un pasaje que también comienza con un llamado a la imitación y se centra en los «enemigos de la cruz», cuyo dios es el vientre, lo que algunos han tomado como una referencia a la circuncisión.[24] La analogía vuelve a cobrar fuerza cuando ponemos Filipenses 3:20 – la ciudadanía en el cielo – junto a Gálatas 4:26, donde la Jerusalén celestial, y no la terrenal, es la verdadera madre. Todo esto me inclina a pensar que todo el pasaje de Gálatas debe leerse como indicación de una disciplina cruciforme que debe ejercerse contra aquellos que persisten en suponer que los términos del pacto del Sinaí siguen vigentes ahora que el Mesías ha sido crucificado y resucitado de entre los muertos. Esto haría que también entrara en juego Filipenses 3:2: los perros, los mutiladores, los malos obreros, todas ellas referencias sarcásticas a lo que había estado amenazando a Galacia. Por supuesto, esto no hace que el pasaje resulte más cómodo para los lectores occidentales modernos, sea cual sea su convicción teológica o su sensibilidad pastoral. Pero, como ocurre a menudo con Pablo, puede ser mejor ver claramente las ortigas que hay que agarrar, en lugar de pasar de puntillas alrededor de ellas y fingir que no existen.

He pospuesto deliberadamente la cuestión de la «alegoría», el «lenguaje de la imagen» (24a), hasta que tengamos un mejor sentido de la forma y el impulso de todo el párrafo. En el camino, observamos un punto bastante obvio: Pablo enumera las características de las dos familias, la de los esclavos y la de los libres.

Agar	*Sara*
libre	de esclavos
según la carne	por la promesa
actual Jerusalén	Jerusalén de arriba
carne	Espíritu

---

[24] Una visión de algunos comentaristas antiguos, avivada por, por ejemplo, G. F. Hawthorne, *Philippians* (Waco, Texas: Word, 1983), 165–66; puesto en duda por, por ejemplo, M. D. Hooker, *The Letter to the Philippians: Introduction, Commentary, and Reflections*, en Keck, *New Interpreter's Bible*, 11:534–35, quien supone que Pablo se refiere a auto-indulgencia y sensualidad; e igualmente, por ejemplo, M. Bockmuehl, *The Epistle to the Philippians* (Londres: Black, 1998), 230–32.

perseguidor	perseguido
no heredará	heredará

La primera familia es *kata sarka*, «según la carne», mientras que la segunda es *di' epangelias*, «mediante la promesa». Estas corresponden, pues, declara Pablo con audacia, a la Jerusalén actual, que aún sufre los efectos esclavizantes de la maldición deuteronómica, y a la comunidad que rinde pleitesía a la Jerusalén celestial, la comunidad creada por la muerte y resurrección del Mesías. La primera se define según la identidad «carnal» de la descendencia de Abraham, marcada por el signo de la circuncisión «en la carne». La segunda se define por las promesas que Dios hizo a Abraham. Los «opuestos» continúan luego, después de la cita de Isaías, con el contraste carne/espíritu que es más familiar en los escritos posteriores de Pablo, y que se desarrollará en el capítulo 5. Y la lista de contrastes termina — de forma sorprendente — con la nota de que los nacidos en la carne persiguen a los nacidos en el espíritu y, por tanto, deben ser expulsados.

Todo esto es bien conocido. Pero ahora vienen las preguntas. En primer lugar, ¿en qué sentido es una «alegoría»? Está claro que no en un sentido filónico, aunque si, como es posible, los oponentes de Pablo hubieran estado utilizando algún tipo de método filónico, Pablo podría estar tomándoles el pelo («Alegorías, ¿eh? ¡Muy bien, prueben esta!»). Del mismo modo, muchos han pensado que la razón por la que habla de Agar y Sara es porque los maestros rivales habían estado argumentando que los gálatas no circuncidados eran hijos ilegítimos de Abraham, «errores» como Ismael, por lo que Pablo se vería obligado a retomar la historia y darle la vuelta. Esta sugerencia es en sí misma problemática, ya que Ismael, al igual que Isaac, estaba circuncidado. Pero los oponentes de Pablo podrían haber insistido en que Abraham tenía una familia «judía» y otra «no judía», y que solo la «judía», la familia de Isaac, podía heredar. En cualquier caso (para volver a la cuestión de la «alegoría»), Filón no era el único que alegorizaba en esa época. Plutarco era igual de experto en ello. Era una manera estándar de los platónicos medios de hacer frente a los textos que, en la superficie, parecían no estar hablando de las cosas correctas, o parecían no estar diciendo las cosas correctas sobre ellos. Así, Plutarco alegorizó a los antiguos dioses y héroes homéricos, y Filón alegorizó a los personajes del Génesis para que fueran «realmente» tipos representativos de las virtudes o los vicios. Y así sucesivamente.

Pablo no supone que el texto del Génesis se refiera a cosas equivocadas. Tampoco hace que Agar o Sara, o incluso Abraham, representen virtudes o vicios. Está hablando de *la historia del pacto de Israel*, y de las formas en que la larga y sinuosa historia de Abraham había hecho lo que el Deuteronomio dijo que haría, produciendo la maldición de la esclavitud por un lado y una renovación extraordinaria y una herencia extendida por el otro. (Observamos, *de paso*, la insensatez de los comentaristas que tratan de impedir que Pablo hable de la teología del pacto, incluso cuando Pablo se pasa todo el capítulo 3 exponiendo Génesis 15 y hablando de cómo funciona un *diathēkē* en medio de él; y que luego se ven abocados al expediente de descartar este pasaje como una simple respuesta ad hoc a los oponentes, tomando prestado su lenguaje para hablar de cosas de las que Pablo habría preferido mantenerse al margen). No menciona a Jesús explícitamente en este pasaje, pero es difícil evitar la conclusión, que muchos han sacado, de que cuando cita Isaías 54:1 en el versículo 27, es consciente de que, en el contexto, la celebración de la renovación del pacto en ese capítulo es el resultado directo de la realización del siervo en el capítulo 53.

Cuando surge esta forma narrativa subyacente – la forma deuteronómica, con la maldición de la esclavitud seguida de la restauración – observamos que es precisamente así como Pablo cuenta la historia de Israel en Romanos 9 y 10.[25] La narración que comienza con Isaac e Ismael en 9:6-9 concluye con 10:5-8 y la cita de Deuteronomio 30, expuesta de forma casi alegórica para referirse a la creencia y confesión cristianas, con *telos gar nomou Christos* – el Mesías es la meta o el fin de la ley (10:4) – en el punto de apoyo de la historia. Por supuesto, los comentaristas han señalado regularmente los paralelismos entre Gálatas 4:21-31 y Romanos 9:6-9. Yo sugiero que esto es más profundo, y que, al igual que en Gálatas 3:10-14, Pablo está pensando en toda la historia de la Torá, la historia en la que la familia de Abraham, aunque redimida en la Pascua, cae en el pecado y en la maldición de la esclavitud, de la que solo el Mesías puede rescatarla.

La interpretación que Pablo hace de Agar y Sara nos lleva, por tanto, no al mundo ahistórico o alegórico de las virtudes y vicios helenísticos, sino a dos comunidades reales del pacto. Pero aquí, como en otros pasajes paulinos, tenemos un *mia men* («por un lado») sin un *de* («por otro lado»).[26] Las dos mujeres, dice Pablo en el versículo 24c, representan dos pactos, *mia men* – uno, por un lado – del Monte Sinaí, nacido para la esclavitud; y este es Agar. Pero justo donde queremos que un *mia de* nos diga cómo va a caracterizar Pablo a la familia que ha esbozado en 3:26-29, se salta el punto. Tenemos que suponer que no ha cambiado de opinión, y que las diversas descripciones de los creyentes en Jesús de los capítulos 2, 3 y 4 – y, de hecho, también de los capítulos 5 y 6 – también están en mente aquí.[27]

El golpe maestro de Pablo, sugiero, viene en los versículos 25 a 27, en tres trenes de pensamiento muy comprimidos que pretende que se iluminen mutuamente, aunque este no ha sido siempre su efecto.

En primer lugar, en el versículo 25a, explica el vínculo entre Agar y el Sinaí. Aquí tenemos el único punto de la crítica textual de Gálatas que, en mi opinión, supone una diferencia significativa para la exégesis. Las complejas tradiciones textuales reflejan aquí la incertidumbre de muchos de los primeros lectores. Las opciones son las siguientes:[28]

---

[25] Véase *Paul and the Faithfulness of God*, 1156–95.

[26] Otros ejemplos incluyen Rom. 3:2.

[27] Uno pudiese, de hecho, ver el *hē de anō Ierousalēm* del verso 26 como el *de* retardado contrastando con este *men*, aunque ha habido un retraso entre el «pacto» en el verso 24 y la «ciudad» en el verso 26. Pero en general el punto es claro.

[28] En lo que sigue esto transliterando el griego como hubiese aparecido en un manuscrito más temprano, el cual usaría mayúsculas sin aspiraciones; así AGAR es «Agar» en letras completas, y OROS es «horos». De hecho, el MSS más tempran también carecía de espacio entre las palabras, generando más confusión potencial para los copistas. De acuerdo a la convención normal, a los manuscritos de papiros se nombra bajo la nomenclatura P y un número; P46 ie fecha de alrededor del 200 d.C. Los manuscritos de pergamino en mayúsculas bajo la nomenclatura de letras hebreas, latinas o griegas: א (conocido como

a. Porque Sinaí es un monte (TO GAR SINA OROS ESTIN). Seguido por KNT, NEB, NJB, margen de la NRSV y margen de la RSV.

b. Pero Sinaí es un monte (TO DE SINA OROS ESTIN). Que yo sepa, no se sigue en ninguna traducción.

c. Pero Agar es el Monte Sinaí (TO DE AGAR SINA OROS ESTIN). Esta es la lectura adoptada por Nestle-Aland, *Novum Testamentum Graece*, 28ª ed. (a menudo abreviada como NA28). Seguida por la ESV, NASB, NIV, NRSV, REB y RSV.

d. Porque Agar es el Monte Sinaí (TO GAR AGAR SINA OROS ESTIN). Seguido por la KJV y la NKJV.

e. Porque Agar es un monte (TO GAR AGAR OROS ESTIN). Que yo sepa, no se sigue en ninguna traducción.

El siguiente diagrama muestra estas variantes textuales y la ruta probable por la que se produjeron.

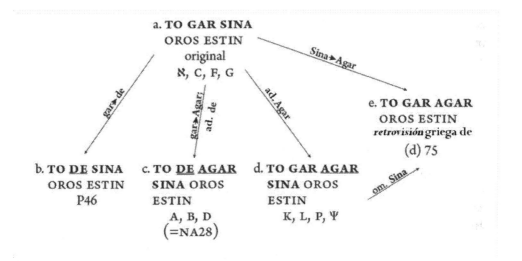

Creo que el texto que mejor explica todos los demás, puramente a nivel de errores de copia, es (*a*): el breve, pero para muchos desconcertante, *gar Sina horos estin en tē Arabia*, «porque Sinaí es un monte en Arabia».[29] ¿Por qué, se preguntan muchos comentaristas, se molestaría Pablo en decir eso? Seguramente está queriendo construir una alegoría arbitraria en la que «Agar» está representando a «Sinaí», y no simplemente diciendo a sus oyentes, por si no lo sabían, dónde se encuentra el monte Sinaí.

---

known as Sinaítico) es del siglo cuatro; A del quinto, B del cuarto; C y D del quinto; L del octavo; F, G, K, y P el noveno; y Ψ (la letra griega psi) el noveno o décimo siglo. Los manuscritos latinos están bajo la nomenclaturas de minúsculas: d(75) es del quinto o sexton siglo. Solo he notado aquí los manuscritos primarios que atestiguan de estas diferentes lecturas; para (*a*), (*c*), y (*d*) hay menos también.

[29] Opción (*b*) ha sustituído *de* por *gar*; (*d*) ha agregado «Agar» después del *gar*, probablemente asumiendo que Pablo debe estar diciendo algo explicativo sobre Agar; (*c*) ha hecho lo mismo pero sustituyó *de* por *gar*; (*e*) ha tomado (*d*) y, sintiendo la redundancia, ha omitido «Sina».

Bien, pero supongamos que Pablo no está pensando en ese tipo de alegoría. Supongamos que está pensando en la historia real y en la geografía real, en la que, como los lectores podrían saber (e incluso si no lo supieran, eso no lo detendría), Agar era la madre de los pueblos árabes, Ismael y su amplia familia. Pues bien, Pablo está diciendo que el propio monte Sinaí está situado en Arabia, la tierra de Agar, la tierra de los pueblos esclavos – así que no se sorprendan si seguir la ley de Sinaí les lleva a la tierra de los esclavos.[30] En la lectura más larga (c), el «en Arabia» se convierte en una floritura redundante: si Pablo estuviera simplemente construyendo una alegoría ahistórica, solo necesitaría decir «porque Agar es el monte Sinaí», apoyándose en las consecuencias de la ley del Sinaí (es decir, la esclavitud) para hacer el punto. ¿Por qué meter a «Arabia» en esto? Más bien, si le permitimos decir (con el texto que mejor explica a los demás) que «Sinaí es un monte en Arabia [es decir, la tierra de Agar, se entiende]», la lectura cuasi-alegórica de Pablo puede proseguir sin problemas.[31]

Esto prepara a Pablo para la segunda línea de pensamientos altamente comprimidos, que es el contraste de las dos «Jerusalén».[32] Afirma que los seguidores del Sinaí, los de la tierra de Agar, los esclavizados bajo la maldición deuteronómica, corresponden (*systoichei* es el término técnico en la alegoría) a «la Jerusalén actual», que está esclavizada con sus hijos. La única razón posible por la que Pablo estaría haciendo este punto – aparte de la alternativa positiva que sigue – es que, como en los capítulos 1 y 2 y también en Hechos 15, es de Jerusalén de donde han venido los alborotadores, con autorización apostólica o no, diciendo a los gálatas, como ya se había insinuado en Antioquía, que los gentiles seguidores de Jesús necesitaban circuncidarse. Pablo ya ha mostrado en el capítulo 3 que esto significaría volver a la etapa anterior en el propósito divino, la etapa antes del nuevo Éxodo, el tiempo de «la presente era maligna». Significaría la esclavitud. Si la iglesia de Jerusalén se aferra al Sinaí – sin duda por varias razones, entre ellas la fuerte presión política en la conflictiva capital – está diciendo en efecto que la justicia viene por la Torá, por lo que el Mesías no necesitaba morir. Y eso es colaborar con la actual esclavitud no redimida.

El repentino contraste de Pablo con la Jerusalén celestial nos coge por sorpresa, ya que en ningún otro lugar de sus escritos menciona tal cosa; aunque, como vimos, el paralelismo con Filipenses 3:19-20 puede indicar que estaba en su mente más a menudo

---

[30] Lightfoot, *St. Paul's Epistle to the Galatians*, 194, points out que Teodoro de Mopsuestia tomó exactamente esta línea.

[31] Como argumentado por, por ejemplo, Lightfoot. Burton, *A Critical and Exegetical Commentary*, 259–60, señala que el Sinaítico tiene la pequeña palabra *on* (el pronombre relativo neutro) entre *estin* y *en*, y considera que se ha reemplazado «Agar», el cual se ha abandonado. Esto me parece innecesario: el texto simplemente necesita: «Porque Sinaí es un monte que [está] en Arabia». El punto, de hecho, tiene mucho que ver con el sentido que conlleva: Burton asume que el texto está ofreciendo una alegoría arbitraria, quizá que incluso un escriba post- paulino agregó tal cosa, pero la lectura abreviada por la que abogo es parte de un argumento completamente diferente sobre la geografía y la historia como tal.

[32] Hay un enigma aquí, en cuanto a por qué usa *Ierousalēm*, como lo hace en Rom. 15, en lugar de *Hierosolyma*, como en Gál. 1 y 2. No tengo ninguna teoría que ofrecer al respecto; BDAG 470 comenta que «no se pueden hacer conclusions certeras sobre el uso de dos formas de un nombre» y que en todo caso (471), los manuscritos varían considerablemente en su práctica.

de lo que podríamos haber imaginado. Y, sea lo que sea lo que queramos decir con la bendita palabra «apocalíptico», la extendida noción judía del mundo celestial, y de hecho de la ciudad celestial, en la que se almacenan los propósitos futuros de Dios, era claramente una realidad vívida para Pablo, como para muchos de sus contemporáneos judíos.[33] Me vienen a la mente textos como Baruc 4 y 5, 2Baruc 4 y 4Esdras 9:38-10:59.[34] Otras recuperaciones cristianas tempranas del mismo tema son Hebreos 12 y Apocalipsis 21-22, en los que la nueva ciudad se contrasta fuertemente con la antigua bajo juicio.

Aquí es donde Pablo alude, con más fuerza de lo que la mayoría permite, al Salmo 87:5 (86:5 LXX). (No es una cita directa, pero el verso 5 de la LXX se dirige a Sión como *mētēr Siōn*, lo que corresponde a la descripción de Pablo). Ese salmo, que es en sí mismo una especie de sorpresa en el Salterio, habla de los antiguos enemigos bíblicos del pueblo de Dios, es decir, Rahab (es decir, Egipto), Babilonia, Filistea, Tiro y Etiopía, como entre los que «me conocen» (v. 4) y que «han nacido en Sión» (vv. 4-6).[35] «Conocer a Dios», como vimos en Gálatas 4:9, era la cúspide del avance espiritual. Independientemente de lo que alguien pudiera haber entendido por todo esto en siglos anteriores, para Pablo está claro: así como Dios prometió a Abraham una familia de una multitud de naciones, así Dios prometió a Sión (y claramente no puede ser la actual Sión, porque la actual Jerusalén sigue abarcando la esclavitud) una familia de una multitud de naciones. La nueva era ha amanecido, pero la «Jerusalén actual» — incluyendo, puede que Pablo esté insinuando, a parte de la familia de Jesús allí — sigue viviendo bajo «la presente era maligna». Hay una «nueva Jerusalén» largamente esperada, la ciudad prometida en profecías bien conocidas como Isaías 2:2-4, Miqueas 4:1-3, Zacarías 8:20-23, y el notable oráculo de Isaías 19:18-25, que trata a Egipto y Asiria como pueblo de Dios junto con el propio Israel. También debemos incluir, por supuesto, la nueva ciudad descrita profusamente en Ezequiel 40-48.

¿Qué hace Pablo aludiendo a este extraordinario salmo? Está cerrando su argumento general. Los que vienen de la «Jerusalén actual» insisten en que la Escritura prohíbe mezclarse con los gentiles, y que los gentiles convertidos al nuevo movimiento mesiánico deben, por tanto, convertirse oficialmente en judíos. Pablo ya ha argumentado a partir del Génesis que Dios siempre tuvo la intención de dar a Abraham una familia de muchas naciones; que esta promesa se ha cumplido en el Mesías; y que mediante los acontecimientos evangélicos Dios ha rescatado a su pueblo de la «presente era maligna». Ahora celebra el presente momento del evangelio como el tiempo del cumplimiento de la profecía, el tiempo en que la Jerusalén celestial, esperando su momento para la

---

[33] Véase recientemente A. Yarbro Collins, «The Dream of a New Jerusalem at Qumran», en *The Bible and the Dead Sea Scrolls*, vol. 3, *The Scrolls and Christian Origins*, ed. J. H. Charlesworth (Waco, Texas: Baylor University Press, 2006), 231–54, aunque la descripción de Yarbro Collins de textos relevantes del NT no incluye el presente pasaje.

[34] He discutido estos textos en «Mother Zion Rejoices», en *Cruciform Scripture: Cross, Participation and Mission*, ed. C. W. Skinner et al. (Grand Rapids: Eerdmans, 2020), 225–39.

[35] Etiopía no era vista como «enemigo», solo una tierra distante; pero las otras naciones son clásicamente consideradas hostiles.

aparición final, está dando a luz «hijos» incluso de los odiados y temidos enemigos tradicionales. Al igual que en el capítulo 1 Pablo subrayó su propia lealtad a la herencia de Israel aludiendo en sus comentarios autobiográficos a Jeremías, Isaías y Elías, aquí celebra la familia mundial de Abraham y Sara aludiendo al único salmo en el que no solo los gentiles, sino los gentiles hostiles y normalmente idólatras, resultan haber «nacido» en la nueva Jerusalén y «conocer a Dios» como los propios gálatas habían llegado a conocerlo. Así, al igual que las promesas de la herencia abrahámica se cumplen a través del Mesías, como en el Salmo 2, la promesa abrahámica de muchas naciones se cumple en la Jerusalén celestial, el lugar donde se almacenan los futuros propósitos de Dios para el mundo, como en el Salmo 87.

Algunos comentaristas se han fijado en esta alusión al salmo, pero, en mi opinión, no le han dado suficiente importancia.[36] Me llaman la atención dos aspectos. En primer lugar, como ya se ha sugerido, proporciona a Pablo la referencia a las «Escrituras» para complementar su Torá y Profetas. En segundo lugar, proporciona una palabra clave hasta ahora inadvertida para enlazar con Isaías 54. El verso final del Salmo 86 en la LXX — bastante diferente del TM — dice *hōs euphrainomenōn pantōn hē katoikia en soi*, que podría traducirse como «Habitar en ti es como un regocijo universal».[37] (El texto hebreo en este punto fue claramente encontrado incómodo por los traductores de la Septuaginta; literalmente, sale más o menos como la NRSV «Los cantantes y los bailarines dicen por igual, 'Todas mis fuentes están en ti'»). Y el *euphrainomenōn* mira aquí directamente a Isaías 54:1, que Pablo cita a continuación: ¡*euphranthēti*, «alégrate»! No creo que esto pueda ser un accidente. Pablo está utilizando una pieza clásica de metalepsis, recogiendo el contexto más amplio de su texto fuente, para coser su prueba bíblica de muchas capas de que Dios siempre ha querido el tipo de familia multiétnica que el evangelio está haciendo nacer ahora.[38]

Esto nos lleva a la cita sustancial de Isaías 54:1, que ha generado una cantidad considerable de discusiones académicas.[39] El pasaje se tomaba regularmente en la época de Pablo para referirse a la verdadera Jerusalén o a Sara, que fue mencionada en Isaías 51:2 (su única mención fuera del Génesis) en relación con el milagro de la enorme familia que ella y Abraham produjeron a pesar de su comienzo poco prometedor. Pablo evoca todo este contexto para subrayar lo que Isaías destaca, es decir, la asombrosa multiplicación de la familia del pacto una vez superada la maldición, deshecho el exilio y renovado el pacto mismo. Ya hemos comentado la forma en que esto se desprende directamente de la obra del siervo descrita en Isaías 53. También debemos señalar la

---

[36] Por ejemplo, F. F. Bruce, *The Epistle to the Galatians: A Commentary on the Greek Text* (Grand Rapids: Eerdmans, 1982), 221; Hays, *The Letter to the Galatians*, 304. Bruce señala a Gore y Moule de estar entre los críticos quienes notan, y discuten, la allusion (pero sin ver el vínculo con Is. 54). Para este y otros detalles, véase mi «Mother Zion Rejoices».

[37] La LXX traduce en *NETS*: «Viendo que están regocijados, la habitación de todos está en ti»; *The Lexham English Septuagint*: «La morada de todos en ti, ¡cuán alegres están!».

[38] Para todo el tema de la metalépsis, véase, por sobre todo, Hays, *Echoes of Scripture in the Letters of Paul*; discute Gál. 4:21–5:1 at 111–21 pero sin establecer mi punto presente.

[39] Ejemplo, Callaway, *Sing, O Barren One*; Eastman, *Recovering Paul's Mother Tongue*, cap. 5, 127–60.

forma en que Isaías 54 continúa con la «semilla que hereda las naciones» (v. 3), siendo establecida en la «justicia», *dikaiosynē* (v. 14). El capítulo termina con la promesa de que las voces levantadas contra este nuevo pueblo serán acalladas, y que los siervos del Señor, los *dikaioi*, recibirán la herencia. Y esto, a su vez – la *klēronomia* de Isaías 54:17 LXX – apunta directamente al último pasaje que Pablo cita en la presente discusión, o sea, Génesis 21:10: el hijo-esclavo no heredará (*ou gar mē klēronomēsei*) junto al libre.

Pero para llegar a ello, Pablo se guarda una sorpresa más bajo la manga. La afirmación del versículo 28 es solo lo que cabría esperar: ustedes, *adelphoi* – eso es quizás significativo – son de la línea de Isaac, «hijos de la promesa». Pero el versículo 29 llega al mismo punto desde un ángulo oscuro y oblicuo. Pablo recoge las diversas tradiciones judías que leen Génesis 21:9 en términos de que Ismael tuvo algún tipo de comportamiento abusivo hacia Isaac: los rabinos no se ponen de acuerdo sobre de qué se acusaba a Ismael, pero el resultado era claro.[40] Sara exigió a Abraham que echara a Agar e Ismael. A estas alturas, Pablo ha incorporado a su descripción de las dos familias su contraste *sarx/pneuma*, y solo puede haber una conclusión. Así como el capítulo 3 terminó con la afirmación triunfante de que todo el pueblo del Mesías era hijo de Abraham, *kat' epangelian klēronomoi,* el capítulo 4 llega a su fin negando que el hijo-esclavo pueda ser un *klēronomos* junto al nacido libre. La contraposición esclavo/libre, ya destacada al principio del capítulo, ha vuelto con fuerza al final. Como en el capítulo 3, para Pablo esto sigue representando una lectura deuteronómica de la historia de Israel, en la que, como en Daniel 9, Esdras 9 y Nehemías 9, Israel según la carne sigue «en el exilio», sigue esclavizado incluso en su propia tierra, sigue sin redimir, sigue esperando la redención. Pablo ve la persecución actual – debemos suponer, creo, que la violencia real ha tenido lugar, y que la confrontación no se ha limitado, por tanto, a las amenazas – como la señal reveladora. Esto es lo que ocurre cuando actúa la carne y no el espíritu.

El pasaje se cierra con 5:1. La forma en que Pablo redondea los argumentos suele dejar perplejos a los divisores de capítulos (muy posteriores), pero observo paralelismos con frases de una sola línea como 1Corintios 15:58 y Filipenses 4:1. El mensaje, en cualquier caso, es claro, y en esencia repite Gálatas 4:8-11: No vuelvan a Egipto. No vuelvan a la esclavitud. El Mesías – que no ha sido mencionado desde el versículo 19, pero cuyo logro ha estado obviamente bajo el argumento todo el tiempo – te ha liberado, y el propósito de ese acto liberador es, por supuesto, la libertad continua y permanente. *Stēkete oun*, insiste Pablo en un imperativo llamativo: permanezcan firmes, erguidos, manténganse en pie. No doblen su cuello al «yugo» – el «yugo», presumiblemente, de la Torá, como a menudo en los textos de los rabinos. Es un yugo de esclavitud, declara: no, por supuesto, porque conduce a la justicia por obras de la que los reformistas tenían miedo, sino porque pertenece al tiempo de la pre-redención, el período anterior al nuevo éxodo mesiánico. Implica que la nueva era de Dios no ha irrumpido después de todo, y que todos los humanos, incluido Israel, están todavía en la esclavitud. Podemos entonces completar los detalles.

---

[40] Véase a L. Ginzberg, *The Legends of the Jews*, 7 vols. (Baltimore: Johns Hopkins University Press, 1998 [1909]), 1:263–64, con referencias en 5:246n211; véase abajo.

4:21-23 Estos versículos constituyen la introducción. Pablo comienza con una pregunta retórica irónica, desafiando a sus oyentes obsesionados con la Torá a que presten atención a lo que realmente dice la Torá. Es muy posible que los maestros rivales hayan estado señalando que Abraham tenía dos hijos y dos familias y que ellos (por supuesto) son la familia de Isaac. Pablo tendrá que trabajar paso a paso a través de las características de la historia para refutar esto, y comienza en el punto que su argumento anterior sugiere: con las categorías de «esclavo» y «libre». De hecho, el hecho de que el presente argumento retome uno de los temas con los que Pablo ha estado trabajando a lo largo de toda la carta (2:4; 3:28; 4:1, 7, 8, 9) es una indicación más de que el presente párrafo es un clímax en la carta y no un apéndice. Así, establece las categorías: esclavo y libre, luego «carne» y «promesa» — esta última no es, quizás, lo que podríamos haber esperado, ya que más a menudo Pablo contrasta «carne» con «Espíritu», como en el versículo 29. Al esbozar la historia de Sara y Agar de esta manera, por supuesto, ha redirigido el argumento hacia el canal que hará su punto, y ahora procede a martillarlo.

4:24-27 Pablo no está estableciendo una «alegoría» a la manera de Filón, volviendo a contar historias bíblicas para hacer puntos generales sobre el carácter humano, la virtud, etc. Está continuando la discusión del capítulo 3, que era sobre el *diathēkē* que Dios estableció con Abraham. Desarrolla esto en dos corrientes, la de Agar que lleva a la esclavitud y la de Sara que lleva a la libertad. En el versículo 24 vuelve a situar la Torá mosaica dentro del paréntesis de la «esclavitud», como había hecho eficazmente en 3:10-14; 3:22 y 23-25, donde la Torá es, en el mejor de los casos, un *paidagōgos*; y en 4:1-11, donde la Torá, aunque no es en sí misma una de las *stoicheia*, narra la historia deuteronómica del fracaso del pacto de Israel y la consiguiente sumisión al dominio de los «dioses de madera y piedra.» De ahí la caracterización un tanto impresionante de la línea de Agar como procedente del Monte Sinaí y que da a luz a hijos esclavos. En términos tradicionales, esto no es tanto una «alegoría» como *apocalíptico*: la Torá del Sinaí, dice, es parte de la provisión de Dios para la presente era maligna, mientras que el Mesías ha inaugurado la «era venidera».

Ya hemos hablado del versículo 25 en la introducción de esta sección. Tomo la lectura más corta como original: El punto de Pablo, al explicar por qué Agar corresponde al pacto de esclavitud del monte Sinaí, es que el Sinaí es, después de todo, una montaña en Arabia, la tierra precisamente de Agar y sus descendientes. También aquí se trata, no de una alegoría al estilo filónico, sino de un análisis casi histórico y geográfico de lo que ocurrió con las promesas abrahámicas. Entonces entra en juego la gran afirmación del 25b: la actual Jerusalén (el lugar donde Jesús encontró la muerte; el lugar donde los sumos sacerdotes y los fariseos ejercen su dominio oficial y extraoficial; el lugar del que han salido ciertos emisarios para ofrecer una enseñanza rival a la de Pablo) está «en esclavitud con sus hijos». En este punto, Pablo está totalmente de acuerdo con las diversas fuentes judías de la época — hemos echado un vistazo antes a Qumrán, 2Baruc y 4Esdras — que consideraban que la ciudad y el régimen actuales de Jerusalén estaban bajo juicio y debían ser sustituidos por la «nueva Jerusalén» que, se suponía, Dios ya había preparado. Y esta «nueva Jerusalén» retoma la mitad de la «Sara» de la no-alegoría. La cita sustancial de Isaías 54:1 en el versículo 27 no es una sorpresa, teniendo en cuenta la conocida exégesis judía de que se trata de Sara.[41] Lo que sí es una sorpresa – tanto que muchos ni siquiera lo han notado – es la fuerte alusión al Salmo 87 (86 en LXX) en el versículo 26, que, como vimos en la introducción, está vinculado a Isaías 54:1 metalépticamente por su frase final en griego, que, aunque Pablo no la cita, se hace eco de la palabra inicial de la cita de Isaías. La «Jerusalén de arriba», que espera ser desvelada en la última nueva creación de Dios, es la «madre» que, como Sara, recibe la promesa. (Probablemente siga siendo necesario decir que hablar de la «Jerusalén de arriba» no es decir que el destino último del pueblo de Dios sea «ir al cielo»; la cuestión, como en Apocalipsis 21, es que la nueva Jerusalén será traída *del* cielo a la tierra en el gran acto final de renovación). Y esta «nueva Jerusalén» es, por supuesto, «libre»: el anhelo del Segundo Templo de «la libertad de Jerusalén» (grabado en una de las monedas de Bar Kokhba menos de un siglo después de esta carta) ya es reivindicado por Pablo como parte de la totalidad de la «era venidera» inaugurada por el Mesías.

Así, la gloriosa promesa de Isaías a Jerusalén, de un súbito aumento de «hijos» tras el exilio, se aplica ahora a todo el mundo a través del evangelio. Sara, antes estéril, recibe una vasta e incontable familia; cuando el Dios de Israel actúe por fin para cumplir sus promesas en Isaías 52 y 53, entonces se renovará el pacto (el tema de Isaías 54, centrado en el versículo 10) y se producirá una gran ampliación. Será la misma ampliación de la que hablaba el Salmo 87: la nueva Jerusalén tendrá hijos de todas las naciones. Esto es lo que ha conseguido el Evangelio, y Pablo, aquí como en toda la carta, insiste en que este era el plan de Dios desde el principio, expuesto en las Escrituras. Para él, anunciarlo ahora es ser un judío leal; para los maestros rivales, dudarlo es ser ellos mismos desleales a las Escrituras de Israel. Este es el punto, el firme impulso, del argumento de Pablo aquí.

4:28 Este verso completa esta línea de pensamiento añadiendo «Ustedes, mi familia» a la imagen. Ustedes – los creyentes en Jesús, aunque no estén circuncidados – son hijos de Sara, gente de la nueva Jerusalén, gente de Isaac, gente de la promesa. Esto es lo que los gálatas necesitan oír. Pero para que lo escuchen, también deben oír el mandato que sigue, la instrucción clara y bíblicamente justificada que es la única que puede poner orden en la situación desordenada de Galacia.

4:29-30 Una sombra oscura entra en escena. Pablo evoca la extraña escena de Génesis 21 en la que Sara observa a Ismael, el hijo de Agar, abusando de Isaac; el Génesis no dice lo que realmente estaba ocurriendo, y las especulaciones posteriores en la literatura rabínica y en otros lugares no aportan ninguna claridad real.[42] Sea lo que sea lo que Ismael estaba haciendo, señala la forma en que los «hijos de la carne» son siempre susceptibles de tratar a los «hijos de la promesa». Pablo ha hablado poco en la carta hasta ahora sobre el hecho de la persecución, de los ataques violentos de diversos sectores,

---

[41] Keener, *Galatians: A Commentary*, 426–27, ofrece extensos detalles de la exegesis judía de Is. 54.

[42] Algunos sugirieron que Ismael había reclamado una doble porción de herencia porque era el primogénito de Abraham; otros, que Ismael solía practicar con su arco y flecha y apuntar deliberadamente a Isaac, aunque solo simulaba a forma de broma. Detalles en Ginzberg, *The Legends of the Jews*, d 1:263–64; 5:246. Véase también, Josefo, *Jewish Antiquities* 1.215, sugiriendo que Sara estaba preocupada de que Ismael le hiciera daño a Isaac después de la muerte de Abraham.

incluyendo, parece ahora, los «maestros rivales», o su líder, haciendo todo lo posible para obligar a los gentiles seguidores de Jesús que no están circuncidados a alinearse, para evitar que amenacen con perturbar el *modus vivendi* cívico y toda la percepción pública de la comunidad judía en las ciudades gálatas. Pablo volverá a comentar esta violencia en 5:15, y debemos suponer, a partir de estos indicios, que los propios gálatas saben muy bien lo que ha estado ocurriendo, aunque nosotros no lo sepamos.

Ante este desafío, Pablo cita finalmente el mandato de Génesis 21:10: «¡Echa a la esclava y a su hijo! Porque el hijo de la esclava no heredará con el hijo de la libre». La cuestión de *la herencia* sigue estando en primer plano, como desde hace tiempo (3:18; 3:29; 4:1, 7). Pablo no se limita a reivindicar que los seguidores de Jesús, incluidos los gentiles incircuncisos, deberían tener la condición de «pueblo de Abraham» junto a las comunidades étnicas tradicionales judías. Está haciendo la afirmación estándar de los judíos del Segundo Templo: si sabemos quién es el Mesías, entonces el pueblo de Dios se reordena en torno a él. «Ni judío ni griego», porque «todos [son] uno en el Mesías».

4:31-5:1 La conclusión se desprende necesariamente. En primer lugar, «nosotros» — los creyentes en Jesús, incluidos los judíos como Pablo y los gentiles como (la mayoría de) los gálatas — somos hijos de la mujer libre, no de la esclava. En segundo lugar, por lo tanto, esto es lo que el Mesías ha logrado: ¡nos liberó para que pudiéramos disfrutar de la libertad! Por eso — por último, el imperativo en el que se concentra toda la epístola — «permanezcan firmes y no se dejen atar por las cadenas de la esclavitud». No se circunciden, porque eso los devuelve a la «presente era maligna», donde la Torá, por muy buena y dada por Dios, está obligada a decirles que, como infractores de la ley, están sujetos a la «maldición» de Deuteronomio 27-29 y, por tanto, también a la «esclavitud» del exilio pactado, donde servirán a la *stoicheia*, los dioses de la madera y la piedra. Pablo es categórico. No hay «margen de maniobra» para intentar tener las dos cosas. El nuevo pacto ha sido inaugurado, cumpliendo el pacto original con Abraham; la nueva Jerusalén ha sido revelada, acogiendo ahora a miembros de todas las naciones; la «era venidera» ha iniciado, y los que pertenecen a Jesús deben aprender a vivir en su tiempo y en su verdad. Podemos suponer que este no era un mensaje cómodo de escuchar para los gálatas. Pero era la única manera de que «el Mesías se formara en ellos».

Conclusión

Algunas observaciones finales. En primer lugar, me sorprende una vez más el modo en que Pablo advierte a sus oyentes de que no se sometan a la disciplina y las prácticas de la sinagoga, no al modo marcionista, desechando las Escrituras de Israel, sino al modo del pacto: discerniendo, en la Torá, los Profetas y las Escrituras, el hilo de la promesa a largo plazo. En esa promesa habría un nuevo Éxodo, que daría lugar a una renovación del pacto que abarcaría a todos los pueblos. Pablo, tras haber vislumbrado esto al ver a los gentiles ser transformados por el evangelio, no puede dejar de verlo, y se horroriza al pensar que cualquiera de ellos pueda retrasar el reloj escatológico, como si el Mesías no hubiera venido, como si Isaías 53 no se hubiera cumplido, como si Jerusalén fuera simplemente la madre de los judíos y nadie más, como si la familia de Abraham tuviera que ser definida por la revelación en el Sinaí. Él toma el terreno bíblico más alto en todo momento.

Desde el punto de vista retórico, es difícil decir cómo se entendería todo esto con los desconcertados gálatas. Una vez más, creo que tenemos que suponer que había maestros en la iglesia que explicarían cómo funcionaba la Escritura, cómo debía funcionar la densa red de alusiones y ecos de Pablo, y qué significaba vivir como la comunidad que contaba la historia bíblica como su propia historia familiar definitoria.

Desde el punto de vista político, era, por supuesto, dinamita. La cuestión inmediata — cómo obedecer el mandato de Pablo, o más bien el mandato de Sara a Abraham, convertido por Pablo en su mandato a la iglesia — era bastante difícil. ¿Qué significaría en las ciudades de Galacia, tan unidas y culturalmente conscientes, donde ya se habían despertado las sospechas sociales y políticas, y donde los creyentes en Jesús podrían estar nerviosos por lo que les esperaba? Parte de la respuesta de Pablo fue que debían vivir como seres humanos renovados, como aquellos que disfrutaban de una libertad que ni el judío, ni el griego, ni el romano habían imaginado jamás. A esa nueva forma de libertad se referirá en los dos últimos capítulos de esta polémica pero fascinante carta.

¿Qué puede significar para quienes buscan «formarse» con el Nuevo Testamento en nuestros días? Para empezar, desafía cualquier sugerencia — que por supuesto está de moda — de que todas las opiniones tienen el mismo valor y deben ser «incluidas», y que las sensibilidades étnicas en particular (de cualquier tipo y origen) deben ser escrupulosamente respetadas. El peligro de decir que «todos son uno en el Mesías Jesús» en nuestros días, por desgracia, es que muchos grupos, nacionalidades y minorías «oirán» eso como si dijeran: «ahora todos pueden ser hombres blancos honorarios». Obviamente, eso no es en absoluto lo que Pablo está diciendo; y en la medida en que está diciendo, «todos pueden ser miembros de pleno derecho de la familia de Abraham», ya ha señalado que incluso él y otros como él, judíos de pleno derecho, ortodoxos y «celosos», han tenido que «morir a la ley» para «vivir para Dios». Probablemente, nuestro complejo y multiforme mundo actual necesita que todo esto sea pensado y orado en una situación tras otra. El imperativo «ecuménico» se mantiene: todos los bautizados y creyentes seguidores de Jesús pertenecen a una sola familia. Es difícil imaginar lo que se necesitaría para lograr esto en diferentes lugares, con diferentes presiones culturales. No tengo ninguna duda de que todos deberíamos orar por ello.

GÁLATAS 5:2-26

Traducción

²*Miren: Yo, Pablo, les digo que si se circuncidan, el Mesías no les será útil. ³Les testifico una vez más, a cada persona que se circuncida, que tiene la obligación de cumplir la ley entera. ⁴¡Se separan del Mesías, ustedes los que quieren ser justificados por la ley! Se han caído de la gracia. ⁵ Porque esperamos con ansias, por el Espíritu y por la fe, por la esperanza de la justicia.*

⁶*Porque en el Mesías, Jesús, ni la circuncisión ni la incircuncisión tiene algún poder. Lo que importa es la fe, obrando a través del amor.*

⁷*Ustedes estaban corriendo bien. ¿Quién se les atravesó y les cortó el paso para persuadirlos de la verdad? ⁸¡Esta persuasión no vino del que los llamó! ⁹Un poco de levadura hace que toda la masa se leude. ¹⁰Estoy persuadido en el Señor de que no pensarán otra cosa. Pero el que los está perturbando cargará con la culpa, quienquiera que sea. ¹¹En cuanto a mí, mi querida familia, si todavía anunciara la circuncisión, ¿por qué hay gente persiguiéndome? Si estuviera, el escándalo de la cruz hubiese sido neutralizado. ¹²¡Si tan solo esos que están causándoles problemas se lo cortaran todo!*

¹³*Cuando Dios los llamó, mi querida familia, los llamó para hacerlos libres. Pero no deben usar su libertad como una oportunidad para la carne. Más bien, deben convertirse en esclavos los unos de los otros, a través del amor. ¹⁴Porque toda la ley se resume en una palabra, es decir, esta: «Ama a tu prójimo como a ti mismo». ¹⁵Pero si se muerden entre sí, y se devoran entre sí ¡cuidado! Podrían terminar destruyéndose los unos a los otros.*

¹⁶*Permítanme decirles esto: vivan por el Espíritu, y así no harán lo que la carne quiere que hagan. ¹⁷ Porque la carne quiere ir contra el Espíritu, y el Espíritu contra la carne. ¹⁸ Pero si son guiados por el Espíritu, no están bajo la ley.*

¹⁹*Ahora, las obras de la carne son obvias. Son cosas tales como la fornicación, impureza, libertinaje, ²⁰idolatría, hechicería, hostilidades, discordias, celos, arrebatos de ira, ambiciones egoístas, contiendas, divisiones, ²¹ envidias, borracheras, desenfrenos, y cosas similares. Les he dicho antes, y se los repito: quienes hacen esas cosas no heredarán el reino de Dios.*

²²*Pero el fruto del Espíritu es amor, gozo, paz, longanimidad, bondad, generosidad, fidelidad, ²³gentileza, auto-control. ¡No hay ley que se oponga a cosas como esas! ²⁴Y aquellos que pertenecen al Mesías, Jesús, crucificaron la carne con sus pasiones y deseos. ²⁵Si vivimos por el Espíritu, alineémonos con el Espíritu. ²⁶No debemos ser engreídos, compitiendo con el otro y celosos unos de los otros.*

Introducción

Los lectores occidentales modernos, al llegar a Gálatas 5, han asumido a menudo que aquí es donde el apóstol pasa de la «doctrina» a la «ética», de la «teoría» a la «práctica». Esto hace que la forma aparente del pensamiento de Pablo encaje cómodamente en las categorías de un mundo post-kantiano. Y este punto de vista tiene claramente algo a su favor. Apenas hay imperativos en los cuatro primeros capítulos, pero sí un buen número de indicativos; ahora, de repente, nos encontramos con que los imperativos se multiplican, sobre todo a partir del capítulo 5, versículo 13. Y los párrafos iniciales de esta sección (5:2-6 y 5:7-12), aunque contienen pocos imperativos reales como tales, consisten en un enorme mandato implícito, es decir: NO SE CIRCUNCIDEN.

Esta firme advertencia es, según la opinión general, la principal orientación práctica de la carta. Pero el papel del pasaje que comienza en 5:13 es mucho menos seguro, y 5:13 está unido a 5:2-12 con un *gar*, lo que indica que Pablo al menos piensa que está aquí explicando lo que ha pasado antes. La sección «ética» (5:13 y siguientes) de alguna manera sustenta la advertencia (5:2-12). ¿Cómo funciona eso?

Este es el punto en el que la llamada lectura de la vieja perspectiva simplemente se rompe.[1] Si se asume, como han hecho muchos lectores de Gálatas, que el objetivo básico de Pablo es el «legalismo», una especie de soteriología en la que la gente intenta ganarse el paso al cielo realizando buenas obras morales, o incluso rituales, de las que la circuncisión sería una, entonces, a primera vista, no tiene sentido que diga de repente: «y, por cierto, tienen que guardar estas reglas, porque si no lo hacen no van a heredar el reino de Dios» (v. 21). Este problema, bastante obvio, se ha abordado de varias maneras, de las cuales la primera es (para ser francos) superficial y desesperante y las otras más profundas, más reflexivas, pero todavía inadecuadas.

La forma superficial y desesperada es decir que hay dos grupos bastante diferentes en Galacia: los «legalistas», que piensan que sus buenas obras, incluida la circuncisión, les ganarán la salvación, y los «libertinos», que piensan que ahora que son cristianos pueden hacer lo que quieran.[2] Pero, aunque hay pruebas de estos últimos en Corinto, no parece que ese fuera el problema en Galacia, al igual que el principal problema gálata (la presión para circuncidarse) no parece haber sido un problema en Corinto.[3] En cualquier caso, la antítesis de «legalista o libertino» pertenece a un mundo muy diferente al de Pablo. Como he argumentado en todo momento, la cuestión de la circuncisión nunca fue que se tratara de una «buena obra moral» diseñada para funcionar dentro de un portafolio para obtener la salvación, sino que era el signo de que un varón gentil – y presumiblemente su familia – se unía a la familia física judía de Abraham. Pablo argumenta que los seguidores de Jesús bautizados y creyentes ya son hijos de Abraham, y que circuncidarse implica que la nueva era mesiánica no ha sido inaugurada, que el Mesías no necesitaba ser crucificado, etc. Circuncidarse – o presionar a alguien para que lo haga – es, dice en el capítulo 2, una negación de lo que él llama «la verdad del evangelio». Esa verdad, tal como la expone a lo largo de la carta, funciona así: mediante la muerte y resurrección

---

[1] Véase nuevamente *Paul and His Recent Interpreters*, caps. 4, 5, 6.

[2] Afirmaciones clásicas de esta posición incluyen a J. H. Ropes, *The Singular Problem of the Epistle to the Galatians* (Cambridge, Massachusetts: Harvard University Press, 1929), 9–10, 43–44; R. Jewett, «The Agitators and the Galatian Congregation» *New Testament Studies* 17 (1971): 212.

[3] Esto podría ser por el juicio de Galio en Hechos 18:12–17, permitiendo a los seguidores de Jesús ser vistos como un movimiento interno de los judíos. Esto sería un estudio aparte; véase Winter, *After Paul Left Corinth*, 135, 190–91, 278–79.

del Mesías, y el poder del Espíritu, el pueblo de Dios ha sido redefinido. Ahora hay una sola familia, cuya existencia y forma de vida (ambas centradas en el Mesías mismo) señala que el Dios creador ha iniciado su nueva creación en la tierra como en el cielo y ahora está convocando a todas las personas a la lealtad creyente.

Por lo tanto, la idea de pasar de un mensaje «anti-legalista» a uno «anti-libertino» no sirve. Los elementos básicos de la llamada nueva perspectiva se oponen fuertemente a ella. Los judíos de la época no eran ni proto-pelagianos (a los que hay que oponerse en Gálatas 1-4) ni libertinos antinómicos (a los que hay que oponerse en Gálatas 5-6). Más bien, Pablo está insistiendo en que en el Mesías Jesús, el Dios creador ha hecho lo que siempre prometió: ha conquistado los oscuros poderes anti-creación y ha iniciado su nueva creación. Esto ha revelado que la dispensación mosaica, incluyendo la circuncisión, fue una etapa *buena pero temporal* en el plan divino. (La idea de que Dios podría haber tenido en mente un plan por etapas desde el principio es tan contraria a la intuición de algunos estilos de teología que no es de extrañar que el punto se haya perdido o distorsionado).

Es posible que haya habido algunos para los que este abandono de la Torá haya dejado un vacío moral. Eso puede haberse unido a las incertidumbres morales residuales que los conversos gálatas heredaron de su propia cultura. Esta es la solución que propone John Barclay: no es que Pablo esté atacando el libertinaje, sino que conoce esta incertidumbre moral y la aborda no a través de la Torá, sino a través de la vida del Espíritu. Barclay sigue esto hasta el comienzo del capítulo 6; de hecho, la división del capítulo aquí es arbitraria, ya que los primeros diez versículos del capítulo 6 son instrucciones prácticas y pastorales que van más naturalmente con el capítulo 5 que con el final de la carta.[4] En opinión de Barclay, los gálatas corren el peligro de reproducir, en la comunidad cristiana, la competencia sociocultural de varios niveles por el estatus, por la «valía», que aflige a la mayoría de las comunidades pero que la iglesia debería evitar. Creo que Barclay está en la línea correcta, pero creo que podemos ir más lejos que él.

En mi propio trabajo anterior he argumentado que el capítulo 5 es en realidad una continuación del argumento anterior por otro medio.[5] La bisagra entre las dos partes del argumento sería la palabra *sarx*, «carne», ya destacada en el capítulo 4. Circuncidarse es realizar una operación en la *sarx* y centrarse y llamar la atención sobre la *sarx*, reclamando la pertenencia a la familia de Abraham *kata sarka*. Los temerosos de Dios y los prosélitos de la época de Pablo se sentían atraídos por la identidad social judía por la idea del Dios Único frente a la vieja banda de divinidades paganas. Viniendo del confuso mundo moral del paganismo, muchos encontraron que los altos estándares de los judíos eran una alternativa refrescante. Muchos se convirtieron en temerosos de Dios; algunos llegaron a ser prosélitos, y los varones se circuncidaron. Si leemos Gálatas 5 en ese contexto, vemos que ofrece un desafío a esa forma de pensar, declarando que si vas por la carne, la carne es lo que obtendrás. Esto es lo que Pablo dice explícitamente en 6:7-8, aplicando la imagen de «sembrar y cosechar» a la carne corrupta por un lado y al Espíritu y la vida

---

[4] J. M. G. Barclay, «Grace and the Countercultural Reckoning of Worth: Community Construction in Galatians 5–6», en Elliott et al., *Galatians and Christian Theology*, 306–17.

[5] Véase, por ejemplo, *Pauline Perspectives*, cap. 13.

por otro. Es el equivalente de Pablo a las advertencias y promesas del final del Deuteronomio: aquí está la muerte y aquí está la vida, así que ¡elijan la vida!

Todo esto, de nuevo, tiene mucho sentido, pero no explica del todo las características del capítulo. Dejo de lado aquí la propuesta de Martinus de Boer, quien, en consonancia con su estrategia interpretativa general, entiende el pasaje clave de la carne y el espíritu en términos de la supuesta «guerra cósmica» de dos organismos suprahumanos. La «Carne» y el «Espíritu» están enzarzados en una batalla continua, en la que los humanos pueden verse atrapados de la misma manera que un pequeño país puede convertirse en el escenario de una guerra por poderes entre naciones más grandes. Una vez más, creo que hay una especie de verdad, pero esto tampoco capta toda la fuerza del capítulo tal y como lo veo ahora.

En la búsqueda de una solución más satisfactoria, me sorprenden, como a otros, las inesperadas frases sueltas del argumento de Pablo. Teniendo en cuenta su enseñanza moral en otros lugares, podríamos haber previsto que un ataque a las «obras de la carne» se centraría en las cosas que enumera, por ejemplo, en Romanos 1:29-32. Por supuesto, hay cierto solapamiento, pero el presente pasaje parece tener un énfasis diferente. Destacan dos versículos.

El versículo 15 es el más inesperado. Después de haber enfatizado el «mandamiento del amor» – como hace Pablo en Romanos 13 y en otros lugares, y como hace el propio Jesús en Marcos 12 y en otros lugares – Pablo dice: «Pero si se muerden entre sí y devoran entre sí, ¡cuidado! Podrían terminar destruyéndose los unos a los otros». Esto es obviamente metafórico: por muy viva que sea nuestra imaginación histórica, el canibalismo mutuo entre las comunidades gálatas es presumiblemente un puente demasiado lejos. Pero decir que este lenguaje es metafórico no es decir que «morderse y devorarse entre sí» es una metáfora simplemente para «tener discusiones feroces entre ustedes». Parece denotar una violencia física real, el desbordamiento de una comunidad peligrosamente dividida en la que la recriminación furiosa mutua ha producido hostilidad física y ataques. Solo tenemos que recordar otros períodos de la historia de la Iglesia – la controversia donatista en el norte de África es un ejemplo obvio – para darnos cuenta de lo fácil que puede ser este tipo de cosas. También en nuestros días ha habido muchos casos de violencia intra-cristiana en muchos países, con Irlanda del Norte como ejemplo británico obvio y muchos conflictos escandalosos en otros lugares, no solo entre denominaciones (pensemos en católicos y ortodoxos, por ejemplo) sino también dentro de las denominaciones y grupos más pequeños. A veces parece que cuanto más pequeño es el grupo, más probable es que se produzcan nuevas divisiones, ya que una mentalidad excesivamente defensiva empieza a alimentarse a sí misma. Cuando recordamos las presiones sociales, culturales y políticas en Galacia, con una romanización masiva que remodelaba las comunidades tradicionales y sus costumbres religiosas, este tipo de cosas es aún más probable. Así que mi opinión sería, simplemente por el versículo 15, que Pablo está abordando una situación en la que el faccionalismo furioso, alimentado por la presión sociocultural y las amenazas del exterior, está amenazando con desgarrar las pequeñas comunidades cristianas… y que este es el verdadero punto del capítulo 5.

La coherencia de la carta queda entonces clara. Después de haber defendido la singularidad teológica de la familia de Abraham, Pablo argumenta ahora en contra de los comportamientos que romperían esa familia única. Toda la carta trata de la unidad de la iglesia.

La segunda nota inesperada se produce en el versículo 26. Pablo enumera «las obras de la carne» y «el fruto del Espíritu» en los versículos 19 a 23. Subraya en el versículo 24 que la gente del Mesías (como el propio Pablo en 2:19) ha «crucificado la carne» y que (v. 25) el Espíritu debe guiar su vida. Pero luego concluye, en el versículo 26 «*No debemos ser engreídos, compitiendo con el otro y celosos unos de los otros*». Esto no encaja tan obviamente con las formas en que un argumento moderno sobre «ética», que fluye de la «teología», esperaría llegar a su clímax. Una vez más, Pablo parece estar abordando un problema particular: la gente está trayendo una mentalidad sociocultural competitiva a la iglesia. Barclay, de nuevo, ahonda en esto, con buena razón.

No hace falta tener mucha experiencia en la vida eclesiástica, ya sea confesional o de otro tipo, para darse cuenta de que este tipo de cosas pueden ocurrir. Una vez más, parece que el objetivo de Pablo aquí no es el «libertinaje» en general, ni la inseguridad moral en su conjunto, sino una forma específica de un problema sociocultural recurrente en la iglesia. Tal vez había pequeños grupos que defendían posiciones sutilmente diferentes, que luego volvían a dividirse; y tal vez estas diferentes posiciones eran sostenidas por personas con inclinaciones culturales o políticas ligeramente diferentes. Es entonces cuando se producen las discusiones más feroces, que en una cultura mediterránea de sangre caliente podían significar fácilmente la violencia, ya que la gente se rehuía o amenazaba con no hacer negocios con los demás, enseñando a su iglesia doméstica y a sus hijos que *esa* era la forma «correcta» de seguir a Jesús, y que lo que hacían en la calle de al lado estaba claramente fuera de lugar.

Hay, como veremos, otros signos reveladores de que este tipo de cosas es lo que Pablo realmente busca aquí. Mi punto de vista general es que el capítulo 5, junto con el comienzo del capítulo 6, está absolutamente en línea con el largo argumento que va desde 2:15 hasta 5:1. La carta trata de la *unidad de todo el pueblo del Mesías*, y Pablo ve que esto debe argumentarse no solo en términos teóricos — «todos son hijos de Abraham» — sino también en la práctica. Para vivir en unidad y armonía se necesita el Espíritu, no la ley. Así, en la lista de «obras de la carne», Pablo se concentra centralmente en los rasgos de carácter que expresan y estimulan la hostilidad. En el «fruto del Espíritu», se concentra igualmente en las características que favorecen la unidad.

Mi conclusión preliminar, por tanto, es que en el nivel más profundo Gálatas 5 pertenece al argumento natural que hemos estado siguiendo. Toma el tema subyacente de la carta, que todos los bautizados y creyentes del Mesías forman parte de la única familia de Abraham, y lo convierte en una estrategia práctica. Cualquier desunión que surja, ya sea por incompatibilidad étnica, cultos de personalidad, competencia sociocultural o cualquier otra cosa, debe ser superada dando toda la fuerza a la nueva vida del Espíritu. Los gálatas saben que ya han recibido el Espíritu, como en 3:1-5 y 4:6-7. Ahora deben aprender, y poner en práctica, lo que el Espíritu les ha dado para producir. Una única comunidad formada y dinamizada por la propia vida del Mesías. Una vida de amor cruciforme (5:24) que refleja la del propio Mesías (2:20).

5:2-12 - La advertencia y el desafío

El capítulo 5 se divide en dos. En primer lugar, hay dos párrafos breves de advertencia recortada, casi aforística (5:2-6) y de desafío (5:7-12). Estos, aunque algo crípticos, son relativamente poco problemáticos. Luego viene el argumento sobre la ley, el Espíritu y la carne en 5:13-26. Esto, incluso si captamos la idea general, es más complejo. Pero empecemos por lo relativamente poco problemático: en 5:2-12 llegamos por fin al imperativo básico de Pablo. Todos sabemos que la «lectura en espejo» es complicada y a menudo incierta, pero no hay duda de que algunos en Galacia están contemplando seriamente la posibilidad de circuncidarse, y que el mensaje de Pablo es: No lo hagan. No se sometan al cuchillo.

Dado que, por así decirlo, lo hemos sabido siempre, puede sorprender que sea la primera vez que Pablo habla de ello explícitamente. Ya lo había insinuado antes, sobre todo al mencionar a Tito en el capítulo 2, y en el lenguaje similar que utilizó en relación con el comportamiento de Pedro en Antioquía. (Tito no fue «obligado» a circuncidarse; Pedro estaba «obligando a los gentiles a convertirse en judíos»). Ahora la cuestión está al descubierto.

Este imperativo básico se introduce de manera formal y solemne: «Miren: Yo, Pablo, les digo» (*ide egō Paulos legō hymin*). Pablo está, por así decirlo, elevándose a su máxima altura, después de haber llevado el argumento teológico a su punto culminante en el capítulo 4. Respira profundamente y dice: «así que este es todo el punto».

Esto implica, por supuesto, que las iglesias en su conjunto aun no se habían circuncidado. Como es probable que esa sea la etapa final de un proceso de judaización,[6] es muy posible que algunos de los conversos ya hayan avanzado en la adopción de otros símbolos judíos, incluyendo la observancia de los días sagrados (como en 4:10) y quizás también las leyes kosher. De un modo u otro, Pablo está diciendo que bajo ninguna circunstancia se debe dar ese paso final.

5:2-6 *La advertencia*

Pablo hace esta advertencia en tres afirmaciones paralelas: (2b) El Mesías no les servirá de nada; (3) tendrían que guardar toda la Torá; (4) se estarían apartando del Mesías y, por tanto, de la gracia. Esto último se explica a continuación de dos maneras más: (5) nuestra condición de pacto es una cuestión del Espíritu, la fe y la esperanza; (6) lo que importa no es la circuncisión sino «la fe que obra por el amor».

5:2 La dirección formal («Miren: yo, Pablo, les digo») da a este versículo el sentido de un titular, quizás (en nuestras opciones estilísticas) en negrita, o en mayúsculas: Si se

---

[6] Dunn, *A Commentary on the Epistle to the Galatians*, 264; Keener, *Galatians*, New Cambridge Bible Commentary, 230, con referencias.

circuncidan, no obtienen ningún beneficio del Mesías. Pablo no detalla aquí el «beneficio» que podrían esperar, pero suponemos, en vista del impulso escatológico del versículo 5 y, mucho más allá, del versículo 21, que se trata de la esperanza última, la esperanza de formar parte del reino de Dios, afirmados como miembros del pacto al final («la esperanza de la justicia»). En realidad, este es el mismo punto que Pablo expuso en 2:21. Si el estatus del pacto viniera a través de la Torá, no habría sido necesario un Mesías crucificado. Pero si eso es lo que Dios ha proporcionado, hay que decir o bien que su muerte fue una pérdida de tiempo y esfuerzo o bien que la «justicia», el estatus de ser parte de la familia del pacto único, no debe alcanzarse a través de la Torá. Específicamente, no se debe alcanzar a través de la circuncisión, que era, por así decirlo, el borde afilado de esa ley tal como la aplicaban los judíos celosos a los conversos gentiles.

5:3 El verso 3, que no está unido al verso 2 salvo por el *de* adversativo, es otra afirmación sin fundamento: cualquiera que se circuncida está obligado a cumplir toda la ley. Pablo da a entender que ya ha dicho esto («testifico una vez más»), aunque no está exactamente claro a qué pasaje se refiere.[7] Parece como si los maestros rivales simplemente presentaran la circuncisión (con presumiblemente algunas otras marcas externas de la vida judía ordinaria, como las fiestas) como suficiente en sí misma. Tales actos serían, en efecto, suficientes para los fines pragmáticos que hemos conjeturado, es decir, permitir a los gentiles convertidos demostrar a los vecinos desconfiados y a los funcionarios locales que realmente formaban parte de la comunidad judía y, por tanto, que compartían el estatus de esa comunidad, concretamente el permiso para abstenerse de participar en el culto local, incluido el imperial. Los maestros rivales no se preocuparían por si estos conversos también guardaban todos los demás mandamientos de la Torá. Esto encajaría bien con lo que dice Pablo en 6:13, que los propios rivales no guardan la Torá correctamente. Pablo, el antiguo fariseo celoso, puede ver a través de sus falsas pretensiones. Él sabe – y nadie mejor que él – cómo es la plena observancia de la Torá. Puede ver que los rivales solo quieren montar un espectáculo. Quieren ser capaces de explicar con orgullo a la comunidad judía en general, y al mundo pagano que los observa, que han suavizado la anomalía de estos extraños paganos que afirman ser hijos de Abraham pero que no muestran las marcas adecuadas. No, dice Pablo: así no funciona la Torá. Los maestros rivales les están haciendo una mala venta. Han acusado a Pablo de predicar solo una parte del Evangelio; él les acusa de predicar solo una parte de la Torá. Si siguen sus consejos, dice, no tendrán ni una cosa ni la otra: ni una auténtica persona del Mesías ni un auténtico judío observante de la Torá.

5:4 Además, hay que enfrentarse a una dura elección. Aquí también notamos los ecos de 2:15-21. El propio Pablo «por la ley murió a la ley» y concluyó que «si la justicia es por la ley, el Mesías murió en vano». Ahora dice lo mismo desde un ángulo diferente: si alguien quiere justificarse en la Torá, está apartado del Mesías. Teológica e históricamente, están dando a entender que el Jesús crucificado no era después de todo

---

[7] Él pareciera estar diciendo que está repitiendo; algunos (por ejemplo, Schreiner, *Galatians*, 314) han sugerido que esto se refiere al 3:10, aunque el punto (sobre la circuncisión introduciendo una obligación integral) no es explícita aquí.

el Mesías. Prácticamente, se están autoexcluyendo de la comunidad que se define por su bautismo en la muerte y resurrección del Mesías. En 2:21 insistió en que no estaba «dejando de lado la gracia de Dios». Ahora repite el punto: buscar la justificación – es decir, presentar la validación de la pertenencia al pacto – a través de la Torá es decir no a la gracia del Evangelio. Si todo lo que se requiriera fuera observar la ley mosaica, no se necesitaría el amor entregado del Mesías crucificado. Estos estrechos paralelismos con 2:19-21 indican que, aunque las frases actuales son recortadas y casi inconexas, están muy cerca del corazón del significado de Pablo en toda la carta. El Mesías y su pueblo encarnan la obra única de la gracia divina escatológica. Circuncidarse es decir que esta gracia no era en absoluto necesaria, ya que existía una vía de acceso al pueblo de Dios.

El lenguaje de Pablo sobre la «caída» (*tēs charitos exepesate*) es inusual. Parece concebir esta «gracia» – una abreviatura de la acción de Dios en los acontecimientos mesiánicos – como una montaña de laderas empinadas. Habiendo sido colocados en la cima por la sola acción divina, los conversos gálatas están ahora en peligro de caer por el acantilado.[8]

5:5-6 Ahora, por fin, Pablo añade alguna explicación a estas tres advertencias separadas. El versículo 5 explica el versículo 4 (y, por implicación, también los versículos 2 y 3). El versículo 6 explica toda la secuencia de pensamiento, proporcionando un fundamento adicional o una declaración resumida de toda la carta. Así, en el versículo 5, Pablo contrasta el programa de los maestros rivales, según el cual las personas son «justificadas» (es decir, se demuestra que están dentro del pueblo del pacto) mediante la Torá, con la visión moldeada por Jesús de una justificación *escatológica*: «Esperamos... la esperanza... de la 'justicia'». «Esta esperanza es, sin duda, anticipada en el evangelio, en la fe del Mesías y en el bautismo. Pero el punto de la escatología inaugurada – es decir, la creencia de que a través de los acontecimientos mesiánicos el «siglo venidero» realmente ha sido inaugurado, aunque «la presente era maligna» todavía retumba en su camino – es que la justificación presente gana su significado por ser una anticipación de la plena realidad final, en lugar de, como los rivales quieren que sea, por así decirlo, un hecho en el presente.

Pablo habla aquí de la *esperanza* de «justicia». Se trata de la clásica esperanza, a la forma de Jesús e impulsada por el Espíritu, que se detalla en Romanos 8, de que lo que Dios haga al final, resucitando a su pueblo de entre los muertos por el poder del Espíritu, será la demostración de que siempre ha sido su verdadero pueblo del pacto. Cuando Dios resucite a su pueblo de entre los muertos para que participe en la creación renovada – como se expone detalladamente en Romanos, y aquí se acaba de insinuar-, esto será la vindicación final del veredicto pronunciado en el presente sobre *la pistis*. Esto se aclara en Romanos, ya que el lenguaje de la «justicia» regresa triunfalmente en el párrafo final del capítulo 8 (8:31-39). Se trata, pues, de «la esperanza de la justicia», suscitada y mantenida en el pueblo de Dios por el Espíritu, y a través de la fe – la fe,

---

[8] Esto podría estar forzando demasiado un significado literal («descender» o «salirse»). BDAG 307–8 reconoce un rango de significados metafóricos, incluyendo «perder el curso» (como en el naufragio de Hechos 27:17, 26) o «fallar» (eso que Pablo afirma que Dios no ha hecho en Rom. 9:6). Hay varios usos clásicos que apuntan a «cambio para peor», el significado que BDAG sugiere para nuestro presente verso.

entiendo, del creyente, no la fidelidad del Mesías (aunque esta subyace). La implicación es que los rivales buscan una forma de escatología sobre-realizada, buscando establecer la comunidad presente por su propio bien (social, cultural, político), sin referencia particular al futuro veredicto final del último día.

Así, en el versículo 6, Pablo completa el pequeño argumento con uno de sus lapidarios resúmenes de «lo que realmente importa», que tiene su paralelo en la presente carta en 6:15 y en otro lugar en la paradójica 1Corintios 7:19.[9] En el Mesías Jesús ni la circuncisión ni la incircuncisión tienen ningún poder (*ischyei*) – insinuando que lo que importaba era el poder, la fuerza, para llevar al pueblo de Dios hacia la meta final, así como el sentido más abstracto de «lo que cuenta en el argumento», lo que «tiene validez».[10] Lo que importa «en el Mesías Jesús», más bien, sería lo que el propio Mesías Jesús mostró. Aquí debemos notar, como la mayoría de los comentaristas notablemente no lo hacen, que el famoso resumen de Pablo, «la fe que obra por el amor», *pistis di' agapēs energoumenē*, es exactamente lo que había dicho sobre Jesús en el capítulo 2. Allí, la *pistis* del Mesías, su «fidelidad», se expresaba activamente en su amor de entrega: «me amó y se entregó por mí» (2:16, 20). El versículo 6 es, pues, casi una tontería lógica: si *eso* es lo que más seguramente conocemos de *Jesús,* entonces los que están «en el Mesías Jesús»[11] deben ser señalados en el tiempo presente por el mismo carácter. Se puede distinguir a la gente del Mesías porque son pequeños modelos de trabajo de lo que podríamos llamar ser como el mesías. También ellos son personas de «fe a través del amor».

Por supuesto, Pablo ya ha defendido la «justificación por la fe», que es el punto que se repite aquí. Lo que es nuevo en este pasaje, mirando hacia adelante en la transición a 5:13-26, es el amor, *agapē*. ¿Significa eso – como siempre se han preguntado los protestantes suspicaces – que aquí Pablo realmente compromete la «fe»? ¿Hay un indicio de añadir algunas «obras» después de todo? Ciertamente no. Aparte del hecho de que Pablo se está refiriendo al propio amor del Mesías, activo a través del Espíritu en el creyente, de modo que nunca podría haber ninguna sugerencia de que esto sea una «obra humana» independiente aportada astutamente *junto a* la obra de la gracia, el punto del «amor» aquí es precisamente que es el pegamento que une a la única familia de Abraham, la única familia mesiánica, la familia que se define a sí misma por la *pistis Christou* en ambos sentidos. Hay, sin duda, un amor más amplio que se irradia en la misión (6:10). Pero la preocupación de Pablo aquí, como pronto se hará evidente, es fomentar el amor que debe sustituir a las luchas entre facciones y a las corrosiones de la envidia y los celos sociales o culturales. Sería extremadamente irónico que la preocupación actual por la «pureza» de la fe justificadora abriera la puerta a las disputas y a las luchas de facciones condicionadas por la cultura, con el argumento de que practicar

---

[9] Paradójico porque la mención de «guadar los mandamientos de Dios» hubiese incluido normalmente la circuncisión, por supuesto.

[10] Cf. BDAG, que le da «tener validez», etc., como un significado entre muchos para *ischyō*, citando este pasaje y Heb. 9:17. Quizá en español uno podría decir «tiene alguna fuerza».

[11] Algunos textos omiten «Jesús», pero seguramente es secundario.

un amor costoso por los demás supondría el riesgo de comprometer la propia justificación.

5:7-12 *El desafío*

Nuestra sensibilidad post-Ilustración podría insistir en que, una vez que se ha instado a los lectores a amar, nunca se debe decir nada «desagradable», ni siquiera sobre los alborotadores hostiles. Pablo no muestra tal moderación, posiblemente porque ve la urgencia de la hora y quiere sacar todas las paradas retóricas para dejar claro su punto. Los versículos 7 a 12 son tan polémicos como cualquier otra parte de sus cartas, y el pasaje termina con lo que parece una broma de humor negro, o un momento de amargo sarcasmo, o – para decirlo de la forma más amable posible – una palabra de fuerte ironía.[12]

Pablo ha elaborado el párrafo como un conjunto lingüístico, haciendo un juego de palabras con el tema del «corte», que evidentemente era central en el debate sobre la circuncisión. Versículo 7: ¿Quién ha «cortado su avance» (*enekopsen*)? Versículo 12: ¡*Si tan solo esos que están causándoles problemas se lo cortaran todo!* (*apokopsontai*). Suponiendo que Pablo pretende que el primero de ellos funcione como un juego de palabras, esto puede suavizar la aparente brusquedad del versículo 12: «cortar o no cortar» es el tema de toda la carta, «cortar» es lo que ha sucedido, «cortar» es lo que Pablo está recomendando ahora.

Dentro de este juego verbal hay otro, que aumenta la fuerza retórica. En el versículo 7 dice que los gálatas no han sido «persuadidos» por la verdad; en el versículo 8 dice que esta «persuasión» no proviene de quien los ha llamado; en el versículo 10 dice que él mismo está «persuadido» en el Señor de que pensarán rectamente en todo ello.

Dentro de eso, de nuevo, mezcla sus metáforas tan vívidamente como en cualquier parte de sus escritos. Los gálatas están corriendo una carrera, y alguien la ha cortado; un fuerte debatiente les ha persuadido del punto de vista equivocado; así que será mejor que tengan cuidado con la levadura que se extenderá por toda la masa, porque los abogados están alcanzando al que les ha molestado, al que está consiguiendo evitar que le pongan la cruz; ¡así que los perturbadores deberían castrarse![13] Todo esto aumenta la sensación de que Pablo sabe perfectamente que les está tomando el pelo, no simplemente arremetiendo con mal genio. Podemos esperar caritativamente que haya juzgado bien la competencia lectora de sus oyentes.

Todo esto encarna, deliberadamente, un estilo muy diferente de la argumentación cuidadosa y gradual que encontramos en las primeras partes de la carta (con algunas excepciones, como 4:12-20). Constituye un deslumbrante despliegue de fuegos artificiales retóricos, que sirve a su propósito particular de captar la atención del público

---

[12] Es imposible a esta distancia saber en dónde en esa escala viene ese párrafo. Necesitaríamos saber más de lo que creo que sabemos sobre la resonancia cultural, la cámara sonora dentro de la cual estas palabras serían escuchadas.

[13] Compare, por ejemplo, 1Tes. 5:2–8, en donde el ladrón viene en la noche, y la mujer entrará en labor de parto, así que no debemos embriagarnos sino ponernos la armadura.

una vez más para el punto que Pablo va a exponer ahora. En particular, introduce dos nuevas ideas que, como nos damos cuenta al final del capítulo 6, han estado en realidad bajo el argumento todo el tiempo. Ha esperado hasta ahora para hablar explícitamente de la posibilidad de que los gálatas se circunciden; aquí también es más explícito que en ningún otro momento desde 1:6-9 sobre la amenaza de los maestros rivales y lo que hay que hacer al respecto. Así pues, con este breve párrafo, Pablo ha retomado por fin el tema y el tono de voz de la aguda introducción de 1:6-9. Este tema y tono refuerzan poderosamente el argumento de 4:21-5:1 y el imperativo devastador (4:30) al que conduce. Todo esto aumenta la sensación de que 4:21-5:1 era realmente el clímax del argumento central de la carta, que ahora se aplica a la situación real y al desafío.

Como parte de todo esto – volvemos a pensar en la *apología* de Pablo en los dos primeros capítulos – tiene que defenderse de otra acusación que se ha formulado contra él. En el versículo 11, para nuestra sorpresa, hace una pregunta: Si sigue anunciando la circuncisión, ¿por qué le siguen persiguiendo? Da por sentado que saben que ha sufrido persecución; antes sugerí que eran las cicatrices y heridas de esa persecución a las que se refería en 4:12-20, y quizá también en 3:1, donde él, Pablo, estaba demostrando en su propia persona lo que era la cruz. También podríamos comparar 6:17, donde, justo al final de la carta, insiste en que lleva las marcas del Mesías en su cuerpo. Esta persecución, subraya allí, tiene que ver con «el tropiezo de la cruz», una idea que explica más adelante en 1Corintios 1, donde la cruz es una tontería para los griegos, pero un tropiezo para los judíos. Esto se refiere claramente al principio fundamental establecido en Gálatas 2:19-21: la cruz significa que la Torá ya no es el modelo para la pertenencia al pacto. «Yo por la ley he muerto a la ley». Este es el escándalo que muchos de los compañeros judíos de Pablo encontraron demasiado chocante para las palabras y que les llevó a la violencia.[14]

Entonces, ¿qué significa que todavía podría haber estado «predicando la circuncisión»? Recientemente se ha defendido que los primeros esfuerzos misioneros de Pablo fueron de hecho (en la jerga actual) de observancia de la Torá; es decir, que al principio su estrategia misionera había sido anunciar a Jesús como Mesías pero decir a los gentiles que tenían que circuncidarse para unirse al pueblo del pacto. La teoría exige entonces que en algún momento cambiara – por la razón que fuera – y decidiera que, después de todo, la circuncisión no era necesaria. Pocos han encontrado esto convincente.[15]

Una alternativa normal sería sugerir que esto se refiere a una época en la que Saulo de Tarso, antes de su conversión, había trabajado como una especie de misionero proselitista entre los gentiles. La evidencia de ese tipo de trabajo por parte de judíos

---

[14] Véase también 2Cor. 11:24.

[15] D. A. Campbell, «Galatians 5.11: Evidence of an Early Law-Observant Mission by Paul?», *New Testament Studies* 57, no. 3 (2011): 325–47. Véase la cuidadosa discusión de Keener, *Galatians: A Commentary*, 466–68, sugiriendo como una mejor alternativa que antes de su momento en el camino a Damasco, Pablo podía haber estado promoviendo la circuncisión entre los gentiles. Keener también sugiere que pudo haber corrido el rumor sobre Pablo circuncidando a Timoteo (Hechos 16:10); pero en la hipótesis de la fecha, estoy proponiendo que eso pudo habría tenido lugar después de la composición de Gálatas.

celosos es – por decirlo suavemente – muy escasa.[16] Cuando Pablo habla en el capítulo 1 de su anterior vida de celo en *Ioudaismos*, no había ningún indicio de que fuera un misionero judío entre los gentiles. Más bien, como en el programa macabeo, su propósito entonces era aumentar la observancia devota de la Torá judía y mantener a raya a los paganos malvados. Pero está claro que los maestros rivales le dijeron a los gálatas que Pablo *había* sido un «predicador de la circuncisión», con la implicación – de nuevo, como se insinuó en el capítulo 1 – de que cuando había estado en Galacia había sido un «complaciente», el tipo de transigente del que se habían mofado los Salmos de Salomón, dando a los gálatas solo una parte del mensaje completo y dejándoles así a ellos, los maestros rivales, que suplieran el resto.

Así que la elección histórica puede reducirse a dos opciones. O bien decimos que se trata simplemente de un insulto, y que el «todavía» aquí[17] podría referirse a un rumor de que Pablo, en su trabajo continuo – en Antioquía, por ejemplo – seguía enseñando que los gentiles debían circuncidarse. O decimos que «predicar la circuncisión» es una sinécdoque de la anterior labor de Pablo de instar a sus compañeros judíos a observar la Torá más plenamente: estaba predicando la Torá, y «la circuncisión» era una forma de referirse a eso, *pars pro toto*. Pero para la presente carta la cuestión es que los maestros rivales han acusado a Pablo de inconsistencia, y él, en respuesta, señalará sus cicatrices y heridas. Así es como se ve en la práctica «el escándalo de la cruz».

Llegamos entonces al remate del párrafo. Está claro que Pablo pretende que esto sea una puñalada de varias capas. No es solo que esté diciendo, «bueno, si quieren usar el cuchillo, ¿por qué no cortar todo el lote?» – aunque eso bien puede estar implícito. El verbo *apokoptō* no significa necesariamente «castración»; podría referirse simplemente al corte del propio miembro masculino. En cualquier caso, se darían dos cosas. En primer lugar, las personas que sufrieran este destino serían incapaces de reproducirse. En segundo lugar, serían ritualmente incapaces de ser miembros de pleno derecho del pueblo de Dios (Dt. 23:2). Todo el asunto resonaría entonces estrechamente con el juego de palabras despectivo de Pablo en Filipenses 3:2, donde *katatomē* – «mutilación» – es claramente una referencia a la gente que se jacta de su *peritomē*, su circuncisión. Pablo está comparando la marca central de la membresía judía tradicional y bíblica con los rituales paganos de marcar el cuerpo y cortar la carne.

Algunos han señalado que en la cultura gala local del sur de Turquía existía un ritual religioso particular, asociado a la diosa madre Cibeles, que implicaba que los sacerdotes entraran en un frenesí que alcanzaba su punto álgido en la auto-castración. Pablo estaría entonces sugiriendo que los maestros rivales deberían llevar su propia posición a su conclusión lógica. Esto reforzaría su agudo punto, cortando mucho más profundo que su sarcasmo superficial: *lo que los gálatas estaban en peligro de hacer, lejos de confirmar su transición del paganismo a la familia de Dios, de hecho los aterrizaría de nuevo en una nueva*

---

[16] Véase, por ejemplo, M. F. Bird, *Crossing over Sea and Land: Jewish Missionary Activity in the Second Temple Period* (Peabody, Massachusetts: Hendrickson, 2010).

[17] *Eti* en griego, falta en mucho de los manuscritos sin duda por este enigma.

versión del mismo paganismo que estaban tratando de dejar atrás. Así que a los detalles de este pasaje.

5:7 Pablo recurre ahora a una imagen atlética del hipódromo que se explica por sí misma: «estaban corriendo bien».[18] Lo que les ha sucedido, mientras compiten en el estadio metafórico, no se explica por sí mismo: alguien les ha quitado de en medio con un codazo, impidiéndoles dirigirse directamente hacia el premio. Esta persona les ha «cortado»: el verbo *egkoptō* significa literalmente «hacer un corte en algo» o «golpear» (como de una clavija en una tabla) y, por tanto, «obstaculizar» o «interrumpir», «frustrar» o «retrasar» a alguien en un proyecto.[19] La raíz *kopt-* es lo que ha hecho que Pablo elija este verbo bastante extraño aquí, burlándose del deseo de hacer el «corte» de la circuncisión y señalando el «corte» del versículo 12.

El efecto de esta interrupción es que a los gálatas se les ha impedido «creer en la verdad». Una vez más Pablo vuelve a este tema central. «La verdad del evangelio» había estado en juego en el asunto de la posible circuncisión de Tito (2:4), y la «verdad» era de nuevo lo que importaba en relación con el comportamiento de Pedro en Antioquía (2:14). Pablo, como un verdadero amigo, ha estado diciendo a los gálatas la «verdad» que no querían oír (4:16). Al parecer, habían tapado sus oídos a esta verdad, porque – en la imagen atlética – alguien se había interpuesto en el camino, sacándolos de la pista e impidiéndoles completar el recorrido. Esto les había impedido «ser persuadidos por la verdad»: Pablo insiste en que hay que pensar en estas cosas hasta que la coherencia subyacente de la verdad del evangelio lleve su propia convicción.

5:8 Dios los había «llamado» por su gracia en el Evangelio (1:6), pero ahora algún hábil «seductor» ha conseguido apartarlos de ese llamado original. Aquí se hace hincapié en abrir una brecha entre la nueva enseñanza que han recibido, por un lado, y Dios mismo, el autor de su «llamado» original, por otro. Recordemos que «llamado» es la forma habitual que tiene Pablo de hablar del impacto inicial del evangelio.

5:9 Siguiendo con los cambios retóricos, Pablo deja caer lo que parece ser un conocido proverbio: *un poco de levadura leuda toda la masa*. En 1 Corintios 5:6 utiliza la misma expresión, refiriéndose a la corrupción moral del incesto.[20] No es tan obvio qué sentido tiene este proverbio en el contexto actual; la ausencia de la levadura de las cocinas judías durante la época de la Pascua se había convertido en un sinónimo proverbial de la limpieza del pecado. En 1 Corintios 5 se puede ver fácilmente el argumento subyacente: la inmoralidad sexual flagrante, si no se reprende, enviará una señal a través de la comunidad de que «todo vale». ¿Quiere decir Pablo aquí que, si uno o dos de los gálatas se circuncidan, los demás se animarán a seguir su ejemplo? ¿O que si, en este caso, se apartan de «la verdad del evangelio» (la verdad de que, en el Mesías crucificado y resucitado, ha amanecido la nueva era, trayendo consigo la familia única multiétnica), entonces es probable que se aparten también en otros aspectos? ¿O que si

---

[18] Compare las metáforas atléticas en 1 Cor. 9:24–27; Fil. 3:14; 2 Tim. 4:7; y, en Gál. mismo, 2:2.

[19] Hechos 24:4; Rom. 15:12.

[20] Levadura es preferible a «fermento» como en NTE/KNT, siguiendo NRSV y otros: pero véase BDAG 429: «la traducción de 'fermento'... popularmente sugiere un producto ajeno a la práctica antigua panadera».

en esta ocasión (retomando la acusación más contundente del versículo 8) escuchan otras voces que no son las del Dios que los llamó, tal vez estarán más abiertos a los cantos de sirena que los distraigan también en otras ocasiones? Lo último parece lo más probable, aunque Pablo puede haber pensado en el proverbio – y los gálatas pueden haberlo escuchado – simplemente como una forma de decir «una vez que empiezas a desviarte, no se sabe dónde vas a parar».

5:10a Pablo apela regularmente a sus iglesias para que «piensen igual», sabiendo muy bien que hay pocas posibilidades de que esto se cumpla absolutamente en todos los casos pero queriendo que la gente se esfuerce constantemente por llegar a un acuerdo en las cosas que realmente importan.[21] Así que aquí, con un giro tal vez sorprendentemente optimista, dice que está «persuadido en el Señor» de que de hecho «no pensarán otra cosa», *ouden allo phronēsete*; en otras palabras, que no se desviarán de hecho de «la verdad del evangelio» y se mantendrán firmes según la opinión de Pablo. Es inusual que Pablo diga que está «persuadido en el Señor»; cuando lo hace, parece referirse a una convicción a la que ha llegado a través de la oración sobre una situación o una iglesia.[22] Si esto es así, el hecho de que haya recibido esta convicción no le impide en modo alguno hacer valer su punto de vista con todos los argumentos posibles. Es de suponer que el sentido de lo que el Señor pretende hacer (mantener a los gálatas fieles a la verdad del evangelio) puede incluir el sentido de que pretende hacerlo precisamente a través de Pablo y su escrito.

5:10b Paralelamente a su convicción de que los gálatas no cederán a las seducciones y amenazas de los maestros rivales, Pablo está igualmente convencido de que el principal alborotador será castigado y tendrá que soportar el castigo. Esta amenaza directa, que se suma a la orden de que la persona en cuestión sea expulsada de la asamblea (4:30), puede referirse a esta exclusión temporal, y presumiblemente temporal, de la comunión, o incluso puede referirse a la amenaza más oscura de que esa persona se habrá cortado a sí misma de la gracia misma (5:4). El singular «quienquiera que sea», es decir, «*el que los perturba*», es revelador: Pablo ve a un individuo específico como la fuerza motriz detrás de los maestros rivales y su agenda. Es muy probable, en el pequeño mundo de los activistas «celosos» del primer movimiento de Jesús, que conozca a la persona en cuestión. El velado «quienquiera que sea» quizá se refiera a la posibilidad de la persona detrás de todo sea alguien de Jerusalén; incluso podría ser uno de los apóstoles. Esta referencia críptica se relacionaría entonces con la forma en que Pablo describe a los apóstoles «columnas» en 2:6, 9 («No me importa qué clase de 'algo' eran; Dios no muestra ninguna parcialidad»; aquellos «reputados como 'columnas'»). Pablo hace hincapié en que la enseñanza rival no puede considerarse una opción admisible, una cuestión abierta sobre la que los seguidores leales de Jesús podrían discrepar legítimamente. La enseñanza alternativa es una negación de la verdad; va en contra del llamado del evangelio de Dios mismo; funciona como levadura corruptora en la masa;

---

[21] La oración clásica es Fil. 2:1–5.

[22] También en Rom. 14:14; 15:14; Fil. 2:24; 2Tes. 3:4, el último estando más close al pasaje presente (La convicción de Pablo sobre como la congregación debe comportarse). Quizá el mejor ejemplo conocido es Rom. 8:38, su convicción que «nada puede separarnos del amor de Dios».

dividirá a la iglesia. Por todo ello, el cabecilla tendrá que asumir la responsabilidad ante Dios.

5:11 Rechazando con desprecio la sugerencia de que él mismo normalmente «predicaba la circuncisión» (presumiblemente con la implicación de que solo en Galacia la había dejado fuera del mensaje general), Pablo hace lo que hace en 6:17, y que quizás había insinuado en 3:1: se refiere a las marcas de su propio sufrimiento de persecución. Aquí tocamos uno de los hilos argumentales vitales, aunque poco mencionados, de Gálatas. El sufrimiento por el evangelio es, para Pablo, un signo revelador de su autenticidad. La cruz del Mesías ha marcado la pauta. Seguir a Jesús no es simplemente una nueva forma de ser religioso, que está bien para los que les gusta pero es inofensiva para los que no. Si es cierto, esta verdad ya ha cambiado el mundo, ha derrocado a los tiranos, ha puesto en marcha «la era venidera» y, con ello, ha creado una red de comunidades que viven de una manera nunca antes imaginada. El mensaje contracultural de la cruz, en definitiva, es un escándalo, algo que pone en jaque a la gente. Pablo lo dice brevemente aquí, pero lo expone con más detalle en 1Corintios 1:18-25. Ya en esta etapa comparativamente temprana de su carrera misionera, puede afirmarlo como una constante. Su tarea es anunciar a Jesús crucificado como el Señor del mundo; el Espíritu trabaja poderosamente en una dirección para generar una inesperada fe, esperanza y amor en algunos de sus oyentes, pero las piedras empiezan a volar desde la otra dirección, dirigidas al mensajero que se atreve a anunciar un mensaje tan anti-social, anti-religioso y contra-imperial. Pero si todo lo que Pablo había hecho era decir que los gentiles que querían seguir al Mesías de Israel podían convertirse en prosélitos judíos y acogerse a la vida, y al permiso público formal, de la sinagoga… ¿por qué la persecución?

La amenaza de que «el escándalo de la cruz» fuera neutralizado era real. Todavía lo es. Cada generación en cada cultura, podemos sospechar, tiene su propia manera de recortar el mensaje del evangelio, reduciéndolo a algo menos escandaloso, menos contracultural. Y justo cuando los seguidores de Jesús con mentalidad radical creen haber redescubierto el evangelio verdaderamente escandaloso, frente al tedioso conformismo social de la generación de sus padres, en ese mismo momento corren el mayor peligro de ser ellos mismos cooptados por una cultura igualmente distorsionada.

5:12 Así que al corte más cruel de todos — aunque cuanto más he estudiado Gálatas, más me inclino a pensar que aquí, como en 2Corintios 11, los oyentes de Pablo reconocerían y apreciarían su fuerte ironía. Especialmente en la cultura licaónica, donde la diosa Cibeles aparentemente animaba a sus devotos a participar en rituales maníacos que terminaban en la auto-castración, la palabra de Pablo aquí, *apokopsontai*, enviaría resonancias, recogiendo las implicaciones de 4:8-11: ¡en realidad, los maestros rivales simplemente les están ofreciendo un nuevo tipo de paganismo! Esta parece ser la implicación de Filipenses 3:2 y Colosenses 2:8-19, y por mucho que nuestros sensibles oídos occidentales pidan «advertencias de activación» para no tener que escuchar tales ideas políticamente incorrectas, parece ser realmente la opinión de Pablo.

La amenaza de «ser cortado» resuena con la fórmula bíblica habitual que advierte que las personas que transgreden tal o cual mandamiento serán «cortadas de entre el pueblo».[23] La palabra griega no es la misma – la LXX utilizan frecuentemente *exolethreuō* en este punto – pero la amenaza sería similar al «anatema» que Pablo pronunció en 1:8, 9. Esto también se relaciona con la orden de expulsar al alborotador en 4:30.

Este párrafo podría considerarse una mera diatriba. Sería un error. La retórica, las metáforas mezcladas, la rápida construcción del argumento, el desenlace final: todo es bastante deliberado. Pablo cierra aquí la puerta a cualquier último vestigio de posibilidad de que, después de todo, pueda aprobar el curso que los maestros rivales estaban defendiendo. Ahora pasará a una línea de pensamiento diferente, aunque finalmente volverá a la misma visión general de lo que debe ser la comunidad del Mesías y cómo debe vivir.

5:13-26 - El amor y el Espíritu

La segunda mitad del capítulo 5, ya lo he sugerido, se centra en el argumento algo denso de Pablo a favor de la unidad práctica y el amor dentro de la única familia de Abraham. Sin embargo, aquí es donde siglos de lectura de la carta de una manera algo diferente pueden hacernos sobresaltar fácilmente en un ángulo. «Usar su libertad como una oportunidad para la carne» (v. 13) suena como una advertencia directa a aquellos que, habiendo entendido demasiado bien la doctrina protestante tradicional de la justificación por la fe, podrían imaginar que, como no deben añadir «obras», pueden hacer lo que se les antoje. Eso, por supuesto, también está implícito, pero no es todo el cuadro que Pablo está pintando. Como vimos, el versículo 15 muestra que tiene un objetivo mucho más específico en mente. Es cierto que sitúa su mensaje central en un marco más general. Pero su llamado al amor y, por tanto, a una rica reciprocidad y unidad dentro de la comunidad, forma parte de su mensaje específico: el llamamiento, a *esta* iglesia en *esta* situación, a celebrar y valorar su unidad como la única familia mesiánica del único Dios.

5:13-15 Introducción: Libertad y amor

Los tres primeros versículos (13-15) constituyen una introducción a la sección (13-26). Al igual que en 5:1, Pablo retoma el tema de la libertad de 4:1-7 e indica la paradoja para los que están «en el Mesías»: esta libertad implica un nuevo tipo de esclavitud, es decir, la obligación mutua absoluta del amor. Esto se explica a continuación (*gar*) en el versículo 14, de una forma que ha sorprendido tanto a algunos comentaristas que lo han calificado de paréntesis, ya que (¡a pesar de la cita explícita del Levítico!) no pueden entender cómo la «ley» aquí puede ser realmente la Torá mosaica.[24] Pablo, razonan, ha dicho después de todo tantas cosas despectivas y negativas en esta carta sobre la Ley de Moisés; ¿cómo puede hablar ahora de cumplirla? Pero esta forma de ver Gálatas (una

---

[23] Irónicamente, cf. Gén. 17:14: aquellos que queden sin circuncidarse serán «cortados de entre el pueblo».

[24] Ejemplo, de Boer, *Galatians: A Commentary*, 332–34.

nueva variación dentro de un paradigma luterano más antiguo, en el que la ley mosaica era algo malo ahora felizmente abolido) no puede hacerse cuadrar con lo que Pablo dice realmente, tanto aquí como en los capítulos 2, 3 y 4. Hay, por supuesto, otra ironía o paradoja aquí, como de nuevo en el famoso verso de 1Corintios 7:19 cuando Pablo dice que ni la circuncisión ni la incircuncisión importan, ya que lo que importa es «guardar los mandamientos de Dios». También podríamos citar Romanos 13:8-10, donde Pablo enumera los mandamientos e insiste en que todos ellos se cumplen dentro del mandamiento del «amor».[25] Pero en este punto el sabio exégeta querrá invocar Romanos 7 y 8, por un lado, y Romanos 10, por otro, los dos pasajes en los que lo que se dice aquí de forma breve y críptica se explicará con mucho más detalle – aunque, por supuesto, todavía nos deja con desconcertantes cabos sueltos y más preguntas.

5:13 Pablo repite lo dicho en 5:1: fueron llamados (*eklēthēte*, refiriéndose al «llamado» inicial del evangelio) para la libertad, como Israel fue llamado a salir de Egipto para ser el pueblo libre de Dios. Esto ancla lo que Pablo va a decir aquí dentro del cuadro completo del «esclavo y el hijo» en 4:1-7. Pero, al igual que el eslogan corintio «todo es lícito» debe atemperarse con «pero no todo es útil»,[26] así la «libertad» del pueblo del Mesías no puede utilizarse como «oportunidad» (*aphormē*, una «base de operaciones») para «la carne». Claramente, «la carne» aquí significa mucho más que el pecado sensual, aunque incluye eso (vv. 19-21 abajo). En el contexto inmediato, parece significar lo opuesto al «amor»: el comportamiento «carnal» que está en la mente de Pablo en este párrafo es la lucha interna entre facciones, que resulta en violencia real.

5:14 Pablo puede por fin recuperar el Levítico, esta vez casi con un aire de triunfo.[27] Bajo la maldición deuteronómica, la Torá no podía hacer otra cosa que esclavizar, pero ahora se va a cumplir de una forma totalmente nueva. El paralelismo con Romanos vuelve a ser instructivo. En Romanos 10:6-11 Pablo muestra cómo creer en el evangelio es el verdadero «cumplimiento de la ley» dentro del pacto renovado de Deuteronomio 30. En Romanos 13:8-10 hace lo mismo que aquí: el «amor» (*agapē*) es el verdadero cumplimiento de la Torá. Por supuesto, era ampliamente conocido en la iglesia primitiva que Jesús mismo había destacado y reforzado el «mandamiento del amor» de Levítico 19:18. Esto aparece tanto en la tradición sinóptica como en la juanina, y luego en otros lugares como la carta de Santiago, donde el mandamiento es calificado como «la ley real», presumiblemente porque el Mesías lo había convertido en el tema principal tanto de su enseñanza como de su vocación personal.[28]

5:15 Como vimos antes, el versículo 15 resulta chocante. Solo puede significar que las divisiones en las iglesias gálatas, resultantes de la labor de los maestros rivales, estaban conduciendo no solo a la ira y el resentimiento (alimentados sin duda por una conciencia sobre el terreno de los desafíos sociales y culturales que seguirían al tratar de vivir realmente como seguidores del Mesías crucificado), sino a la violencia real. Sabemos

---

[25] Omitiendo el Sabbat, interesantemente: véase mi *Scripture and the Authority of God: How to Read the Bible Today*, 2da ed. (Londres: SPCK; San Francisco: HarperOne, 2011; original 2005), cap. 9.

[26] 1Cor. 6:12.

[27] Véase arriba en 3:12.

[28] Ejemplo, Mt. 22:39 y paralelos.; Jn. 13:34–35; 15:12–14; Stg. 2:8; 1Jn. 3:12–18; 4:7–12, 16–21.

muy poco acerca de lo que realmente estaba sucediendo. El fuerte lenguaje de Pablo sobre «morderse y devorarse unos a otros» difícilmente puede significar simplemente fruncir el ceño en la calle. Pueden acabar destruyéndose unos a otros, advierte Pablo. Si se comportan de esta manera, ciertamente socavarán cualquier testimonio de Jesús unido y sostenido para el mundo que los rodea.

5:16-18 Carne y Espíritu

Todo esto llega a su punto culminante en la siguiente sección corta (v. 16-18), que funciona como una introducción más al punto real, que es el contraste de las «obras de la carne» y el «fruto del Espíritu» en los versículos 19-24. Aquí hay dos grandes enigmas. Resolverlos nos ayudará a ver con más detalle la subestructura del argumento de Pablo.

En primer lugar, el versículo 17. ¿A quién está describiendo Pablo aquí cuando dice que «la carne quiere ir contra el Espíritu, y el Espíritu contra la carne»? Luego, cuando dice «para que no puedan hacer lo que quieren», ¿qué quiere hacer el «tú» que no puede hacer? ¿Es, como algunos han pensado, que el «tú» quiere seguir los deseos naturales de la carne y el Espíritu se lo prohíbe? ¿O es que el «tú» quiere vivir según el Espíritu y la carne se lo impide? ¿O qué?

Segundo, el versículo 18. Podríamos haber esperado que Pablo dijera: «Si son guiados por el Espíritu, no están bajo el dominio de la carne»; pero en cambio dice: «Si son guiados por el Espíritu, *no están bajo la ley*». ¿Cómo se relaciona *eso* con lo que acaba de pasar antes, sin olvidar el cumplimiento de la ley en el versículo 14?

Podemos empezar observando que, en los versículos 19 a 26, Pablo no puede estar imaginando que las personas a las que se dirige están moralmente incapacitadas. Realmente son capaces (sin duda con dolor y dificultad, como implica el versículo 24) de dar muerte a la «carne» y producir el fruto del Espíritu, y también de hacer las cosas «espirituales» de las que pasa a hablar en el capítulo 6. Estos pasajes no pueden ser simplemente, como decimos, «aspiraciones», gestos de ideales nobles pero imposibles. De alguna manera, este sólido comienzo (los seguidores de Jesús, guiados por el Espíritu, han sufrido realmente una transformación moral y son, por tanto, capaces de vivir de la manera nuevamente humana que aquí se describe) se relaciona luego con el hecho de «no estar bajo la ley», como en el versículo 18. De forma confusa, Pablo continúa diciendo en 6:2 que están bajo la ley del *Mesías*, un punto del que se hace eco con una frase similar en 1Corintios 9:21.[29]

Cuando se consideran estos dilemas juntos, la mejor respuesta disponible es que Pablo está diciendo aquí, de forma muy densa y críptica, algo cercano a lo que dice con más detalle en Romanos 6, 7 y 8. Si abordamos el pasaje de esta manera, podemos ver las líneas de conexión entre el presente pasaje y las exposiciones anteriores del papel de la Torá en Gálatas 2, 3 y 4. En Romanos, la cuestión es que la Torá, aunque en sí misma es santa, buena y dada por Dios (7:7, 12), tiene la función, aparentemente extraña pero sin embargo providencial, de *aumentar y solidificar el dominio del pecado*, precisamente

---

[29] En donde es *ennomos Christou*, «en la ley del Mesías», es decir, «bajo la jurisdicción del Mesías», en posición con *anomos theou*, «infractor en relación con Dios».

sobre el pueblo judío que intenta obedecer esa misma Torá (7:13-20, 21-25, ampliando lo que Pablo había dicho en Gálatas 3:21-22). En Romanos, esto se anticipa en un solo versículo en 5:20: la ley vino, para que la transgresión pudiera ser completada en toda su extensión. Esto se refuerza en Romanos 6:14 (véase más adelante).

La forma en que esto funciona en Romanos es interesantemente paralela. En Romanos 6:1-11, Pablo argumenta que el cristiano bautizado ya ha muerto con el Mesías y ha resucitado con él y, como tal, debe primero calcular («considerar») y luego vivir lo que esto significa. El resultado (6:12-14) es que el poder del pecado ya no domina a esa persona, porque (14) «no están bajo la ley, sino bajo la gracia» – exactamente el mismo punto que aquí en el versículo 18. La incapacidad moral declarada sin rodeos en Gálatas 5:17 (la carne se opone al Espíritu, de modo que «no pueden hacer lo que quieren») es entonces muy similar al dilema que Pablo describe con más detalle en Romanos 7:13-20. La buena Torá, como parte de su propósito dado por Dios, está obligada a hacer lo que Pablo dice en Gálatas 3:22: encerrar todo bajo el pecado, con el objetivo escatológico de lograr la promesa a través del Mesías y el Espíritu. Ante la humanidad pecadora en general y el Israel pecador como subconjunto de ella, la Torá, dada a Israel, no puede hacer otra cosa que pronunciar la condena, aunque el israelita o judío devoto acierte a amarla y anhelar vivir en ella. Así, el observador de la ley – el judío devoto, alguien como Saulo de Tarso – quiere hacer lo correcto pero no puede. (Debemos subrayar que se trata de un análisis retrospectivo; como muestra Filipenses 3:4-6, Saulo de Tarso se consideraba «irreprochable»). Así, en Romanos 6, Pablo argumenta que ahora, para el creyente bautizado, «el pecado no se enseñorea de ustedes... ya que no están bajo la ley sino bajo la gracia». Esto tiene el sentido que tiene porque Pablo está pensando en 5:20 y en 7:7-25, donde la *ley fue dada para solidificar y aumentar la transgresión y su consecuente esclavitud*. Así que en Gálatas 5, si eres guiado por el Espíritu, no estás bajo la ley *y por lo tanto no estás en el reino de la era actual, donde la Torá dada por Dios simplemente aumentaba el control del pecado en aquellos que trataban de observar la Torá*. Esto nos lleva al explosivo desenlace de Romanos 8:1-4, donde Dios hace, en el Mesías y por el Espíritu, lo que la Torá no pudo hacer porque era «débil a causa de la carne humana», es decir, era incapaz, a causa de la pecaminosidad de las personas a las que se les dio, de traerles la «vida» que había prometido.[30] Para dar sentido a lo que Pablo escribe crípticamente aquí en Gálatas 5, debemos, creo, presuponer alguna línea de pensamiento más completa.

La principal diferencia que veo entonces entre nuestro denso y difícil pasaje actual y Romanos 7 es que la tensión moral de Romanos 7 no se describe en términos de «Espíritu contra carne». El Espíritu no entra en la discusión hasta Romanos 8 (aunque está señalado de antemano en 7:6). Las viejas discusiones sobre la «regeneración», que tratan de decidir si la persona de Romanos 7 es verdaderamente o solo parcialmente «regenerada», son un intento de reducir el argumento histórico-salvífico de Pablo a un *ordo salutis* relativamente moderno, y debemos tener cuidado con eso.[31] Pero parece que Gálatas 5:17-18 puede indicar en realidad el tipo de batalla Espíritu-Carne que algunos

---

[30] Véase nuevamente Rom. 7:10; Gál. 3:21.

[31] Un ejemplo clásico: Martyn Lloyd Jones, *Romans: The Law, Chapter 7:1 to 8:4* (Grand Rapids: Zondervan, 1974).

han visto, erróneamente en mi opinión, en Romanos 7: en otras palabras, cómo sería la vida de alguien que, habiendo recibido ya el Espíritu, y habiendo llegado a la fe y al bautismo, intenta luego volver al mundo de la Torá. Sea cual sea la lectura que hagamos, la batalla aquí entre el Espíritu y la carne refleja estrechamente la tensión en Gálatas 4:21-31 entre el hijo nacido de la carne (Ismael) y el hijo nacido del espíritu (Isaac). Tal vez eso sea también parte de lo que Pablo quiere decir aquí. Si vuelves a entrar en el mundo de la carne circuncidándote (puede estar diciendo), no te encontrarás, como puedes haber imaginado, moralmente capacitado. En realidad te encontrarás moralmente incapacitado.

La lucha personal por la santidad reflejaría entonces la lucha eclesial por el evangelio. Volver a entrar en el reino de la Torá podría parecer que consolidaría el estatus de miembro de la iglesia dentro del «espacio seguro» del mundo judío; volver a entrar bajo la regla personal de la Torá podría parecer que permitiría al creyente llevar una vida moralmente recta. Ambos movimientos son ilusorios. La nueva era ha amanecido, y es ahí donde el pueblo del Mesías está llamado a vivir. Deben habitar el peligroso espacio social como un nuevo tipo de comunidad en un mundo sospechoso y hostil. Deben vivir dentro del arriesgado espacio moral abierto como un nuevo tipo de ser humano, sin la aparentemente cómoda, pero en última instancia condenatoria, regla de la Torá.

El resultado es lo que Pablo solo dice parcialmente en el versículo 18: si son guiados por el Espíritu, no están bajo la ley, *y por tanto* (lo da a entender) *no están sujetos al dominio del pecado y de la muerte, que está simbolizado por la esfera de la carne*. Esta es la verdad que subyace a los diversos intentos de una supuesta lectura apocalíptica en este punto. Como en Gálatas 1:4, la muerte del Mesías, «entregándose a sí mismo por nuestros pecados», nos ha «rescatado de la presente era maligna». De lo que Pablo sigue diciendo en los versículos 19 a 24 (como en Rom. 8:12-16), queda claro que considera a los creyentes bien capacitados en principio para resistir las «obras de la carne» y dar el «fruto del Espíritu». Esto no es automático, como veremos ahora, pero sí es posible.

5:16 Con el introductorio «Permítanme decirles esto» (*legō de*), Pablo respira profundamente y se lanza a un nuevo imperativo. Esto, finalmente, es lo que quiere decir: «vivan por el Espíritu». La palabra para «vivir» aquí es *peripateite*, literalmente «caminar»: desde el Salmo 1:1, varias tradiciones judías habían visto la cuestión de la vida moral en términos de las decisiones sobre dónde deben dirigirse los pies. Esto conduce a la noción rabínica de *halakah*, literalmente «caminar», como término general para las reglas de la vida práctica. He tomado entonces el segundo verbo, *telesēte*, como expresión del resultado («y no harás lo que la carne quiere que hagas»). En otras palabras, si plantas en tu jardín las semillas del Espíritu, las malas hierbas de la vida carnal no podrán crecer como lo harían de otro modo. Algunos lo han tomado, sin embargo, como un segundo imperativo, en cuyo caso la frase significaría: «anden en el Espíritu; no cumplan los deseos de la carne». Pero es preferible el primero.[32]

---

[32] Uno de los comparativamente pocos lugares en el que NVI es preferible a NRSV: véase Hays, *The Letter to the Galatians*, 325.

5:17 Como veremos dentro de un momento, la «carne» indica aquí toda la gama de formas de vida corruptas y deshumanizadas – o más bien, Pablo insistiría, formas de muerte. Para Pablo, el Espíritu de Dios es el dador de vida, y la lucha aquí debe verse en términos de la alternativa deuteronómica: aquí están la vida y la muerte, así que elige la vida. Por el momento, sin embargo – si he acertado al sugerir que este verso es un anticipo de lo que Pablo dice más ampliamente en Romanos 7 – la descripción que hace Pablo de esta batalla de «deseos» (*epithymeō*, que refleja la *epithymia* del verso anterior) indica una especie de estancamiento. Todavía sería posible leer la frase final («para que no puedan hacer lo que quieren») en términos de la contención por parte del Espíritu de los deseos carnales, que de otro modo serían desenfrenados. Pero, como se indica más arriba, me inclino a interpretarla en términos de que la carne mantiene su control sobre los que están «bajo la ley», como en el siguiente versículo, de modo que no pueden convertirse en las personas que Dios quiere que sean.

5:18 El Espíritu, pues, «conduce» al pueblo de Dios, como en Romanos 8:14. Se trata, una vez más, del lenguaje del Éxodo, con la columna de nube y fuego «guiando» al pueblo de Dios hacia la herencia prometida (el «reino de Dios» final, como en el versículo 21). Como a menudo, para entender el lenguaje de Pablo sobre el Espíritu, podemos pensar en el tabernáculo del desierto: el creyente individual, y aún más la comunidad de creyentes, es habitado por la presencia viva de Dios mismo, que conduce a la meta.

5:19-26 *Obras de la Carne, Fruto del Espíritu*

Todo esto prepara a Pablo para su famoso contraste de las «obras de la carne» y el «fruto del Espíritu». Muchos han visto esto como el centro de un tema que podemos llamar «la ética de Pablo», y eso no es del todo erróneo; pero puede ser engañoso. Tal título nos inclina a ver el pasaje como una enseñanza ética generalizada, lo que en realidad no nos alejaría demasiado del objetivo. Pero, como he sugerido antes, Pablo está utilizando deliberadamente esa enseñanza aparentemente generalizada como una forma de enmarcar algunos puntos específicos en relación con el estado actual de la comunidad. Esto queda más claro una vez que recogemos las pistas de los versículos 15 y 26: los problemas a los que se enfrenta la comunidad – teológicos, políticos, sociológicos – están produciendo tal enfado y tensión que las cosas se están volviendo desagradables, con la amenaza de la violencia real, mezclada con una calificación social cuyos detalles se nos escapan, pero cuya realidad aparece claramente en el versículo 26. Cuando Pablo resume un argumento, no se agita en irrelevancias. Los versículos 15 y 26 están ahí por una razón, aunque no podamos precisar demasiado cuál es.

Dos puntos preliminares sobre las «obras de la carne» en los versículos 19-21. En primer lugar, el contraste entre «obras» y «frutos» es bien conocido, aunque no debemos suponer que Pablo pensaba que las «obras» eran solo efectos superficiales mientras que los «frutos» procedían de algún lugar más profundo. Al contrario: las «obras» proceden, como indica en otra parte, de las profundidades de la personalidad humana caída.[33] Pero hay un punto importante que hay que hacer sobre el contraste de las «obras» en plural y el «fruto» en singular. La «carne» produce una miscelánea de malos comportamientos, vinculados únicamente por sus tendencias destructivas. El «fruto», en singular, viene en un paquete. No se puede alegar la necesidad de especialización, seleccionando, por ejemplo, la «bondad» y la «mansedumbre» y dejando la fidelidad y el autocontrol para otros.

En segundo lugar, la palabra «carne» aquí claramente no significa lo que llamaríamos el lado «físico» de la naturaleza humana. Como se señala habitualmente, la mayoría de los quince comportamientos desagradables que Pablo enumera podrían ser practicados por un espíritu sin cuerpo. Es cierto que abre la lista con un catálogo normal de pecados sexuales: fornicación, impureza, libertinaje. Pero luego, después de continuar con la idolatría y la hechicería (dos de los comportamientos básicos característicos de cualquier sociedad pagana antigua), pasa a ocho que, debemos suponer, vio como característicos de una iglesia impulsada por las facciones y que están tan cerca uno del otro en significado que la traducción se convierte en un problema. Parece decidido a hacer el mayor hincapié posible en estas cosas: hostilidades, discordias, celos, arrebatos de ira, ambición egoísta, contiendas, divisiones y envidia. Completa la lista con la borrachera y el desenfreno, para que quede claro en qué compañía se puede vivir de esa manera.

Sobre esta lista de «obras de la carne» en general, tiene dos cosas que decir. En primer lugar, estas son *phanera*, «obvias» (v. 19). El sentido es que «saben perfectamente lo que son», aunque podemos preguntarnos si los gálatas (y, de hecho, muchas iglesias de hoy en día) se habrían dado cuenta de que las disputas, los celos y el resto pertenecían a la misma categoría que la inmoralidad y la borrachera. Segundo (una de las raras menciones de escatología final en la carta, junto con 5:5): «quienes hacen esas cosas no heredará el reino de Dios». Esto se encuentra junto a 1Corintios 6:9-10, no – por supuesto – como un ejemplo de prejuicio o «discurso de odio», como la retórica de hoy podría tener, sino como una declaración de hecho sobre la naturaleza del propósito final de Dios, de restaurar el mundo y ponerlo en el camino correcto por fin. En ese mundo futuro, más o menos por definición, no habrá lugar para comportamientos como los que aquí se enumeran. Esto es analítico, no arbitrario.[34] (¿Es necesario decir que «el reino de Dios» no es una forma de hablar de un «cielo» platónico?).[35]

Un momento de reflexión indicará que una sociedad en la que muchas personas vivan de la manera que acabamos de describir será un lugar infeliz y peligroso. También estará profundamente desunida; y el punto de Pablo a lo largo de la carta ha sido la *unidad* de todo el pueblo del Mesías. Aunque a su alrededor haya facciones, competencias sociales por el «honor» y el «valor», etc. – de hecho, precisamente porque habrá tales cosas – es

---

[33] Véase también Marcos 7:20–23.

[34] Véase también Ap. 21:8, 27; 22:3, 15. Es un asunto desconcertante para mí cómo algunas escuela «apocalípticas» estadounidenses – incluyo a M. de Boer, aunque es holandés – pueden defender un universalismo paulino frente a esta oración, particularmente cuando esta idea de desheredar el reino es tan obviamente «apocalíptica» en sí misma, en el sentido de la llegada de la nueva creación a la tierra como en el cielo, y también obviamente en su contexto judío más amplio, anticipando la separación final del justo y el malvado.

[35] Véase mi *Surprised by Hope*.

vital que el pueblo del Mesías viva de una manera radicalmente diferente. Podemos aventurar una conjetura sobre algunos de los problemas sociales que hay detrás de todo esto. En un mundo fuertemente marcado por la presencia imperial romana, muchos habrán tenido razones sociales, culturales y comerciales para querer mantener las cosas en su sitio, y pueden haber visto la posibilidad de ser absorbidos (al menos a los ojos oficiales) por la comunidad judía como una forma de protegerse de los peores efectos del «escándalo de la cruz». Solo tenemos que mirar el cisma donatista en el norte de África, trescientos años después, para hacernos una idea de la ira y la violencia que pueden resultar de tales impulsos. Aunque se trata de una especulación, es importante destacar el hecho de que Pablo hace aquí hincapié en el comportamiento antisocial más de lo normal, y sugerir que debe haber una buena razón para que lo haga.

Pablo cree, por supuesto, que hay una manera diferente de vivir. Eso es lo que esboza ahora en los versículos 22-23.

No es casualidad que la primera cualidad, dentro de esta lista del fruto (singular) del Espíritu, sea «el amor», como en 5:13 y el decisivo 5:14. Ese eco nos dice una de las cosas más importantes aquí, como en Romanos 8: el Espíritu, dado en Pentecostés, la fiesta de la entrega de la Torá, *cumple lo que la Torá quería hacer pero no podía,* aquí específicamente el mandato de Levítico 19:18. Eso es lo que decía Pablo en 3:21: si la Torá hubiera podido dar vida, lo habría hecho. Y la «vida» se parece a esto: amor, alegría, paz y lo demás, en contraposición a la sensación de muerte del catálogo anterior. Todas estas son cualidades *humanizadoras,* o quizás deberíamos decir, características *rehumanizadoras.*

Podríamos afinar aún más: no son simplemente cualidades o características que se dan por casualidad. No son, por ejemplo, simplemente el flujo natural de (lo que llamamos) un temperamento alegre. Cuando Pablo habla de estas cualidades como «fruto», hay una tendencia fácil en el moralismo moderno a suponer que ocurren «naturalmente» en lugar de artificialmente; en otras palabras, que la gente debería simplemente querer ser así y no debería tener que esforzarse demasiado. Por ahí van varios tipos de existencialismo y también el culto de moda a la «espontaneidad».[36] La implicación normal es que si tienes que trabajar en algo, no puede ser realmente auténtico. Pero eso no es así, y ciertamente no está implícito en el lenguaje de Pablo sobre el «fruto». Al fin y al cabo, un árbol frutal necesita ser plantado y regado, cuidado y podado, protegido contra los elementos y los diversos tipos de enfermedades, y defendido contra el ataque de depredadores tanto animales como vegetales. Estas cualidades son, en definitiva, *virtudes:* cosas que hay que pensar, trabajar, cultivar y practicar.

Esto plantea la pregunta: ¿Cuál es entonces la diferencia entre la «virtud» cristiana y la pagana? Lo que distingue la lista de Pablo de las virtudes de Aristóteles es que, para el filósofo, la virtud es la actuación en solitario del gran individuo. Sin embargo, aquí – y este es precisamente el punto de Pablo en Gálatas 5 – la virtud cristiana es un deporte de equipo. No puedes producir el amor, la paz, la paciencia, la mansedumbre, etc. tú solo.

---

[36] Véase mi exposición más completa en mi *Virtue Reborn* (Título en Estados Unidos: *After You Believe*).

Incluso el «auto-control», la traducción normal de *enkrateia*, no se refiere solo a uno mismo. Entre las muchas cosas que faltan en esta lista bastante estilizada de nueve variedades de «fruto» está la «humildad»; y la humildad genuina, que es una de las cosas que construyen una comunidad, se logra frenando el impulso de orgullo y arrogancia. Esta es una lista de las cualidades que querrías ver en tus vecinos. Eso también es parte de la cuestión. Una comunidad que se comporta así, tanto internamente como con los de fuera (como Pablo desarrolla el cuadro en Romanos 12), será intrínsecamente atractiva, incluso si la gente no puede entender qué está pasando o por qué en algunos aspectos (su no cooperación en la religión cívica, o su negativa a participar en fiestas de borrachos) los miembros de esta comunidad parecen antisociales.

El comentario irónico de Pablo en el versículo 23 («¡No hay ley que se oponga a cosas como estas!») tiene un gesto, creo, hacia ese círculo más amplio, el mundo gentil que observa. Sin duda, en un nivel, decir «no hay ninguna ley que se oponga a ese tipo de cosas» es una burla dirigida a los maestros rivales: ellos quieren que guarden la Torá, o parte de ella, pero no se oponen a un comportamiento así. Pero creo que Pablo está mirando aquí hacia el mundo cívico grecorromano más amplio, en el que muchos podrían suponer que estas personas del Mesías eran peligrosas y subversivas. Pues bien, Pablo está diciendo que si se comportan así, ¡no tendrán mucho de qué quejarse! Al igual que Daniel, la gente del Mesías debe ser considerado irreprochable, excepto en lo que se refiere a su devoción por el propio Jesús.[37]

Pablo explica ahora cómo es que se puede pasar de los versículos 19, 20 y 21 a los versículos 22 y 23. Como el propio Pablo en el 2:19-20 («A través de la ley morí a la ley, para que pueda vivir para Dios. He sido crucificado con el Mesías. Sin embargo, estoy vivo»), los que pertenecen al Mesías *crucificaron la carne con sus pasiones y deseos*. El tiempo aoristo subraya el hecho de que Pablo concibe esta «crucifixión» como un acontecimiento pasado. Él mismo había «muerto» y «resucitado» en el bautismo y la fe. Al igual que en Romanos 6:11, quiere que los seguidores de Jesús también piensen así de ellos mismos. Al mismo tiempo, este recordatorio, y la exhortación que sigue («Si vivimos por el Espíritu, alineémonos con el Espíritu»), indican que Pablo sabe que la crucifixión única – ya un acontecimiento del pasado – necesita ahora, por así decirlo, ser apropiada y puesta en práctica. Si fuera automática, dejando a los seguidores de Jesús sin tentaciones que combatir y, por el contrario, con una inclinación ansiosa por llevar a cabo los propósitos de Dios y seguir sus indicaciones morales, no necesitaría subrayar esta «crucifixión» como lo hace aquí y en muchos otros pasajes.[38] Lutero describió la vida cristiana como un «bautismo diario». He discrepado con él en algunos otros puntos, pero aquí dio en el clavo.

Todo esto nos remite al versículo 26 y a la dinámica de la vida en común. *Gálatas trata de la unidad de la iglesia*, pero la unidad nunca puede ser una verdad puramente teológica que no tenga un efecto real en la forma en que los miembros de la iglesia se comportan entre sí. Cada comunidad genera sus propias dinámicas, algunas de ellas profundamente malsanas, en cuanto al orgullo y el miedo que producen la competencia

---

[37] Véase Dan. 6:5.
[38] Véase Rom. 6; Col. 3; y en otras partes.

social y cultural y la lucha por el «honor» o el «valor». Una de las glorias del evangelio del Mesías crucificado es que hay una forma diferente de ser humano. El Mesías, como dirá Pablo en la perorata del capítulo 6, es aquel «por quien el mundo ha sido crucificado para mí y yo para el mundo» (6:14). Así pues, aunque Gálatas 5 trata en cierto sentido de «ética», podemos ver que no se trata de otra cosa que del «evangelio» del Mesías crucificado. Tanto la teología como la ética tienen que ver con la unidad y, en aras de esa unidad, con la resistencia implacable a todo lo que pudiera separar a la comunidad haciendo hincapié en la «carne», ya sea la «carne» judía de los maestros rivales, la «carne» sin circuncisión de los nuevos prosélitos o las «obras de la carne» que dividirían a las comunidades, las familias y las sociedades enteras en facciones airadas. Más bien, el objetivo de las agudas advertencias de Pablo, siendo las más agudas las de 5:7-12, es despejar el terreno para que surja la auténtica nueva humanidad: la comunidad humana en la que el Mesías crucificado y resucitado no solo es honrado por la imitación, sino que está personalmente presente en la forma de su propio Espíritu. Al fin y al cabo, los seguidores de Jesús han recibido «el Espíritu del Hijo» (4:6). En este punto, el cuadro de Pablo sobre el fruto del Espíritu comienza a parecerse mucho al cuadro de Juan sobre la vid y los pámpanos.

El último punto que hay que señalar antes de entrar en los detalles es, en cierto sentido, el más obvio. A lo largo de Gálatas, Pablo está advirtiendo contra la «carne» — es decir, principalmente, contra la atracción de la familia de Abraham, basada en la carne, que ofrece una aparente seguridad contra los duros desafíos a los que se enfrentaría una nueva realidad social cuya mera existencia invitaría a la sospecha y la hostilidad. No creo que Pablo esté suponiendo que los creyentes gálatas estén en peligro de los estilos de vida antinómicos que encontraría en Corinto. Sus advertencias contra el «vivir según la carne» se dirigen, no contra el libertinaje como se concibe normalmente, sino contra un tipo diferente de libertinaje, el «morderse y devorarse unos a otros» del versículo 15 y el engreimiento, la competencia mutua y los celos del versículo 26. Pero, como parte de este argumento, está diciendo, en efecto, «Entonces, ¿quieren ver cómo sería una identidad 'según la carne'? Bueno, permítanme recordarles el estilo de vida pagano normal: libertinaje, luchas entre facciones, orgías de borrachos y cosas por el estilo. ¿Es esa realmente la compañía que quieren tener?». Una vez más, en otras palabras, está alineando un cambio a la sinagoga con una regresión al paganismo.

Así que a los detalles:

5:19a Las «obras de la carne» son «obvias»: todo el mundo sabe, en otras palabras, de qué estamos hablando. Podemos suponer que Pablo cree que son «obvias» no solo para los judíos, o para los seguidores de Jesús, sino en el mundo pagano en general. Aunque estos estilos de vida están muy extendidos, la gente sabe en sus huesos que no son ni saludables, ni sabias, ni finalmente agradables. Mucha gente, sin una vida o compromiso espiritual fuerte, sigue reconociendo que las personas felices no hacen fácilmente estas cosas — o, si lo hacen, que su felicidad se verá agriada por ellas.

5:19b-21a La lista comienza con tres palabras generales para la mala práctica sexual.[39] «Fornicación», *porneia*, se refiere más naturalmente al sexo con una prostituta (*pornē*), pero la palabra también se aplicaba más generalmente a la actividad sexual no marital. «Inmundicia», *akatharsia*, indica el tipo de comportamiento que hace que uno esté «sucio», ya sea realmente «impuro» en términos de un culto del templo o moralmente impuro. «Libertinaje», *aselgeia*, es de nuevo más amplio, refiriéndose al tipo de comportamiento que ha dejado de lado la restricción o el control normal.

Ahí siguen las dos palabras que, para un judío, señalaban el «verdadero problema» de las comunidades y estilos de vida gentiles. Los gentiles adoraban a los ídolos; y, quizás dentro de ese contexto, practicaban la hechicería. En otras palabras, se exponían o invitaban activamente a que poderes oscuros distintos del Dios Único tuvieran acceso a sus vidas, y estos poderes oscuros causarían estragos, tanto en los individuos como en aquellos cuyas vidas tocaran, es decir, en toda la comunidad. Ya Pablo se aleja de la idea de «carne» como simple «vida física». Los ídolos hacían demandas físicas y a veces sancionaban o fomentaban los pecados corporales, pero el problema con la idolatría no era que les llevara a violar también los otros mandamientos (aunque lo haría) sino que transgredía el primer mandamiento. En el mundo antiguo había mucha «hechicería», ya que la aparente aleatoriedad de los acontecimientos dejaba a muchos desconcertados y animaba a la gente a buscar soluciones, o al menos consuelo, por cualquier medio posible.

A continuación, nos encontramos con los ocho términos que cubren el espectro del comportamiento antisocial de forma tan completa que es difícil pasar una hojilla analítica entre ellos. «Hostilidades» (*echthrai*) es un término general que se refiere a cualquier cosa, desde una guerra a gran escala entre naciones hasta una pelea con un vecino o un colega. «Discordias» (*eris*) es el estado de desavenencia enojada airada y quizás violenta que resulta. «Celos» (*zēlos*) es la misma palabra que «celo», pero aquí no parece tratarse del fervor nacionalista de 1:14 ni del afán personal de 4:17, sino más bien de un feroz partidismo en un área disputada. *Thymoi* — observamos el cambio al plural[40] — son «arrebatos de ira», momentos concretos en los que el ardor de los tres vicios anteriores ya no puede contenerse sino que estalla en llamas reales. Las «ambiciones egoístas» (*eritheiai*) vuelven a ser plural, ya que la gente busca con avidez las oportunidades de mejorar a costa de los demás. «Contiendas», igualmente, es plural (*dichostasiai*), las múltiples tendencias de las diferentes personalidades a aferrarse a algún rasgo particular de la vida y apiñarse con los afines, demonizando a los que no ven las cosas de esa manera. El resultado son las «divisiones» (*haireseis*, palabra de la que procede «herejía»): un grupo asentado y establecido que se ha separado del resto. (Los primeros seguidores de Jesús fueron, por supuesto, llamados «herejes» por algunos de sus contemporáneos;

---

[39] Muchos manuscritos antiguos agregaron *moicheia*, «adulterio», al inicio de la lista. Pablo hubiese, por supuesto, estado complacido de clasificar el adulterio entre las «obras de la carne», pero podemos asumir que las tres palabras que usa cubren el área en general.

[40] Muchos de los MSS tienen *zēloi* por *zēlos* en la palabra previa, también, indicando momentos o actos específicos de pasión celosa.

la cuestión de quién es realmente el «hereje», el verdadero movimiento de ruptura, está con nosotros hasta el día de hoy).[41]

El último en la lista de comportamientos antisociales es «las envidias» (*phthonoi*). Una vez más, el plural indica no solo un estado general, sino momentos específicos en los que alguien puede estar dominado por un resentimiento carcomido.

Para repetir: Pablo probablemente podría haber cubierto estos ocho con dos o a lo sumo tres términos generales. El hecho de que no lo haga, sino que explique en detalle toda la horrible gama, indica poderosamente cómo veía el problema en Galacia. Su repentina atención a la «carne» había producido un desenfreno de vida «carnal», específicamente en el área de sus relaciones mutuas.

Quedan los dos últimos temas, más o menos habituales en la moralización judía y pagana. En primer lugar, está la borrachera: *methai*, otro plural (así, propiamente, «borracheras»), que indica una práctica habitual con todas sus consecuencias deshumanizadoras. Luego está el *kōmoi*, el «desenfreno» que era una característica de la vida antigua en todo el espectro social, proporcionando un contexto en el que muchas de las otras «obras de la carne» podían florecer sin control e incluso ser celebradas.

5:21b Pablo ha emitido antes advertencias solemnes sobre estos diversos estilos de vida («Les he dicho antes, y se los repito»); esto debe significar que su instrucción original había incluido una enseñanza fuerte y clara sobre las formas en que seguir a Jesús significaría dejar atrás todo este tipo de comportamiento. El verbo griego en «quienes *hacen* tales cosas» está en tiempo presente, lo que indica una práctica establecida y continua en lugar de un lapso ocasional. (Pablo habría sido muy consciente de que algunos podrían disfrazar lo primero como lo segundo).

Entonces, de repente, encontramos la única referencia en la carta al «reino de Dios», aunque, como en todas las raras menciones de Pablo a lo que había sido el tema central de Jesús, parece que lo ha estado presuponiendo en todo momento. Para Pablo, como para todos los primeros seguidores de Jesús, éste había *inaugurado* el tan esperado gobierno salvador del Dios Único, pero había un lapso de tiempo entre su resurrección y la finalización de esta tarea, cuando Dios sería «todo en todos». El pasaje paulino más claro sobre todo esto es 1Corintios 15:20-28, aunque una vez que se ha entendido lo que Pablo dice allí, se hace visible también en muchos otros lugares, sobre todo en Romanos. Ese pasaje de 1Corintios puede indicar que, al igual que en Efesios 5:5, Pablo se habría contentado con distinguir entre el reino del Mesías (que ya es una realidad, encarnada en la comunidad actual de seguidores de Jesús) y el reino de Dios (viendo este último como una realidad futura, cuando se complete la obra actual del Mesías). En cualquier caso, parece que eso es lo que tiene en mente aquí, aunque en otros lugares puede utilizar «reino de Dios», casi de forma casual, en referencia a la vida presente de la comunidad.[42]

Este futuro y último «reino de Dios» resulta ser entonces la «herencia», a la que Pablo se ha referido varias veces en los capítulos 3 y 4. Una vez más, no se trata de «ir al cielo». Se trata de la soberanía salvadora de Dios que renueva toda la creación, elevando

---

[41] Véase, por ejemplo, Hechos 14:5, 14; 28:22. La palabra fue usada también, sin embargo, para los «grupos» de los saduceos (Hechos 5:17) y los fariseos (Hechos 15:5; 26:5).

[42] Ejemplo, Rom. 14:17.

a su pueblo a una nueva vida corporal dentro de ella. Y, como dijimos antes, la declaración de Pablo de que los que practican ciertos estilos de vida están excluidos de esa realidad final futura no tiene nada que ver con sus propios «gustos» u «odios» personales. Esa idea surge del intento moderno («ética emotivista») de reducir el discurso moral a expresiones de sentimientos o prejuicios personales. Para Pablo, la advertencia sobre «no heredar el reino de Dios» es analíticamente cierta.

Lo que importaba para Pablo, en última instancia, era la bondad de la creación de Dios, y el propósito del reino de restaurar esa creación a su orden adecuado, con los seres humanos desempeñando su papel dentro de ella. Por lo tanto, sería sencillamente imposible concebir que las vidas que han sido distorsionadas o desfiguradas por las «obras de la carne» (y que por lo tanto han distorsionado y desfigurado a otros junto con ellas) encuentren un lugar continuo dentro de ese nuevo mundo. También en este caso, nuestra forma moderna, y en particular protestante, de enfocar las cosas puede habernos confundido. Mientras pensemos en acciones y actitudes específicas como «pecados» aislados, nos inclinamos — ya sea porque creemos en una versión de la justificación de «una vez salvos, siempre salvos» o porque creemos en un Dios «que todo lo puede» — a suponer que cualquier cosa que la gente haya hecho en esta vida parecerá irrelevante en la vida venidera. Para Pablo, los actos individuales específicos eran más importantes que eso. Eran el resultado de un carácter profundamente arraigado. Lo que importaba era el carácter. El evangelio fue diseñado para traer sanidad y esperanza a vidas humanas distorsionadas y desfiguradas.

Pablo, por supuesto, mantendría la posibilidad de arrepentimiento y enmienda hasta el final. Habiendo sido él mismo convertido de su antiguo «celo» a su propia vida nueva, conocía y celebraba las insondables profundidades de la misericordia divina.

5:22-23a El ambiente, el propio olor, de las dos listas habla por sí mismo. Basta con imaginar que un lado de la calle está poblado por personas que coinciden con la descripción de los versículos 19-21 y que el otro lado de la calle contiene personas caracterizadas por los versículos 22 y 23. Uno sabe de inmediato qué lado elegiría para pasar y a qué lado se dirigiría en busca de ayuda, o de compañía, o para compartir una celebración o una pena repentina. El punto sobre el Espíritu, y con ello todo el punto de la ética cristiana, es que significa *rehumanización*. Se trata de llegar a ser más plenamente humanos juntos.

Quizás el contraste más agudo es que las «obras de la carne» miran todas hacia adentro: todas son «sobre mí». La inmoralidad sexual utiliza a otra persona para gratificar los propios deseos. La idolatría y la hechicería son intentos de manipular el mundo para que tenga la forma que a mí me gustaría. La hostilidad, el enojo ira y las divisiones tienen que ver con que yo y mis amigos nos enfrentemos a algún otro grupo. La borrachera me permite sumergirme en un mundo privado, y aunque los desenfrenos pueden dar una apariencia de «unión», son huecas en el fondo, una parodia brillante de la verdadera amistad. En cambio, la mayoría de las manifestaciones del «fruto del Espíritu» son explícitamente exteriores: el amor, obviamente, y luego la longanimidad, la bondad, la generosidad, la fidelidad, la gentileza. No solo requieren de otras personas para ser practicados (como vimos, la virtud cristiana difiere en este punto del tipo aristotélico solitario), sino que miran específicamente hacia el mundo y la comunidad en general. Son, en el lenguaje técnico, exocéntricas: orientan a la persona hacia los demás. Los otros tres, «gozo», «paz» y «auto-control», probablemente serían vistos por Pablo como igualmente corporativos. El gozo puede ser, sin duda, privado, pero anhela ser compartido y, por tanto, se multiplica. La armonía interior que implica la «paz» no es, para Pablo, algo que pueda derrumbarse en una auto-satisfacción privada; se manifiesta en la genuina comunión de ideas de la que habla tan a menudo, como por ejemplo en Filipenses 2:1-5. «Dios los ha llamado a *paz*», dice sobre la armonía matrimonial (1Cor. 7:15). Y, en cuanto al auto-control, una cosa es mantener las pasiones y los estados de ánimo a raya cuando se está solo, pero otra muy distinta es contenerlos cuando los demás actúan de forma que provocan al dragón dormido.

Observamos, en particular, el papel destacado de las características personales que muchos seguidores de Jesús, por desgracia, parecen considerar como extras opcionales: gran corazón (o «longanimidad»), bondad, generosidad, fidelidad[43] y gentileza. Al igual que en la sección central de las «obras de la carne», aquí podemos suponer que Pablo las ha destacado, entre otras cosas, porque ve que la comunidad gálata necesita urgentemente todas ellas. Las presiones sociales y culturales suscitadas por el Evangelio, por un lado, y las enseñanzas rivales, por otro, necesitan ser enfrentadas con el carácter asentado, maduro, modelado por Jesús y guiado por el Espíritu, que demostrará al resto del mundo que existe una nueva forma de ser humano, y no simplemente una nueva y peligrosa variación de las viejas formas.

5:23b El comentario irónico de Pablo sobre esta lista («¡No hay ley que se oponga a esas cosas!») puede tener dos objetivos concretos. Puede estar dirigido a los que quieren seguir a los maestros rivales en una observancia de la Torá que insisten en algunas cosas (la circuncisión) y descartan otras (los alimentos no kosher): pues bien, Pablo estaría diciendo, ¡las personas que insisten en guardar la Torá no pueden oponerse si se vive el amor, el gozo, la paz y lo demás! Pero también puede estar dirigido a quienes pudieran estar ansiosos de que seguir a Jesús les llevara directamente a estilos de comportamiento, incluyendo patrones de adoración, que algunos dentro del mundo entusiastamente romano de Galacia juzgarían ilegales. (Esto sucedió en otros lugares, y podemos sospechar que Lucas en Hechos solo nos ha mostrado la punta del iceberg).[44] Así que, Pablo está diciendo, ¡ningún legislador, ningún magistrado, ningún celoso adherente a la Torá les acusará de violar la ley si viven así! Un estilo de vida así no solo será encantador en sí mismo (a uno le encantaría tener amigos y vecinos de ese calibre), sino que no atraerá el oprobio, oficial o de otro tipo, de los forasteros.

5:24 Sin embargo, luego viene el punto crucial. Para llegar a ser un portador de fruto en este sentido, uno debe haber sido «crucificado» con el Mesías, como Pablo había declarado que era cierto en su propio caso en 2:19. Aquí es donde, por fin, la muy específica auto-descripción de Pablo el judío celoso, muriendo a la ley con su Mesías, se convierte en el modelo para todos los creyentes bautizados. ¿Cómo, podrían preguntar

---

[43] La palabra aquí es simplemente *pistis*, claramente indicando confiabilidad y lealtad.

[44] Véase Hechos 16:21; 17:6; y, diferentemente, 18:13 (los judíos en Corinto acusando a Pablo de enseñar adoración legal).

sus oyentes, podemos producir este «fruto» y evitar esas «obras»? Pablo insiste en que «los que pertenecen al Mesías, Jesús» (una construcción similar a la de 3:29) «crucificaron la carne». Esto ya ha ocurrido. El aoristo *estaurōsan* significa lo que normalmente significan los aoristos. Como en Romanos 6:6, donde la «vieja humanidad» *fue crucificada* en el bautismo, esto es un evento pasado. Ya ha tenido lugar, en el bautismo y la fe. Esta afirmación tajante y sorprendente ha llevado a algunos a suponer que ahora, como cristianos de pleno derecho, son incapaces de pecar; y esto ha generado una reacción en la que algunos han supuesto que la «vieja humanidad» todavía está al acecho, llevándonos por el mal camino, y que necesita ser «muerta» una y otra vez. El resultado es una confusión pastoral y personal. En efecto, para que desaparezcan las «obras de la carne» y aparezca el «fruto del Espíritu», es necesario un «sacrificio» regular; así lo dice Pablo en Romanos 8:12-13 y Colosenses 3:5-11. Pero esto es el resultado de un acontecimiento anterior. El pueblo del Mesías *crucificó la carne*: tiempo pasado. «Sus pasiones y deseos» (sobre todo, en el contexto actual, el furioso faccionalismo que se ha apoderado de Galacia) ya han sido clavados en la cruz. En la oración y en el asesoramiento pastoral, esta realidad, que se da ya en los acontecimientos del evangelio, debe ser llevada a la resolución y a la acción diarias.

5:25 Por lo tanto, puesto que el Espíritu es la fuente de nuestra vida (Pablo se remonta a 3:1-5, donde el Espíritu fue el que transformó a los individuos y a la comunidad mediante el Evangelio), el Espíritu debe ser el guía y el director. «Comenzaron con el Espíritu», dijo en 3:3, «¿y ahora van a terminar con la carne?». Es la misma pregunta. Podríamos entender erróneamente que «si vivimos por el Espíritu» se refiere en general a la vida continua ordinaria. Pero Pablo está usando «vivir» en un sentido más fuerte que el castellano «vivir» (que realmente solo significa «continuar nuestra existencia»). El Espíritu es el que ha dado la vida nueva, la anticipación en el presente de la vida de resurrección del futuro. Ahora el Espíritu debe ser la guía de cómo «alinearnos».

La palabra que he traducido como «alinearse» se traduce a veces como «andar»: *stoicheō*, diferente del *peripateō* del versículo 16. Es posible que esto se remonte a la *stoicheia* de 4:1-11: ahora que los «elementos» de la persona han sido sanados y realineados por el evangelio y el Espíritu, ¡así es como pueden por fin vivir una vida genuinamente humana! O puede ser una coincidencia, algo que notamos por nuestro estudio lingüístico pero que Pablo puede haber dicho simplemente con el significado cotidiano de la palabra. Un *stoicheion* es una «fila» o «alineación»: el Espíritu les está diciendo cómo «ponerse en línea», siendo la línea en cuestión la línea *de la* vida y *hacia la* vida. Tu tarea es ver la línea y ceñirte a ella.

5:26 La verdadera clave está en el último versículo del pasaje. Como he indicado, el hecho de que Pablo concluya esta discusión con este mandato concreto muestra que el capítulo 5 no ha tratado simplemente de la «ética» en general, sino que se ha centrado todo el tiempo en las peligrosas disputas y divisiones internas que han surgido a causa de los maestros rivales. (No cabe duda de que habrían echado la culpa del lío a Pablo y – según ellos – a su confuso semi-evangelio. Pero desde el punto de vista de Pablo, los propios acontecimientos del evangelio no dejan lugar a dudas). Así que, además de las «obras de la carne» enumeradas en los versículos 19 y 20, destaca otros tres estilos de comportamiento que considera claramente como los culpables finales en el presente caso.

En primer lugar, está el «engreimiento»: *kenodoxoi* significa «gloriarse en el vacío», presumir de algo inexistente. Esto puede referirse al vacío sentido de estatus social que los maestros rivales estaban ofreciendo a los conversos de Pablo. En segundo lugar, está el «competir entre sí», el *allēlous prokaloumenoi*, el hacer afirmaciones de superioridad, ya sea de ascendencia real o putativa o de posición social, afirmaciones que la gente hace con el fin tomar la delantera a los demás. Por último, hay pura «envidia», *allēlois phthonountes*, recogiendo una de las «obras de la carne» e indicando que esta era un peligro presente en la comunidad. ¿Estaban los conversos gentiles celosos de sus compañeros judíos, ya sea por su herencia ancestral o por su posición privilegiada bajo la ley romana, o por otra cosa? ¿O era al revés? ¿Estaban los creyentes judíos celosos de estos nuevos conversos que parecían vivir de una forma nueva que parecía atractiva pero quizás inalcanzable para los que todavía compartían la vida de una comunidad judía de la diáspora muy unida? ¿O había otras divisiones, ya sea de posición social o de riqueza, de las que no podemos detectar nada? De un modo u otro, la preocupación central de Pablo aquí, como en toda la carta, es la unidad armoniosa del pueblo del Mesías en Galacia. El capítulo 6 lo desarrollará un poco más antes del último y decisivo párrafo final de la carta.

Conclusión

Gálatas 5 debería, en principio, hacer una enorme contribución a la tarea de «formación cristiana». Esta contribución, sin embargo, es fácilmente ahogada por dos cosas: primero, el estilo críptico, casi telegráfico; segundo, una ansiedad protestante de que la «ética» pueda contribuir a una teología de las «obras» que entre en conflicto con la «justificación por la fe». Esta última preocupación ha tratado regularmente de ocultar la exhortación moral («¡cuidado con intentar añadir 'buenas obras' a su justificación!») explotando el primer problema, es decir, centrándose en versículos individuales sacados de contexto (por ejemplo, «Si son guiados por el Espíritu, no están bajo la ley», entendido como «sin instrucción moral aquí, muchas gracias: ¡somos buenos cristianos reformados!»). Pero cuando miramos el pasaje como un todo y leemos las densas y cortas frases como resúmenes de ese todo bien entendido, surge un mensaje tan desafiante como inesperado.

Este mensaje se centra, como gran parte de la carta, en la unidad de la Iglesia. En efecto, todo el capítulo gira en torno al mandamiento central: amar al prójimo como a uno mismo (5:14). Está claro que esto debe extenderse mucho más allá de la iglesia (compárese con 6:10), pero al menos debe comenzar allí, con la certeza de que todos los creyentes en Jesús, independientemente de su origen étnico o incluso moral, forman una sola familia. Eso, como hemos visto, es el verdadero filo de la «justificación por la fe». Así, los versículos 2-12 advierten contra una acción (recibir la circuncisión) que dividiría a la iglesia por líneas étnicas, como Pedro había estado haciendo implícitamente en Antioquía («obligando a los gentiles a hacerse judíos», 2:14). Los versículos 13-26 advierten contra el violento faccionalismo que — por lo que podemos deducir — amenazaba con estallar entre los diferentes grupos, a medida que las implicaciones sociales, políticas y personales del evangelio calaban, llevando a algunos a abrazarlo y a otros a resistirse.

Los versos 2-12 no son, pues, simples ataques al azar contra los adversarios, ni tampoco contra los «rituales religiosos». Tampoco los versículos 13-26 son simples «instrucciones éticas» misceláneas. Ambas secciones del capítulo, redactadas con una fuerza y un equilibrio retóricos deliberados (aunque muy diferentes), apuntan al mandamiento central del amor mediante el cual se cumple la ley.

Esta última afirmación, al igual que en el versículo 14, es aún más paradójica debido a la insistencia anterior de Pablo sobre la condición temporal de la propia ley mosaica. Aquí, al igual que en Romanos 8:3-4, lo que la propia Torá no pudo hacer se realiza ahora mediante el Mesías y el Espíritu. Dios ha creado un mundo nuevo, y la «nueva creación» cósmica (6:15) encuentra su expresión local en la nueva creación personal, la transformación del individuo por el Espíritu que mora en Jesús. La Torá, mirando, reconoce que así se cumple su intención definitiva.

La primera lección aquí para la «formación cristiana», por lo tanto, bien puede ser la necesidad urgente de protegerse contra cualquier cosa que divida a la iglesia, particularmente cualquier división a lo largo de líneas étnicas. Negativamente, como en 5:2-12, esto se refiere a cualquier cosa que trace una línea entre un seguidor del Mesías y otro, ya que lo único que importa es estar «en el Mesías», como lo atestigua la «fe que obra por el amor» (5:6). Si hay que hacer uso de todos los recursos retóricos para transmitir esto, como en los versículos 7-12, que así sea, suponiendo que el orador o el escritor conozca lo suficientemente bien a su audiencia como para hacer puntos agudos sin causar una ofensa innecesaria. Positivamente, como en 5:13-26, el llamado a la unidad significa que las disputas violentas dentro de la iglesia constituyen una negación del propio fundamento del evangelio. Como hemos visto, aunque Pablo advierte aquí contra una gama mucho más amplia de comportamientos «carnales», desde la inmoralidad sexual hasta la borrachera, el énfasis principal del pasaje recae en el furioso faccionalismo que, debemos deducir, se había apoderado de las iglesias gálatas.

No hay que perder la ironía. Se relaciona directamente con la aplicación de este pasaje en nuestros días. La lectura habitual de Gálatas en términos de «obras de la ley», *consideradas como buenas acciones morales más que como marcadores de identidad étnica*, ha llevado a una degradación tal de los imperativos particulares que Pablo está enfatizando — con el amor en el centro — que la división de la iglesia según las líneas étnicas se ha aceptado como una norma. Lo que Pablo más deseaba mantener — la unidad multiétnica de la Iglesia, certificada precisamente por la «justificación por la fe» — ha sido puesto en peligro por la mala interpretación de la propia «justificación». Por lo tanto, si todo el sentido de la polémica de Pablo contra las «obras» era la exclusión de las marcas étnicas o tribales, no debería sorprendernos que, cuando se malinterpreta a Pablo, el resultado sean las múltiples divisiones, incluidas las étnicas, que tanto han desfigurado a la iglesia.

En el mismo punto en el que las iglesias que seguían la línea de pensamiento real de Pablo podrían haber estado dando una pista en la desafiante aldea global de hoy, encontramos en cambio iglesias que refuerzan las divisiones étnicas, permitiendo que aquellos con motivaciones muy diferentes se apoderen de la iniciativa multicultural a la que la iglesia nunca debería haber renunciado. La verdadera vocación de la iglesia es ser un signo para los poderes del mundo de las verdaderas intenciones del Creador (Efesios 3:1-7). Cuando esto se olvida, entonces, como descubrió el propio Jesús, personas con otras agendas se entrometerán en el acto (Mateo 11:12).

El llamado a la unidad en la iglesia de hoy invita a responder: ¿a cualquier precio? ¿Significa esto que «todo vale»? ¿Debemos sacrificar la seriedad moral para conseguir esta unidad? Ciertamente no. Decir que las «obras de la ley» en el sentido paulino son ahora irrelevantes para la pertenencia a la iglesia no es una invitación abierta al antinomianismo como se suele entender. Las advertencias de Pablo contra el comportamiento «carnal» son agudas y claras. Se sitúan aquí, en una especie de resumen relámpago de Romanos 1-8, en el contexto de la doctrina escatológica de la justificación, donde el veredicto final de «justo» se anticipa en el presente (Romanos 2:1-16 y 8:31-39 con 3:21-31). Por tanto, la «justicia» no es solo la condición actual del creyente, como en Gálatas 2, 3 y 4, sino que es también la esperanza última (5:5). Para decirlo al revés, el veredicto *dikaios* pronunciado ya sobre la fe, que certifica al creyente como hijo de Abraham, será reafirmado por Dios al final. Así pues, la pregunta que se nos plantea es: ¿cómo podemos estar tan seguros de que ambos veredictos coincidirán?

Al igual que en Romanos, el vínculo entre la «justicia» presente y la futura se realiza a través del Espíritu. El Espíritu actuó a través del Evangelio cuando los gálatas creyeron originalmente (3:1-5). Ahora, por ese mismo Espíritu, deben «hacer morir las obras de sus miembros» (Romanos 8:13; compárese con Colosenses 3:5). El esfuerzo moral del creyente, que lucha contra la continua atracción y arrastre del pecado como un nadador atrapado en una fuerte marea, es energizado y guiado por la obra oculta pero vital del Espíritu, poniendo en práctica la victoria del Mesías sobre las fuerzas oscuras y mortales del pecado y la muerte que mantienen a las personas esclavizadas. Como a menudo en Pablo, hay que decir dos cosas simultáneamente: «Trabajé más que todos ellos, aunque no fui yo, sino la gracia de Dios la que estuvo conmigo» (1 Corintios 15:10; compárese con Filipenses 2:12-13 y Colosenses 1:29).

El presente pasaje, junto con las breves menciones del capítulo 6, es de hecho el único lugar de Gálatas en el que Pablo mira más allá de la pregunta inmediata y urgente («¿Quiénes son realmente los hijos de Abraham?»), hacia las cuestiones más amplias de la futura salvación final o su opuesto. Aquí hay dos versículos claves que se equilibran entre sí: «esperamos ansiosamente, por el Espíritu y por la fe, la esperanza de la justicia» (5:5) y luego «quienes hacen tales cosas no heredarán el reino de Dios» (5:21; véase también 6:5, 8). La esperanza es segura, pero el desafío es agudo. Pablo no aborda aquí el problema que encuentra en 1 Corintios, el de las personas que parecen ser creyentes pero cuyo comportamiento pone en tela de juicio esa condición: ¿dónde quedan entonces? Pero ese problema pastoral y teológico no puede socavar ni la esperanza segura ni la severa advertencia. Aquí, como en otras partes, el desafío múltiple de la cruz sigue siendo el sello del pueblo de Dios. El pueblo del Mesías «crucificó la carne» (5:24; compárese con 6:14). La fe cruciforme que confía en el acto de amor supremo del Mesías (2:20) y que en sí misma «obra a través del amor» (5:6) es el único distintivo seguro de la pertenencia actual, la verdadera garantía de la «justicia» definitiva.

La unidad de la Iglesia – renunciando al faccionalismo airado, especialmente en relación con las identidades étnicas, tribales o políticas – va, pues, de la mano de la llamada a la santidad. Como se ha señalado a menudo, la unidad parece relativamente fácil si no te preocupas por la santidad: simplemente te reúnes e ignoras las diferencias de estilo de vida. Del mismo modo, la santidad parece comparativamente fácil si no te preocupas por la unidad: simplemente te separas de todos los que no están de acuerdo contigo. En ambos casos, por supuesto, las apariencias engañan. La dura lucha por la mezcla paulina de unidad y santidad – cuestiones centrales en toda la formación cristiana – implicará sufrimiento, sobre todo para los líderes de la iglesia que se enfrentan a la incomprensión y a las críticas de todas partes. Bienvenido, podría decir Pablo, a mi mundo. Al mundo moldeado por la cruz del Mesías. A un desafío tan urgente en el siglo XXI como lo fue en el primero.

GÁLATAS 6:1-18

Traducción

$^{6:1}$Mi querida familia, si alguien es hallado en alguna transgresión, entonces ustedes—¡los «espirituales»!—deben corregir a tal persona con un espíritu de gentileza. Cuídate tú mismo: también puedes ser probado. ^{2}Lleven las cargas unos de los otros; esa es la manera de cumplir con la ley del Mesías. ^{3}Si se creen algo que no son, se están engañando a ustedes mismos. ^{4}Cada uno de ustedes debe probar su propia obra, y luego tendrán una razón para jactarse, no de alguien más. ^{5}Cada uno de ustedes, ya ven, tendrá que llevar su propia carga.

^{6}Si a alguien se le está enseñando la palabra, debe compartir con el maestro todas las cosas buenas que tiene. ^{7}No se confundan; de Dios nadie se burla. Lo que siembras es lo que cosechas. ^{8}Sí: si siembras en el campo de tu carne, cosecharás podredumbre de tu carne, pero si siembras en el campo del Espíritu, cosecharás vida eterna del Espíritu. ^{9}No pierdan su entusiasmo por comportarse apropiadamente. Cosecharán en el tiempo debido, si no desfallecen. ^{10}Así que, mientras tengan oportunidad, hagamos bien a todos, y particularmente a los de la casa de la fe.

^{11}Miren las letras grandes con las que les escribo con mi propia mano. ^{12}Los que intentan obligarlos a que se circunciden están buscando quedar bien — con el único fin de evitar la persecución por la cruz del Mesías. ^{13}Ya ven, incluso los que están circuncidados no cumplen con la ley, más bien, quieren que se circunciden para ellos poder jactarse por su carne.

^{14}En cuanto a mí, Dios me guarde de jactarme—excepto por la cruz de nuestro Señor Jesús el Mesías, a través de quien el mundo ha sido crucificado para mí y yo para el mundo.

^{15}La circuncisión, ya ven, es nada; ¡también lo es la incircuncisión! Lo que importa es la nueva creación. ^{16}Paz y misericordia con los que viven de acuerdo a esa regla—sí, al Israel de Dios.

^{17}Por lo demás, que nadie me moleste. De hecho, llevo las marcas de Jesús en mi cuerpo.

^{18} La gracia de nuestro Señor Jesús el Mesías esté con sus espíritus, mi querida familia. Amén.

Introducción

Quizá más que ninguna otra carta de Pablo, Gálatas termina como empezó, tanto en el tono de voz como en los temas expuestos. Los últimos ocho versos del capítulo final recapitulan los primeros nueve versos del primer capítulo de tal manera que no debería haber ninguna duda sobre el mensaje de Pablo y sobre la forma en que despliega su energía irónica, así como su estrategia retórica, para transmitir ese mensaje. Su resumen final, sin embargo, plantea otras cuestiones agudas sobre su teología, y en particular sobre su eclesiología.

Al igual que la apertura, el presente pasaje es profundamente personal. Recoge las notas autobiográficas del capítulo 1, del cierre del capítulo 2, de 4:12-20 y, sobre todo, del 5:2-12. Vemos cómo Pablo une la carta de la manera más ajustada posible en un poderoso conjunto retórico.

6:1-10 - Exhortaciones finales

Antes de esos nueve versos finales, hay diez versos de exhortación. Estos parecen ampliar, o tal vez simplemente añadir, las exhortaciones centradas en 5:13-26, de dos maneras tal vez inesperadas. Plantean de forma ligeramente distinta la cuestión que nos planteamos en el pasaje anterior: ¿Por qué necesita Pablo ofrecer *estas* exhortaciones *ahora* a *esta iglesia en particular* – exhortaciones que no tienen un paralelo directo en otros lugares? En cada caso (6:1-5 por un lado, 6:6-10 por otro) hay referencias irónicas a los temas más amplios de la carta. Pero esto parece más una especie de broma delicada, que entreteje los ecos del tema más amplio en una instrucción más generalizada, que una indicación de que los temas principales en cuestión se desarrollan aquí de forma significativa.

6:1-5 *Responsabilidad mutua e individual*

Si existe un vínculo entre el final del capítulo 5 y el comienzo del capítulo 6, puede ser la importancia de construir una comunidad sin celos ni rivalidades. Evidentemente, Pablo sabía con qué facilidad el sentido de la competencia social y cultural (común en todas las sociedades en todos los tiempos, pero fácilmente amplificado dentro de la existencia de una ciudad antigua compacta y amurallada) podía invadir la iglesia, produciendo una combinación de orgullo y búsqueda de defectos. Al mismo tiempo, habrá fallas que realmente necesiten ser corregidas, y parte del funcionamiento interno de una iglesia sana es que aquellos con una genuina visión espiritual ejerzan un ministerio de amonestación. En otras palabras, no se puede simplemente hacer la vista gorda ante el mal comportamiento en la iglesia. No se puede evitar la responsabilidad mutua esperando que el Espíritu aclare las cosas a cada individuo sin que nadie más intervenga.

Hay un delicado equilibrio aquí, que se refleja en las paradojas incorporadas a este párrafo. Observamos una aparente tensión, presumiblemente pensada de forma irónica, entre «llevar las cargas de unos a otros» en el versículo 2 y «cada uno deberá llevar su propia carga» en el versículo 5. En parte, esto debe resolverse escatológicamente: la actual amonestación mutua dentro de la comunidad debe ser una forma de preparar a cada miembro para el día venidero cuando, como en Romanos 14:10-12 o 2Corintios 5:10, todos deban comparecer ante el tribunal del Mesías. En el tiempo presente, el reparto mutuo de las cargas – una categoría más amplia que la de simplemente enderezar a los que se portan mal, pero claramente necesaria para que la tarea específica no sea peligrosamente negativa — es un auténtico acto de cumplimiento de la ley; pero es la ley del Mesías (el *nomos tou Christou*) la que se cumple de este modo. Esta referencia irónica a la ley del Mesías forma parte de un pequeño grupo de dichos de diversas tradiciones en los que se considera que Jesús ha refrendado, y dado una nueva dirección y energía, a la ley del amor de Levítico 19:18, ya citada en 5:14 (véase la discusión en ese punto). Los ejemplos obvios no paulinos son el «nuevo mandamiento» de Juan 13:34 (discutido más extensamente en 1Juan 4:7-21) y la «ley real» de Santiago 2:8. Todo esto indica que estamos manejando aquí una tradición muy temprana y extendida de la ética cristiana básica.

La lógica de los tres primeros versos parece ser la siguiente. En primer lugar, está el deber de enderezar el comportamiento incorrecto. Este deber, como sabe Pablo, puede rebotar fácilmente, ya que las tentaciones golpean a todos y cada uno de los discípulos. La tarea debe ser vista, entonces, no como una actividad moralista o de juicio, sino como parte de la vocación de acompañar y ayudar a los que llevan cargas pesadas. La advertencia del versículo 3 es explicativa (*gar*): el auto-engaño es siempre un peligro. Esto puede aplicarse tal vez a los dos «lados» de la ecuación: el que es culpable de la falta y, al estar auto-engañado, no se da cuenta, y también el que intenta corregir la falta pero, también auto-engañado, carece de la humildad necesaria para evitar un sentimiento de superioridad. Pablo hace un gesto, una vez más quizás con ironía, hacia este último punto con el versículo 1, «ustedes que son espirituales», *hymeis hoi pneumatikoi*. Hay ecos aquí de 1Corintios, donde etiquetas como *pneumatikos* pueden haber sido utilizadas para designar diferentes facciones dentro de la iglesia, y Pablo puede haberlas recogido para hacer sus propios puntos.[1] Pero no hay ninguna indicación (a pesar de algunas sugerencias) de que esto fuera un problema serio en Galacia, o que existiera un grupo auto-denominado *pneumatikoi* en Galacia a cuya intervención Pablo estaría aquí apelando.

Si hay un vaivén escatológico entre los versículos 1-3 y 4-5 — amonestación mutua en el presente, responsabilidad individual en el futuro — Pablo quiere que ese futuro invada el presente, como cabría esperar dentro de su visión normal de la «era presente» superpuesta a la «era venidera». Aquí, una vez más, Pablo hace un gesto hacia las cuestiones principales del cuerpo de la carta: lo ideal es que cada uno se evalúe a sí mismo, de modo que a nadie se le ocurra tratar de utilizar el desarrollo del carácter o el cambio de estatus de otra persona como medio para avanzar en su propio prestigio espiritual o incluso social. La idea de «jactarse» en otra persona se remonta, obviamente, a las advertencias anteriores contra los maestros rivales, y a la advertencia explícita de 6:13-14, en la que esos maestros quieren hacer que los conversos se circunciden para poder *ellos mismos* «jactarse» en la «carne» de los prosélitos recién circuncidados — en otras palabras, puedan apuntar a un triunfo socio-cultural que ha evitado el coste real del evangelio.

Existe entonces una tensión superficial entre 6:4 — la idea de poder «jactarse» de uno mismo y no de otro- y las firmes negaciones de Romanos 3:27-30, 1Corintios 1:31, Filipenses 3:3, etc. Sin embargo, la tensión se disuelve en un nivel más profundo cuando

---

[1] Véase, por ejemplo, 1Cor. 2:14–3:4.

nos damos cuenta de que la «jactancia» que se descarta es el orgullo de la condición humana, o judía. Sin embargo, una vez aclarado este punto, es importante descartar también cualquier intento de «jactarse» de otra persona, en el sentido de conseguir que esa persona se ajuste a una regla o norma particular que luego infle injustificadamente el propio estatus o seguridad. Hay otro sentido positivo de la «jactancia» paulina, que es afín a éste: es la «jactancia apostólica» del propio Pablo (Rom. 15:17-21), que ha hecho su propio trabajo en su propia esfera en lugar de tratar de entrometerse en la de los demás. También deberíamos incluir pasajes como 1Tesalonicenses 2:19-20, en el que Pablo observa con toda propiedad el fruto de sus labores y sabe que su trabajo no ha sido en vano.[2] Así, aunque Pablo podía detectar a una legua los falsos tipos de «jactancia», existe un valor propio adecuado, en el contexto de la gratitud a Dios. Para Pablo, el valor propio viene de la realización fiel y fructífera del trabajo al que uno ha sido llamado y para el que el Espíritu ha proporcionado el equipo y la energía.

6:1 La repentina transición es sorprendente. En un momento estamos en el turbulento mundo del 5:13-26, con la comunidad en peligro de desintegrarse. Al siguiente, nos enfrentamos a un consejo íntimo a pequeña escala sobre un seguidor de Jesús que ayuda a otro a retomar el camino después de (parece) una pequeña «infracción», algo que presumiblemente no requiere una disciplina eclesial más estricta. La razón de esta transición, y de este nuevo consejo, no está clara. Es posible que Pablo se refiera de forma oblicua a una situación concreta sobre la que no quiere ser más explícito. Sea o no así, su solución está en consonancia con la «reprimenda privada» de Mateo 18:15, aunque está extrañamente expresada: «Ustedes, los «espirituales», deben enderezar a esa persona»: ¿Quiénes son estos «espirituales»? ¿Pablo está siendo irónico? ¿Insinúa (seguramente no) que existe una distinción reconocida en Galacia entre seguidores de Jesús «espirituales» y «menos espirituales»? ¿O se trata en realidad de un llamado a toda la comunidad («todos ustedes, siendo personas espirituales»)? ¿Y por qué esta referencia es plural cuando la siguiente advertencia, «ten cuidado de ti mismo, también puedes ser probado», es singular?[3] Nada de esto es fácil de responder, pero el punto general no se ve disminuido por ello. La amonestación mutua, en un espíritu de mansedumbre y humildad, es esencial para la salud normal de la comunidad de Jesús.

6:2 Es posible que 6:1 sea simplemente una forma de establecer el delicado equilibrio que Pablo va a plantear ahora en los versículos 2-5. Por un lado, los miembros de la familia deben ayudarse y apoyarse mutuamente; por otro lado, al final, cada persona debe ser responsable de sí misma. El versículo 2, al enunciar el primero de estos principios, añade la llamativa nota de que al apoyarse mutuamente de este modo se cumple la ley mesiánica. Si hay una diferencia entre «cumplir» aquí (*anaplēroō*) y el más simple *plēroō* de 5:14, aquí puede haber un sentido de un particular «cumplimiento justo» de la ley del amor en lugar del anterior mandato general. Como se ha señalado anteriormente, Pablo es consciente de la ironía que supone hablar del cumplimiento de la ley cerca del cierre de una carta cuyo punto principal es que la observancia de la Torá

---

[2] Véase, también, 1Cor. 9:15; 2Cor. 11:10.

[3] NTE/KNT, «Tengan cuidado», plural, es incorrect aquí.

no se exige a los seguidores de Jesús. Pero, como siempre, debemos señalar que la no exigencia de la Torá no supone una relajación de la exigencia moral, sino una redefinición del pueblo de Dios.

6:3 Este verso parece ser una explicación de 6:2, aunque en cierto modo parece ir más naturalmente con la advertencia sobre el auto-examen humilde de 6:1 («Sí, corrige a la persona que está en falta, pero no creas que eso te coloca en una posición superior»). Si se relaciona con 6:2, el sentido parece ser que acudir en ayuda de alguien necesitado es la alternativa preferible a mantenerse al margen como si uno estuviera por encima de ese tipo de problema. La idea de «creerse algo cuando no lo es» nos recuerda, inevitablemente, el sarcasmo de Pablo hacia los apóstoles de Jerusalén en 2:6. En términos más generales, podemos compararla con Romanos 12:3 y 1Corintios 4:6.

6:4 La advertencia de no tener un concepto demasiado elevado de uno mismo lleva a Pablo al otro lado de la balanza. A fin de cuentas, todo el mundo tiene un trabajo que hacer y debe responsabilizarse de él. Por tanto, no se trata simplemente del carácter moral de cada uno, sino de las múltiples vocaciones del pueblo de Dios. De hecho, ahí es donde radica la propia *kauchēma* («jactancia») de Pablo. No tiene nada que ver con el privilegio étnico, como deja claro en pasajes como Filipenses 3:4-11. Se trata de una jactancia en Dios mismo (Rom. 5:11); en la obra que él (Pablo) ha realizado y el fruto que ha dado (1Cor. 9:3; Fil. 2:16; 1Tes. 2:19); y en última instancia, por supuesto, en la cruz del Mesías (Gál. 6:14).[4]

6:5 Si Pablo ha pasado sutilmente de la ayuda mutua de los versículos 1 y 2 -quizá relacionada con cuestiones morales — a la cuestión del trabajo vocacional, esto podría implicar una distinción entre las «cargas» del versículo 2 (*barē*) y el «peso» de aquí (*phortion*), aunque el verbo es el mismo en ambos casos («llevar», traduciendo *bastazō*). «Cargas» puede aportar la sensación de un peso muy elevado, mientras que «peso» es más general, aunque no hay que insistir demasiado en la distinción. En general, este breve párrafo capta el sutil vaivén que cualquier comunidad, y todos los individuos dentro de las comunidades, deben aprender: cómo ser simultáneamente solidarios e individualmente responsables. Hay que evitar tanto el orgullo de ir por libre, como la pereza de esperar que los demás hagan el trabajo duro. Esto es bastante obvio. El truco consiste en discernir qué peligro es más acuciante en cada momento.

6:6-10 Sembrar en la carne o en el espíritu

El segundo y breve párrafo trata del dinero. Esta es una preocupación constante en los escritos de Pablo, a veces en el borde y a veces en el centro.[5] Después de todo, Pablo estaba iniciando lo que podríamos llamar grandiosamente un experimento socio-cultural: una forma, nunca antes imaginada, de vivir como «familia», compartiendo recursos entre personas de orígenes étnicos y sociales radicalmente diferentes. Pablo ve la comunidad

---

[4] La pregunta completa de «jactarse» forma un tema más grande, y con frecuencia ironic, a través de las cartas de Pablo a los corintios, especialmente 2Cor. 1:12, 14; 5:12; 7:4, 14; 8:24; 9:2, 3, 4; 10:8, 13, 15, 16, 17; 11:10, 12, 16, 17, 18, 30 —más referencias al tema que en todas las cartas juntas.

[5] Cp. 1Tes. 4:9–12; 2Cor. 8; 9; Fil. 4:14–20.

como una «casa» (v. 10), es decir, la «casa de la fe», la comunidad caracterizada e identificada por *la pistis*. Esta frase, uno de los primeros términos técnicos para «la iglesia», cuenta su propia historia. En cualquier caso, un hogar (*oikia*) necesita una «economía», una *oikonomia*, una «regla del hogar», una guía aproximada al menos de cómo gestionar los asuntos financieros.

El primer punto de Pablo es la necesidad de proporcionar una paga adecuada a los que «enseñan la palabra». Tal vez, al haber escrito Gálatas 1-5, Pablo se da cuenta de que, sin una enseñanza seria, muchos de sus oyentes pueden simplemente no entender lo que ha estado diciendo. Pero los maestros necesitan recursos; deben ser liberados, al menos en parte, de la necesidad de realizar un trabajo a tiempo completo y quizás físicamente exigente. Por supuesto, existe el peligro, cuando el dinero cambia de manos, de que la gente abuse del sistema, como vemos más adelante en la advertencia de 1Timoteo 6:5. Pero hay un peligro igual, que persiste en nuestros días, de que los que necesitan ser enseñados supongan que, porque tanto ellos como los maestros son parte de la misma «familia», los maestros no necesitan ser pagados apropiadamente por su trabajo.

El versículo 6, en el que se enuncia este principio, da paso a la instrucción, aparentemente mucho más amplia, de los versículos 7 y 8. Sería fácil sacar estos versos del contexto, sobre todo porque fácilmente se conectan con los capítulos 4 y 5 al hablar de la carne y el Espíritu. Pero, aunque tengan una referencia más amplia, los versículos 9 y 10 muestran que Pablo sigue pensando en el dinero. En el primer caso, considera que la remuneración adecuada de los maestros en la iglesia es un aspecto clave de la «siembra en el campo del Espíritu», destinando importantes recursos a los honorarios de quienes realizan el trabajo necesario para que la comunidad crezca en entendimiento. Deberíamos comparar 1Timoteo 5:17, donde los ancianos que gobiernan bien deben recibir una paga doble, «especialmente los que se esfuerzan en hablar y enseñar».

En los versículos 9 y 10, Pablo desarrolla la imagen de la siembra y la cosecha en el uso más amplio de los recursos. Al igual que en los dos capítulos de «recaudación de fondos» de 2Corintios (caps. 8 y 9), nunca menciona la palabra «dinero» en sí, pero es obvio a qué se refiere. La frase traducida como «comportarse apropiadamente» en el versículo 9 significa literalmente «hacer el bien», y puede referirse de hecho no tanto al comportamiento moral ordinario como a la beneficencia cívica orientada hacia el exterior. La sociedad antigua era muy consciente de la importancia de lo que, hoy en día, se considera a veces como una persona rica que «devuelve algo» a la comunidad, y es posible que Pablo tenga esto en mente. Pablo respalda esto con una promesa que, de nuevo, tiene una aplicación mucho más amplia: cosecharán la recompensa a su debido tiempo, si no desfallecen. Aquí se refiere específicamente al uso correcto del dinero, pero su invocación habitual de Isaías 49:4, donde el siervo se angustia por haber gastado sus fuerzas «por nada y en vanidad», indica que habría hecho el mismo comentario sobre todos y cada uno de los proyectos a los que uno puede ser llamado por Dios.[6]

---

[6] Véase, por ejemplo, 1Cor. 15:58.

Esto se amplía de nuevo en el mandato más amplio del versículo 10, donde, como en el versículo 9, «hacer el bien» (*ergazōmetha to agathon*) es una clara referencia al uso de los recursos en general y del dinero en particular. Se forma aquí una especie de círculo con el capítulo 2, versículo 10, en el que los líderes de Jerusalén instaron a Pablo a «seguir recordándose de los pobres», lo que, según dijo, estaba también en lo más alto de sus prioridades. El versículo 10 presenta un equilibrio evidente: Los seguidores del Mesías tienen una obligación con la comunidad, la «*oikia tēs pisteōs*», pero también con la comunidad cívica más amplia, con «todas las personas». Esta obligación más amplia se ha ignorado a menudo en los estudios sobre el cristianismo primitivo, pero pertenece claramente a los rasgos de orientación externa de un pasaje como Romanos 12:9-21. Como vimos en el capítulo 5, una de las implicaciones de las enseñanzas de Pablo sobre el comportamiento de los cristianos es que los vecinos, aunque quizá se escandalicen por la negativa de los cristianos a participar en las prácticas paganas habituales, deberían encontrarlos como personas buenas y positivas. Su comportamiento financiero y sus beneficios creativos en la comunidad en general deberían ser una señal constante para el mundo, de la verdadera naturaleza del Dios creador, y del mensaje del evangelio en el que el Hijo de Dios «me amó y se entregó por mí». El amor generoso y entregado está en el corazón del mensaje. También debe estar en el corazón del estilo de vida.

6:6 Pablo supone que habrá maestros en la iglesia, cuya tarea es «enseñar la palabra». Es fácil imaginar que tales maestros, al enfrentarse a Gálatas, querrían dar un curso intensivo de (al menos) Génesis, Levítico, Deuteronomio, Isaías y ¡los Salmos! En cierto sentido, las cartas de Pablo deben haber servido, en una iglesia tras otra, como una especie de programa de estudios que hay que trabajar, y para ello sería esencial una enseñanza seria de las Escrituras. Las palabras aquí para «maestro» y para la persona a la que se enseña se derivan ambas de *katēcheō*, «dar instrucción»; esta es la primera vez que nos encontramos con lo que más tarde se convirtió en un término técnico, dentro del lenguaje de la iniciación cristiana, para la necesaria instrucción («catecismo») que los recién convertidos («catecúmenos») recibirían de un maestro acreditado antes del bautismo («catequista»), aunque aquí el bautismo vino primero (3:27).

Es necesario subrayar la necesidad de la enseñanza, y quizás especialmente la enseñanza cuidadosa de la Escritura. Es algo profundamente contradictorio en el mundo occidental actual. Muchas iglesias supuestamente «bíblicas» o «conservadoras» padecen una especie de anti-intelectualismo; muchas iglesias supuestamente «liberales», una especie de pseudo-intelectualismo. En ninguno de los dos casos se espera que la Biblia diga nada nuevo. Se utiliza, a menudo, simplemente para dar peso (en el primer caso), o decoración (en el segundo), a lo que ya se cree. El imperativo de aprender a pensar cristianamente no podría ser más urgente. Esto no se hace por accidente. Tampoco lo hacen personas con dotes académicas y/o de oratoria que miran la Escritura de vez en cuando y anotan algunos pensamientos agradables. Escribo, por supuesto, después de más de cuarenta años de trabajo remunerado como profesor en entornos eclesiásticos y universitarios. En ambos he visto los enormes problemas que surgen, tanto a corto como a largo plazo, cuando la enseñanza bíblica ha sido escasa o inadecuada. Esto puede ser contracultural, pero para la formación cristiana no podría haber una prioridad más alta que la labor de la enseñanza; y para ello, hay que hacer una provisión financiera adecuada. Desarrollar una mente cristiana bien formada no es un pasatiempo privado para aquellos que disfrutan de la gimnasia mental en el extraño aparato llamado «Escritura y teología». Es la savia esencial de toda la iglesia.

6:7-8 Pablo expone la verdad general que quiere aplicar a esta cuestión concreta. Las personas que piensan que pueden prescindir de una enseñanza seria y salir indemnes como seguidores de Jesús se engañan a sí mismas: de Dios, dice, nadie se burla. Al igual que con la verdad general (si la gente supone que su maldad pasa desapercibida, se va a llevar un susto), también con el punto más específico aquí: para decirlo crudamente, se cosecha lo que se siembra; en otras palabras, se obtiene lo que se paga. Por supuesto, hay excepciones. Hay maestros bien pagados que resultan ser inútiles y maestros mal pagados que resultan ser brillantes. Pero, como siempre, las excepciones no socavan la idea general. Pagar a los profesores no garantiza una enseñanza sólida, sabia y creativa; no pagar a los profesores sí garantiza una enseñanza superficial, a medias y limitada.

Sin duda, Pablo aplicaría el mismo principio sobre la siembra y la cosecha en el ámbito de la «carne» a todas las «obras de la carne» que había mencionado en el capítulo 5. Estos versículos se hacen eco y completan la advertencia de 5:21 sobre los que no heredarán el reino de Dios. En su lugar, dice, sufrirán *phthora*, corrupción y decadencia; mientras que los que «siembran para el Espíritu» recibirán *zoē aiōnios*. Esta frase, normalmente traducida como «vida eterna», no se refiere a una inmortalidad incorpórea. Se refiere a la vida nueva, resucitada y corporal del reino de Dios, la «herencia» de la que Pablo ha hablado a lo largo de la carta.

6:9-10 Pablo continúa con la metáfora agrícola («sembrar y cosechar») en el versículo 9, donde está claro que sigue pensando en las prioridades financieras – al igual que hoy en día a veces hablamos de «financiación de semillas» cuando nos referimos a la inversión en proyectos que luego «darán fruto». La «cosecha» en este caso proviene de «hacer el bien». Como ya he señalado, en mi anterior traducción (NTE/KNT), lo traduje como «comportarse apropiadamente», y sin duda eso también es cierto. Pero ahora me gustaría subrayar, por el contexto y, de hecho, por el uso griego, que *to de kalon poiountes* indica el uso de los propios recursos para ayudar a otros en la comunidad más amplia. Los seguidores de Jesús deben ser conocidos como benefactores, siempre que se presente la oportunidad («mientras tengamos la oportunidad»). Tienen una responsabilidad específica dentro de la propia iglesia, como insiste Pablo. Pero desde el principio los seguidores de Jesús entendieron que su misión, precisamente como parte de llevar la buena noticia del reino de Dios a la vida real, era «hacer el bien a todos». La cultura de la beneficencia en el mundo antiguo era una parte importante de la vida cívica, en la que los que se encontraban en la cúspide social y financiera trataban de superarse unos a otros haciendo gestos de generosidad pública magnánimos y auto-publicitarios. Los seguidores de Jesús debían ser conocidos por su generosidad pronta y jubilosa, como resultado natural de la asombrosa gracia del Evangelio.[7]

---

[7] Sobre la «generosidad jubilosa», véase Rom. 12:8; 2Cor. 9:7 (citando Prov. 22:8a de la LXX).

Los últimos ocho versos de la carta muestran que, por muy agitado y enfadado que esté Pablo en todo momento, sigue controlando plenamente su propia retórica. Está pensando estructural y temáticamente. Si se comparan los versículos 11-18 con los de 1:1-9, y también con los poderosos y temáticos de 2:11-21, se verá que, de tres maneras, retoma los temas anteriores y los expone con gran fuerza retórica. Y en otros dos aspectos, vuelve a insistir en los principales temas teológicos de la carta, tal como se exponen en los capítulos 3 y 4 en particular. En otras palabras, esto puede parecer otro conjunto de frases recortadas casi al azar, pero en realidad es una recopilación de toda la carta, un «final» tan completo como en cualquiera de los escritos de Pablo.

Comenzamos con las tres formas en que retoma y amplía los temas anteriores. Advierte contra los maestros rivales. Insiste en que, con los acontecimientos mesiánicos del Evangelio, se ha iniciado realmente la «era venidera», el cambio cósmico mencionado al principio de la carta (1:4). En tercer lugar, se sitúa a sí mismo y a su propia vocación en este mapa, completando la larga explicación auto-biográfica que ocupó gran parte de los dos primeros capítulos.

En primer lugar, advierte una vez más contra los maestros rivales. Han «molestado» a Pablo (v. 17) al intentar por todos los medios hacer con los conversos gálatas lo que, según 2:3, algunas personas de Jerusalén habían querido hacer con Tito. Este claro eco, «intentan obligarlos a circuncidarse», mantiene unida la carta, con 5:2 como la otra ancla en el camino. Observamos también el 2:14, donde Pablo acusa a Pedro de obligar a los gentiles a «convertirse en judíos» por su comportamiento al retirarse de la comunión de su mesa que antes estaba abierta. Aunque las referencias reales a la circuncisión en la carta son mínimas – básicamente, 2:3, 5:2-3 y 6:12-13-, cuando se producen son obviamente cruciales. Esto, en el centro de todas las discusiones sobre Abraham, la Torá, etc., era la cuestión decisiva.

Sobre los motivos e intenciones de los maestros rivales, Pablo tiene tres cosas que decir. Quieren hacer una buena demostración en la carne; están interesados en evitar la persecución; y no están de hecho interesados en guardar toda la Torá.

a. En primer lugar, ellos «están buscando quedar bien» (v. 12a). Esto va con el final del versículo 13, donde quieren «jactarse de su carne». Los comentarios más antiguos normalmente veían la circuncisión aquí como una simple «buena obra», un poco de «ritual» hecho para ganar el favor de Dios, algún cumplimiento meritorio de la ley para solidificar la propia justificación. Según esa lectura, la «jactancia» de los maestros rivales (v. 13) consistiría entonces en la afirmación de que, al ayudar a otros a conseguir este tipo de logro moral, ellos mismos habrían conseguido algún tipo de logro moral de segundo orden. Este tipo de explicación se abandona ahora habitualmente en favor de una especie de lectura a la luz de la «nueva perspectiva» en la que los maestros rivales están ansiosos por conseguir que los gálatas muestren los signos tradicionales de pertenencia a la comunidad judía, tal vez para tranquilizar a las ansiosas comunidades judías locales de que ellos mismos guardaban la Torá, sin salirse de las líneas fronterizas étnicas que se trazaban habitualmente en la diáspora (de forma diferente en las distintas comunidades, pero siempre desafiantes). A pesar de la referencia un tanto sombría que se hace aquí y allá en la carta a la influencia de Jerusalén, es posible que debamos incluir aquí también la sensación de que los judíos seguidores de Jesús en Galacia eran conscientes de la presión ejercida por la comunidad de Jesús observante de la Torá en la propia Jerusalén, y podrían estar ansiosos por poder «presumir en la carne de los gálatas» haciendo que se circuncidaran y demostrando así que ellos mismos estaban totalmente alineados.

Este último análisis sigue siendo, creo, importante como parte de la verdad. Pero sigo convencido de lo que, hace veinte años, llamé el enfoque de «perspectiva fresca», la lectura política que expuse en *Paul and the Faithfulness of God*, capítulo 12. Sabiendo con qué facilidad se «escucha» hoy en día en términos de nuestras formas de pensamiento modernistas de o bien o bien (¡o bien «política» o bien «teología», pero no ambas!), debemos insistir en que Pablo y sus contemporáneos, ya sean gentiles o judíos, seguidores de Jesús o no, simplemente no habrían entendido nuestro mundo dividido posterior a la Ilustración. En su mundo, la presión definitiva sobre los gálatas procedía de los vecinos y las autoridades paganas, escandalizados y alarmados por una agrupación social nueva y aparentemente subversiva que, de repente, se desentendía de las pautas sociales y culturales normales y, en particular, *dejaba de adorar a los dioses*, ya fueran las deidades locales o el culto imperial. Esta presión era, pues, *tanto* lo que llamaríamos «religiosa» *como* lo que llamaríamos «social» o «política»; y constituía un problema importante para toda la iglesia primitiva.[8] La fidelidad al Dios Único (la palabra sería *pistis*, «lealtad»), revelada en y a través de la fidelidad del Mesías, era el distintivo fundamental de la pertenencia a la comunidad. El objetivo de la «justificación por la fe» era, al menos en parte, que la comunidad se distinguiera por esta lealtad, generada a su vez por la obra transformadora del Espíritu a través del Evangelio. Se trata de una combinación (política y teológica/espiritual) que la mayoría de las comunidades eclesiales occidentales de hoy apenas contemplan, y mucho menos reflexionan en detalle o llevan a la práctica.

Sospecho, históricamente, que el desafío de los «maestros rivales» puede haber sido de doble filo. Por un lado, los seguidores de Jesús que habían venido de Jerusalén habrán querido asegurarse de que los ex paganos se circuncidaran, porque ellos mismos habrán estado bajo la presión de la mayoría de Jerusalén, que no eran seguidores de Jesús y que sospechaban que los que sí lo eran estaban aliados, de alguna manera, con los paganos, con todas las implicaciones que ello conlleva en cuanto a la corrupción e impureza de la idolatría y a la confraternización con el odiado poder imperial. Por otra parte, los judíos locales creyentes en el Mesías en Galacia habrán estado bajo la presión de los miembros de las comunidades judías locales que se habían resistido al mensaje de Jesús, no tanto porque parecieran estar confraternizando con los impuros (aunque eso también sería cierto) sino por la presión, en la diáspora, de las autoridades paganas y la población en general. Los residentes locales no judíos bien podrían sospechar que los judíos estaban abusando de su privilegio monoteísta para dar cobijo a otros que, por cualquier razón, querían abstenerse del culto normal. La «jactancia» de los maestros rivales sería entonces la afirmación, hecha a las comunidades judías más amplias y luego a las paganas más

---

[8] Véase L. W. Hurtado, *Destroyer of the Gods: Early Christian Distinctiveness in the Roman World* (Waco, Texas: Baylor University Press, 2016).

amplias, de que estaban poniendo a estos cuasi-judíos anómalos en línea: en otras palabras, que el mundo no había cambiado realmente, y que todo era realmente como siempre había sido. Aquí, obviamente, es donde Pablo corta bruscamente con su afirmación de la nueva creación en los versículos 14 y 15. Así que el primer punto de Pablo es que los maestros rivales quieren obligar a los gentiles a circuncidarse para que, en términos sociales y culturales, así como teológicos, puedan poner una buena cara ante el gran mundo que los observa, (por implicación al menos) desde Jerusalén hasta Roma.

b. La segunda cosa que Pablo dice sobre los maestros rivales es que su verdadera motivación es evitar la persecución. Anteriormente *les* había acusado de perseguir a los creyentes (4:29). Ahora indica que detrás de esto, en un caso clásico de violencia transferida, ellos mismos están bajo amenaza —presumiblemente de compañeros judíos que los acusan de confraternizar con el antiguo enemigo. Pablo ve sus intentos de evitar esta acusación en términos del «escándalo de la cruz».[9] Como ya hemos visto, este «escándalo» era algo más que la simple conmoción de un Mesías que parecía haber sido maldecido por la Torá, como en 3:10-14. Era el escándalo más orgánico de la crucifixión del Mesías como la redefinición definitiva del pueblo de Dios (2:19-20). Esta acusación se repite en Filipenses 3, donde los versículos 2-3 parecen ser una advertencia generalizada contra el mismo tipo de actividad subversiva que Pablo había visto en Galacia, mientras que el versículo 18 habla más específicamente de aquellos que son enemigos de la cruz del Mesías, cuyo dios es su vientre y que piensan en cosas terrenales. En medio, en consonancia, por así decirlo, con Gálatas 2:19-20, la propia auto-comprensión de Pablo muestra lo que significa abrazar la cruz y encontrarse redefinido por ella (Fil. 3:7-16). En el presente pasaje, esto se resume en 6:14.

Esta es la fuerza de la declaración auto-biográfica de Pablo en el 2:19-21: quizás la única forma en que puede decirlo es en primera persona del singular. Decir «ustedes» implicaría que esto no afectó a Pablo en todos los niveles de su personalidad; decir «nosotros» podría parecer que está evitando el choque total. Sin embargo, lo que quiere decir es que «yo, por medio de la Torá, he muerto a la Torá para vivir para Dios», lo que significa que la crucifixión del Mesías redefine a su pueblo; que un Mesías crucificado y resucitado significa un Israel crucificado y resucitado. Tal vez solo cuando lo ponemos en esos crudos términos nos damos cuenta de por qué Pablo veía el evangelio como un «escándalo para los judíos». Por supuesto, aquellos que también conocen la carta de Pablo a Roma querrán añadir rápidamente que Pablo ofrece una discusión mucho más completa de lo que esto significa, y cómo se resuelve, en los capítulos 9-11 de esa gran carta. Su respuesta, sin embargo, sigue siendo plenamente mesiánica y escatológica: el Mesías es el *telos nomou*, y la fe en él como Señor resucitado es el verdadero cumplimiento de Deuteronomio 30, la promesa de renovación del pacto.[10]

c. La tercera cosa bastante devastadora que Pablo dice sobre los maestros rivales, haciéndose eco de la advertencia del 5:3, es que en realidad no están interesados en guardar toda la Torá. Pueden *decir*: «hay que circuncidarse, porque eso es lo que exige la Torá». Pero si se tomaran en serio la Torá, habría muchas otras cosas de las que se

---

[9] Gál. 6:12, 14, viendo hacia el 5:11 y hacia 1Cor. 1:18–25.
[10] Véase *Paul and the Faithfulness of God*, cap. 11.

preocuparían también, y no hay ninguna señal de que este sea el caso. Como antiguo fariseo estricto de la diáspora, Pablo sabía cómo sería la observancia seria de la Torá en ese contexto, y puede ver a través de su cortina de humo. Valoran la circuncisión no como una verdadera sinécdoque de la plena observancia de la Torá, sino como un símbolo puntual, una casilla que hay que marcar para mantener satisfechos a los posibles perseguidores. Las autoridades romanas, que se preguntaban por este extraño grupo nuevo; las autoridades paganas locales, preocupadas por mantener las apariencias cívicas; cualquier maestro judío itinerante que pudiera llevar la noticia a Jerusalén; todos ellos solo necesitarían saber que la circuncisión había tenido lugar. Los gentiles adheridos a Jesús serían entonces clasificados, para bien o para mal, como prosélitos judíos. A estos espectadores no les interesaría saber si los gentiles en cuestión celebraban rigurosamente la Pascua eliminando toda la levadura de sus cocinas, o si se ponían el tefilín correctamente para hacer sus oraciones diarias. La insignia básica sería suficiente. Este punto por sí solo, creo, habla fuertemente a favor del tipo de interpretación que estoy ofreciendo.

El ataque final de Pablo a los maestros rivales, por lo tanto, es que quieren aparecer bajo una buena luz ante el mundo que los observa. Quieren dar una buena imagen pública. Su motivo subyacente era evitar la persecución que Pablo considera parte integrante del mensaje del evangelio de la cruz. Su insistencia en la circuncisión era una farsa vacía, un espectáculo externo que no tenía la intención de cumplir con la Torá en su totalidad, a la que debería apuntar el símbolo de la circuncisión.

Todo esto nos lleva a **la segunda cosa** que Pablo está haciendo en este denso pasaje de cierre. Está insistiendo en el punto para el que algunos han utilizado engañosamente la palabra «apocalíptico»: *el fin de la vieja era y el inicio de la nueva*. Pablo lo había señalado desde el principio, en 1:4, cuando anunció que el Mesías nos había «rescatado de la presente era maligna». Este sentido de cumplimiento escatológico se expresa ahora en términos de la doble «crucifixión» del versículo 14 – Pablo es crucificado al mundo y el mundo a él – y la «nueva creación» del versículo 15. Estos versos exigen ser vistos como el clímax retórico final de la carta. La forma en que la crucifixión del Mesías lleva a cabo este «rescate de la presente era maligna» – que es en sí mismo, por supuesto, un motivo de «nueva Pascua» – es otro vínculo con 1:4. Allí, el rescate en cuestión se llevó a cabo por «el Mesías que se entregó por nuestros pecados», el tema que algunos quieren hacernos creer que creían los maestros rivales, y que Pablo citaba para corregirlo.[11] Nada más lejos de la realidad. Al igual que en el 2:15-21, y de nuevo en los capítulos 5 y 6 en su conjunto, es precisamente la muerte redentora del Mesías la que, al ocuparse de los pecados, rompe el dominio de los poderes oscuros sobre la raza humana y, por tanto, sobre el mundo. La cruz, por supuesto, atraviesa toda la carta, pero Pablo no distingue entre un significado supuestamente «apocalíptico» – la derrota de los «poderes» y la «muerte» del mundo – y un significado supuestamente «redentor», «morir por nuestros

---

[11] Martyn, *Galatians*, 88–90.

pecados». Esa falsa disyuntiva pertenece a un intento moderno de dividir lo que siempre fue un todo único, ya sea en Pablo, en los padres o incluso en Lutero.[12]

En particular – y de nuevo en relación con la eclesiología subyacente – el sentido de la muerte del Mesías como punto de inflexión en la historia cósmica se corresponde estrechamente con la forma en que, en los capítulos 3 y 4, la historia del pacto de Abraham alcanza su prometido clímax. Una vez más – para usar las etiquetas tradicionales y algo engañosas – el significado «cósmico» o «apocalíptico» pertenece exactamente a lo «histórico-salvífico», tal como se esperaría de los antiguos «apocalipsis» judíos, desde Daniel y 1Enoc hasta 4Esdras, 2Baruc y otros.

Existe, por supuesto, una compleja relación entre la crucifixión como acontecimiento histórico y cósmico y su aplicación al creyente individual. Pablo lo describe en el capítulo 2: «Yo por la ley he muerto a la ley... He sido crucificado con el Mesías». Ahora declara que *el mundo* ha sido crucificado *para él*, y él para el mundo. Podemos considerar que esto retoma el motivo del bautismo, como en Romanos 6 y Gálatas 3:27: lo que se realizó únicamente en la cruz se convierte en realidad para los bautizados. Se incorporan – ¡sea cual sea el significado exacto de esta palabra! – al nuevo mundo, a la nueva creación, que toma el relevo del viejo mundo ya desaparecido, aunque la superposición de las épocas da lugar, al parecer, a las interminables confusiones que Pablo siempre tuvo que abordar. Pero esto nos lleva a otro punto vital, que a menudo se pasa por alto: estos versículos hablan no solo de la muerte de lo viejo, sino de la inauguración de lo nuevo. La «nueva creación» del versículo 15 debe referirse a algo que ya existe, algo que debe entenderse en términos de la resurrección del Mesías. Esto coincide exactamente con el famoso pasaje de 2Corintios 5:17, situado más explícitamente en un contexto de resurrección: «Si alguien está en el Mesías, ¡hay una nueva creación! Las cosas viejas han desaparecido, y mira: ¡todo se ha hecho nuevo!». Así pues, aunque la resurrección no aparece como un tema continuo explícito en Gálatas, está fuertemente implícita aquí como en otras partes.

En este pasaje, pues, Pablo retoma y redondea primero los temas de toda la carta. Advierte contra los maestros rivales; luego, en segundo lugar, reafirma el cambio cósmico que ha tenido lugar con la muerte del Mesías, de modo que ya se ha producido la gran transición de la vieja era maligna a la nueva creación. **Tercero** y, finalmente, está explicando cuál es su posición en todo esto, *en parte como apología y en parte como ejemplo*. Esto recoge no solo los dos primeros capítulos, sino también la pequeña y aguda sección del 4:12-20.

La apología se hace frente a los ataques y calumnias que ha sufrido Pablo. En el primer versículo de la carta, había insistido en que su apostolado no provenía ni de los humanos ni a través de los humanos. Aquí indica – de una manera que recuerda a la de 2Corintios – que sus credenciales apostólicas están a la vista, ya que está formado por la cruz del Mesías. Su descarga inicial - «Miren las letras grandes que les escribo con mi propia mano» – contrasta irónicamente con la «exhibición» que hacen los maestros rivales. Este contraste se acentúa cuando, en los versículos 14 y 15, Pablo se compara

---

[12] Para la discusión, véase *Paul and His Recent Interpreters*, parte 2. Véase también *The Day the Revolution Began* and *History and Eschatology*, cap. 4.

con esos maestros tal y como los ha descrito en los versículos 12 y 13. Ellos evitan la cruz; él se define por ella. Él, por clara implicación, está modelando lo que significa ser «nueva creación».

La razón por la que ya no deberían «molestar» – lamentablemente, un deseo que parece no haber sido concedido, por lo que podemos decir de sus cartas posteriores – es que lleva las marcas de Jesús en su cuerpo. Los *stigmata* del versículo 17 son, suponemos con razón, las marcas de la persecución, como en lo que considero la interpretación correcta del 4:13-14 y muy posiblemente del 3:1. Pablo ha sido, y sigue siendo, un ejemplo visible y andante de lo que significa ser una persona del Mesías. Las cicatrices lo dicen todo. Su intención es claramente que este sea el punto retórico decisivo, colocándolo justo al final, inmediatamente antes de la bendición final. La circuncisión y la incircuncisión no son nada; lo que cuenta es la nueva creación, y si quieren señales físicas externas de ello, busquen las marcas de la cruz.

Pablo se sitúa así en el mapa de los propósitos de Dios, tanto en la transición cósmica (el mundo está crucificado a él, y él mismo al mundo) como en la misión mesiánica de rescate (la cruz como «jactancia» de Pablo, el lugar en el que se encuentra seguro). Todo esto se encamina a su apología personal final, y también al contraste final con los maestros rivales. Pablo está demostrando con su propio ejemplo, como lo hizo verbalmente con Pedro en el 2:15-21, lo que significa ser una persona del Mesías, haber sido crucificado *con* el Mesías y *para* el mundo. Lo que significa, no solo se trata de creer, sino de tener toda la vida basada en el hecho de que, con los acontecimientos del Viernes Santo y la Pascua, todo el orden creado ha dado un giro definitivo, dejando atrás la muerte y surgiendo en una nueva vida sorprendente y subversiva.

Estos tres puntos – la advertencia final, la transición cósmica reafirmada y la apología amplificada – reúnen los temas de toda la carta en una repetición de los desafíos iniciales. Todo esto sirve para agudizar el punto eclesiológico que se encuentra en el corazón de estos versos finales y que, aunque no ha sido controvertido durante muchos años y en muchas interpretaciones, ha llegado a ser un centro de tormenta. Verso 16: «Paz y misericordia a los que viven de acuerdo a esa regla – sí, al Israel de Dios». Ya he tratado este versículo en profundidad en otro lugar, con referencia detallada a las interpretaciones alternativas, y eso sería un artículo entero en sí mismo.[13] Pero permítaseme esbozar el esquema.

En primer lugar, la traducción que he ofrecido («sí, sobre el Israel de Dios») está ampliamente aceptada como la más natural. La cuestión que se plantea actualmente es si *kai* en la frase final se lee como adicional (paz sobre un grupo, *y* sobre otro diferente) o intensivo (paz sobre ese grupo, *en otras palabras, incluso* «el Israel de Dios»). Yo lo he tomado como intensivo: sí, incluso *sobre* el Israel de Dios: es decir, el Israel de Dios es «todos los que caminan según esta regla», no algún otro grupo de personas. Aunque todos los estudiantes que empiezan a estudiar griego aprenden que *kai* significa «y», esto no es en absoluto sencillo. Me gustaría destacar la bonita frase del léxico griego, ahora

---

[13] *Paul and the Faithfulness of God*, 1142–51.

estándar, BDAG, que habla de «la vivaz versatilidad de *kai*» y advierte que su sutil y múltiple gama de significados «puede ser fácilmente deprimida» por la traducción «y».[14]

Pero en la interpretación reciente ha habido una moda de tomarlo como adicional, creando así dos categorías: primero, «los que se alinean según esta norma»; segundo, un grupo diferente, que presumiblemente no se alinea según esa norma, y al que se le da la etiqueta de «Israel de Dios».[15] Entonces, ¿quiénes podrían ser estos dos grupos?

El primer grupo al que se refiere Pablo en este versículo, «todos los que se alinean por esa norma», indica claramente a personas que toman como su *kanōn*, su norma, por la que ponerse en orden de marcha (*stoichēsousin*), el principio de los versículos 14-15: el mundo crucificado a mí y yo al mundo, por un lado, y la nueva creación que trasciende la circuncisión y la incircuncisión y hace que ambas sean irrelevantes, por otro. Este es, por supuesto, el principio que adopta el propio Pablo, el principio por el que ha argumentado enérgicamente desde el primer versículo de la carta. Debemos observar el contraste implícito entre los *hosoi* del versículo 16 y los anteriores *hosoi* del versículo 12: «las personas que quieren hacer una buena demostración en la carne» en el versículo anterior, ahora contrastado con «todos los que se alinean con ese estándar» aquí.

La moda reciente (en algunos sectores) ha sido considerar al «Israel de Dios» como un segundo grupo diferente, ya sea todo el pueblo judío o algún subgrupo del mismo, quizás incluyendo a los maestros rivales. El versículo expresaría entonces un deseo de que la «paz y la misericordia» divinas los abarquen también, aunque por el momento no hayan entendido ni aceptado el punto por el que Pablo ha estado argumentando a lo largo de la carta. Esto concordaría con una versión popular de Romanos 11:26 («todo Israel se salvará»). Este relato, erróneo en mi opinión, pero popular tanto entre los dispensacionalistas como entre los liberales clásicos, prevé una futura salvación de todos los judíos – y quizás, en el caso de algunos lectores, de todas las personas.[16] Romanos 11 es otra gran cuestión, por supuesto, para la que naturalmente no hay espacio aquí. Pero sugiero que presiones culturales y teológicas similares a las que están en juego en el debate sobre Romanos han impulsado el intento de leer *kai* como algo adicional, y por tanto el «Israel de Dios» como un grupo separado y distinto.

El argumento a favor de la lectura tradicional, en la que «el Israel de Dios» se refiere a toda la familia única de Abraham, tal como se define en el capítulo 3, y específicamente marcada a través del Mesías, es obvio. El argumento introductorio clave de Pablo en el 2:11-21 es que la muerte y resurrección del Mesías reconstituyen al pueblo de Dios como una única familia multiétnica marcada por la *pistis*. En Gálatas 3 se argumenta extensamente que la familia que Dios prometió a Abraham siempre tuvo la intención de

---

[14] BDAG 494.

[15] Un representante de esta interpretación sería Eastman, *Recovering Paul's Mother Tongue*; M. Bachmann, «Bemerkungen zur Auslegung zweier Genitivverbindungen des Galaterbriefs: 'Werke des Gesetzes' (Gal 2,16 u.ö.) und 'Israel Gottes' (Gal 6,16),» en *Umstrittener Galaterbrief: Studien zur Situierung der Theologie des Paulus-Schreibens*, ed. M. Bachmann and B. Kollmann (Neukirchen-Vluyn: Neukirchener Theologie, 2010); de Boer, *Galatians: A Commentary*, 405–8.

[16] M. de Boer me ha asegurado en correspondencia en privado que él sí cree que Pablo está orando aquí por bendición salvífica por aquellos a los cuales él había declarado anatema en el capítulo 1.

ser la única familia de la fe que ahora se ha inaugurado a través del Mesías. El pasaje central, 4:1-11, lo corrobora masivamente con la primera redefinición cristiana de «Dios»: el Dios que envió al Hijo y que ahora envía el Espíritu del Hijo, el Dios que, por tanto, se distingue de todos los ídolos. El punto de ese pasaje es que, si los gálatas se circuncidaran, estarían regresando al mundo que habían dejado, el mundo de la vieja creación gobernado por la *stoicheia*. El pasaje culminante sobre Abraham, Sara, Agar, Isaac e Ismael (4:21-5:1) refuerza aún más el punto: La familia *kata pneuma* de Abraham se distingue absolutamente de su familia *kata sarka*. Al igual que en Romanos 4:12, los judíos «según la carne» forman un componente clave y continuo de la familia de Abraham, siempre que no solo sean «de la circuncisión» sino que «sigan las huellas de la fe de Abraham no circuncidado».

Todo esto lleva a la conclusión de que si, en 6:16, Pablo hubiera pretendido decir que la familia *kata sarka* de Abraham era realmente «el Israel de Dios» después de todo, independientemente de la *pistis* y el *pneuma* y la lealtad al Mesías, y que buscaba la paz y la misericordia para ellos *como un cuerpo separado de la familia de Abraham que se había redefinido en torno al Mesías*, habría estado deshaciendo todo lo que había dicho en los cinco capítulos anteriores. Muy bien, podrían haber dicho los desconcertados gálatas; entonces, ¿por qué no nos circuncidamos de todos modos y nos unimos a ese grupo?

La lectura mayoritaria que defiendo significa, por supuesto, que Pablo está empleando conscientemente una redefinición polémica de la palabra «Israel». Pero sobre la base de Gálatas en su conjunto, pensando tanto en su argumento como en su ironía, eso parece no solo perfectamente comprensible sino casi esperable. Esto concuerda con la lectura de Romanos 11:26 que he defendido con frecuencia.[17] También concuerda con la llamativa fórmula de 1 Corintios 10:32, en la que Pablo dice a la confusa comunidad que «sea irreprochable ante los judíos, los griegos *y la iglesia de Dios*», dando a entender que la iglesia es un nuevo tipo de entidad, no un subgrupo de judíos o griegos. También hay otros paralelos paulinos a todo esto, que no siempre se incluyen en el debate. Pensemos en Romanos 2:25-29, donde Pablo define «el judío» (*ho Ioudaios*) y también «la circuncisión» de una manera nueva y polémica para incluir a los gentiles creyentes. Lo hace de nuevo, con «la circuncisión», en Filipenses 3:3.[18] Así como los primeros seguidores de Jesús no tenían un término único para lo que eran, sino que desarrollaron gradualmente frases como «el Camino» y reutilizaron «el reino de Dios» con el mismo efecto, Pablo no tiene un término único y regular para esta tercera entidad, esta nueva familia, pero cada vez que la menciona el punto subyacente es el mismo. En cuanto a la razón por la que, en el presente pasaje, se refiere a esta comunidad como «el Israel *de Dios*»: el «de Dios» encuentra eco en el pasaje de 1 Corintios (10:32) y se explicaría presumiblemente en términos de la insistencia de Pablo en el «Dios único» en Gálatas 3:20, como en Romanos 3:30, y la sorprendente redefinición del propio «Dios» que

---

[17] Y a quien, para mi deleite, Richard Hays, «Hope for What We Do Not Yet See: The Salvation of All Israel in Romans 11.25–27», en *One God, One People, One Future: Essays in Honour of N. T. Wright*, ed. J. A. Dunne and E. Lewellen (Londres: SPCK; Minneapolis: Fortress, 2018), 545–72, ha vuelto en sí.

[18] Véase especialmente *Paul and the Faithfulness of God*, cap. 15.

encontramos en Gálatas 4:1-11. Podríamos comparar una vez más 2:19: Yo, por la ley, he muerto a la ley, *para vivir «para Dios»*.

El otro pasaje vital aquí es Romanos 9:6b-8: No todos los que son de Israel, como ven, son de hecho Israel. Tampoco todos los hijos cuentan como «simiente de Abraham». No: «en Isaac te será nombrada descendencia». Eso significa que no son los hijos de carne y sangre los que son hijos de Dios; más bien, son los hijos de la promesa los que serán contados como «simiente».

Este pasaje se acerca a muchos temas de Gálatas; parece una declaración posterior del mismo punto. Nuestra comprensión de algunas de las frases breves y crípticas de Gálatas se ve enriquecida y equilibrada por el argumento más largo de Romanos 9-11, donde Pablo explica minuciosamente que esto *no* significa que los judíos étnicos hayan quedado fuera de esta nueva familia (como si la compañía de los seguidores de Jesús fuera ahora una comunidad solo de gentiles, como algunos defienden hoy), ni tampoco que no se puedan añadir más judíos a ella. Más bien, «si no permanecen en la incredulidad» — es decir, en el rechazo de Jesús como el Señor resucitado, como en Romanos 10:6-13 — «serán injertados de nuevo» (11:23). Por lo tanto, como argumenté en *Paul and the Faithfulness of God*:

Si Pablo, de repente, en esta fase tardía [de Gálatas], quisiera decir otra cosa con «el Israel de Dios» — por ejemplo, refiriéndose a todos los judíos, o a todos los judíos cristianos, o a algún subconjunto de cualquiera de ellos, ya sea ahora o en el futuro — entonces, sencillamente, habría dejado sin sentido toda la carta. ¿Por qué escribir Gálatas 3 y 4, si era ahí donde iba a terminar? ¿Por qué no conformarse con dos familias, dos «herencias», en lugar de una sola? ¿Por qué no permitir que los que quieran seguir a Moisés puedan hacerlo, que los que quieran seguir a Abraham sin Moisés puedan hacerlo también? ¿Por qué no, en definitiva, comportarse como si el Mesías no hubiera sido crucificado? A eso equivaldría tal postura. (1151)

La oración final de Pablo, entonces, es por «paz y misericordia» para el pueblo del Mesías, tanto judío como gentil. Lo necesitan. Las promesas bíblicas de misericordia y paz están, por supuesto, muy extendidas, desde pasajes como Isaías 54:5 (cercano al pasaje que Pablo ya citó en el 4:27, que se refiere a los hijos de Abraham *kata pneuma*) hasta varios salmos y pasajes post-bíblicos. Tiene mucho más sentido ver que estos se refieren, no a una nueva categoría no mencionada antes en la carta, sino a las mismas personas que ha estado describiendo todo el tiempo. De hecho, el cuidado retórico con el que Pablo ha redondeado la carta — para decirlo de nuevo — sigue siendo el argumento más poderoso para la comprensión mayoritaria del «Israel de Dios».

6:11-18 – Advertencias finales y ejemplos

6:11 Normalmente se supone que en este punto Pablo toma la pluma del escriba para firmar de su propia mano. Esto refleja la práctica normal que vemos en otros pasajes.[19] Pero este es el único lugar en el que Pablo se refiere al tamaño de su letra. Algunos han relacionado este hecho con la especulación de que Pablo sufría problemas en los ojos, pero esto es tan especulativo como la lectura «literal» del 4:15. Más aún, parece que está introduciendo sus observaciones finales con una especie de humor negro. Los maestros rivales quieren hacer una «buena demostración en la carne», ¿verdad? Pues bien, aquí está mi «buena demostración»: mi propia letra.

    6:12 La apertura griega de esta frase (*hosoi thelousin...*: «Los que intentan...») forma un equilibrio con la apertura similar del versículo 16 (*hosoi... stoichēsousin*, «los que viven...»). Como a lo largo de toda la carta, Pablo contrapone los maestros rivales y su agenda (aquí, los «que quieren hacer una buena exhibición») con la comunidad que se sabe marcada no por la circuncisión o su ausencia, sino por la nueva era que los acontecimientos del evangelio han abierto («los que viven de acuerdo a esa norma»). Las personas que describe aquí son las que ha tenido en cuenta en todo momento, como dejan claro los ecos de los pasajes anteriores. Ahora, por fin, afirma abiertamente lo que se ha supuesto durante todo el tiempo, y lo que de repente se afirmó explícitamente en el 5:2-6: los varones gentiles creyentes en Jesús de Galacia están sometidos a una fuerte presión para que se circunciden. «Obligarlos a que se circunciden», al igual que los intrusos de Jerusalén habían tratado de hacer con Tito (2:3), y al igual que Pedro había estado haciendo, por clara implicación, con los creyentes incircuncisos de Antioquía (2:14). El comentario de Pablo sobre los intentos de los maestros rivales es que solo tienen un único motivo (*monon*): lo hacen «solo para esto», es decir, para evitar la persecución.

    Pablo aquí se pliega a su propio argumento. Lo que dice es «para que eviten la persecución por la cruz del Mesías». Lo que debe querer decir, por el resto de la carta, es cuatro veces:

a. Quieren evitar la persecución, ya sea por parte de la comunidad judía principal o de las autoridades civiles, o ambas.

b. Esta persecución obedecería a la percepción de que, al confraternizar

c. con gentiles incircuncisos, estaban alterando el orden social en general y poniendo en peligro la frágil seguridad de la comunidad judía en particular. También podría provenir de judíos celosos que creían que la lealtad blasfema a Jesús crucificado frenaría la verdadera redención venidera.

d. Esto es en realidad parte del significado intrínseco del evangelio. Si el Mesías de Israel ha sido crucificado como el clímax del plan de salvación de Dios, entonces los ídolos que han mantenido cautivos a los paganos han sido derrotados, los pecados que su idolatría generó han sido tratados, y la «era venidera» ha sido

---

[19] Ejemplo, 1Cor. 16:21; Col. 4:18; 2Tes. 3:17; Filem. 19.

inaugurada, con la comunidad de creyentes en el Mesías encarnando la nueva realidad creacional y marcada solo por la *pistis*. Así pues, «la cruz del Mesías» puede servir como abreviatura de toda esta línea de pensamiento y de la nueva realidad social que se derivaría de ella.

e. «La cruz del Mesías» es también una forma de referirse a la persecución, al sufrimiento y a las heridas y cicatrices resultantes. Por tanto, los maestros rivales quieren «evitar la persecución por la cruz del Mesías».

6:13 Este es el verso que desmiente la idea de que los maestros rivales abogaban por las «buenas obras morales» como complemento de la «fe». No, declara Pablo: en realidad no se preocupan por todos los detalles de la Torá. Pablo sabe lo que significa la observancia seria de la Torá, y sabe que a los maestros rivales no les interesa. Esto se relaciona con el 5:3, donde advierte que para que la circuncisión tenga algún sentido debe implicar la observancia de toda la Torá. Los maestros rivales han acusado a Pablo de omitir parte de su mensaje, y él les devuelve el cumplido. Algunos han tomado la frase que utiliza aquí, *hoi peritemnomenoi*, «los que están circuncidados», como una referencia a personas que son ellos mismos prosélitos recientes («los que han recibido la circuncisión») o que practican habitualmente la circuncisión, pero estas opciones no son necesarias ni realmente probables.[20] Solo querían mantener las apariencias de una comunidad «judía»: «para ellos poder jactarse por su carne», en otras palabras, para que puedan decir a cualquier líder judío suspicaz, y también a cualquier autoridad cívica o imperial suspicaz, que los gentiles que siguen a Jesús son un nuevo tipo de prosélitos, parte de la comunidad judía más amplia. «Jactarse» no significa necesariamente que vayan (en nuestro sentido) a «presumir» de haber circuncidado a estos gentiles, aunque eso también podría ser cierto. Se trata más bien de que, cuando se enfrenten a preguntas incómodas, puedan presentarse como aparentemente claros. Habían resuelto la anomalía.

6:14 Pablo vuelve a plantear la cuestión de la «jactancia» con el verso que se haría famoso unos 1.650 años después con la publicación del himno de Isaac Watts «When I Survey the Wondrous Cross»: «Prohíbe, Señor, que me jacte / salvo en la cruz de Cristo, mi Dios».[21] Un verso posterior continúa el pensamiento de 6:14: «Entonces estoy muerto para todo el globo / y todo el globo está muerto para mí». La profunda piedad personal del himno refleja la del propio Pablo, como en la apasionada conclusión del capítulo 2 («el Hijo de Dios… me amó y se entregó por mí»). Para Pablo, la cruz nunca fue una teoría; fue la efusión de un amor divino absoluto, que exigía un compromiso amoroso total a cambio. Al igual que en Filipenses 3, donde toda la

---

[20] La lectura bien atestiguada *hoi peritetmēmenoi*, «aquellos que han sido circuncidados», haría muy poca diferencia a esta pregunta. Asumiendo que la variante sea secundaria, demuestra que el escriba tomó *peritemnomenoi* como pasivo, «aquellos que son 'los circuncidados'» (como también lo hace, por ejemplo, Martyn, *Galatians*, 563), no a la mitad, «aquellos quienes son los circuncidados» (con, por ejemplo, de Boer, *Galatians: A Commentary*, 397) o «aquellos que se han circuncidado a sí mismos» (BDAG 807). Véase también Moo, *Galatians*, 394; deSilva, *The Letter to the Galatians*, 507.

[21] *Hymns and Spiritual Songs* de Watts fue publicado en 1707.

«jactancia» anterior que pudiera haber tenido (3:4-6) es barrida como una basura a causa del Mesías, conociéndolo (3:8), ganándolo (3:8), siendo hallado en él (3:9), conociéndolo a él y a su poder (3:10), compartiendo sus sufrimientos (3:10), aquí, Pablo da a Jesús su título completo, «Señor Jesús el Mesías», y se entiende a sí mismo en relación con él y solo con él. Se ve a sí mismo como atrapado por Jesús, arrastrado por todas las ataduras anteriores, y con una nueva identidad, la vida cruciforme, que es el cumplimiento definitivo de la esperanza de Israel y, al mismo tiempo, el devastador vuelco de las expectativas y aspiraciones nacionales anteriores de Pablo. Esto es lo que significa, en una expresión única, que «el mundo está crucificado» para él. La cruz de Jesús, como lugar en el que la historia de Israel con Dios y la propia historia de Dios con Israel se hicieron más nítidas, tuvo un significado cósmico ineludible con consecuencias personales ineludibles.

6:15 Esto prepara a Pablo para una declaración de coronación de todo el tema de la carta. Al igual que solo en este segmento final de la carta se ha referido explícitamente al problema planteado (las personas que intentan obligar a los gálatas a circuncidarse, como en el 6:12), aquí por fin dice explícitamente lo que ha sido su argumento todo el tiempo. En 1:4 había afirmado que la muerte redentora del Mesías nos había «rescatado de la presente era maligna», con la implicación de que la prometida «era venidera» de Dios había sido inaugurada Ahora, por fin, declara que ha llegado la «nueva creación», en forma de una nueva comunidad caracterizada no por la circuncisión o la incircuncisión, sino (como en el 5:6) por la *pistis*: una fidelidad, una lealtad, que es activa, que va a la obra, mediante la dinámica del amor. El versículo 15 se corresponde, pues, estrechamente en forma y fondo con 1Corintios 10:32: «judíos, griegos e iglesia de Dios» se corresponde con «circuncisión, incircuncisión y nueva creación». Entre los nombres que Pablo da a esta familia de la «nueva creación» en la presente carta están «hijos de Abraham» (3:7), «descendencia de Abraham» (3:29), «hijos y herederos» (4:7), «hijos de la promesa» (4:28); o, en otras cartas, «el judío» y la «circuncisión» (Rom. 2:28-29), «descendencia de Abraham» (9:7-8), «todos los que invocan el nombre del Señor» (10:13), «todo Israel» (11:26); «la circuncisión» (Fil. 3:3). ¿Debería sorprendernos entonces el siguiente versículo?

6:16 Como hemos señalado antes, «los que viven de acuerdo a esta regla» (*hosoi tō kanoni toutō stoichēsousin*) proporciona aquí un equilibrio contrastante con «los que quieren quedar bien» en el verso 12. La «regla» en cuestión es claramente el patrón de la «nueva creación», que trasciende las distinciones étnicas y sus marcas carnales. El verbo aquí, igualmente, puede hacerse eco del tema de la *stoicheia* en el 4:1-11: la existencia y el mantenimiento de esta comunidad única pondrá los «elementos» desequilibrados, tanto en la iglesia como en las vidas individuales, en la alineación adecuada.

Pablo invoca una bendición judía característica de este pueblo. «Misericordia y paz» funcionan como un par en la versión de la Septuaginta de la clásica bendición de Números 6:25; las bendiciones de «paz» se encuentran en varios salmos (por ejemplo, Salmos 125:5 y 126:6) y las de «misericordia» en varios textos del Segundo Templo.[22]

---

[22] Ejemplo, Sal. Slm. 4:25; 11:9; véase más en Keener, *Galatians: A Commentary*, 576–77.

Pablo piensa en las pequeñas comunidades de creyentes en Jesús, fundadas por él mismo y Bernabé en su visita inicial y que ahora están amenazadas. Anhela la paz, lejos de las hostilidades que tanto han desfigurado su comunión y su testimonio en los últimos días (5:15, 26). Anhela la paz, en contraposición a que sean «perturbados» por quienes los han estado «perturbando» (1:7; 5:10). Anhela la paz, el cese de las luchas entre facciones y la hostilidad que él, Pablo, ha sentido por parte de personas que deberían ser sus amigos (4:12-20). Y anhela, y ora, por la misericordia: para que la sanidad y el perdón de Dios se derramen sobre las iglesias gálatas, sobre la iglesia de Antioquía, sobre la iglesia de Jerusalén – la mayor compañía que necesita saber en la práctica lo que son en teoría, «todos uno en el Mesías Jesús».

Como he expresado antes, existen, pues, argumentos abrumadores para leer «el Israel de Dios» en este versículo como una referencia a la comunidad mesiánica, los seguidores de Jesús, compuesta por judíos y gentiles por igual y caracterizada únicamente por la *pistis* (la fidelidad del Mesías, y la lealtad de quien le cree y responde a la suya). La palabra *kai* que precede a la frase final debe tomarse, pues, no como una adición (paz y misericordia [a] sobre todos los que viven según la regla del versículo 15 y [b] sobre una compañía diferente, «el Israel de Dios»), sino como intensiva: paz y misericordia sobre el pueblo de la «nueva creación», sí, incluso sobre el Israel de Dios. El peso retórico de la colocación de esta frase sólida, pero que define el mundo, en este punto de la carta, difícilmente puede sobrestimarse. Pablo sabe exactamente lo que está haciendo. Está subrayando el mensaje de toda la carta; interpretar la frase de otra manera sería socavar ese mensaje.

6:17 Una última advertencia y una nota final de autobiografía. Hasta este momento, Pablo no ha hablado de personas que le causen problemas *a él* – solo de las iglesias gálatas. Pero la carta ha surgido claramente de un gran problema, una agitación personal que ha producido uno de los escritos más vívidos que poseemos de cualquier persona, en cualquier cultura, en el primer siglo. Pero este problema, dice, debe terminar ahora. Ha dicho lo que había que decir, y ahora insiste en que deben cesar todos los intentos de socavar su persona y su autoridad. Contra los que podrían poner en duda sus credenciales apostólicas, Pablo añade aquí a la historia que contó en los capítulos 1 y 2 una nueva alusión a las marcas del sufrimiento en su cuerpo.[23] Frente a los que pretenden delimitar la familia de Abraham por las marcas de la circuncisión, Pablo insiste, con una ironía final, en que las únicas marcas que cuentan (como en el 6:12, 14) son las de la cruz. «Llevo las marcas de Jesús en mi cuerpo». No, observamos, «las marcas del Mesías», ni siquiera «las marcas del Señor Jesús» – aunque algunos escribas primitivos, sintiendo sin duda que la mera mención de «Jesús» aquí no era suficiente, añadieron tanto «Mesías» como «Señor». No: era el Jesús humano que había sufrido y muerto en la cruz y cuyos sufrimientos marcaban ahora a su apóstol elegido.

La forma en que Pablo se refiere a las marcas del sufrimiento en su propio cuerpo ofrece una multiplicidad de significados superpuestos. La palabra *stigmata* que utiliza aquí (palabra que, al haber sido prestada al latín, se utilizó en relación con las marcas de los

---

[23] Véase 3:1; 4:12–15 — aunque estos son a lo sumo oblicuos y apenas ofrecen una descripción completa.

clavos que misteriosamente aparecieron en San Francisco) podría referirse a la «marca» con la que, en el mundo de Pablo, un amo podía marcar a un esclavo. Pablo también habría aceptado ese significado. En Plutarco, su casi contemporáneo, la palabra podría referirse específicamente a las marcas de la disciplina divina; Pablo también se habría conformado con eso. La palabra para «llevar» aquí es la misma (*bastazō*) que utilizó para llevar la carga de otra persona, y también para llevar la propia carga, en 6:2, 5. Eso también habría tenido sentido. Y, por último, el lugar y el medio por el que Pablo llevaba estas heridas no estaba en su «carne», el *sarx*, que era el lugar de la circuncisión. Era en su «cuerpo»: el cuerpo físico, pero el cuerpo que pertenecía al Señor, que iba a ser utilizado en su servicio y que sería resucitado por él al final, momento en el que esas marcas se convertirían en insignias de gloria.[24]

6:18 El último verso de la carta es una fórmula, pero también es poderoso. *La gracia* sea con su *espíritu* – en contraposición a la circuncisión con tu carne, quizás. Y la iglesia de Gálata sigue siendo su *familia*. Esto también es eclesiológicamente poderoso, viniendo de un ex-fariseo para quien la «familia» de carne y sangre había sido uno de los símbolos más importantes del mundo, así como el hogar natural de apoyo financiero y emocional.

Pablo concluye así con lo que iba a convertirse en un saludo estándar entre los seguidores de Jesús, invocando sobre ellos «la gracia de nuestro Señor Jesús el Mesías». El versículo es idéntico, palabra por palabra, al saludo final de Filipenses (4:23), salvo por el «mi querida familia» del final (una traducción ampliada de *adelphoi*, literalmente «hermanos»). La oración de gracia no es solo una bendición general con el brazo. En 2Corintios 8:9 «la gracia de nuestro Señor Jesús Mesías» era una referencia específica al hecho de que Jesús «siendo rico, se hizo pobre por nosotros»: en otras palabras, era una abreviatura de la narrativa fundamental del evangelio, la historia en la que el Dios Único, el Dios de Abraham, había venido en persona, en la persona del Hijo, para «entregarse por nuestros pecados» y así «rescatarnos de la presente era maligna». Esa es la «gracia» que, según ora ahora Pablo, debe descender sobre las confusas comunidades gálatas y aportarles nueva sabiduría y unidad. Esta gracia debería remodelar su «espíritu» colectivo (se nota que «espíritu» es singular mientras que «sus» es plural). Son la «familia» de Pablo, porque están juntos, como una sola entidad, hijos de Abraham, hijos de Dios, herederos de la promesa.

Conclusión

Hay muchas cosas que se podrían decir al resumir, y aplicar a nuestros días, el propio resumen de la carta de Pablo. Volvemos a la pregunta que planteamos al principio: Si bien es cierto que pocas o ninguna de las iglesias de hoy en día se ven presionadas, ya sea por razones políticas o teológicas, a adoptar la circuncisión u otros signos de pertenencia a una familia judía, ¿qué relevancia podría tener una carta sobre este tema para la formación de las iglesias y de los seguidores de Jesús en el siglo XXI?

---

[24] Véase 1Cor. 6:12–20.

Dentro de las tradiciones protestantes, por supuesto, la respuesta normal a esa pregunta sobre Gálatas ha sido que enseña la «justificación por la fe y no por las obras», y que es necesario enfatizar esto en cada generación porque, de lo contrario, la gente volverá a caer en diversas formas de pelagianismo. Empezarán a confiar en sus propias obras morales, ya sea para «llegar al cielo» o al menos para obtener la seguridad de ese destino. Sin embargo, como hemos visto, el «cielo» no se menciona en Gálatas, excepto por la «Jerusalén de arriba» en el capítulo 4. He argumentado aquí y en otros lugares que la tradición occidental de ir al cielo es básicamente irrelevante para la enseñanza del Nuevo Testamento sobre la «nueva creación». Cuando Pablo habla de «heredar el reino de Dios», se trata del reino por cuya llegada Jesús nos enseñó a orar «en la tierra como en el cielo», no en un «cielo» divorciado de la tierra. Pablo puede hablar en otros lugares del extraño pero hermoso intervalo entre la muerte corporal y la resurrección corporal (por ejemplo, 2Cor. 5:8-9; Fil. 1:21-23), pero allí no habla del «cielo» platónico tan querido por la imaginación occidental, sino de estar «con el Señor» o «con el Mesías».

Este es el punto en el que mi objeción a la llamada vieja perspectiva es sutilmente diferente de la llamada nueva perspectiva de E. P. Sanders, y quizás hasta cierto punto también de la de Jimmy Dunn.[25] Para Sanders, la «nueva perspectiva» hace de Pablo un profeta de un imperativo moderno de «tolerancia»: las estrictas líneas de la ley judía mantendrían a la gente separada, pero Pablo quiere suavizarlas para permitir una fácil inclusión basada simplemente en la fe. «Simplemente», por supuesto, sería la palabra equivocada aquí, ya que la fe en cuestión es la fe en que Dios resucitó a Jesús crucificado de entre los muertos y, por tanto, lo declaró Mesías. Pablo está defendiendo una *escatología mesiánica* con una *familia mesiánica* en su corazón. Esto inició un escándalo en el mundo de los antiguos judíos y una peligrosa locura en el mundo de los antiguos gentiles. Sanders, creo, nunca permite ninguna de las dos cosas. Él, y algunos que le han seguido, han querido la tolerancia sin mesianismo. Si se le deja, esa agenda podría terminar con muchas «familias» diferentes, que es, por supuesto, como la iglesia moderna aparece a un observador casual.

En mi propia versión de la «nueva perspectiva», pues, haría hincapié en cosas muy diferentes. No podemos generalizar la polémica de Pablo aquí en un argumento a favor de la «tolerancia», y de hecho, en nuestra cultura actual, creo que la «tolerancia» está siendo vista como lo que es, una versión post-Ilustración de bajo rango del «amor». A menudo se observa que los que aclaman la palabra «tolerancia» se vuelven regularmente *in*tolerantes con todos los demás puntos de vista, al igual que los que defienden la «inclusividad» se vuelven regularmente cada vez más *ex*clusivos con respecto a otras visiones del mundo distintas de la suya. Estas guerras culturales se desarrollan con demasiada frecuencia entre los bastidores de lo que se considera un debate exegético. Debemos ser conscientes de ellas si no queremos convertir a Pablo en un simple eco de nuestras propias voces.

¿Cómo podría ser entonces una interpretación más verdadera para nuestros días? Creo que, para empezar, debemos volver a insistir en la vitalidad del llamado mensaje

---

[25] Sobre estas diferencias y su significancia, véase *Paul and His Recent Interpreters*, caps. 3, 4.

apocalíptico de Pablo: la muerte y resurrección del Mesías constituyó el único gran punto de inflexión en la historia – la historia del mundo, la historia cósmica. Ha habido muchos otros intentos de reclamar ese estatus. Pensamos especialmente en la Ilustración del siglo XVIII, con los franceses reiniciando el calendario y los estadounidenses etiquetando sus billetes de dólar con «*Novus Ordo Seclorum*». Lo que llamamos el «mundo moderno» ha intentado ordenar su vida, y mirar al resto del mundo, como si en el siglo XVIII hubiera ocurrido algo decisivo que lo ha cambiado todo. Dentro de este nuevo mundo valiente, incluso aquellos que todavía quieren a Jesús a bordo, a menudo quieren que se una a un barco que no es de su creación, proporcionando la capellanía «religiosa» y la aparente validación a un proyecto de iluminación humana (cuyas debilidades inherentes son cada vez más evidentes). En la medida en que la lectura «apocalíptica» de Pablo (Martyn y sus seguidores) ha protestado contra este tipo de cosas, da en el clavo, aunque los otros movimientos que sus defensores hacen a veces resulten injustificadas (como la exclusión del sentido del propósito de Dios en la historia, y la insistencia paulina en que la gran liberación se logró mediante el Mesías «entregándose por nuestros pecados»). Lo que ha sucedido aquí, creo, es que la insistencia propia y paulina en el acto salvador único de Dios en Jesús se ha confundido con dos cosas: la protesta del siglo XX contra los esquemas evolutivos hegelianos (de ahí el descarte de la «historia de la salvación») y una protesta estadounidense dominante contra el fundamentalismo (de ahí el rechazo de «se entregó por nuestros pecados»). Resulta extraño, en primer lugar, combinar estas dos cosas y, después, atribuir la combinación a los adversarios de Pablo, pero el afán con el que esta propuesta no histórica ha sido adoptada en ciertos sectores muestra la inquietud que ha despertado en la gente el «progreso» hegeliano, por un lado, y las teorías fundamentalistas, por otro.

Transmitir el mensaje de la acción única de Dios en la historia a los cristianos del mundo actual no es fácil. Exige un cambio radical de estilo de vida. La formación cristiana requiere algo más que cambios superficiales. Implica el reconocimiento y la exploración constantes del hecho de que, con la muerte y la resurrección del Mesías de Israel, el mundo es un lugar diferente, y que los seguidores de Jesús tienen la responsabilidad, con el poder del Espíritu, de hacer realidad esa diferencia en vidas humanas y la sociedad.

El mayor desafío, me parece, se encuentra en el doble enfoque de la eclesiología. Tenemos nuestras propias versiones modernas del escándalo de la cruz: la idea de una ruptura impactante en medio de la historia, que lo redefine todo, es anatema para muchos. Es interesante ver el punto en el que la «tolerancia» que mueve el dedo contra Pablo por lanzar «anatemas» en Gálatas 1 está muy dispuesta a hacer lo mismo cuando una teología verdaderamente paulina aparece en la puerta. La mayoría de los cristianos modernos no se consideran en ningún sentido hijos de Abraham. Abraham funciona, si acaso, como una figura distante en una Biblia para niños, una especie de héroe, pero no mucho más. La última vez que prediqué sobre el Viernes Santo y la Pascua (en una gran iglesia londinense), me basé naturalmente en el Antiguo Testamento para proporcionar el marco de comprensión de los impresionantes acontecimientos en los que nos estábamos centrando. Alguien me comentó después que, incluso en una iglesia supuestamente «bíblica», esto es extremadamente raro. Muchos cristianos se han convertido en marcionistas de facto, tratando de vivir en el Nuevo Testamento sin más que una referencia de refilón al Antiguo, sin siquiera darse cuenta de que esto está sucediendo. Esto debe ser abordado en todos los niveles. No entender la narrativa bíblica en la que Pablo se basa tan libre y vívidamente es malinterpretar a Jesús mismo, no solo en uno o dos pequeños detalles sino en todos los aspectos. Y de ese marcionismo surge la fea palabra R – relevo – que se lanza bastante en estos días y que, por supuesto, conlleva la calumnia de ser un partidario secreto de los que, hace dos generaciones, trataron de eliminar por completo al pueblo judío.

El problema es entonces – ¡el del doble enfoque! – que algunos cristianos de hoy, viendo este marcionismo implícito, han ido en la otra dirección, uniendo fuerzas con algunos (no todos) movimientos judíos mesiánicos de nuestro tiempo. Los resultados varían, aunque a menudo con un fuerte apoyo al estado actual de Israel basado en una lectura dispensacionalista en la que el pueblo judío conserva un papel especial en el plan providencial de Dios para la historia. (Hay otras formas, no dispensacionalistas, de argumentar a favor de un «papel especial», pero esto nos llevaría demasiado lejos).[26] Por otra parte, muchos siguen abrazando una soteriología de doble vía en la que se espera que los judíos sigan la Torá (en cierto sentido; los propios judíos siguen debatiendo enérgicamente lo que eso podría significar realmente) mientras que el cristianismo proporciona el camino de la salvación (¿o al menos *un* camino de salvación?) para los no judíos. Eso mismo me parece una afirmación imposiblemente anti-judía. Si el cristianismo es el camino de la salvación, eso solo puede ser porque Jesús de Nazaret fue realmente el Mesías de Israel, cumpliendo el plan divino, esbozado en los Salmos y los Profetas, no solo *para* Israel sino *a través de* Israel para el mundo. El hecho de que muchos cristianos hayan intentado articular la «salvación», y el «camino» hacia ella, en términos no bíblicos y no judíos -generando la percepción judía de una diferencia radical entre «el Mesías cristiano» que lleva las almas de las personas al cielo y «el Mesías judío» que traerá la justicia al mundo – no justifica este reflejo. En cualquier caso, si Pablo hubiera creído algo remotamente parecido a ese esquema de dos vías, entonces nunca podría haber escrito ningún párrafo de Gálatas.

La tarea a la que se enfrenta la iglesia que busca ser «formada» a través de una lectura de Gálatas sería entonces enseñar y modelar una eclesiología con un carácter particular. Esta visión de la iglesia estaría enraizada en las Escrituras hebreas. Pero estaría tan radicalmente centrada en la muerte y resurrección del Mesías de Israel, como el sorprendente cumplimiento de esas Escrituras, que la transición de una a otra se entendería sin rastro de marcionismo o el relevismo. Más bien, la transición sería una cuestión de lo que podríamos llamar la «ampliación» del pueblo de Israel. Esta ampliación incluiría – como se indica claramente en Isaías 49 y en muchos otros pasajes, sobre todo en los Salmos – una compañía sorprendente de gentiles dentro de esta misma familia, junto a una compañía igualmente sorprendente de judíos. La «sorpresa» en cuestión es, por supuesto, el poder dramático y desbordante del amor divino, derramado

---

[26] Véase, recientemente, G. R. McDermott, *The New Christian Zionism: Fresh Perspectives on Israel and the Land* (Downers Grove, Illinois: IVP Academic, 2016).

a través de la muerte del Hijo de Dios, que une a los predicadores y a las congregaciones en vínculos familiares, y que brota como primer fruto del Espíritu en comunidades transculturales de acogida radical. Si la iglesia pudiera entender y vivir ese mensaje, entonces el racismo, a menudo oculto, que continúa dentro de muchas iglesias, sería por fin abordado.

Esto genera lo que me parece uno de los mayores retos de Gálatas: el llamado a la unidad de la iglesia. Para Pablo, en Gálatas 2, todos los que creen en el Mesías Jesús pertenecen a la misma mesa, sin importar su origen. Muchos cristianos de hoy en día lo creen, pero les cuesta practicarlo. He aquí la ironía del cristianismo occidental de los últimos quinientos años: la doctrina de la justificación por la fe se ha utilizado como una forma de mantener separadas a las diferentes comunidades creyentes en Jesús, mientras que para Pablo la doctrina de la justificación por la fe es precisamente la doctrina según la cual todos los que comparten esta fe en el Mesías (que se hace eco de la propia fidelidad del Mesías y es llamada por ella) pertenecen a la misma mesa. Sé muy bien lo difícil que es esto, especialmente cuando se trata de ciertas iglesias y tradiciones particulares. Y sé que hay muchas cuestiones de disciplina eclesiástica que deben ser abordadas una vez que se hace cualquier intento de este tipo. Pero fracasar aquí es olvidar a Pablo.

Por último, en Gálatas 5 y 6 se hace un enérgico llamado a la santidad. La visión práctica de Pablo incluye la provisión financiera adecuada dentro de la iglesia; el evitar las luchas entre facciones; y la atención pastoral y la amonestación adecuadas, no solo de forma descendente, sino, como en Gálatas 6:1-5, entre los propios miembros de la iglesia. Todo ello forma parte del esbozo de Pablo de cómo debe ser una comunidad en el Mesías Jesús. Es necesario subrayarlas hoy como siempre.

Pero la última palabra debe ser sobre aquel a quien Pablo proclamó. Todo Gálatas está impregnado de la presencia y el evangelio de Jesús mismo. Fue Jesús quien llamó a Pablo en primer lugar. La cruz de Jesús definió en quién se convirtió Pablo y el evangelio radical que anunció y vivió. Jesús, el Mesías, fue y es la semilla única prometida a Abraham. Jesús es el Hijo, cuya entrega redefinió en acción lo que significaba la palabra «Dios». Él es quien libera a su pueblo, cuyo Espíritu le permite vivir como un ser humano renovado. Jesús es aquel cuya muerte y resurrección han significado el fin del viejo mundo y el nacimiento del nuevo. Él es el que «me amó y se entregó por mí». Una iglesia formada por la lectura de Gálatas será una iglesia con Jesús en el centro. Una iglesia llamada por el amor, formada por el amor, que se esfuerza por vivir por el amor.

Esto podría sonar como un cliché pietista obvio y poco exigente, hasta que veamos quién es realmente el Jesús de Pablo, y lo peligroso que era en el primer siglo seguirlo. Como vuelve a ser peligroso (y este es otro punto que merece mucha más exploración), quizá Gálatas pueda ser nuestra guía en un nuevo y preocupante período de la historia de la iglesia.

BIBLIOGRAFÍA

Fuentes primarias

The Apocryphal Old Testament. Edited by H. F. D. Sparks. Oxford: Clarendon, 1984.

Biblia Hebraica Stuttgartensia. Editado por K. Elliger y W. Rudolph. 5ta. ed. Stuttgart: Deutsche Bibelgesellschaft, 1997. Original 1967.

The Dead Sea Scrolls in English. Traducido por G. Vermes. 4ta ed. Londres: Penguin, 1927–1969. Original 1962.

The Dead Sea Scrolls Study Edition. Editado por F. García Martínez y E. J. C. Tigchelaar. 2 vols. Leiden: Brill, 1994.

A Greek-English Lexicon of the New Testament and Other Early Christian Literature. 3ra ed. rev. y ed. por F. W. Danker, basado en W. Bauer's *Griechisch-Deutsch Wörterbuch*, 6ta ed., y en ediciones previas en inglés, por W. F. Arndt, F. W. Gingrich, y F. W. Danker. Chicago: University of Chicago Press, 2000. Original 1957.

The Holy Bible, Containing the Old and New Testaments with the Apocryphal/Deuterocanonical Books: New Revised Standard Version. Nueva York y Oxford: Oxford University Press, 1989.

Josephus. *Works*. Editado por H. St. J. Thackeray, R. Marcus, A. Wikgren, y L. H. Feldman. 9 vols. Loeb Classical Library. Cambridge, Massachusetts: Harvard University Press, 1929–1965.

The Lexham English Septuagint. Bellingham, Washington: Lexham, 2019.

A New English Translation of the Septuagint and the Other Greek Translations Traditionally Included under That Title. Editado por A. Pietersma y B. C. Wright. Oxford: Oxford University Press, 2007.

The New Testament for Everyone. Traducido por N. T. Wright. Londres: SPCK; San Francisco: HarperOne, 2011. Título en Estados Unidos: *The Kingdom New Testament*.

The New Testament: Freshly Translated by Nicholas King. Stowmarket, Reino Unido: Kevin Mayhew, 2014.

Novum Testamentum Graece. Editado por B. Aland, K. Aland, J. Karavidopoulos, C. M. Martini, y B. M. Metzger. 27ma ed., rev. Stuttgart: Deutsche Bibelgesellschaft, 1993. Original 1898.

The Old Testament Pseudepigrapha. Editado por J. H. Charlesworth. 2 vols. Garden City, Nueva York: Doubleday, 1983, 1985.

Philo. *Works*. Editado por F. H. Colson, G. H. Whitaker, J. W. Earp, y R. Marcus. 12 vols. Loeb Classical Library. Cambridge, Massachusetts: Harvard University Press, 1929–1953.

Plutarch. *Moralia*. Traducido por F. C. Babbit et al. 16 vols. Loeb Classical Library. Cambridge, Massachusetts: Harvard University Press, 1927–1965.

Septuaginta: Id est Vetus Testamentum Graece iuxta LXX interpres. Editado por A. Rahlfs. 2 vols en 1. Stuttgart: Deutsche Bibelgesellschaft, 1979. Original 1935.

Comentarios

Betz, H.-D. *Galatians: A Commentary on Paul's Letter to the Churches in Galatia*. Hermeneia. Filadelfia: Fortress, 1979.

Bruce, F. F. *The Epistle to the Galatians: A Commentary on the Greek Text*. Grand Rapids: Eerdmans, 1982.

Burton, E. de W. *A Critical and Exegetical Commentary on the Epistle to the Galatians*. Edimburgo: T&T Clark, 1921.

De Boer, M. C. *Galatians: A Commentary*. New Testament Library. Louisville: Westminister John Knox, 2011.

DeSilva, D. A. *The Letter to the Galatians*. Grand Rapids: Eerdmans, 2018.

Dunn, J. D. G. *A Commentary on the Epistle to the Galatians*. Londres: Black, 1993.

Esler, P. F. *Galatians*. Londres: Routledge, 1998.

Hays, R. *The Letter to the Galatians: Introduction, Commentary, and Reflections*. Páginas 181–348 en vol. 11 de *New Interpreter's Bible*. Editado por L. E. Keck et al. Nashville: Abingdon, 2000.

Keener, C. S. *Galatians*. New Cambridge Bible Commentary. Cambridge: Cambridge University Press, 2018.

———. *Galatians: A Commentary*. Grand Rapids: Baker Academic, 2019.

Keller, T. *Galatians for You*. Epsom, Reino Unido: Good Book Co., 2013.

Lightfoot, J. B. *St. Paul's Epistle to the Galatians: A Revised Text with Introduction, Notes, and Dissertations*. Londres: Macmillan, 1884.

Longenecker, R. N. *Galatians*. Dallas: Word, 1990.

Martyn, J. L. *Galatians: A New Translation with Introduction and Commentary*. Nueva York: Doubleday, 1997.

Moo, D. J. *Galatians*. Baker Exegetical Commentary on the New Testament. Grand Rapids: Baker Academic, 2013.

Oakes, P. *Galatians*. Paideia Commentaries. Grand Rapids: Baker Academic, 2015.
Riches, J. K. *Galatians through the Centuries*. Chichester: Wiley-Blackwell, 2013. Original 2008.

Schreiner, T. R. *Galatians*. Zondervan Exegetical Commentary on the New Testament. Grand Rapids: Zondervan, 2010.

Williams, S. K. *Galatians*. Abingdon New Testament Commentaries. Nashville: Abingdon, 1997.

Witherington, B., III. *Grace in Galatia: A Commentary on St. Paul's Letter to the Galatians*. Edimburgo: T&T Clark, 1998.

Otros estudios

Atkinson, K. «Psalms of Solomon». Páginas 1138–40 en *The Eerdmans Dictionary of Early Judaism*. Editado by J. J. Collins y D. Harlow. Grand Rapids: Eerdmans, 2010.

Bachmann, M. «Bemerkungen zur Auslegung zweier Genetivverbindungen des Galaterbriefs: 'Werke des Gesetzes' (Gal 2,16 u.ö.) und 'Israel Gottes' (Gal. 6,16)». En *Umstrittener Galaterbrief: Studien zur Situierung der Theologie des Paulus-Schreibens*. Editado por M. Bachmann y B. Kollmann. Neukirchen-Vluyn: Neukirchener Theologie, 2010.

Barclay, J. M. G. «Grace and the Countercultural Reckoning of Worth: Community Construction in Galatians 5–6» Páginas 306–17 en *Galatians and Christian Theology: Justification, the Gospel, and Ethics in Paul's Letter*. Editado por M. W. Elliott, S. J. Hafemann, N. T. Wright, y J. Fredrick. Grand Rapids: Baker Academic, 2014.

———. *Paul and the Gift*. Grand Rapids: Eerdmans, 2015.

———. *Pauline Churches and Diaspora Jews*. Tübingen: Mohr Siebeck, 2011.

Barrett, C. K. «The Allegory of Abraham, Sarah and Hagar in the Argument of Galatians». En *Rechtfertigung: Festschrift für Ernst Käsemann zum 70. Geburtstag*. Editado por J. Friedrich, W. Pöhlmann, y P. Stuhlmacher. Tübingen: Mohr, 1976.

Barth, K. *Church Dogmatics*. 13 vols. Edimburgo: T&T Clark, 1936–1969.

Bauckham, R. «Barnabas in Galatians». *Journal for the Study of the New Testament* 2 (1979): 61–72.

Bird, M. F. *Crossing over Sea and Land: Jewish Missionary Activity in the Second Temple Period*. Peabody, Massachusetts: Hendrickson, 2010.

Bird, M. F., y P. M. Sprinkle, eds. *The Faith of Jesus Christ: Exegetical, Biblical, and Theological Studies*. Milton Keynes, Reino Unido: Paternoster, 2009.

Bockmuehl, M. *The Epistle to the Philippians*. Londres: Black, 1998.

Bons, E., y P. Pouchelle, eds. *The Psalms of Solomon: Language, History, Theology*. Atlanta: SBL Press, 2015.

Breytenbach, C., y C. Zimmerman. *Early Christianity in Lycaonia and Adjacent Areas: From Paul to Amphilochius of Iconium*. Leiden: Brill, 2018.

Brock, S. «The Psalms of Solomon». Páginas 649–82 en *The Apocryphal Old Testament*. Editado por H. F. D. Sparks. Oxford: Clarendon, 1984.

Callaway, M. *Sing, O Barren One: A Study in Comparative Midrash*. Atlanta: Scholars Press, 1980.

Campbell, D. A. «Galatians 5.11: Evidence of an Early Law-Observant Mission by Paul?». *New Testament Studies* 57, núm. 3 (2011): 325–47.

Ciampa, R. E. *The Presence and Function of Scripture in Galatians 1 and 2*. Tübingen: Mohr, 1998.

Clark, E. P. «Enslaved under the Elements of the Cosmos». Disertación PhD, University of St. Andrews, 2018. http://hdl.handle.net/10023/13123.

Cummins, S. A. *Paul and the Crucified Christ in Antioch: Maccabean Martyrdom and Galatians 1 and 2*. Cambridge: Cambridge University Press, 2001.

Davies, J. P. *Paul among the Apocalypses: An Evaluation of the «Apocalyptic Paul» in the Context of Jewish and Christian Apocalyptic Literature*. Londres: T&T Clark, 2016.

———. «What to Expect When You're Expecting: Maternity, Salvation History, and the 'Apocalyptic Paul'». *Journal for the Study of the New Testament* 38.3 (2016): 301–15.

De Boer, M. «Paul, Theologian of God's Apocalypse». *Interpretation* 56.1 (2002): 22–33.

Dodd, C. H. *The Epistle of Paul to the Romans*. London: Collins/Fontana, 1959. Original 1932.

Dunn, J. D. G. *Christology in the Making: A New Testament Inquiry into the Origins of the Doctrine of the Incarnation*. Londres: SCM, 1980.

Dunne, J. A. *Persecution and Participation in Galatians*. Tübingen: Mohr Siebeck, 2017.

Eastman, S. «'Cast Out the Slave Woman and Her Son': The Dynamics of Exclusion and Inclusion in Galatians 4.30». *Journal for the Study of the New Testament* 28.3 (2006): 309–36.

———. *Recovering Paul's Mother Tongue: Language and Theology in Galatians*. Grand Rapids: Eerdmans, 2007.

Elliott, M. W., S. J. Hafemann, N. T. Wright, y J. Fredrick, eds. *Galatians and Christian Theology: Justification, the Gospel, and Ethics in Paul's Letter*. Grand Rapids: Baker Academic, 2014.

Foskett, M. «Adoption». Páginas 54–56 en *The New Interpreter's Dictionary of the Bible*. Editado por K. D. Sakenfeld et al. Nashville: Abingdon, 2006.

Fredriksen, P. *Paul: The Pagan's Apostle*. New Haven: Yale University Press, 2017.

Gaventa, B. R. *Our Mother Saint Paul*. Louisville: Westminster John Knox, 2007.

Gazda, E. K., y D. Y. Ng. *Building a New Rome: The Imperial Colony of Pisidian Antioch (25 BC–AD 700)*. Ann Arbor, Michigan: Kelsey Museum Publications, 2011.

Gignilliat, M. S. *Paul and Isaiah's Servants: Paul's Theological Reading of Isaiah 40–66 in 2 Corinthians 5:14–6:10*. Londres: T&T Clark, 2007.

Ginzberg, L. *The Legends of the Jews*. 7 vols. Baltimore: Johns Hopkins University Press, 1998 [1909].

Goddard, A. J., and S. A. Cummins. «Ill or Ill-Treated? Conflict and Persecution as the Context of Paul's Original Ministry in Galatia (Galatians 4.12–20)». *Journal for the Study of the New Testament* 52 (1993): 93–126.

Gorman, M. J. *Becoming the Gospel: Paul, Participation, and Mission*. Grand Rapids: Eerdmans, 2015.

———. *Inhabiting the Cruciform God: Kenosis, Justification, and Theosis in Paul's Narrative Soteriology*. Grand Rapids: Eerdmans, 2009.

Greenblatt, S. *Hamlet in Purgatory*. Princeton: Princeton University Press, 2001.

Griffiths, P. J. «Purgatory». Páginas 427–46 en *The Oxford Handbook of Eschatology*. Editado por J. L. Walls. Oxford: Oxford University Press, 2008.

Hardin, J. K. *Galatians and the Imperial Cult*. Tübingen: Mohr Siebeck, 2008.

Harmon, M. S. *She Must and Shall Go Free: Paul's Isaianic Gospel in Galatians*. Berlin: de Gruyter, 2010.

Hawthorne, G. F. *Philippians*. Waco, Texas: Word, 1983.

Hays, R. B. *Echoes of Scripture in the Letters of Paul*. New Haven: Yale University Press, 1989.

————. *The Faith of Jesus Christ: The Narrative Substructure of Galatians 3:1–4:11*. 2da ed. Grand Rapids: Eerdmans, 2002. Original 1983.

————. «Hope for What We Do Not Yet See: The Salvation of All Israel in Romans 11.25–27». Páginas 545–72 en *One God, One People, One Future: Essays in Honour of N. T. Wright*. Editado por J. A. Dunne y E. Lewellen. Londres: SPCK; Minneapolis: Fortress, 2018.

————. «What Is 'Real Participation in Christ'? A Dialogue with E. P. Sanders on Pauline Soteriology». Páginas 336–51 en *Redefining First-Century Jewish and Christian Identities: Essays in Honor of Ed Parish Sanders*. Editado por F. E. Udoh et al. Notre Dame: University of Notre Dame Press, 2008.

Hengel, M. *The Zealots: Investigations into the Jewish Freedom Movements in the Period from Herod until 70 A. D.* Edinburgh: T&T Clark, 1989. Original 1961.

Holland, T. *Dominion: The Making of the Western World*. Londres: Little, Brown, 2019.

Hooker, M. D. *The Letter to the Philippians: Introduction, Commentary, and Reflections*. En vol. 11 of *New Interpreter's Bible*. Editado por L. E. Keck et al. Nashville: Abingdon, 2000.

Hurtado, L. W. *Destroyer of the Gods: Early Christian Distinctiveness in the Roman World*. Waco, Texas: Baylor University Press, 2016.

Jewett, R. «The Agitators and the Galatian Congregation». *New Testament Studies* 17 (1971): 198–212.

Jobes, K. H. «Jerusalem, Our Mother: Metalepsis and Intertextuality in Galatians 4:21–31». *Westminster Theological Journal* 55 (1993): 299–320.

Kahl, B. *Galatians Re-Imagined: Reading with the Eyes of the Vanquished*. Minneapolis: Fortress, 2010.

Keener, C. S. *Acts: An Exegetical Commentary*. 4 vols. Grand Rapids: Baker Academic, 2013.

Kim, S. «Paul as Missionary Herald». Pages 9–24 in *Paul as Missionary: Identity Activity, Theology, and Practice*. Edited by T. J. Burke and B. S. Rosner. Londres: T&T Clark, 2011.

Kirk, J. D. *A Man Attested by God: The Human Jesus of the Synoptic Gospels*. Grand Rapids: Eerdmans, 2016.

Le Goff, J. *The Birth of Purgatory*. Chicago: University of Chicago Press, 1984. Original 1981.

Levenson, J. D. *The Death and Resurrection of the Beloved Son: The Transformation of Child Sacrifice in Judaism and Christianity*. New Haven: Yale University Press, 1993.

Levison, J. R. «The Spirit in Its Second Temple Context: An Exegetical Analysis of the Pneumatology of N. T. Wright». Páginas 439–62 en *God and the Faithfulness of Paul*. Edited by C. Heilig, J. T. Hewitt, and M. F. Bird. Tübingen: Mohr Siebeck, 2016.

Lloyd Jones, M. *Romans: The Law, Chapter 7:1 to 8:4*. Grand Rapids: Zondervan, 1974.

Longenecker, B. W., ed. *Remember the Poor: Paul, Poverty, and the Greco-Roman World*. Grand Rapids: Eerdmans, 2010.

Lucas, J. R. *Freedom and Grace*. Londres: SPCK, 1976.

Martin, N. *Regression in Galatians: Paul and the Gentile Response to Jewish Law*. Tübingen: Mohr, 2020.

Mason, S. «Jews, Judaeans, Judaizing, Judaism: Problems of Categorization in Ancient History». *Journal for the Study of Judaism* 38 (2007): 457–512.

McCaulley, E. *Sharing in the Son's Inheritance: Davidic Messianism and Paul's Worldwide Interpretation of the Abrahamic Land Promise in Galatians*. Londres: T&T Clark, 2019.

McDermott, G. R. *The New Christian Zionism: Fresh Perspectives on Israel and the Land*. Downers Grove, Illinois: IVP Academic, 2016.

McGrath, A. E. *Iustitia Dei: A History of the Doctrine of Justification*. 4ta ed. Cambridge: Cambridge University Press, 2020. Original 1986.

McGrath, J. F. *The Only True God: Early Christian Monotheism in Its Jewish Context*. Urbana: University of Illinois Press, 2009.

Mitchell, S. *Anatolia: Land, Men, and Gods in Asia Minor*. Oxford: Oxford University Press, 1993.

Morales, R. J. *The Spirit and the Restoration of Israel*. Tübingen: Mohr Siebeck, 2010.

Morgan, T. *Roman Faith and Christian Faith: Pistis and Fides in the Early Roman Empire and Early Churches*. Oxford: Oxford University Press, 2015.

Moule, C. F. D. *The Origin of Christology*. Cambridge: Cambridge University Press, 1977.

Nongbri, B. *Before Religion: A History of a Modern Concept*. New Haven: Yale University Press, 2013.

Novenson, M. *Christ among the Messiahs: Christ Language in Paul and Messiah Language in Ancient Judaism*. Nueva York: Oxford University Press, 2012.

——————. *The Grammar of Messianism: An Ancient Jewish Political Idiom and Its Uses*. Nueva York: Oxford University Press, 2017.

——————. «Paul's Former Occupation in *Ioudaismos*». Páginas 24–39 en *Galatians and Christian Theology: Justification, the Gospel, and Ethics in Paul's Letter*. Editado por M. W. Elliott, S. J. Hafemann, N. T. Wright, y J. Fredrick. Grand Rapids: Baker Academic, 2014.

Oz, A. *Judas*. Londres: Chatto & Windus, 2016.

Pomykala, K. E. «Messianism». Páginas 938–42 en *The Eerdmans Dictionary of Early Judaism*. Editado por J. J. Collins y D. Harlow. Grand Rapids: Eerdmans, 2010.

Ropes, J. H. *The Singular Problem of the Epistle to the Galatians*. Cambridge, Massachusetts: Harvard University Press, 1929.

Sanday, W., y A. C. Headlam. *A Critical and Exegetical Commentary on the Epistle to the Romans*. Edimburgo: T&T Clark, 1902. Original 1895.

Sanders, E. P. *Paul, the Law, and the Jewish People*. Filadelfia: Fortress, 1983.

―――. *Paul and Palestinian Judaism*. Londres: SCM, 1977.

Scott, J. M. *Adoption as Sons of God: An Exegetical Investigation into the Background of Huiothesia in the Pauline Corpus*. Tübingen: Mohr Siebeck, 1992.

―――, ed. *Exile: A Conversation with N. T. Wright*. Downers Grove, Illinois: IVP Academic, 2017.

Still, T. D. «'In the Fullness of Time' (Gal. 4:4): Chronology and Theology in Galatians». Páginas 239–48 en *Galatians and Christian Theology: Justification, the Gospel, and Ethics in Paul's Letter*. Editado por M. W. Elliott, S. J. Hafemann, N. T. Wright, y J. Fredrick. Grand Rapids: Baker Academic, 2014.

Stowers, S. K. «What Is 'Pauline Participation in Christ'?». Páginas 352–71 en *Redefining First-Century Jewish and Christian Identities: Essays in Honor of Ed Parish Sanders*. Editado por F. E. Udoh. Notre Dame: University of Notre Dame Press, 2008.

Thomas, M. J. *Paul's «Works of the Law» in the Perspective of Second Century Reception*. Tübingen: Mohr Siebeck, 2018.

Watson, F. B. *Paul and the Hermeneutics of Faith*. 2do ed. Londres: T&T Clark, 2016. Original 2004.

Westerholm, S. *Perspectives Old and New on Paul: The Lutheran Paul and His Critics*. Grand Rapids: Eerdmans, 2004.

Winter, B. W. *After Paul Left Corinth: The Influence of Secular Ethics and Social Change*. Grand Rapids: Eerdmans, 2001.

―――. «The Imperial Cult and Early Christians in Pisidian Antioch (Acts XIII 13–50 and Gal VI 11–18)». Pages 67–75 in *Actes du 1er Congres International sur Antioche de Pisidie, Collection Archéologique et Histoire de l'Antiquité*. Edited by T. Drew-Bear, M. Tashalan, and C. M. Thomas. Lyon: Université Lumiere-Lyon, 2002.

Witulski, T. *Die Adressaten des Galaterbriefes: Untersuchungen zur Gemeinde von Antiochia ad Pisidiam*. Göttingen: Vandenhoeck & Ruprecht, 2000.

―――. *Kaiserkult in Kleinasien: Die Entwicklung der kultisch-religiösen Kaiserverehrung in den Römischen Provinz Asia von Augustin bis Antonius Pius*. Göttingen: Vandenhoek & Ruprecht, 2010. Original 2007.

Wright, N. T. *The Climax of the Covenant: Christ and the Law in Pauline Theology*. Edinburgh: T&T Clark, 1991; Minneapolis: Fortress, 1992.

―――. *The Day the Revolution Began: Reconsidering the Meaning of Jesus' Crucifixion*. San Francisco: HarperOne; Londres: SPCK, 2016.

―――. *For All the Saints: Remembering the Christian Departed*. London: SPCK; Harrisburg, Pennsilvania: Morehouse, 2003.

―――. *History and Eschatology: Jesus and the Promise of Natural Theology*. Gifford Lectures, 2018. Waco, Texas: Baylor University Press; Londres: SPCK, 2019.

―――. *Interpreting Jesus: Essays on the Gospels*. London: SPCK; Grand Rapids: Zondervan, 2020.

————. *Interpreting Paul: Essays on the Apostle and His Letters*. London: SPCK; Grand Rapids: Zondervan, 2020.

————. *Interpreting Scripture: Essays on the Bible and Hermeneutics*. London: SPCK; Grand Rapids: Zondervan, 2020.

————. *Justification: God's Plan and Paul's Vision*. 2da ed. con nueva introducción. Downers Grove, Illinois: InterVarsity; Londres: SPCK, 2016. Original 2009.

————. *The New Testament and the People of God*. Londres: SPCK; Minneapolis: Fortress, 1992.

————. *Paul: A Biography*. San Francisco: HarperOne; Londres: SPCK, 2018.

————. *Paul: Fresh Perspectives*. London: SPCK; Minneapolis: Fortress, 2005. Título en Estados Unidos: *Paul in Fresh Perspective*.

————. *Paul and His Recent Interpreters*. Londres: SPCK; Minneapolis: Fortress, 2015.

————. *Paul and the Faithfulness of God*. Vol. 4 de *Christian Origins and the Question of God*. Londres: SPCK; Minneapolis: Fortress, 2013.

————. *The Paul Debate*. Waco, Texas: Baylor University Press; Londres: SPCK, 2015.

————. *Paul for Everyone: Galatians and Thessalonians*. Londres: SPCK; Louisville: Westminster John Knox, 2002.

————. *Pauline Perspectives*. Londres: SPCK; Minneapolis: Fortress, 2013. Ensayos compilados, 1978–2013.

————. *The Resurrection of the Son of God*. London: SPCK; Minneapolis: Fortress, 2003.

————. *Romans*. Páginas 393–770 en vol. 10 en *New Interpreter's Bible*. Nashville: Abingdon, 2002.

————. *Scripture and the Authority of God: How to Read the Bible Today*. 2nd ed. Londres: SPCK; San Francisco: HarperOne, 2011. Original 2005.

————. *Surprised by Hope: Rethinking Heaven, Resurrection, and the Mission of the Church*. Londres: SPCK; San Francisco: HarperOne, 2007.

————. *Virtue Reborn*. London: SPCK; San Francisco: HarperOne, 2009. Título en Estados Unidos: *After You Believe*.

————. *What St. Paul Really Said*. Oxford: Lion; Grand Rapids: Eerdmans, 1997.

Wright, R. B. «Psalms of Solomon: A New Translation and Introduction». Páginas 639–70 en vol. 2 de *The Old Testament Pseudepigrapha*. Editado por J. H. Charlesworth. 2 vols. Garden City, Nueva York: Doubleday, 1985.

Yarbro Collins, A. «The Dream of a New Jerusalem at Qumran». Páginas 231–54 en *The Bible and the Dead Sea Scrolls*, vol. 3, *The Scrolls and Christian Origins*. Editado por J. H. Charlesworth. Waco, Texas: Baylor University Press, 2006.

Made in the USA
Las Vegas, NV
07 October 2024